Contrato de Trabalho

Contrato de Trabalho

NOÇÕES BÁSICAS

2018 · 2ª Edição

João Leal Amado
Professor da Faculdade de Direito da Universidade de Coimbra

CONTRATO DE TRABALHO

AUTOR
João Leal Amado

EDITOR
EDIÇÕES ALMEDINA, S.A.
Rua Fernandes Tomás, nºs 76-80
3000-167 Coimbra
Tel.: 239 851 904 · Fax: 239 851 901
www.almedina.net · editora@almedina.net

DESIGN DE CAPA
FBA.

PRÉ-IMPRESSÃO
EDIÇÕES ALMEDINA, SA

IMPRESSÃO E ACABAMENTO
ACD Print, S.A.

abril, 2018

DEPÓSITO LEGAL
439407/18

Os dados e as opiniões inseridos na presente publicação são da exclusiva responsabilidade do(s) seu(s) autor(es).
Toda a reprodução desta obra, por fotocópia ou outro qualquer processo, sem prévia autorização escrita do Editor, é ilícita e passível de procedimento judicial contra o infrator.

 GRUPOALMEDINA

BIBLIOTECA NACIONAL DE PORTUGAL – CATALOGAÇÃO NA PUBLICAÇÃO

AMADO, João Leal

Contrato de trabalho : noções básicas. – 2ª ed.
– (Manuais universitários)
ISBN 978-972-40-7438-2

CDU   349

And I dreamed I was dying
And I dreamed that my soul rose unexpectedly
And looking back down at me
Smiled reassuringly
And I dreamed I was flying
(...)
But it's all right, it's all right
You can't be forever blessed
Still, tomorrow's going to be another working day
And I'm trying to get some rest
That's all I'm trying, to get some rest

Paul Simon, *American Tune*, 1973

NOTA PRÉVIA

Esgotada que ficou a 1ª edição desta obra, é tempo de lançar uma nova edição, aproveitando para atualizar conteúdos e referências, corrigir pequenos lapsos, precisar melhor as ideias e lançar novas pistas sobre certos temas. Mas a obra que ora se publica continua a ter um título esclarecedor sobre o seu conteúdo e sobre os seus principais destinatários: *Contrato de Trabalho – Noções Básicas* destina-se sobretudo aos estudantes, àqueles que pela primeira vez entram em contacto com o Direito do Trabalho, em particular aos alunos da Faculdade de Direito da Universidade de Coimbra. É, por isso, um texto que se pretende rigoroso mas sintético, leve e conciso, com pouco aparato bibliográfico e jurisprudencial, vocacionado para servir de elemento de estudo de uma unidade curricular semestral da licenciatura em Direito.

À Almedina, uma vez mais, uma palavra de público agradecimento e reconhecimento pela disponibilidade manifestada para publicar esta obra.

Coimbra, 15 de fevereiro de 2018

ABREVIATURAS

ACT	–	*Autoridade para as Condições de Trabalho*
ADSTA	–	*Acórdãos Doutrinais do Supremo Tribunal Administrativo*
BMJ	–	*Boletim do Ministério da Justiça*
BTE	–	*Boletim do Trabalho e Emprego*
CCivil	–	Código Civil
CDFUE	–	*Carta dos Direitos Fundamentais da União Europeia*
CJ	–	*Colectânea de Jurisprudência*
CPCivil	–	Código de Processo Civil
CRP	–	Constituição da República Portuguesa
CT	–	Código do Trabalho (Lei nº 7/2009, de 12-2)
CT de 2003	–	Código do Trabalho (Lei nº 99/2003, de 27-8)
CPT	–	Código de Processo do Trabalho (DL nº 295/2009, de 13-10)
DJ	–	*Direito e Justiça*
DR	–	Diário da República
DS	–	*Droit Social*
ESC	–	*Estudos Sociais e Corporativos*
IRCT	–	Instrumento de Regulamentação Colectiva de Trabalho
LCCT	–	Lei da Cessação do Contrato de Trabalho (DL nº 64-A/89, de 27-2)
LCT	–	Lei do Contrato de Trabalho (DL nº 49.408, de 24-11-1969)
LD	–	*Lavoro e Diritto*
LFFF	–	Lei das Férias, Feriados e Faltas (DL nº 874/76, de 28-12)
LRCT	–	Lei de Regulamentação do Código do Trabalho (Lei nº 105/2009, de 14-9)
OIT	–	Organização Internacional do Trabalho
PDT	–	*Prontuário de Direito do Trabalho*
PLT	–	*Prontuário de Legislação do Trabalho*
QL	–	*Questões Laborais*
RDES	–	*Revista de Direito e de Estudos Sociais*
REDT	–	*Revista Española de Derecho del Trabajo*
RL	–	*Relaciones Laborales*
RLJ	–	*Revista de Legislação e de Jurisprudência*

RMP	–	*Revista do Ministério Público*
ROA	–	*Revista da Ordem dos Advogados*
STJ	–	Supremo Tribunal de Justiça
TC	–	Tribunal Constitucional
TJUE	–	Tribunal de Justiça da União Europeia
UE	–	União Europeia

§ 1º
Direito do Trabalho: o quê, porquê e para quê?

«Contrato de trabalho é aquele pelo qual uma pessoa se obriga, mediante retribuição, a prestar a sua atividade intelectual ou manual a outra pessoa, sob a autoridade e direção desta», lê-se no art. 1152º do CCivil. E o art. 1153º do mesmo diploma legal acrescenta: «O contrato de trabalho está sujeito a legislação especial».

As duas normas do CCivil acima transcritas significam, basicamente, que:

i) O Direito do Trabalho, ramo do direito erigido, em grande medida, em torno do contrato individual de trabalho, não se ocupa, na sua tarefa reguladora, de todas as formas de *trabalho humano*. É sabido que, enquanto ofício ou profissão, o trabalho consiste num fenómeno extremamente multifacetado nas nossas sociedades[1], mas a verdade é que, tomando de empréstimo as palavras de ANDRÉ GORZ, o trabalho que aqui releva é aquele que se analisa «numa atividade paga, realizada por conta de um terceiro (o empregador), com vista à realização de fins que não fomos nós próprios a escolher, e segundo modalidades e horários fixados por aquele que nos paga»[2]. Vale dizer, apenas o trabalho humano que reúna certas

---

[1] A doutrina tem assinalado a polissemia do termo *trabalho*. Com efeito, este tanto designa a atividade produtiva («estou a fazer um trabalho»), como o esforço («dá muito trabalho estudar»), o resultado da atividade («já entreguei o trabalho»), o emprego («vou para o trabalho»), o fator de produção («o custo do trabalho») ou um determinado coletivo («o conflito entre o trabalho e o capital»).

[2] *Metamorfosis del Trabajo*, Editorial Sistema, Madrid, 1995, pp. 279-280.

características releva para este setor do ordenamento jurídico, sendo que a nota decisiva se prende com o caráter dependente ou subordinado do mesmo. No seu núcleo essencial, o Direito do Trabalho regula uma relação que se estabelece entre trabalhador e empregador, uma relação marcada pelo sinalagma entre trabalho e salário, por força da qual o trabalhador se compromete a prestar a sua atividade de acordo com as ordens e instruções que lhe serão dadas pela contraparte (trabalho subordinado por conta de outrem, trabalho de execução heteroconformada).

ii) Ainda que o contrato de trabalho se traduza num negócio jurídico de direito privado, o CCivil remete a respetiva disciplina para «legislação especial». Compreende-se que assim seja. Por um lado, a força de trabalho é uma qualidade inseparável da *pessoa do trabalhador*, o que supõe um profundo envolvimento da pessoa deste na execução, em moldes heterodeterminados, daquele contrato[3]. Destarte, ao alienar a disponibilidade da sua força de trabalho, o trabalhador aliena-se, de algum modo, a si próprio. O trabalhador tem como que «duas vidas», a vida no trabalho e a vida fora do trabalho, uma vida profissional em que se encontra numa situação de heterodisponibilidade e uma vida extraprofissional em que recupera a sua autodisponibilidade. Aliás, para muitas pessoas, a «verdadeira» vida, aquela que merece ser vivida, só começa quando a jornada de trabalho acaba e quando, finalmente, elas recuperam a sua liberdade[4]. Ora, isto im-

---

[3] Considerando que, em bom rigor, a coisa que é objeto da prestação do trabalhador consiste no seu corpo, pois que o trabalho é o próprio homem no seu corpo e no seu espírito, sendo o corpo, "um corpo de carne e osso", o lugar de passagem forçoso das obrigações do trabalhador, a própria coisa que forma a matéria do contrato, ALAIN SUPIOT, *Crítica do Direito do Trabalho*, Fundação Calouste Gulbenkian, Lisboa, 2016, pp. 69-89.

[4] Trata-se, no fundo, da velha oposição entre liberdade e necessidade. É certo que, como já em 1958 HANNAH ARENDT observava, o discurso sobre o trabalho abunda em idealizações do mesmo (o trabalho é um meio de atingir um fim superior, o trabalho é um ato de moldar dada substância, transformando-a em algo qualitativamente melhor, o trabalho é um meio de realização pessoal, proporcionando satisfação a quem o presta, o trabalho é o meio de o homem se impor à natureza, dominando-a...), mas, a esse propósito, HANNAH ARENDT não deixava de concluir: «Depois de todas estas teorias e discussões académicas, é reconfortante saber que a grande maioria dos trabalhadores, quando se lhe pergunta "por que é que o homem trabalha?", responde simplesmente: "para poder viver" ou "para ganhar dinheiro"» (*A Condição Humana*, Relógio D'Água, Antropos, Lisboa, 2001, pp. 171-172, n. 75). Recuando mais umas décadas, escreveu SIGMUND FREUD, em 1930: «Nenhuma outra técnica para a

põe que o Direito, não obstante apreenda a relação laboral como uma relação patrimonial de troca trabalho-salário, sujeite tal relação a um regime especial relativamente ao regime comum das relações patrimoniais (o Direito das Obrigações).

Por outro lado, a relação de trabalho é uma relação profundamente *assimétrica*, isto é, manifestamente inigualitária, pois o trabalhador, a mais de, em regra, carecer dos rendimentos do trabalho para satisfazer as suas necessidades essenciais (dependência económica), fica sujeito à autoridade e direção do empregador em tudo o que diz respeito à execução do trabalho (subordinação jurídica)[5]. Para o trabalhador, cumprir é, antes de mais, obedecer – isto sem prejuízo de se dever assinalar que, na nova realidade empresarial resultante da revolução tecnológica e da sociedade da informação, este dever de obediência tem de se articular com crescentes exigências empresariais no sentido de que o trabalhador seja proativo e dinâmico, seja ousado e ágil, seja polivalente, flexível e revele espírito de iniciativa, o que supõe, naturalmente, reconhecer-lhe alguma margem de autonomia decisória –, a sua vontade *compromete-se* no contrato, mas também se *submete* nesse contrato. Ora, este desequilíbrio estrutural da relação de trabalho não pode ser ignorado, nem deve ser menosprezado, pelo Direito.

O Direito do Trabalho mantém, assim, uma relação algo ambivalente com o contrato individual de trabalho. Sendo inegável que o contrato de

condução da vida prende a pessoa tão firmemente à realidade como a ênfase no trabalho, que no mínimo a insere de modo seguro numa porção da realidade, na comunidade humana». Mas FREUD acrescentava: «E, no entanto, o trabalho não é muito apreciado como via para a felicidade. As pessoas não se lançam a ele como a outras possibilidades de gratificação. A imensa maioria dos homens trabalha apenas forçada pela necessidade, e graves problemas sociais derivam dessa natural aversão humana ao trabalho» (*O mal-estar na civilização*, Penguin & Companhia das Letras, São Paulo, Brasil, 2012, p. 24).
Tudo isto, se era válido em pleno séc. XX, não deixa de ser válido no início do séc. XXI. Aliás, como assinala GILLES LIPOVETSKY, na atual sociedade de consumo de massas o evangelho do trabalho foi destronado pela valorização social do bem-estar, do lazer e do tempo livre, orientando-se maciçamente as aspirações coletivas para os bens materiais, as férias e a redução do tempo de trabalho (*O Crepúsculo do Dever*, 4ª ed., Dom Quixote, 2010, p. 198).
[5] Dir-se-ia, na feliz expressão do escritor, que o trabalhador é alguém que se encontra sujeito a «viver entre ordem e ordenado» – MIA COUTO, *Jesusalém*, Editorial Caminho, Lisboa, 2009, p. 94.

CONTRATO DE TRABALHO

trabalho é a "figura central" e a "razão de ser" do Direito do Trabalho[6], não é menos verdade que, em certo sentido, o Direito do Trabalho «desconfia do contrato individual», podendo mesmo ser concebido como um vasto sistema de controlo da liberdade contratual. Com efeito, se a *função genética ou constitutiva* da relação laboral desempenhada pelo contrato de trabalho não suscita, hoje, grandes dúvidas (é o contrato que dá vida, que faz nascer a relação de trabalho), já a *função modeladora ou normativa* do contrato é abertamente questionada (não é o contrato, ou não é apenas o contrato, que molda ou regula a relação jurídica de trabalho subordinado). O que bem se compreende, se não olvidarmos o processo de emergência e de afirmação deste ramo do direito, as razões pelas quais este surgiu e as funções que ele é chamado a desempenhar. Vejamos.

*

* *

O Direito do Trabalho é um direito de formação recente, é um fenómeno moderno, é um direito jovem, com pouco mais de um século de existência (veja-se o caso português, em que aquela que é tida como a primeira lei social data de 14 de Abril de 1891, regulando o trabalho dos menores e das mulheres em estabelecimentos industriais, bem como a higiene e segurança nas oficinas). O Direito do Trabalho é um produto tardio da Revolução Industrial, tendo nascido em estreita ligação com o advento, e posterior desenvolvimento, de um novo sistema económico: o capitalismo. Com o triunfo da burguesia então registado consolidou-se uma nova ordem económica (assente na liberdade de empresa e na liberdade de concorrência), uma nova ordem social (radicada no individualismo, isto é, na autonomia do indivíduo abstratamente considerado) e uma nova ordem política (Estado abstencionista, Estado concebido como mero «guarda-nocturno»). Deste modo, a ordem jurídica dos Estados liberais oitocentistas assen-

---

[6] Sobre a centralidade do contrato de trabalho, mas sublinhando que este ramo do direito «repousa, por assim dizer, no gume de um paradoxo», *vd.* as reflexões de JÚLIO GOMES, *Direito do Trabalho*, vol. I, Coimbra Editora, Coimbra, 2007, pp. 30-31. O paradoxo reside, justamente, na circunstância de o Direito do Trabalho manifestar a sua desconfiança perante o exercício da autonomia privada de sujeitos que se encontram numa posição de grande desigualdade material, mas, ao mesmo tempo, fazer apelo ao que foi querido ou consentido pelas partes no contrato como primeira linha de defesa do contraente débil. Em sentido próximo, sublinhando que o contrato exprime, pelo menos simbolicamente, um princípio de modernidade inultrapassável, sendo ainda uma fonte de limitação do âmbito de sujeição do trabalhador, JORGE LEITE, «Flexibilidade funcional», *QL*, nºs 9-10, 1997, pp. 5-37 (15).

tava em dois institutos fundamentais – a propriedade e o contrato –, os quais constituíam os quadros jurídicos básicos da economia e do trabalho. Os princípios da autonomia da vontade e da igualdade (entendida esta em sentido formal) pautavam o regime jurídico do trabalho no período liberal, encontrando a devida tradução no contrato de trabalho, à época um entre muitos contratos obrigacionais, sujeito às regras do direito comum. Não existia, portanto, um regime jurídico do trabalho dotado de autonomia, pois não havia propriamente «leis do trabalho». O trabalho assalariado regia-se pelo direito comum aplicável a quaisquer outras relações entre sujeitos privados, ou seja, o direito civil. A lei do trabalho era o contrato, vigorava uma visão, dir-se-ia, «hiper-contratualista» da relação de trabalho.

Na prática, porém, como alguém disse, «a teoria era outra», e o modelo jurídico liberal teve, como é sabido, consequências verdadeiramente dramáticas, tanto no plano social como no plano humano. Ao abstrair do homem concreto, do homem historicamente situado, o liberalismo oitocentista fez da liberdade e da autonomia «o monopólio dos privilegiados» e fez da igualdade «a lei do mais forte». Mais do que o contrato, a propriedade privada constituía, na verdade, o pilar fundamental sobre que se erguiam as relações de trabalho, tendo os Estados liberais deixado os trabalhadores inteiramente abandonados à lógica implacável do capitalismo triunfante (desde logo, privando-os de medidas de proteção legal contra a superioridade económico-social do patronato e isolando-os uns dos outros por meio de uma política repressiva da solidariedade operária), o que redundou, na conhecida fórmula de RIVERO e SAVATIER, na «incrível miséria da classe operária».

Ora, o Direito do Trabalho surge, precisamente, como produto desta (e como reação em face desta) «Questão Social», pois a situação veio a tornar-se insustentável e os poderes públicos, sob a pressão do chamado «Movimento Operário», acabaram por modificar a forma de enquadrar as relações entre o capital e o trabalho. Com efeito, a formação deste ramo do ordenamento jurídico assenta na constatação histórica da insuficiência/inadequação do livre jogo da concorrência no domínio do mercado de trabalho, em ordem à consecução de condições de trabalho e de vida minimamente aceitáveis para as camadas laboriosas. O Direito do Trabalho não se compaginava com o ultraliberalismo oitocentista (e, aliás, compagina-se algo dificilmente, ainda hoje, com os movimentos de raiz neoliberal)[7],

---

[7] A este propósito, *vd.*, p. ex., JESÚS GALIANA MORENO, «Orden económico y relaciones laborales: de la flexibilización a la flexiseguridad», *REDT*, nº 140, 2008, pp. 781-793. O Autor

CONTRATO DE TRABALHO

justamente porque se traduz num mecanismo deformador da concorrência, isto é, num mecanismo cuja função principal consiste em limitar a concorrência entre os trabalhadores no mercado laboral. Historicamente, o livre jogo do mercado revelou-se anti-social: privados de qualquer proteção legal (abstencionismo estadual) e desprovidos da mínima organização sindical (individualismo liberal), os trabalhadores viram-se obrigados a competir acerrimamente entre si na venda da única mercadoria de que dispunham – a força de trabalho. O saldo desta concorrência desenfreada é bem conhecido e é dramático: salários praticamente reduzidos ao mínimo vital, condições de trabalho mais do que precárias, cargas de trabalho insuportavelmente pesadas, inclusive para crianças de tenra idade... A resolução (ou, talvez melhor, a atenuação) desta grave «Questão Social» passou pela aceitação da intervenção direta do Estado (e desde logo do legislador) no mundo do trabalho e pelo reconhecimento de um estatuto de cidadania ao associativismo sindical e aos seus corolários (greve, contratação coletiva, etc.).

Esquematicamente, dir-se-ia: Revolução Industrial + Questão Social + Movimento Operário = Direito do Trabalho. Assim nasceu este ramo do direito, sendo-lhe cometida uma função primacial, que, apesar de todas as críticas, persiste até aos nossos dias (ainda que hoje, porventura, registando alguma perda de vitalidade): a *função tuitiva ou tutelar*, de proteção da parte mais débil da relação laboral, de obstáculo à «ditadura contratual» de outro modo exercida pelo contraente mais poderoso[8]. Ora, o exercício

sublinha que, para o pensamento neoliberal, a *mão visível* do Direito do Trabalho introduz perturbações e provoca «ineficiências» no funcionamento do mercado, na medida em que a ordem económica deveria resultar, espontaneamente, da *mão invisível* de que falava Adam Smith (783-784).

Entre nós, JORGE LEITE formula a questão, que apresenta como uma das mais angustiantes e dramáticas questões da modernidade: como articular o mercado com o trabalho? Sujeitando este último às exigências daquele? Regulando aquele tendo em conta as necessidades deste? Assiste-se hoje, na opinião do Autor, a uma espécie de "vingança dos mercados" e à "desvalorização do trabalho", tendendo o Direito do Trabalho a desempenhar uma função de "frio instrumento de gestão empresarial" – «A reforma laboral em Portugal», *Revista General de Derecho del Trabajo y le Seguridad Social*, nº 34, 2013. Em sentido convergente, JOSÉ JOÃO ABRANTES, «Fim do Direito do Trabalho?», in BACELAR GOUVEIA e NUNO PIÇARRA (coord.), *A Crise e o Direito*, Almedina, Coimbra, 2013, pp. 247-260.

[8] Esta feição protecionista do Direito do Trabalho não implica, note-se, qualquer espécie de maniqueísmo: nem os trabalhadores são criaturas angelicais e essencialmente boas, nem os empregadores são seres diabólicos e visceralmente maus; há-os, bons e maus, em ambos os campos do tabuleiro laboral. Quando muito, e em relação aos trabalhadores, talvez

DIREITO DO TRABALHO: O QUÊ, PORQUÊ E PARA QUÊ?

de semelhante função tuitiva supõe que se limite a liberdade contratual (pois o contrato de trabalho mascara uma pura relação de dominação) e que se restrinja o livre jogo da concorrência no mercado de trabalho. Quando o Estado edita legislação de carácter imperativo, estabelecendo, p. ex., salários mínimos ou limites máximos para a duração do trabalho, quando os sindicatos celebram convenções coletivas de trabalho dotadas de força normativa, quando os trabalhadores fazem greve, paralisando de forma concertada a sua atividade... eis outras tantas distorções da livre concorrência, eis outros tantos desmentidos a um mercado laboral atomístico e sem restrições.

Em suma, e enquanto «direito da desigualdade», *o Direito do Trabalho desconfia, desde sempre, dos automatismos do mercado e do contrato individual* [9], *controla, por sistema, a liberdade contratual e restringe, por definição, a concorrência entre os trabalhadores no mercado laboral.* Como bem observa JORGE LEITE, «é este o expediente a que recorre a nova forma de regulação para *civilizar* as relações de trabalho, isto é, para as subtrair à lógica das relações de força, um objectivo em que o direito civil claudicou»[10].

De resto, no que tange à liberdade de modelação do conteúdo contratual, a verdadeira alteração traduziu-se, no fundo, em substituir a vontade unilateral do empregador «todo-poderoso» pela vontade heterónoma do legislador ou pela real autonomia das partes na contratação colectiva. Ou seja, as atuais limitações de natureza jurídica à liberdade contratual têm vindo a substituir-se às anteriores limitações de ordem prática, transformando em norma estadual ou convencional aquilo que era, tão-só, a lei do

---

possamos acompanhar GONÇALO M. TAVARES naquilo que este escreve quanto aos pobres: «Os pobres não são bons, têm é menos dinheiro para exercer a maldade» (*Uma Viagem à Índia*, Caminho, 2010, p. 140).

[9] Nas palavras de A. LYON-CAEN, «o Direito do Trabalho nasceu contra o imperialismo do contrato» («Actualité du contrat de travail», *DS*, nºs 7-8, 1988, p. 540). Com efeito, o Direito do Trabalho consiste num ordenamento de carácter protetivo e compensador da assimetria típica da relação laboral, desempenhando uma função tuitiva relativamente ao trabalhador assalariado. Esta função tutelar/promocional do Direito do Trabalho é cumprida através de normas que, em regra, possuem uma natureza relativamente imperativa (normas imperativas mínimas ou semi-imperativas, normas de ordem pública social). Daí que, em princípio, as normas legais reguladoras do contrato de trabalho só possam ser afastadas por contrato individual desde que este estabeleça condições mais favoráveis para o trabalhador (art. 3º, nº 4, do CT).

[10] *Direito do Trabalho*, vol. I, Serviço de Textos da Universidade de Coimbra, 2004, p. 24.

CONTRATO DE TRABALHO

mais forte. Na verdade, numa relação de poder como é, tipicamente, a relação laboral, a liberdade contratual quase não existe, no plano substantivo, e não pode deixar de ser fortemente condicionada, no plano normativo. A (sobre)valorização do poder jurisgénico das partes traduzir-se-á, neste campo, em reconhecer o poder jurisgénico de apenas uma dessas partes (obviamente, da mais poderosa, a entidade empregadora). Ao contrário do universo civil, o mundo do trabalho assalariado não é, com efeito, o mundo da «composição espontânea ou paritária de interesses»...[11].

*

* *

Vivemos ainda (até quando?) numa sociedade fundada no trabalho[12]. O trabalho surge, para alguns, como a verdadeira essência do homem, como um meio de realização pessoal e de expressão de si, como um indispensável meio de aumentar a riqueza da nação e de aquisição de rendimentos para o indivíduo que o presta, como um meio de ordenar o mundo[13]. Como é sabido, o trabalho consome grande parte da nossa existência desperta, influencia fortemente a nossa vida quotidiana fora dele, é um fator de consideração social e confere-nos um determinado estatuto económico. Dizem alguns, com razão, que *nós somos muito mais do que o nosso trabalho*, mas também não falta quem sustente que, em boa medida, *nós somos o emprego*

---

[11] Segundo ORLANDO DE CARVALHO, o direito civil funda-se na composição espontânea ou paritária de interesses, identificando-se com a zona em que se reconhece a cada um o poder de, limitando-se e limitando, harmonizar os seus interesses com outros – A *Teoria Geral da Relação Jurídica (seu sentido e limites)*, Coimbra, Centelha, 1981, *passim*. Porém, apelar, no mundo do trabalho subordinado, para uma suposta "composição espontânea ou paritária de interesses", vem a revelar-se flagrantemente mistificatório (a «mistificação ideológica de uma igualdade jurídica a que não corresponde uma igualdade real»).

[12] De resto, segundo ZYGMUNT BAUMAN, falar de "pós-trabalho" não faz sentido, visto que, mesmo que o atual padrão de vida consumista venha a extinguir-se e a ser esquecido, os seres humanos não irão deixar de ser consumidores, e o que é para ser consumido deve primeiro ser produzido. Daí a conclusão de BAUMAN: «Não haverá uma era "pós-trabalho", exceto após a extinção da espécie humana» – *Isto não é um Diário*, Zahar, Rio de Janeiro, 2012, p. 91. Resta saber, claro, se e em que medida o trabalho humano não será substituído, num futuro mais ou menos próximo, pelo trabalho dos robôs (a este propósito, por todos, MARTIN FORD, *Robôs – a ameaça de um futuro sem emprego*, Bertrand Editora, Lisboa, 2016).

[13] Por todos, em perspetiva crítica, DOMINIQUE MÉDA, *O trabalho: um valor em vias de extinção*, Fim de Século, Lisboa, 1999.

DIREITO DO TRABALHO: O QUÊ, PORQUÊ E PARA QUÊ?

que temos[14]. Seja como for, a importância do Direito do Trabalho na nossa sociedade é, hoje, absolutamente indesmentível. Afinal, a maioria da população ativa presta trabalho dependente, labora em moldes subordinados e por conta de outrem. E, para muitas dessas pessoas, o contrato de trabalho é, quiçá, o mais estruturante negócio jurídico que alguma vez celebram (apenas ultrapassado, porventura, pelo matrimónio...), surgindo o trabalho como aspeto central (por vezes obsessivamente central) das suas vidas[15].

É esta relação de troca trabalho-salário, fundada num (ou disfarçada de?)[16] *contrato, relação marcadamente patrimonial* (goste-se ou não, o trabalho é, nas economias de mercado em que vivemos, tratado como se fosse uma mercadoria) *à qual assiste, no entanto, uma dimensão irrecusavelmente pessoal* (pois a força de trabalho não é dissociável do trabalhador, e este, tanto ou mais do que sujeito do contrato, é objeto do mesmo)[17], *é esta relação estruturalmente desigual e intrinsecamente conflitual, cunhada por uma forte divergência de inte-*

---

[14] Aliás, como bem assinala ALAIN DE BOTTON, «a atividade profissional por que optámos é o elemento que define a nossa identidade, na medida em que a pergunta mais frequente que fazemos a alguém que acabamos de conhecer não é de onde é que vem ou quem são os seus progenitores, mas sim o que *faz*» (*Alegrias e Tristezas do Trabalho*, Publicações Dom Quixote, 2010, p. 118). O trabalho constitui, pois, um vetor essencial das nossas sociedades. No dizer de DOMINIQUE SCHNAPPER, «é a maneira de assegurar a vida material, de estruturar o tempo e o espaço, é o lugar da expressão da dignidade de si próprio e das permutas sociais. O tempo do trabalho profissional dá o seu sentido aos outros momentos da vida» (*Contra o Fim do Trabalho*, Terramar, Lisboa, 1998, pp. 18-19).

[15] Isto dito, também não deixa de ser verdade que o trabalho perdeu, nos últimos anos, alguma da centralidade social que detinha, designadamente no que diz respeito ao seu papel na formação da identidade pessoal – talvez porque, como alguém disse, cada vez é mais fácil perdê-lo e cada vez é mais difícil encontrá-lo, numa economia recheada de *petits boulots* ocasionais, intermitentes, precários...

[16] Recordem-se as cortantes palavras de GIANFRANCO POGGI: «Precisamente no centro do sistema capitalista encontra-se, disfarçada de contrato, uma relação, essencialmente coercitiva e fortemente assimétrica, cujas partes são, necessariamente, reciprocamente hostis» (*apud* FEDERICO MANCINI, «Direito do trabalho e direito comunitário», *Boletim da Faculdade de Direito*, Coimbra, 1986, p. 293).

[17] O trabalhador compromete intensamente a sua pessoa na relação laboral, incorpora-se nesta, ao invés do que sucede com o empregador, que apenas participa limitadamente. Na deliciosa fórmula de OJEDA AVILÉS, as participações do empregador e do trabalhador nesta relação correspondem, em boa medida, às da galinha e do porco no clássico pequeno-almoço inglês de *bacon* com ovos (a galinha participa, é certo, mas o porco, esse, envolve-se plenamente...) – «La saturación del fundamento contractualista. La respuesta autopoyética a la crisis del Derecho del Trabajo», *REDT*, nº 111, 2002, p. 334. Ou, para o dizermos com ALAIN SUPIOT, «na relação de trabalho, o trabalhador, ao contrário do empre-

resses entre trabalhadores e empregadores, que constitui o cerne da nossa disciplina. E o objetivo precípuo do Direito do Trabalho consiste, justamente, em tentar harmonizar estes interesses conflituantes, funcionando como plataforma de compromisso de interesses sociais e económicos, não raro, contrapostos, em ordem, para o dizermos com FEDERICO MANCINI, a que «os trabalhadores interviessem na realização do contrato de trabalho com o máximo de liberdade, para suavizar a coerção e a assimetria intrínsecas à relação de trabalho e subordinar a congénita hostilidade entre as partes à ponderação racional dos custos e benefícios resultantes das manifestações dessa hostilidade»[18].

Forjado no séc. XIX, desenvolvido e amadurecido no séc. XX, estará o Direito do Trabalho condenado a definhar ao longo do séc. XXI? Não creio. Com efeito, nas condições atuais do capitalismo, em que, na fórmula de ROBERT REICH, o «capitalismo democrático» deu lugar ao «supercapitalismo»[19], marcado por uma concorrência infrene e globalizada, as empresas têm de responder a uma dupla pressão: a pressão dos consumidores (que querem fazer bons negócios, reduzindo os seus encargos) e a pressão dos investidores (que também querem fazer bons negócios, aumentando os seus rendimentos). E tanto os consumidores como os investidores são, hoje, altamente voláteis e dificilmente fidelizáveis, movendo-se constantemente num mercado global criado e potenciado pelas novas tecnologias. Colocadas perante esta pressão concorrencial intensa e crescente, as empresas são obrigadas a aumentar a sua eficiência – o que, em muitos casos, equivale a reduzir custos. E esta redução de custos, desejada pelos consumidores e reclamada pelos acionistas, põe em xeque a posição dos respetivos trabalhadores (contenção salarial, degradação das condições de trabalho, despedimentos, etc.). Neste quadro, a necessidade de estabelecer regras jurídicas, de raiz autónoma ou heterónoma, de origem nacional, internacional ou supranacional, tendentes a regular e disciplinar esta concorrência interempresarial, em ordem a salvaguardar as condições de vida e de trabalho dos que aí laboram, revela-se prioritária. É, afinal, de cidadania e de democracia que estamos a falar. E o Direito do Trabalho assume-se

---

gador, não arrisca o património, arrisca a pele. E foi, desde logo, para salvar esta última que o direito do trabalho se constituiu» (*Crítica do Direito do Trabalho*, cit., pp. 92-93).

[18] «Direito do trabalho e direito comunitário», cit., p. 293.

[19] ROBERT B. REICH, *Supercapitalism: The Transformation of Business, Democracy, and Everyday Life*, Alfred A. Knopf, New York, 2007.

como um pressuposto daquela e como um baluarte desta. Sem Direito do Trabalho, o supercapitalismo invade e corrompe a democracia, empobrecendo a nossa comum condição de cidadãos. É que, decerto, todos somos consumidores e alguns de nós são investidores; mas todos somos, igualmente, cidadãos; e muitos de nós são trabalhadores.

Em todo o caso, é inegável que a globalização capitalista, ao superar as fronteiras nacionais e ao desestruturar os mercados que antes funcionavam numa base predominantemente estadual, tem submetido o Direito do Trabalho dos países ocidentais a um processo de tremendo desgaste. Concorrência entre trabalhadores à escala universal, competitividade das empresas, deslocalizações transnacionais, *dumping* social... tudo tem contribuído para gerar o chamado «mercado dos produtos legislativos», colocando os ordenamentos jurídico-laborais nacionais em concorrência feroz, sob a égide dos mercados financeiros – corrida à desregulamentação social, *race to the bottom* (não já, note-se, dos trabalhadores, mas das legislações...) em ordem a garantir a sobrevivência, que tende a redundar na proliferação dos «paraísos sociais»[20]. Neste sentido, como alguém observou, a globalização representou tanto o triunfo das *leis do mercado* como a consagração do *mercado das leis*. Não surpreende, por isso, que também se diga que o Direito do Trabalho já conheceu dias melhores...

*

*　　*

Como é sabido, os anos setenta do século passado assistiram ao início da *crise do Direito do Trabalho*, começando desde então a avolumar-se o coro de críticas ao «monolitismo», ao «garantismo» e à «rigidez» das normas jurídico-laborais. Neste contexto, o Direito do Trabalho vê-se remetido para o banco dos réus, é colocado no pelourinho, é acusado de irracionalidade regulativa e de produzir consequências danosas, isto é, de criar mais problemas do que aqueles que resolve, em particular no campo económico e no plano da gestão empresarial (efeito-*boomerang* das normas juslaborais, grandes responsáveis, diz-se, pelas elevadas taxas de desemprego).

Desta forma, no último quartel do séc. XX a *flexibilização* afirma-se como novo *leitmotiv* juslaboral e o Direito do Trabalho passa a ser conce-

---

[20] Sobre este «darwinismo normativo», *vd.*, por todos, as notáveis reflexões de ALAIN SUPIOT, «O direito do trabalho ao desbarato no mercado das normas», *QL*, nº 26, 2005, pp. 121-144, e, mais desenvolvidamente, *L'esprit de Philadelphie – la justice sociale face au marché total*, Éditions du Seuil, 2010.

CONTRATO DE TRABALHO

bido, sobretudo, como um instrumento ao serviço da promoção do emprego e do investimento, como variável da política económica, dominado – quando não obcecado – por considerações de eficiência (produtividade da mão-de-obra, competitividade das empresas, etc.). O Direito do Trabalho atravessa, assim, uma profunda crise de identidade, com a sua axiologia própria (centrada em valores como a igualdade, a dignidade, a solidariedade, etc.) a ser abertamente questionada. Fala-se, não sem alguma razão, numa autêntica «colonização economicista» deste ramo do ordenamento jurídico. A retórica discursiva em torno da flexibilidade mostra-se, aliás, altamente sedutora, sendo o clássico (e, dir-se-ia, historicamente ultrapassado) conflito social entre empregadores e trabalhadores substituído pelo novo conflito entre *insiders* (os trabalhadores com vínculo por tempo indeterminado e com emprego estável) e *outsiders* (os desempregados e os que apenas dispõem de um emprego precário, como os contratados a prazo e os falsos trabalhadores independentes). Um Direito do Trabalho demasiado rígido e excessivamente garantístico seria, afinal, o grande responsável por esta segmentação e pelo dualismo do mercado de trabalho, criando uma fratura entre os que estão dentro e os que estão fora da «cidadela fortificada» do direito laboral.

Vistas as coisas sob este prisma, a defesa dos interesses dos *outsiders* reclamaria a eliminação dos direitos (ou melhor: dos privilégios) dos *insiders*. E o apetite flexibilizador de alguns revela-se, por isso, insaciável («sempre mais!»: sempre mais mobilidade, sempre mais adaptabilidade, sempre mais desregulamentação), tudo em nome das supostas exigências do sacrossanto e omnipotente «Mercado», concebido este como a *Grundnorm* de toda a ordem jurídica.

De qualquer modo, é inegável que, nos nossos dias, a *flexibilidade do mercado de trabalho* constitui um objetivo omnipresente e incontornável, surgindo aquela, diz-se, como um valor "sociologicamente pós-industrial" e "culturalmente pós-moderno"[21]. Ora, "flexibilidade" consiste, sem dúvida, numa palavra mágica, encantatória. Flexível significa maleável, ágil, suave...

---

[21] Como nota ANA MARIA DUARTE, «a flexibilidade tende a estender-se a todas as atividades sociais, a ser utilizada para descrever o *espírito* da época atual, aparecendo como uma dimensão incontornável, necessária e naturalizada das relações entre as pessoas e destas com o mundo que as rodeia» («Trabalho, flexibilidade e precariedade no contexto europeu: precisões analíticas e evidências empíricas», *Cadernos de Ciências Sociais*, nº 25/26, 2008, pp. 7-53 [p. 12, n. 4]). Em suma, a *flexibilidade* substituiu a *solidez* como condição ideal a ser perseguida.

vocábulos que emitem, todos eles, sinais positivos. Flexível opõe-se a rígido – e o que é rígido é mau, o que é rígido parte-se. Mas flexível também pode significar dócil, complacente, submisso. Neste sentido, flexível opõe-se a firme – e o que é firme é bom, o que é firme não se dobra. Na verdade, entre a maleabilidade e a docilidade vai uma distância não despicienda. Tal como entre a suavidade e a complacência. Tal como, afinal, entre a rigidez e a firmeza.

Boa parte da polémica em torno do termo «flexibilidade» reside, assim, na polissemia do mesmo, na diversidade de aceções – nem todas positivas – que comporta. Como bem observa MÁRCIO TÚLIO VIANA, «na verdade, a própria palavra "flexibilização" é extremamente flexível. Dependendo do contexto em que se insere, pode se mostrar democrática ou tirana, moderna ou antiquada, simpática ou cruel. Em geral, no Direito do Trabalho, tem servido para passar uma idéia democrática, moderna e simpática de uma proposta tirana, antiquada e cruel...»[22]. Ninguém quer, julga-se, um Direito do Trabalho rígido e áspero. Mas alguns aspiram, parece, a um Direito do Trabalho mole e condescendente. Alguns suspiram mesmo por um Direito do Trabalho frouxo... A meu ver, um Direito do Trabalho flexível jamais poderá deixar de ser um Direito do Trabalho robusto e vigoroso. Creio que o Direito do Trabalho terá de ser flexível naquele sentido ideal, de «resistência tênsil», apontado por RICHARD SENNETT: «Ser adaptável à mudança de circunstâncias mas sem ser quebrado por ela»[23].

Em jeito conclusivo, julga-se ser algo falaciosa a tese segundo a qual a flexibilização do direito laboral equivale, *sic et simpliciter*, a ganhos de eficiência do aparelho produtivo e, logo, a uma maior competitividade das empresas. A verdade é que, até hoje, a ciência económica nunca conseguiu demonstrar a existência de uma relação causal entre o nível de proteção do emprego e as taxas de desemprego. Aliás, a este respeito não posso deixar de compartilhar o ceticismo de UMBERTO ROMAGNOLI, expresso na seguinte *boutade*: «A ideia segundo a qual, para ajudar e proteger todos os que procuram trabalho, é necessário ajudar e proteger menos quem tem trabalho, é filha da mesma maldade com a qual se sustenta que, para fazer crescer cabelo aos calvos, é necessário rapar o cabelo a quem o tem»[24].

---

[22] «Quando a livre negociação pode ser um mau negócio», *Suplemento Trabalhista LTr*, 2002, vol. 3, pp. 11-14.

[23] A *Corrosão do Caráter*, Terramar, Lisboa, 2001, p. 73.

[24] «Divagazioni sul rapporto tra economia e diritto del lavoro», *LD*, nº 3, 2005, p. 531.

CONTRATO DE TRABALHO

Porém, ainda que assim fosse, isto é, ainda que uma tal correlação viesse a ser estabelecida sem margem para dúvidas, sempre conviria não perder de vista que uma regra jurídica (em especial, uma regra jurídico-laboral) nunca poderá encontrar um arrimo válido e bastante em meras considerações de *eficiência*, sob pena de cairmos numa visão puramente mercantil do Direito e das suas funções. Na verdade, existem outros valores, de índole não económica (desde logo, a dignidade do trabalho e da pessoa que o presta), que ao Direito do Trabalho cabe preservar e promover – ontem como hoje. Ora, a preocupação com o trabalho digno e com a salvaguarda dos direitos humanos no trabalho não pode ser sobrelevada por uma pura lógica de produtividade laboral e de competitividade empresarial[25].

A chamada «mão-de-obra» será, decerto, um fator produtivo, a conjugar com os demais no todo que é a empresa. Mas, antes e acima disso, a mão-de-obra são *pessoas* – é que, como alguém certa vez observou, o trabalho não existe, o que existe são pessoas que trabalham. «O trabalho não é uma mercadoria»! Eis o princípio fundamental afirmado na célebre Declaração de Filadélfia, adotada pela 26ª Conferência da OIT em 10 de maio de 1944. Esta afirmação constitui, afinal, o fundamento normativo nuclear do Direito do Trabalho, significando o primado da dignidade do trabalho e de quem o presta sobre outras considerações, nomeadamente as que relevam da eficiência económica. E, como escreveu KANT, a dignidade não tem preço...[26]

---

[25] Para desenvolvimentos, João Leal Amado, «Perspectivas do Direito do Trabalho: um ramo em crise identitária?», *Revista do Tribunal Regional do Trabalho da 15ª Região – Campinas*, nº 47, 2015, pp. 181-202, e Teresa Coelho Moreira, «Crise e Direito do trabalho: um breve olhar sobre a atual função do Direito do Trabalho», *Estudos dedicados ao Professor Doutor Bernardo da Gama Lobo Xavier*, Direito e Justiça, UCP, vol. III, 2015, pp. 541-566.

[26] «No reino dos fins tudo tem ou um preço ou uma dignidade. Quando uma coisa tem um preço, pode-se pôr em vez dela qualquer outra como equivalente; mas quando uma coisa está acima de todo o preço, e portanto não permite equivalente, então tem ela dignidade» – Immanuel Kant, *Fundamentação da Metafísica dos Costumes*, Edições 70, Lisboa, 2007, p. 77.

§ 2º
Noção, objeto e características gerais do Direito do Trabalho

O que acima se escreve revela que a expressão *Direito do Trabalho* se mostra, porventura, demasiado ampla e, nessa medida, algo enganadora. Com efeito, nem todo o trabalho prestado nas sociedades hodiernas é regulado por este ramo do direito, antes este limita-se, em princípio, a disciplinar as relações laborais marcadas pela nota da subordinação jurídica, pelo dever de o prestador de trabalho obedecer às injunções patronais, pelo poder do credor de trabalho de comandar a actividade daquele. É, pois, o trabalho assalariado, dependente, de execução heteroconformada, aquele que constitui o principal alvo da atenção do direito laboral. E também resulta do que acima se escreve que, na base do surgimento deste ramo do direito, foi sobretudo a figura do operário que esteve presente (fábrica, indústria, proletariado). De todo o modo, importa sublinhar que o contrato de trabalho não se define por *aquilo que se promete fazer*, isto é, pelo tipo de atividade em questão, mas sim pelo *modo como se promete fazer*, isto é, pela circunstância de essa actividade ser prestada sob a autoridade e direção do empregador. Ora, assim sendo, compreende-se que tanto o operário têxtil como o empregado bancário, o jornalista como o futebolista, a empregada doméstica como a «caixa» de um hipermercado, o médico como o escriturário, o professor como o ator teatral, o operário metalúrgico como o treinador desportivo ou o advogado, possam assumir as vestes de «trabalhador subordinado por conta de outrem», sendo destinatários das normas juslaborais.

CONTRATO DE TRABALHO

Produto tardio da Revolução Industrial, nascido a pensar na fábrica e no operário[27], o Direito do Trabalho cresceu muito ao longo do séc. XX, abriu-se a novas realidades, terciarizou-se, sofreu o choque da revolução tecnológica. Neste processo, o âmbito subjetivo do Direito do Trabalho ampliou-se consideravelmente – a fábrica é substituída pela empresa, o operário pelo trabalhador, a dependência económica pela subordinação jurídica –, indo muito para além do seu protótipo tradicional, da matriz fabril que esteve na sua génese. Ora, esta mesma ampliação subjetiva veio a colocar em crise a unicidade, se não mesmo a unidade, do ordenamento jurídico-laboral. A expansão importou, inevitavelmente, uma certa diversificação regimental. O processo de laboralização de dadas relações jurídicas (pense-se, p. ex., na estabelecida pelos desportistas profissionais ou pelos profissionais de espetáculos) acarretou a correspondente especialização de regimes.

Daí que a *diversidade normativa* constitua hoje, seguramente, uma das principais características do ordenamento jurídico-laboral. Com efeito, surgindo o mundo do trabalho assalariado, cada vez mais, como uma realidade multiforme e heterogénea, compreende-se que o correspondente direito não possa apresentar-se como um bloco monolítico. Como assinala JORGE LEITE, «tem-se de facto entendido que, para poder desempenhar o seu papel, deve o Direito do Trabalho moldar-se às realidades que visa organizar e disciplinar, pelo que, sendo estas diversificadas, diversificado deve ser aquele»[28]. E a verdade é que, independentemente dos juízos de valor que se façam quanto a esse fenómeno, a tendência vem sendo a de reforçar e aprofundar semelhante processo de diversificação normativa, dando azo a uma crescente pluralidade de estatutos laborais específicos. No confronto entre uniformidade e pluralismo declara-se o triunfo deste último, proclama-se a inadequação do chamado «enquadramento único» e anuncia-se a que-

---

[27] «Trabalho massificado, sujeito ao ritmo da máquina, realizado na fábrica – lugar de propriedade privada do empregador e com os instrumentos deste – trabalho cujo resultado é propriedade do empregador e trabalho vendido por unidade de tempo. E de um tempo ele próprio cada vez mais uniforme e estandardizado – a fábrica exprime também o triunfo do relógio – que permite conceber este intercâmbio como a 'venda' de energias laborais por unidade de tempo» (JÚLIO GOMES, *Direito do Trabalho*, cit., p. 104).

[28] *Direito do Trabalho (Lições ao 3º ano da FDUC)*, 1993, p. 141. Na expressiva fórmula de UMBERTO ROMAGNOLI, assiste-se hoje à «passagem da sociedade do Trabalho, com o tê inicial respeitosamente maiúsculo, à sociedade dos trabalhos» («Dal lavoro ai lavori», AA. VV., *Scritti in Onore di Giuseppe Federico Mancini*, vol. I, Giuffrè, Milão, 1998, p. 513).

NOÇÃO, OBJETO E CARACTERÍSTICAS GERAIS DO DIREITO DO TRABALHO

bra do «mito da uniformidade de estatuto do trabalhador subordinado»[29]. Afirma-se o *pluralismo tipológico* do contrato de trabalho: este, diz-se, é um género que compreende diversas espécies, é um tipo que abrange diversos subtipos. Tanto a situação atual como as perspetivas que se desenham para o futuro próximo tendem, pois, a reconduzir este ramo do direito a um autêntico «direito disperso do trabalho», como lhe chama MONEREO PÉREZ[30], sendo este configurado, não como um continente jurídico, mas como uma espécie de arquipélago[31].

Não vamos, aqui e agora, analisar em detalhe as razões que levaram ao surgimento deste «direito disperso do trabalho». Parece, em todo o caso, poder afirmar-se com segurança que algumas delas se prendem com o próprio caráter expansivo deste ramo do direito, com a força atrativa das leis laborais. Bem ou mal, o crescimento do Direito do Trabalho andou a par, pois, com alguma perda da sua homogeneidade regulativa. A expansão e a ampliação tiveram o seu reverso na diversificação e na dispersão, quando não numa certa desagregação regimental[32].

---

[29] Assim, ROSÁRIO PALMA RAMALHO, *Da Autonomia Dogmática do Direito do Trabalho*, Almedina, Coimbra, 2001, pp. 537, 577 ou 682.

[30] *Introducción al Nuevo Derecho del Trabajo: una reflexión crítica sobre el Derecho flexible del Trabajo*, Tirant lo Blanch, Valência, 1996, p. 71.

[31] Sobre o ponto, *vd.*, entre nós, as reflexões de NUNES DE CARVALHO, «O pluralismo do Direito do Trabalho», *III Congresso Nacional de Direito do Trabalho – Memórias*, Almedina, Coimbra, 2001, pp. 269-294. Segundo este Autor, o Direito do Trabalho é hoje constituído por «diversos subtipos contratuais» (p. 280), devendo a visão tradicional da ordem juslaboral como «Direito do contrato de trabalho» ser substituída por uma visão diferente, concebendo-se a ordem juslaboral como «Direito dos contratos de trabalho» (p. 294).

[32] Situação particular, e numericamente muito expressiva, é a daqueles que trabalham no seio da Administração Pública. Com efeito, também estes colocam as suas energias laborais ao dispor de outrem, sujeitando-se a uma autoridade alheia e integrando-se numa estrutura hierarquizada para o exercício da correspondente atividade, mas a verdade é que, de acordo com a chamada «conceção estatutária da relação de emprego público», àqueles trabalhadores aplicava-se, tradicionalmente, um puro regime de Direito Administrativo. Eles começaram por não ser concebidos como trabalhadores *proprio sensu*, antes como «fiéis e devotados servidores do Estado». Também aqui, porém, a tradição foi deixando de ser o que era. E o emprego público foi-se, de algum modo, «privatizando», ao longo deste séc. XXI. Para o legislador, dir-se-ia, *private is beautiful*, e o amor por ele sentido pelo direito laboral privado, não obstante já ter conhecido melhores dias, ainda não foi esquecido (a este propósito, PAULO VEIGA E MOURA e CÁTIA ARRIMAR, *Comentários à Lei Geral do Trabalho em Funções Públicas*, 1º vol., Coimbra Editora, 2014, p. 94). Hoje, o quadro jurídico da relação de emprego público é constituído, no essencial, pela chamada *Lei Geral do Trabalho em Funções Públicas* (Lei

CONTRATO DE TRABALHO

Resumindo: *o Direito do Trabalho visa regular uma relação que, conquanto surja em função do livre consentimento prestado por ambos os contraentes, traduzido na voluntária celebração do contrato de trabalho* (neste sentido, o contrato representa sempre um ineliminável sinal de liberdade pessoal), *surge também como uma relação fortemente assimétrica, em cuja execução a pessoa do trabalhador se encontra profundamente envolvida*[33]. Daí que no código genético deste ramo do direito se encontre a sua feição protecionista do contraente débil, a sua função tuitiva do prestador de trabalho, daquele que, ao prestá-lo, se submete à autoridade, direcção e fiscalização de outrem, inserindo-se no respetivo âmbito de organização. E, dada a amplitude do tipo contratual em questão, isto é, dada a grande variedade de prestações de *facere* suscetíveis de serem abarcadas pelo contrato de trabalho, este direito revela-se muito (cada vez mais?) diversificado internamente. O edifício juslaboral é, de facto muito vasto, nele tendo lugar todos aqueles que prestam a sua atividade profissional, mediante retribuição, em moldes heterodeterminados.

Aqui chegados, talvez possamos dar uma primeira resposta à questão «o que é o Direito do Trabalho?», tomando de empréstimo a noção há muito formulada por JORGE LEITE: o Direito do Trabalho é o *conjunto das normas jurídicas, de origem estadual e convencional, que visam regular, com vista à sua normalização, as relações individuais e coletivas que têm como seu elemento unificante e desencadeante o trabalho assalariado* [34]. Esta noção tem a vantagem de:

n° 35/2014, de 20-6), que procedeu à integração de toda a legislação aplicável à administração pública em matéria laboral e que teve em vista simplificar o quadro normativo que regula o exercício de funções públicas, diploma este que, em boa medida, tomou como paradigma o regime constante do CT – o qual replica amiúde e para o qual, ademais, remete com frequência. Parece, pois, confirmar-se a tendência para uma certa osmose regimental, isto é, para uma gradual e progressiva aproximação dos estatutos dos trabalhadores por conta de outrem, tenham eles por empregador uma entidade privada ou uma entidade empregadora pública. Nos termos do diploma em apreço, o vínculo de emprego público constitui-se, em regra, por contrato de trabalho em funções públicas (art. 7º), sendo que os litígios emergentes de tal vínculo continuam a ser da competência dos tribunais administrativos e fiscais (art. 12º).

[33] Deparamos aqui, segundo DOMINIQUE MÉDA, com a «aporia da submissão voluntária», visto que aquela pessoa é «considerada como uma vontade plenamente autónoma no momento da assinatura do contrato de trabalho e, ao mesmo tempo, como uma pessoa subordinada, uma vez assinado o contrato» (*O Trabalho...*, cit., p. 151).

[34] *Direito do Trabalho e da Segurança Social – Lições ao 3º Ano da FDUC*, Serviço de Textos da Universidade de Coimbra, 1982, p. 75. Para uma noção ampliada de Direito do Trabalho, *vd.*, do Autor, *Direito do Trabalho*, vol. I, cit., pp. 44-46.

i) Sublinhar que as normas jurídicas constitutivas deste ramo do ordenamento não se cingem àquelas que são emanadas pelo Estado, antes compreendem outrossim normas criadas pelos sujeitos coletivos, ao abrigo da respetiva autonomia negocial (é o fenómeno da contratação coletiva de trabalho, sem o qual o direito laboral resulta amputado na sua essência);

ii) Evidenciar que é da regulação do trabalho assalariado que se trata, «com vista à sua normalização», isto é, com vista, a um tempo, a limitar e a legitimar os poderes empresariais, a proteger os trabalhadores e a legalizar a posição dominial dos empregadores (também por aqui se manifesta a assinalada ambivalência do Direito do Trabalho);

iii) Vincar que o Direito do Trabalho visa regular, não só a relação bilateral entre trabalhador e empregador, mas também as chamadas «relações coletivas de trabalho» (associativismo sindical e patronal, greve, contratação coletiva, etc.), até porque só estas irrecusáveis dimensões coletivas do fenómeno laboral nos permitem situar e contextualizar devidamente o trabalhador no âmbito da empresa.

§ 3º
Fontes do Direito do Trabalho
(breve referência)

3.1. Fontes específicas: a convenção coletiva de trabalho

«O contrato de trabalho está sujeito, em especial, aos instrumentos de regulamentação coletiva de trabalho, assim como aos usos laborais que não contrariem o princípio da boa fé», lê-se no art. 1º do CT, sob a epígrafe «fontes específicas». E o vasto elenco dos instrumentos de regulamentação coletiva de trabalho (IRCT) aparece logo no artigo seguinte, o 2º, o qual os divide em instrumentos negociais e não negociais: naqueles, inclui-se a convenção coletiva de trabalho, o acordo de adesão (art. 504º) e a decisão de arbitragem voluntária (arts. 506º-507º); nestes, a portaria de extensão (arts. 514º-516º), a portaria de condições de trabalho (arts. 517º-518º) e a decisão de arbitragem obrigatória (arts. 508º-509º) ou necessária (arts. 510º-511º). No seio dos IRCT avulta, como é óbvio, a figura da convenção coletiva, nas suas três modalidades – o contrato coletivo, o acordo coletivo e o acordo de empresa (nº 3 do art. 2º do CT, baseando-se a distinção no critério da entidade empregadora signatária)[35].

---

[35] Os IRCT são publicados no *Boletim do Trabalho e Emprego*, entrando em vigor, após a publicação, nos termos da lei. Isto sem prejuízo de a portaria de extensão e a portaria de condições de trabalho carecerem de ser publicadas no *Diário da República*, para que entrem em vigor (art. 519º do CT).

CONTRATO DE TRABALHO

A convenção coletiva é, pode dizer-se, o IRCT nuclear, em torno do qual todos os outros giram e em função do qual todos os outros se compreendem. Na verdade, a *convenção coletiva de trabalho* afirma-se hoje como uma das mais influentes fontes de Direito do Trabalho, salientando os autores o caráter pioneiro da contratação coletiva relativamente à legislação estadual, vale dizer, a circunstância de, não raro, ser ao nível da contratação coletiva que se vão reconhecendo e difundindo direitos para os trabalhadores, os quais, mais tarde, vêm a ser consagrados pelo legislador (pense-se, para dar apenas um exemplo, no que entre nós sucedeu em relação ao subsídio de Natal).

Mais difícil será caracterizar, com rigor, o que é uma convenção coletiva de trabalho. Ela poderá ser definida como um *acordo escrito celebrado entre instituições patronais (empregadores e suas associações), por um lado, e, por outro, associações representativas de trabalhadores (entre nós, em princípio, associações sindicais), com o objetivo principal de fixar as condições de trabalho* (maxime *salários, mas também carreira profissional, férias, duração de trabalho, regime disciplinar, etc.) que hão-de vigorar para as categorias abrangidas.* A convenção coletiva não chega a ser uma lei, mas também não se reduz à mera condição de contrato; ela é, diz-se, uma síntese destas figuras, é um «contrato-lei», é uma «lei negociada», é um contrato criador de normas, um contrato normativo... Na feliz expressão de CARNELUTTI, as convenções coletivas são um «híbrido que tem um corpo de contrato e alma de lei». Isto porque a convenção coletiva, apresentando embora uma inequívoca faceta negocial, pois resulta do acordo alcançado entre trabalhadores e empregadores, apresenta igualmente uma importante faceta normativa, através da qual ocorre a determinação coletiva das condições de trabalho. Com efeito, as cláusulas normativas da convenção (aquelas que regulam os direitos e deveres dos trabalhadores e dos empregadores, tais como, p. ex., as que estabelecem o valor da retribuição correspondente a cada categoria profissional) condicionam diretamente o conteúdo dos contratos individuais de trabalho por ela abrangidos, no duplo sentido de que preenchem os pontos deixados em branco pelos respetivos sujeitos e se substituem às condições contratuais individualmente estipuladas que sejam menos favoráveis para o trabalhador (a este propósito, veja-se o art. 476º do CT, nos termos do qual «as disposições de instrumento de regulamentação coletiva de trabalho só podem ser afastadas por contrato de trabalho quando este estabeleça condições mais favoráveis para o trabalhador»).

FONTES DO DIREITO DO TRABALHO (BREVE REFERÊNCIA)

Entre nós, o direito de contratação coletiva encontra expressa consagração no texto constitucional, perfilando-se como um dos direitos fundamentais dos trabalhadores, competindo o respetivo exercício às associações sindicais (art. 56º, nº 3, da CRP). A Constituição confia ao legislador a missão de garantir esse direito[36], cabendo portanto ao Estado uma função de promoção da contratação coletiva, a qual é vista como uma técnica privilegiada de composição de interesses coletivos. Daí que o art. 485º do CT estabeleça que «o Estado deve promover a contratação coletiva, de modo a que as convenções coletivas sejam aplicáveis ao maior número de trabalhadores e empregadores».

*

*   *

No tocante às relações entre a convenção coletiva e a lei, é sabido que o chamado «princípio do tratamento mais favorável ao trabalhador» constitui, historicamente, um princípio nuclear, uma diretriz principiológica que governa as relações entre ambas, sempre que estas duas fontes de direito laboral se encontram em concorrência. Ora, pode dizer-se que o significado essencial do «princípio do tratamento mais favorável», não raras vezes designado pela doutrina como «princípio do *favor laboratoris*», enquanto princípio norteador da aplicação das normas juslaborais, enquanto princípio basilar e clássico do Direito do Trabalho, se desdobra analiticamente nas seguintes proposições nucleares: *i)* o Direito do Trabalho consiste num ordenamento de carácter protetivo e compensador da assimetria típica da relação laboral, desempenhando uma função tuitiva relativamente ao trabalhador assalariado; *ii)* esta função tutelar do Direito do Trabalho é cumprida através de normas legais que, em regra, possuem uma natureza relativamente imperativa (normas imperativas mínimas ou semi-imperativas, normas de ordem pública social), as quais consagram garantias mínimas para o trabalhador, admitindo o reforço de tais garantias por via da contratação coletiva; *iii)* daqui decorre que, no tocante às relações entre a lei e a convenção coletiva, o princípio da prevalência hierárquica da lei deve

---

[36] Além desta função de garantia, a CRP defere ainda ao legislador a tarefa de estabelecer as regras respeitantes à legitimidade para a celebração das convenções coletivas, bem como à eficácia das respetivas normas (art. 56º, nº 4, da CRP). Sobre o âmbito pessoal da convenção coletiva (a quem se aplicam as suas normas?), *vd.* os arts. 496º-498º do CT. Sobre o âmbito temporal desta fonte de Direito do Trabalho (até quando vigoram as suas normas?), *vd.* os arts. 499º-503º do CT.

CONTRATO DE TRABALHO

articular-se com o princípio do *favor laboratoris*; assim, e em princípio, o regime convencional poderá afastar-se do regime legal, desde que a alteração se processe *in melius* e não *in pejus*; *iv*) o *favor laboratoris* perfila-se, pois, como uma técnica de resolução de conflitos entre lei e convenção coletiva, pressupondo que, em princípio, as normas juslaborais possuem um carácter relativamente imperativo, isto é, participam de uma imperatividade mínima ou de uma "inderrogabilidade unidirecional".

Assim sendo, o art. 13º, nº 1, da velha e hoje revogada LCT, fixava a diretriz fundamental em matéria de relacionamento e coordenação entre a lei e a convenção coletiva, ao prescrever que «as fontes de direito superiores prevalecem sempre sobre as fontes inferiores, salvo na parte em que estas, sem oposição daquelas, estabelecem tratamento mais favorável para o trabalhador». E o art. 6º da LIRC (DL nº 519-C1/79, de 29 de dezembro), também já revogada, complementava aquele preceito da LCT, ao determinar que as convenções coletivas não poderiam «contrariar normas legais imperativas», nem «incluir qualquer disposição que importe para os trabalhadores tratamento menos favorável do que o estabelecido por lei». Ou seja, as normas legais poderiam, como é óbvio, possuir a mais variada natureza (as normas poderiam ser supletivas ou imperativas, poderiam ser normas absolutamente imperativas[37] ou relativamente imperativas, etc.), mas o certo é que, nas sábias palavras de JORGE LEITE, a norma típica do ordenamento juslaboral era constituída «por uma regra jurídica explícita impositiva e por uma regra jurídica implícita permissiva, vedando aquela qualquer redução dos mínimos legalmente garantidos e facultando esta a fixação de melhores condições de trabalho (proibição de alteração *in pejus* e possibilidade de alteração *in melius*)»[38].

No domínio da concorrência e articulação entre as respetivas fontes, concluía-se, em conformidade, que em Direito do Trabalho a regra (a chamada «regra de princípio») era, afinal, a da aplicação da norma que estabelecesse um tratamento mais favorável ao trabalhador, ainda que tal norma se encontrasse contida numa fonte hierarquicamente inferior. A imodifi-

---

[37] Normas imperativas absolutas, ou normas imperativas de conteúdo fixo, são aquelas que não admitem qualquer modificação por fonte inferior, quer a alteração seja em sentido mais ou menos favorável para o trabalhador, *in melius* ou *in pejus*. É o caso, p. ex., do regime legal dos feriados ou das disposições relativas aos tipos de faltas ao trabalho e à sua duração, bem como o do próprio regime jurídico da cessação do contrato de trabalho.
[38] *Direito do Trabalho*, vol. I, cit., p. 97.

cabilidade *in melius* da norma superior (ou seja, a imperatividade absoluta desta), bem como a sua modificabilidade *in pejus* por norma inferior (ou seja, a supletividade daquela), eram excecionais, pelo que era comum aludir-se à «singular imperatividade» das normas juslaborais, à sua natureza «imperativa-limitativa» ou «imperativa-permissiva», qualquer destas expressões traduzindo a ideia de mínimo de proteção da parte mais débil da relação, como traço característico e identitário das normas juslaborais.

Entretanto, a função de tutela do trabalhador, a função promocional, a função de instrumento de melhoria das condições de trabalho, tudo isto, é claro, não desmente o carácter compromissório deste ramo do direito e a diversidade de funções ao mesmo atribuídas, inclusive por meio da negociação coletiva. Para além daquela sua função central e nuclear, sempre o Direito do trabalho desempenhou outras funções, entre elas a de ser um importante instrumento de gestão, no plano económico, preocupado com a salvaguarda da eficiência e da competitividade das empresas. E no tocante à própria negociação coletiva, a mesma dualidade sempre esteve presente: consistindo a sua função principal em melhorar as condições de trabalho, reforçando as garantias mínimas estabelecidas por lei, também a ideia de flexibilizar e de adaptar essas condições de trabalho, correspondendo às necessidades da empresa, da sua sobrevivência e da sua competitividade, sobretudo em tempos de crise, nunca esteve ausente do elenco de missões da negociação coletiva.

Nos últimos anos, porém, num cenário de globalização capitalista cada vez mais agressiva e com a hegemonia ideológica das correntes neoliberais, dir-se-ia que as prioridades se inverteram: a preocupação central do Direito do Trabalho parece hoje consistir na garantia de eficiência económica das empresas, só em segundo plano surgindo a promoção da equidade nas relações de trabalho; e, no tocante à negociação coletiva, a sua histórica função de melhoria das condições de trabalho aparece hoje subalternizada e substituída pela função de flexibilização e adaptação das normas aos interesses da empresa, às necessidades desta, às conveniências desta, à melhoria da posição competitiva desta – assumindo foros de normalidade a hipótese de afastamento *in pejus* das normas legais por via da negociação coletiva.

Foi neste contexto que surgiu, entre nós, o art. 4º, nº 1, do CT de 2003, preceituando que «as normas deste Código podem, sem prejuízo do disposto no número seguinte, ser afastadas por instrumento de regulamentação coletiva de trabalho, salvo quando delas resultar o contrário». Apesar do disposto na sua epígrafe, o nº 1 deste art. 4º traduziu-se, bem vistas as coisas, num verdadeiro atestado de óbito do *favor laboratoris* relativamente à contratação coletiva, dele se extraindo que, *em princípio, o Direito do Trabalho legislado possui um caráter facultativo ou supletivo face à contratação coletiva* – ou seja, por mor deste preceito, concluía-se que as normas legais passariam a ser, em regra, normas «convénio-dispositivas» ou «coletivo-dispositivas», isto é, normas livremente afastáveis por convenção coletiva de trabalho. Destarte, daí em diante o quadro legal poderia ser alterado *in pejus* pela convenção coletiva, o que implicou uma mutação (dir-se-ia: uma revolução) na filosofia básica inspiradora do Direito do Trabalho: assim, de um direito com uma vocação tutelar relativamente às condições de trabalho, imbuído do princípio da norma social mínima, transitámos para uma espécie de direito neutro, em que o Estado recua e abandona a definição das condições de trabalho à autonomia coletiva.

Era, pois, um novo Direito do Trabalho aquele que resultava do art. 4º do CT de 2003, um Direito do Trabalho menos garantístico e mais transacional, em que aumentava o espaço concedido à autonomia coletiva em virtude do relaxamento da regulação estadual das condições de trabalho, em que a norma negociada se substituía à norma legislada – um Direito do Trabalho que, assim, mudava de alma (alguns diriam: perdia a alma). Em suma, também neste campo, no campo da concorrência e articulação das fontes juslaborais, estamos perante um Direito do Trabalho mais *flexível*, em que a contratação colectiva já não é concebida como um instrumento primordialmente vocacionado para melhorar as condições de trabalho relativamente à lei, mas antes como um puro mecanismo de adequação da lei às circunstâncias e às conveniências da organização produtiva.

Estávamos, em todo o caso, perante um preceito legal que exprimia um inegável abrandamento da atuação interventiva e da postura impositiva do Estado neste domínio, concedendo os poderes públicos novos e mais dilatados espaços regulativos à autonomia coletiva, o que, alegava-se, contribuiria para promover e estimular a contratação coletiva, correspondendo, nessa medida, a um desiderato constitucional. Vistas as coisas sob este prisma, a autonomia privada coletiva como que se emancipava da tutela legal, ganhando maioridade e deixando de ser espartilhada pela lei...

Importa, contudo, notar que, *no campo laboral, o reconhecimento da autonomia coletiva não se processou nunca contra a heteronomia estadual, mas sim contra o poder decisório unilateral do empregador.* Com efeito, o Direito do Trabalho afirmou-se historicamente e consolidou-se dogmaticamente com base na conjugação dialética de dois fenómenos – legislação estadual regulamentadora das condições de trabalho e normação convencional disciplinadora do conteúdo das relações laborais ao nível da empresa, da profissão ou do setor de actividade –, ambos tendo como escopo central a tutela do contraente débil, a compressão da liberdade contratual e a limitação da concorrência entre os trabalhadores no mercado de trabalho. Deste ponto de vista, *a autonomia coletiva veio adicionar-se à heteronomia estadual, não se contrapondo e antes aliando-se a esta*, em ordem a impedir o arbítrio patronal e a "ditadura contratual" de outro modo imposta pelo contraente mais poderoso.

Com efeito, a lei e o tradicional princípio do *favor laboratoris* nunca impediram que a autonomia coletiva se exercesse, cumprindo a principal missão que cabe à contratação coletiva: a missão de servir de instrumento de melhoria das condições de trabalho. Aliás, não é decerto por acaso que a CRP consagra o direito de contratação coletiva como um *direito dos trabalhadores*, não dos empregadores. O direito de negociar coletivamente as condições de trabalho é um direito fundamental dos trabalhadores, a exercer através das suas estruturas representativas – ainda que, como é óbvio, esse direito pressuponha o concurso de vontade das entidades empregadoras ou das suas estruturas representativas. Mas, repete-se, o direito em causa é reconhecido como um direito fundamental dos trabalhadores, em ordem, obviamente, à melhoria de sua condição social. Agora, porém, ao que parece, a principal (?) função da contratação coletiva passou a ser de carácter gestionário e visa a redução de custos empresariais, pelo que agora são os empregadores que revelam um particular desvelo pela contratação coletiva flexibilizante, procurando utilizá-la em detrimento da lei...

Aquando da elaboração do atual CT, o grande problema que se colocava nesta matéria consistia, justamente, em saber se o princípio do tratamento mais favorável, liquidado em 2003, iria ou não ser reposto em vigor. No âmbito do relacionamento entre a lei e a contratação coletiva, perguntava-se: será que o *favor laboratoris,* enquanto «princípio presuntivo» (isto é, enquanto presunção de imperatividade mínima das normas laborais), não deveria ser ressuscitado pelo novo legislador do trabalho?

A resposta veio a ser fornecida pelo art. 3º, nº 1, do novo CT, de 2009, o qual preceitua: «As normas legais reguladoras de contrato de trabalho podem ser afastadas por instrumento de regulamentação coletiva de trabalho, salvo quando delas resultar o contrário». Ou seja, *o princípio é – continua a*

CONTRATO DE TRABALHO

ser – o da natureza «convénio-dispositiva» ou «coletivo-dispositiva» das normas trabalhistas. Significa isto que o CT não trouxe quaisquer novidades neste domínio? Não. Com efeito, o nº 3 do seu art. 3º não deixa de elencar um amplo conjunto de matérias cujo regime jurídico possui, em princípio, um carácter relativamente imperativo, nos seguintes termos:

> «As normas legais reguladoras de contrato de trabalho só podem ser afastadas por instrumento de regulamentação coletiva de trabalho que, sem oposição daquelas normas, disponha em sentido mais favorável aos trabalhadores quando respeitem às seguintes matérias: *a)* direitos de personalidade, igualdade e não discriminação; *b)* proteção na parentalidade; *c)* trabalho de menores; *d)* trabalhador com capacidade de trabalho reduzida, com deficiência ou doença crónica; *e)* trabalhador-estudante; *f)* dever de informação do empregador; *g)* limites à duração dos períodos normais de trabalho diário e semanal; *h)* duração mínima dos períodos de repouso, incluindo a duração mínima do período anual de férias; *i)* duração máxima do trabalho dos trabalhadores noturnos; *j)* forma de cumprimento e garantias da retribuição; *l)* capítulo sobre prevenção e reparação de acidentes de trabalho e doenças profissionais e legislação que o regulamenta; *m)* transmissão de empresa ou estabelecimento; *n)* direitos dos representantes eleitos dos trabalhadores».

Aqui temos, portanto, um bloco normativo que, em princípio, gozará de imperatividade relativa ou imperatividade mínima. Mas, note-se, só em princípio, pois a lei não deixa de ressalvar a hipótese de algumas normas incluídas nesse bloco terem um carácter absolutamente imperativo («sem oposição daquelas normas», lê-se no preceito). E, note-se ainda, fora deste bloco normativo também poderá haver casos de imperatividade relativa (pense-se, por exemplo, na duração do período experimental, a qual poderá ser reduzida, mas não aumentada, por instrumento de regulamentação coletiva, como esclarece o art. 112º, nº 5, do CT) ou de imperatividade absoluta (pense-se, por exemplo, no regime jurídico da cessação do contrato de trabalho, por força do art. 339º, nº 1, do CT). Isso mesmo resulta, aliás, do segmento final do nº 1 do art. 3º («salvo quando delas resultar o contrário»).

De todo o modo, a verdade é que, nesta questão estruturante e identitária, atinente à determinação da natureza das normas laborais e à definição do caráter do ordenamento legal, o atual CT situa-se numa linha de perfeita continuidade em relação ao diploma que o precedeu. Algo mudou, mas, ao que parece, só para que o essencial ficasse na mesma... Assim, e em

FONTES DO DIREITO DO TRABALHO (BREVE REFERÊNCIA)

princípio, *as normas legais continuam a possuir um caráter dispositivo ou supletivo face à contratação colectiva* (nº 1 do art. 3º), *pelo que poderão ser afastadas* in pejus *por esta*.

Não me parece uma boa solução. Pelo contrário, e porque, a meu ver, no séc. XXI ainda subsiste o fundamento que confere valor normativo ao princípio do *favor laboratoris*, a regra, creio, deveria ser a de que o legislado é "insuscetível de desmelhoramento" mediante o negociado. Poderia haver, sem dúvida, exceções a esta regra, em ordem a cumprir a função flexibilizante ou de adaptação regimental que também incumbe à negociação coletiva; mas, por muito numerosas que fossem as exceções, aquela regra de princípio não deveria ser subvertida. Afinal, é da identidade mesma do nosso ramo de direito que estamos a falar, dos seus princípios básicos, do seu código genético, da sua função central, ontem como hoje[39].

3.2. A Organização Internacional do Trabalho e a União Europeia

Porém, como é óbvio, nem só de fontes específicas se constrói o Direito do Trabalho. De resto, o panorama de fontes deste ramo do ordenamento jurídico – entendendo aqui por fontes os diversos modos de produção e revelação de normas jurídico-laborais – mostra-se particularmente rico e complexo, sendo atravessado por duas ideias fortes, aliás estreitamente interligadas: a aceitação do pluralismo normativo e a rejeição de uma visão estatocêntrica da criação do direito, de acordo com a qual o monopólio da normação jurídica pertenceria ao Estado[40]. Na verdade, o nosso Direito do Trabalho é, decerto, constituído por fontes estaduais (desde logo, os preceitos da CRP, a lei e o decreto-lei), mas é-o também por fontes infra--estaduais (em particular, as convenções coletivas de trabalho, expressão da autonomia normativa social), por fontes internacionais e até por fontes supranacionais.

Quanto às *fontes internacionais*, merece especial registo o papel da Organização Internacional do Trabalho (OIT), *maxime* as convenções aprovadas por esta instituição. A OIT é uma instituição especializada da ONU, criada

---

[39] Para maiores desenvolvimentos sobre o tema, com indicações bibliográficas, permito--me remeter para João Leal Amado, «Negociado x legislado – a experiência portuguesa e a reforma trabalhista brasileira: algumas notas», *Revista do Tribunal Superior do Trabalho*, vol. 83, nº 3, jul/set 2017, pp. 138-159.

[40] A propósito, Gomes Canotilho, *Direito Constitucional e Teoria da Constituição*, 3ª ed., Almedina, Coimbra, 1999, pp. 652-653.

CONTRATO DE TRABALHO

em 1919, imediatamente a seguir à 1ª Guerra Mundial, quando o Direito do Trabalho ainda mal existia ao nível nacional, através da qual se tem tentado criar uma espécie de «direito internacional do trabalho» e promover o trabalho digno à escala universal – algo que, com o fenómeno da globalização dos mercados, tem tanto de difícil como de urgente. Aliás, como muitas vezes se diz, na aldeia global em que o mundo se transformou, o Direito do Trabalho ou será internacional – erigindo a noção de trabalho digno à condição de limite da concorrência comercial global – ou, pura e simplesmente, não existirá...

Obedecendo, na sua composição e funcionamento, ao chamado «princípio do tripartismo» (representantes dos Estados, dos trabalhadores e dos empregadores), o órgão deliberativo da OIT (a Conferência) pode aprovar, por maioria de dois terços, Convenções e Recomendações. Mas só as convenções se destinam a ser incorporadas no direito interno de cada Estado, após o respetivo processo de ratificação[41]. Por ação da própria OIT, afirma-se hoje a existência de um conjunto de normas laborais essenciais (*core labour standards*), integrado por algumas das suas "convenções nucleares" consagradoras de direitos básicos dos trabalhadores, a saber: liberdade de trabalho (proibição de trabalho forçado e de trabalho infantil), liberdade sindical e contratação coletiva, e proibição de discriminação nas relações laborais. Trata-se, como se disse, de um conjunto de *standards* mínimos, aliás de âmbito limitado pois são excluídos os direitos de caráter "positivo" que possam ter impacto direto nos custos do trabalho (como salário mínimo, duração do trabalho, férias pagas, saúde e segurança no trabalho, etc.) – quiçá para, precisamente, não pôr em causa a principal vantagem competitiva dos países em desenvolvimento, que são os baixos salários.

No *plano supranacional*, vai assumindo crescente relevo a União Europeia, quer ao nível do chamado «direito comunitário originário ou primário» (direito dos Tratados), quer ao nível do «direito comunitário derivado ou secundário» (direito dos órgãos comunitários), merecendo particular destaque as diretivas que têm sido aprovadas em matéria social pelas instituições competentes da UE. Como é sabido, os principais instrumentos normativos que integram o chamado «direito comunitário derivado» são os Regulamentos e as Diretivas: aqueles são obrigatórios em todos os seus

---

[41] *Vd.*, a propósito, o nº 2 do art. 8º da CRP. Em termos de hierarquia normativa, tem-se entendido que as convenções internacionais ratificadas se situam num plano infraconstitucional, mas supralegislativo.

FONTES DO DIREITO DO TRABALHO (BREVE REFERÊNCIA)

elementos e são diretamente aplicáveis em todos os Estados-Membros; estas vinculam os Estados-Membros destinatários quanto ao resultado a alcançar, deixando, no entanto, às instâncias nacionais a competência quanto à forma e aos meios (art. 288º do Tratado sobre o funcionamento da União Europeia)[42].

É certo que a Comunidade Europeia surgiu como espaço prioritariamente marcado pelo objetivo da integração económica (construção de um «mercado comum»), mas, lenta e gradualmente, aquela vem adquirindo dimensão social (criação de um «espaço social europeu») e mesmo política (p. ex., a cidadania da União). Quanto ao direito comunitário do trabalho, talvez possa dizer-se que o mesmo se estrutura, no essencial, em torno de duas palavras-chave: liberdade e igualdade, isto é, *princípio da liberdade de circulação dos trabalhadores* e *princípio da igualdade de oportunidades e de tratamento entre trabalhadores e trabalhadoras*, ambos assentes, de resto, num pilar antidiscriminatório – a proibição de discriminação em função da nacionalidade e em função do sexo.

A situação, geralmente reconhecida, de défice de direitos laborais fundamentais da União Europeia modificou-se bastante depois do Tratado de Lisboa, em consequência da constitucionalização da *Carta dos Direitos Fundamentais da União Europeia*, que passou a ter o mesmo valor jurídico dos Tratados (art. 6º do TFUE). Isto porque a CDFUE reconhece um amplo conjunto de direitos fundamentais dos trabalhadores, desde a liberdade de trabalho à igualdade de género, desde o direito à informação e consulta na empresa ao direito de negociação coletiva, passando pelo direito à greve, desde o direito de acesso a serviços de emprego ao direito a condições de trabalho justas e dignas (incluindo a proibição do trabalho infantil, assim como o direito à limitação do tempo de trabalho e a férias periódicas pagas), culminando na proteção contra despedimentos sem justa causa.

3.3. A Constituição da República

Nesta sede, a CRP merece particular referência, a três níveis distintos. Assim:

---

[42] Em matéria juslaboral, tem sido sobretudo através de diretivas que o direito comunitário se tem desenvolvido (*vd.*, sobre o ponto, o art. 2º da lei que aprovou a revisão do CT, dando conta das diretivas transpostas para o nosso ordenamento por este diploma, bem como o nº 8 do art. 112º da CRP). Importa, outrossim, levar em conta a jurisprudência do TJUE, pois o direito comunitário consiste, em grande medida, num *judge-made law*.

i) É inegável que o nosso Direito do Trabalho se encontra fortemente constitucionalizado, na justa medida em que existe um conjunto de normas e princípios constitucionais estruturantes do trabalho assalariado, o chamado *bloco constitucional do trabalho*, que funciona como quadro ordenador de um determinado modelo de relações laborais. Com efeito, os princípios básicos que dominam os vários institutos do direito laboral estão consignados na CRP, quer no capítulo dos direitos, liberdades e garantias dos trabalhadores (garantia da segurança no emprego e proibição do despedimento sem justa causa, criação e atuação de comissões de trabalhadores, liberdade sindical, direito de contratação coletiva, direito à greve), quer no capítulo dos direitos e deveres económicos (direito ao trabalho e à retribuição do trabalho, direito à organização do trabalho em condições socialmente dignificantes, direito à prestação de trabalho em condições de higiene, segurança e saúde, direito ao repouso e aos lazeres, a um limite máximo da jornada de trabalho, ao descanso semanal e a férias periódicas pagas, direito à assistência material no desemprego, direito à assistência e a justa reparação em caso de acidente de trabalho ou de doença profissional, etc.). Neste quadro, em que o trabalho é objeto de singular atenção e de especial tutela, é indubitável que a CRP se assume como fonte particularmente qualificada do nosso direito laboral. Sem prejuízo da margem de liberdade que sempre cabe ao legislador ordinário, o certo é que as opções fundamentais que enformam o nosso sistema jurídico-laboral foram guindadas ao plano constitucional. Vale dizer: sendo certo que o nosso direito laboral não se reduz a uma espécie de «direito constitucional do trabalho aplicado», não menos certo é que o «bloco constitucional do trabalho» não poderá nem deverá ser desatendido pelo legislador ordinário, sob pena de a respetiva normação vir a ser declarada inconstitucional.

Não por acaso, o *direito à segurança no emprego*, consagrado no art. 53º da CRP, traduz-se no primeiro dos direitos, liberdades e garantias dos trabalhadores. Trata-se, na ótica constitucional, de reconhecer a especial importância do bem protegido por esse direito, bem como de sublinhar que, sem segurança no emprego, todos os restantes direitos dos trabalhadores quase se convertem numa miragem (p. ex.: quantos trabalhadores precários exercem, efetivamente,

FONTES DO DIREITO DO TRABALHO (BREVE REFERÊNCIA)

o seu direito à greve, não obstante tal direito lhes seja formalmente reconhecido?). É certo que, nos últimos anos, a tutela tende a deslocar-se da estabilidade no emprego para a empregabilidade do trabalhador, procurando-se proteger o trabalhador, não tanto no emprego mas sobretudo no mercado[43]. De todo o modo, se a estabilidade no emprego não é, decerto, um valor *absoluto*, também não parece que deva ser considerada um valor *obsoleto*, até pelas implicações que tem na qualidade de vida geral do trabalhador e respetiva família[44].

ii) Para além do incontornável papel que desempenha enquanto fonte material do nosso direito laboral, a CRP surge, também, como «fonte das fontes», isto é, como «norma primária sobre a produção de normas». Neste plano, cumpre chamar a atenção para a reserva relativa de competência legislativa da *Assembleia da República* em matéria de «direitos, liberdades e garantias» (entre estes se incluindo, como é óbvio, os direitos, liberdades e garantias dos trabalhadores), pelo que estas matérias apenas poderão ser reguladas através de decreto-lei governamental em caso de prévia autorização da AR, e nos precisos termos de tal autorização. Isto porque, como é sabido, a lei de autorização legislativa não se pode limitar a passar um «cheque em branco» ao Governo, antes deve definir «o objeto, o sentido, a extensão e a duração da autorização, a qual pode ser prorrogada»

---

[43] Atente-se, a este propósito, em toda a discussão travada em torno da chamada «flexigurança», a qual, segundo se diz, assenta numa espécie de «triângulo mágico» de políticas de articulação e compatibilização entre *i)* flexibilidade acrescida em matéria de contratações e despedimentos (flexibilidade contratual, «de entrada e de saída»), *ii)* proteção social elevada (leia-se: adequada) no desemprego, *iii)* políticas ativas de formação, qualificação e emprego, propiciando uma transição rápida e não dolorosa entre diversos empregos. A flexigurança surge, pois, como um *concentrado de flexibilidade (na relação laboral, no emprego) e de segurança (no mercado de trabalho, no desemprego)*, em que a tradicional «proteção do emprego/estabilidade do posto de trabalho» é sacrificada em prol da ideia de uma «mobilidade protegida/segurança na vida ativa». O cerne do problema consiste, porém, em determinar a dosagem certa de cada um dos elementos que compõem o conceito, em efetuar um adequado *trade-off* entre flexibilidade e segurança.

[44] Sobre o ponto, concluindo que normas como o art. 53º da CRP correm o risco de se transformarem apenas numa memória de um tempo que passou, *vd.* Luís Menezes Leitão, «A precariedade: um novo paradigma laboral?», João Reis/Leal Amado/Liberal Fernandes/Regina Redinha (coord.), *Para Jorge Leite – Escritos Jurídico-Laborais*, vol. I, Coimbra Editora, 2014, pp. 455-467.

(art. 165º, nº 2, da CRP). E não obstante, em princípio, as leis e os decretos-leis tenham igual valor, o certo é que as leis de autorização constituem um exemplo de leis com valor reforçado, pelo que os decretos-leis publicados no uso de autorização legislativa se encontram subordinados às mesmas (art. 112º, nº 2, da CRP).

Sem tal autorização, só a AR poderá legislar neste domínio. Porém, fora do campo delimitado pelos direitos, liberdades e garantias dos trabalhadores (bem como dos chamados «direitos fundamentais de natureza análoga»), já existe uma competência legislativa concorrente entre o parlamento e o governo em matéria laboral.

iii) Os trabalhadores gozam, em todo o caso, do *direito fundamental de participar na elaboração da legislação do trabalho*, através das comissões de trabalhadores (art. 54º, nº 5, al. *d*), da CRP) e das associações sindicais (art. 56º, nº 2, al. *a*), da CRP). A violação deste direito implica a inconstitucionalidade da correspondente legislação do trabalho, pois a participação é um pressuposto indispensável para a legitimidade procedimental da normação aprovada. Isto sem prejuízo de, como é óbvio, o direito de participação não privar os órgãos legislativos do seu poder decisório: não se trata aqui de conceder aos trabalhadores um direito de voto ou qualquer direito de veto, mas antes de reforçar a democraticidade do processo legislativo, chamando os destinatários das normas a sobre elas discutirem e sobre elas se pronunciarem antes da respetiva aprovação. A densificação deste direito, vale dizer, o esclarecimento daquilo que se entende por «legislação do trabalho» e a definição dos procedimentos a observar para que se dê cumprimento ao mandato constitucional (publicação dos projetos ou propostas, prazo de apreciação pública, pareceres e audições das organizações representativas, resultados da apreciação pública, etc.), encontra-se feita nos arts. 469º a 475º do CT[45].

Este direito de participação na elaboração da legislação do trabalho não deve ser confundido com a chamada «concertação social», concertação entre o Governo e as confederações sindicais e patronais que tem lugar no âmbito da *Comissão Permanente de Concertação*

---

[45] Diploma no qual, aliás, se prevê a obrigatoriedade de consulta, não só das estruturas representativas dos trabalhadores, mas também das associações de empregadores – o que se aplaude, ainda que sem descurar que o direito fundamental aqui em jogo é um direito de que apenas os trabalhadores são titulares.

FONTES DO DIREITO DO TRABALHO (BREVE REFERÊNCIA)

Social, esta última integrada no Conselho Económico e Social (art. 92º da CRP). Os acordos de concertação social alcançados nesta sede, ainda que não vinculem juridicamente o parlamento, têm-se traduzido, na prática, num forte fator de constrangimento político do órgão legislativo, que assim, muitas vezes, se tem limitado a «carimbar» o conteúdo daqueles acordos, sem se atrever a mudar uma vírgula que seja... Surge, assim, uma espécie de «legislação concertada», que o parlamento é chamado, tão-só, a chancelar *a posteriori*, legislação esta que, credenciando-se embora numa apelativa ideia de compromisso dos «parceiros sociais», não deixa de pôr em xeque os velhos princípios da democracia representativa (diluição da responsabilidade da maioria parlamentar pelas decisões político-legislativas, obnubilação da supremacia legislativa do parlamento e da representação partidária, etc.)[46].

---

[46] A este propósito, por todos, VITAL MOREIRA, «Neocorporativismo e Estado de Direito democrático», *QL*, nº 14, 1999, pp. 174-188. Importa, outrossim, não confundir a concertação social com a contratação coletiva. Com efeito, aquela ocorre no âmbito da CPCS, estrutura tripartida integrada por membros do Governo, das confederações sindicais (CGTP-IN e UGT) e das confederações patronais (CIP, CCP, CAP e CTP), ao passo que esta decorre das negociações desencadeadas *ad hoc* entre associações sindicais e entidades empregadoras ou associações de empregadores. Além disso, como se assinalou, na concertação social o que se pretende é a promoção do diálogo entre os membros da CPCS, com vista à obtenção de acordos que servirão de base à atuação do legislador, ao passo que a contratação coletiva cria normas jurídicas novas que, depois de publicadas, serão diretamente aplicáveis aos contratos individuais de trabalho que visam regular.

§ 4º
Contrato de trabalho: noção e elementos essenciais

Já o sabemos: para o Direito do Trabalho releva, sobretudo, o fenómeno do trabalho assalariado, subordinado, prestado por conta alheia. E o mecanismo jurídico através do qual se realiza o acesso a esse trabalho subordinado é o do contrato individual de trabalho. Recordemos a respetiva noção, tal como se encontra hoje consagrada no art. 11º do CT: «Contrato de trabalho é aquele pelo qual uma pessoa singular se obriga, mediante retribuição, a prestar a sua atividade a outra ou outras pessoas, no âmbito de organização e sob a autoridade destas».

Se cotejarmos a noção vertida no atual CT com a noção constante do CCivil, de 1966, verificamos que se registam algumas diferenças, julga-se que não muito significativas [47]. Quatro notas merecem, ainda assim, um breve apontamento:

i) O CT afirma, *expressis verbis*, que o trabalhador é, necessariamente, uma *pessoa singular*, «de carne e osso», nunca uma pessoa coletiva (já o empregador, como veremos, tanto poderá ser uma pessoa singular como coletiva);

ii) Ao passo que o CCivil alude à prestação de uma atividade *intelectual ou manual*, o CT abstém-se de proceder a tal qualificação da atividade

---

[47] Aliás, se recuarmos até 1937, ano em que surgiu entre nós o primeiro regime específico do contrato de trabalho, constante da Lei nº 1952, de 10-3, confirmaremos a existência de uma grande estabilidade nesta matéria. Com efeito, o art. 1º desta lei definia o contrato de trabalho como «a convenção por força da qual uma pessoa se obriga, mediante remuneração, a prestar a outra a sua atividade profissional, ficando, no exercício desta, sob as ordens, direção ou fiscalização da pessoa servida».

prometida pelo devedor (o que talvez se justifique, tanto em razão do respeito devido ao princípio da igualdade, como pela tendencial homogeneização do trabalho inerente à revolução tecnológica dos nossos dias, que torna algo evanescente a tradicional distinção entre trabalho manual e intelectual);

iii) O CCivil apenas utilizava o singular quando se referia ao empregador (não, claro, no sentido de que este teria de ser uma pessoa singular, mas no sentido de que este seria apenas um), ao passo que o CT admite, ainda que em casos contados, que um contrato de trabalho vincule um trabalhador a vários empregadores (hipótese de *pluralidade de empregadores*, prevista no art. 101º do CT). Assim, verificados que sejam determinados requisitos, a lei permite que o trabalhador se obrigue, por força de um único contrato, a prestar trabalho a vários empregadores entre os quais exista uma relação societária de participações recíprocas, de domínio ou de grupo, bem como a empregadores que, independentemente da natureza societária, mantenham estruturas organizativas comuns – um único vínculo contratual, vários beneficiários da prestação laboral. Já a hipótese inversa (um contrato de trabalho tendo, num pólo, um único empregador e, no outro, vários trabalhadores, isto é, uma situação de pluralidade de trabalhadores) não é contemplada pelo CT;

iv) O CCivil diz que o trabalhador prestará a sua atividade «sob a autoridade e direção» do empregador, ao passo que o CT afirma que a mesma será prestada «no âmbito de organização e sob a autoridade» do empregador. Trata-se de uma *nuance* legislativa que acentua o *elemento organizativo*, em regra empresarial, típico do contrato de trabalho. A tónica é colocada no elemento da hetero-organização, na inserção funcional do trabalhador numa estrutura organizativa predisposta e dirigida por outrem. Terá esta *nuance* implicações práticas significativas? Não me parece. Admito que esta referência expressa ao «âmbito de organização» do empregador venha a dar azo a algum debate doutrinal. Mas, neste plano, convém assinalar que a colocação em relevo do elemento de inserção organizacional que inere ao contrato de trabalho era já feita, antes da reformulação da respetiva noção legal, por ROSÁRIO PALMA RAMALHO. Para esta Autora, o contrato de trabalho surgia como um «contrato de inserção organizacional necessária», assistindo essa componente organizacio-

CONTRATO DE TRABALHO: NOÇÃO E ELEMENTOS ESSENCIAIS

nal a todos os contratos de trabalho, tivessem ou não escopo empresarial[48]. Dir-se-ia, pois, que essa componente organizacional, antes implícita, foi agora explicitada pelo legislador. Mas, repito, não me parece que tal mude alguma coisa em sede de qualificação contratual: julga-se que os retoques dados pelo art. 11º do CT não fizeram com que um qualquer contrato, até então de trabalho, deixasse de sê-lo (ou, em sentido inverso, que um qualquer contrato, até então não de trabalho, passasse a sê-lo) a partir de 2009.

Destarte, ontem como hoje, analisando a noção legal de contrato de trabalho concluímos que o mesmo é constituído, essencialmente, por três elementos: a prestação de trabalho, a retribuição e, *last but not least*, a subordinação jurídica. Vejamos:

i) Quanto à *prestação de trabalho*, esta traduz-se numa prestação de facto positivo, sendo que qualquer atividade humana, desde que lícita e apta a corresponder a um interesse do credor digno de proteção legal, pode constituir objeto deste contrato (*vd.*, a este propósito, o disposto no art. 398º do CCivil e no art. 115º do CT). A obrigação do trabalhador traduz-se no exercício de uma (mais ou menos) determinada atividade, isto é, no dispêndio de um certo conjunto de energias físicas e psíquicas ao serviço e em benefício do empregador. Mas é óbvio que o trabalhador cumpre a sua obrigação se, colocando a sua energia laborativa à disposição do empregador no tempo e no local acordados, o empregador não aproveitar esta disponibilidade de mão-de-obra. Neste caso, a falta de exercício efetivo da atividade por banda do trabalhador é imputável ao empregador, credor da prestação, pelo que este se mantém obrigado a pagar a retribuição àquele. Mais: como melhor veremos *infra*, neste caso a violação contratual ocorrerá por ação do empregador, o qual, sendo responsável pela inatividade do trabalhador, estará a desrespeitar uma das garantias legais deste – com efeito, e nos termos do

---

[48] *Vd.*, a este propósito, *Direito do Trabalho, Parte I, Dogmática Geral*, Almedina, Coimbra, 2005, pp. 424-428. E note-se que também BERNARDO LOBO XAVIER concebia o contrato de trabalho como um «contrato de organização» (assim, *Curso de Direito do Trabalho*, I, 3ª ed., Verbo, Lisboa/São Paulo, 2004, pp. 120 ou 517).

art. 129º, nº 1, al. *b)*, do CT, é proibido ao empregador «obstar injustificadamente à prestação efetiva do trabalho»;

ii) Quanto à *retribuição*, ela constitui a contrapartida patrimonial da atividade prestada (ou disponibilizada) pelo trabalhador. Na essência, o trabalhador coloca a sua força de trabalho à disposição do empregador mediante um preço (sinalagma trabalho-salário)[49]. E deve notar-se que o Direito do Trabalho se formou, em boa medida, a partir da tomada de consciência de que este preço não pode ser fixado em função das leis do mercado, de acordo com as leis da oferta e da procura (a célebre «mão invisível» de Adam Smith), antes devendo ser estabelecido em sede de contratação coletiva e com respeito pelas diretrizes fixadas pelos poderes públicos (pense-se, desde logo, na fixação, por via de lei, do salário mínimo nacional, prevista e imposta pelo art. 59º, nº 2, al. *a)*, da CRP). Nos termos do art. 258º, nº 1, do CT, «considera-se retribuição a prestação a que, nos termos do contrato, das normas que o regem ou dos usos, o trabalhador tem direito em contrapartida do seu trabalho». No trabalho prestado em moldes dependentes e por conta alheia, o risco corre por conta da entidade que dele vem a beneficiar – a entidade empregadora. O trabalhador, diz-se, assume uma mera obrigação de meios, compromete-se apenas a prestar uma atividade a outrem, de acordo com as respetivas ordens e instruções, sendo que o resultado dessa atividade produtiva está já, acrescenta-se, fora do contrato, correspondendo ao chamado "risco empresarial". Assim, compete ao empregador, no uso dos seus poderes, combinar a mão-de-obra com os restantes fatores produtivos na empresa, em ordem a atingir os resultados almejados; se o não conseguir em moldes satisfatórios, se os resultados almejados não forem atingidos, *sibi imputet* – o traba-

---

[49] Daí que no chamado trabalho benévolo, prestado numa situação de voluntariado ou com espírito de entreajuda (por exemplo, no seio da família), não haja um contrato de trabalho. O que, note-se, não equivale a dizer que é impossível existir um contrato de trabalho entre dois membros da mesma família. Tudo dependerá da (in)existência do chamado *animus contrahendi*: assim, um filho pode trabalhar num estabelecimento comercial dos pais, ao abrigo de um autêntico contrato de trabalho. Dir-se-ia que, tendencialmente, quanto mais «empresarial» for o contexto da prestação de trabalho e quanto menos estreitos forem os laços familiares, tanto maior será a probabilidade de os sujeitos estabelecerem um verdadeiro vínculo laboral.

CONTRATO DE TRABALHO: NOÇÃO E ELEMENTOS ESSENCIAIS

lhador nem por isso deixou de cumprir as obrigações para ele decorrentes do contrato;

iii) Quanto à *subordinação jurídica*, ela decorre do facto de o trabalhador se comprometer a prestar a sua atividade «sob a autoridade e direção» da entidade empregadora (ou, de acordo com a nova fórmula legal, «no âmbito de organização e sob a autoridade» desta), sendo usual dizer-se que é neste elemento que reside o principal critério de qualificação do contrato de trabalho – e de distinção deste face a contratos vizinhos. A subordinação jurídica consiste no reverso do poder diretivo do empregador, ou seja, no poder de o credor da prestação conformar, através de comandos e instruções, a prestação a que o trabalhador se obrigou, definindo como, quando, onde e com que meios deve esta ser executada. Por isso o CT afirma que «compete ao empregador estabelecer os termos em que o trabalho deve ser prestado, dentro dos limites decorrentes do contrato e das normas que o regem» (art. 97º). E também por isso o mesmo diploma acrescenta que o trabalhador deve «cumprir as ordens e instruções do empregador respeitantes a execução e disciplina do trabalho, bem como a segurança e saúde no trabalho, que não sejam contrárias aos seus direitos ou garantias» (art. 128º, nº 1, al. *e*)). Como se depreende da simples leitura destas normas, a subordinação jurídica conhece *limites* (sob pena, aliás, de a condição do trabalhador se degradar a uma condição servil), devendo acrescentar-se que também comporta *graus* distintos, tanto podendo ser muito intensa como exprimir-se em moldes bastante ténues e até potenciais (desde logo, a subordinação jurídica não é incompatível com a autonomia técnico-executiva, típica, p. ex., das chamadas «profissões liberais»)[50]. E sublinhe-se, por último, que se trata de uma subordinação de natureza *jurídica*, a qual não se identifica com a de-

---

[50] Pense-se no caso dos médicos, dos farmacêuticos, dos arquitetos, dos engenheiros, dos advogados... A este propósito, *vd.* o art. 116º do CT (segundo o qual, «a sujeição à autoridade e direção do empregador não prejudica a autonomia técnica do trabalhador inerente à atividade prestada, nos termos das regras legais ou deontológicas aplicáveis»), bem como, no caso específico da advocacia, o art. 68º do Estatuto da Ordem dos Advogados. De resto, a laboralização do exercício da advocacia parece ser um fenómeno irreversível, não apenas no tocante aos chamados «advogados de empresa», mas, inclusive, no que toca à prestação de trabalho subordinado por advogados no âmbito das sociedades de advogados.

pendência económica do prestador de atividade (isto é, com a circunstância de o trabalhador carecer dos rendimentos do trabalho para satisfazer as suas necessidades quotidianas). É certo que esta é uma dupla que, em regra, anda a par, cumulando o trabalhador a condição de sujeito juridicamente subordinado e economicamente dependente – e a lei, como é óbvio, não pode nem deve ignorar esta tendencial coincidência. Porém, há casos de divórcio entre ambas, visto que a dependência económica pode viver desacompanhada da subordinação jurídica (pense-se, p. ex., em certas hipóteses do chamado «trabalho no domicílio», tema que será referenciado *infra*), sendo a inversa também verdadeira (se um multimilionário celebrar um contrato de trabalho, a sua condição económica desafogada não o isentará, decerto, de se sujeitar à autoridade e direção da respetiva entidade empregadora...)[51].

---

[51] Saber se, no âmbito de uma determinada prestação de atividade, o prestador está juridicamente subordinado e/ou é economicamente dependente do beneficiário da atividade (e, portanto, determinar se, e em que medida, o Direito do Trabalho regula a correspondente relação) é tema que pode revelar-se altamente complexo e controvertido. Veja-se o caso, já célebre, dos motoristas que prestam serviços sob a marca Uber – a este propósito, João Leal Amado e Catarina Gomes Santos, «A Uber e os seus motoristas em Londres: *mind the gap!*», *RLJ*, nº 4001, nov.-dez. 2016, pp. 111-127, e Rita Garcia Pereira, «A Uber e o contrato de trabalho: um admirável mundo novo?», *QL*, nº 49, 2016, pp. 29-47.

§ 5º
Algumas características do contrato de trabalho

5.1. Contrato sinalagmático e oneroso

Como contrato que é, o contrato de trabalho é, obviamente, um negócio jurídico bilateral, integrado por declarações de vontade de conteúdo oposto mas convergente. Mas este contrato analisa-se, também, num contrato bilateral ou *sinalagmático*, visto que as obrigações principais dele emergentes (trabalho e salário) se encontram numa relação de correspetividade e interdependência, constituindo cada uma delas a razão de ser da outra (tal como sucede, p. ex., no contrato de compra e venda). Devemos, em todo o caso, entender este sinalagma com alguma cautela, visto que, se levado às últimas consequências, ele implicaria que, não havendo prestação de trabalho (nem disponibilidade para o efeito), não haveria também lugar para o pagamento da respetiva retribuição («sem trabalho não há salário»). Ora, o Direito do Trabalho tem atenuado este sinalagma, tem, dir-se-ia, «limado as suas arestas», sendo conhecidas diversas situações em que, não obstante a ausência de trabalho, se mantém o dever retributivo a cargo do empregador (certas faltas justificadas, feriados, férias, etc.). O contrato de trabalho é, pois, sinalagmático no seu conjunto, e não prestação por prestação.

O contrato de trabalho é um negócio oneroso, pois ele não se caracteriza por qualquer *animus donandi*, inexistindo aqui qualquer espírito de liberalidade. O contrato é oneroso, implicando vantagens e sacrifícios para ambas as partes (para o trabalhador, a vantagem consistente na perceção do salário supõe o correspondente sacrifício em matéria de dispêndio de energias físicas e psíquicas em favor do empregador, bem como o sujeitar-se a uma situação de heterodisponibilidade pessoal).

5.2. Contrato patrimonial e obrigacional

O contrato de trabalho é um contrato *patrimonial*, visto que as respetivas prestações nucleares (atividade laboral e retribuição) supõem um intercâmbio de conteúdo patrimonial (ainda que o trabalhador, tal como sucede ao porco no *bacon*, acabe por não conseguir oferecer a actividade sem, de algum modo, se oferecer a si mesmo...). E este contrato é, também, um contrato *obrigacional*, visto que a sua celebração não implica a constituição ou a transferência de direitos reais (ao invés, p. ex., do que sucede no contrato de compra e venda), antes se limita a criar um vínculo obrigacional entre ambas as partes – dando azo, de resto, à emergência de uma autêntica «relação obrigacional complexa», como melhor veremos *infra*.

5.3. Contrato de adesão

Em regra, o trabalhador limita-se a aceitar as condições contratuais previamente predispostas pelo empregador, seja num formulário geral de contratação, seja no regulamento interno da empresa (*vd.*, a este propósito, o art. 104º do CT). Para além de o ordenamento juslaboral restringir, nos moldes já expostos, a liberdade de modelação do conteúdo contratual proposto pelo empregador, o art. 105º do CT determina que o *regime das cláusulas contratuais gerais* se aplica aos aspetos essenciais do contrato de trabalho em que não tenha havido prévia negociação específica (suscitando, desde logo, a delicada questão de saber quais serão esses «aspectos essenciais do contrato»).

5.4. Contrato duradouro

O contrato de trabalho é um contrato duradouro, cuja execução se protrai no tempo, traduzindo-se o seu cumprimento numa sucessão de actos escalonados ao longo de um período mais ou menos longo (ao contrário do que sucede, p. ex., na compra e venda, cujas prestações são instantâneas, esgotando-se num momento determinado). Mas dizer que o contrato de trabalho é um negócio jurídico duradouro não significa que o mesmo seja um contrato vitalício ou perpétuo. Neste sentido, poderia até dizer-se, com Vinicius de Moraes, que o contrato de trabalho é como o amor: eterno enquanto durar! Seja como for, esta *vocação de perdurabilidade* e a circunstância de este contrato ser de execução sucessiva não deixam de se repercutir em diversos aspetos do respetivo regime jurídico (o regime da invalidade negocial, a figura da suspensão contratual, o relevo da antiguidade do trabalhador, etc.).

5.5. Contrato *intuitu personae*?

A prestação de trabalho é, já se disse, uma prestação de caráter eminentemente pessoal. Por isso se entende que o trabalhador tenha de ser sempre uma pessoa singular, «de carne e osso», e não uma pessoa coletiva (ao invés do que sucede em relação ao empregador). Daí, também, que a prestação laboral seja *infungível*, isto é, que o trabalhador não se possa fazer substituir por outrem no cumprimento dos seus deveres contratuais, salvo se houver consentimento do empregador. Porém, como adverte JORGE LEITE, o carácter *intuitus personae* deste contrato «nem sempre se apresenta na doutrina e na jurisprudência suficientemente definido e uniforme»[52]. Regista-se, nesta matéria, uma grande flutuação, quiçá mesmo imprecisão, terminológica e conceptual. Para alguma doutrina, afirmar-sc-ia aqui, em sede de contrato de trabalho, uma tríade inseparável: negócio jurídico *intuitu personae*, contrato fiduciário e infungibilidade da prestação laboral[53]. Outros, ligando embora o caráter *intuitus personae* à infungibilidade da prestação, rejeitam a índole fiduciária do contrato de trabalho, isto é, rejeitam que, em regra, o contrato de trabalho assente numa especial relação de confiança entre as partes[54]. Outros, por seu turno, duvidam que todo e qualquer contrato de trabalho possua um carácter *intuitus personae*, rejeitam a confusão entre negócio *intuitu personae* e negócio fiduciário e questionam a própria infungibilidade da prestação laboral[55].

Pela minha parte, julgo ser conveniente alinhavar as seguintes notas telegráficas a este respeito:

---

[52] *Direito do Trabalho*, vol. II, p. 45. Para o Autor, o contrato de trabalho é um negócio celebrado *intuitus personae* «na medida em que as qualidades profissionais do trabalhador são, ou podem ser, tidas em consideração», sendo este um contrato «em que contam as qualidades do trabalhador para o desempenho do posto de trabalho oferecido». Seria este, aliás, o entendimento que melhor se compatibilizaria com a crescente objetivação das organizações empresariais e da maioria das relações de trabalho.

[53] Assim, p. ex., PEDRO ROMANO MARTINEZ, *Direito do Trabalho*, 7ª ed., Almedina, Coimbra, 2015, pp. 302-303.

[54] Assim, p. ex., ROSÁRIO PALMA RAMALHO, *Tratado de Direito do Trabalho, II*, 6ª ed., Almedina, Coimbra, 2016, pp. 98-104. Isto não obstante, como refere a Autora, a nota fiduciária estar presente em algumas situações laborais especiais (funções de chefia, cargos de confiança pessoal, etc.).

[55] A propósito, atente-se nas reflexões problematizantes de JÚLIO GOMES, *Direito do Trabalho*, cit., pp. 86-91.

i) Sem o consentimento do empregador, o trabalhador não se pode fazer substituir por outrem na execução do contrato, pelo que a *infungibilidade* da prestação laboral me parece inegável. Refiro-me, é claro, à infungibilidade em sentido jurídico, não em sentido económico (aliás, a debilidade negocial da maioria dos trabalhadores resulta, em boa medida, da circunstância de, para o empregador, eles serem facilmente substituíveis por outros);

ii) Em regra, o contrato de trabalho é um contrato *intuitu personae*, mas admito que, em alguns casos (contados), essa característica possa não se verificar, por as particulares qualidades do trabalhador não constituírem motivo determinante da contratação;

iii) Em regra, o contrato de trabalho não é um negócio *fiduciário*, que pressuponha uma especial relação de confiança entre as partes, conquanto se admita que, em alguns casos (contados), essa característica possa verificar-se;

iv) Em geral, impõe-se uma postura de grande cautela nesta matéria, visto que, não raro, esgrime-se com o caráter *intuitus personae* do contrato de trabalho para tentar legitimar práticas discriminatórias no emprego, e invoca-se a fidúcia e o tópico da confiança (*rectius*, o insondável e misterioso desaparecimento desta) para tentar facilitar ou justificar o despedimento patronal.

§ 6º
Contrato de Trabalho *versus* Contrato de Prestação de Serviço

6.1. Os arts. 1152º e 1154º do CCivil

A prestação de trabalho pode, decerto, ocorrer ao abrigo de um contrato de trabalho. Mas sabe-se que nem todo o trabalho humano é enquadrado por este tipo contratual. E a verdade é que, existindo muitos contratos afins ou vizinhos ao de trabalho, aquele que mais frequentemente surge na prática e que maiores dificuldades distintivas suscita é, justamente, o chamado «contrato de prestação de serviço». Já conhecemos a noção de contrato de trabalho. Mas o CCivil também define os contornos do contrato de prestação de serviço, nos seguintes moldes: «Contrato de prestação de serviço é aquele em que uma das partes se obriga a proporcionar à outra certo resultado do seu trabalho intelectual ou manual, com ou sem retribuição» (art. 1154º). Este último é, aliás, um tipo contratual muito vasto, abrangendo o mandato, o depósito e a empreitada (art. 1155º), mas admitindo-se ainda a existência de modalidades atípicas de prestação de serviço (art. 1156º)[56].

Se confrontarmos a noção legal de contrato de trabalho, vertida no art. 1152º do CCivil (e reproduzida, com as alterações já assinaladas, no art. 11º do CT), com a noção de contrato de prestação de serviço, vazada no art. 1154º do mesmo diploma, logo topamos com alguns traços distintivos essenciais: *i)* quanto ao *conteúdo da obrigação*, no contrato de prestação de

---

[56] As maiores dificuldades de distinção colocam-se, porventura, entre o contrato de trabalho e os contratos de empreitada ou de mandato. Mas os problemas surgem, por vezes, em relação a outros contratos (contratos de avença, de agência, de sociedade, etc.).

CONTRATO DE TRABALHO

serviço trata-se de proporcionar ao credor certo resultado do trabalho, ao passo que no contrato de trabalho está em jogo a prestação de uma atividade (o trabalhador promete uma atividade laboral, o prestador de serviço compromete-se a proporcionar um resultado do trabalho); *ii)* quanto à *retribuição*, esta é um elemento essencial e indefetível no contrato de trabalho («mediante retribuição»), sendo um elemento meramente eventual no seio do contrato de prestação de serviço («com ou sem retribuição»); *iii)* quanto às *instruções do credor da prestação*, no contrato de prestação de serviço não se faz qualquer menção às mesmas, ao passo que no contrato de trabalho o devedor presta a sua atividade «sob a autoridade e direção», ou «no âmbito de organização e sob a autoridade», da contraparte.

Em teoria parece fácil delimitar as figuras, mas a verdade é que, na prática, a distinção entre ambos os contratos revela-se, amiúde, bastante espinhosa. Se bem repararmos, em ambos os contratos pode haver lugar à remuneração do prestador de serviço. E o certo é que a dicotomia atividade/resultado também não é muito esclarecedora: toda a atividade tende à obtenção de um qualquer resultado, sendo que este sempre decorrerá da prestação de uma qualquer atividade ... Pelo que, diz-se, o verdadeiro critério distintivo reside, no fundo, na (in)existência de subordinação jurídica entre as partes da relação: se esta existir, aí teremos um contrato de trabalho; se esta não existir, aí teremos uma qualquer modalidade do contrato de prestação de serviço.

Só que nem assim os problemas qualificativos desaparecem. A riqueza e a variedade das situações da vida revelam-nos não poucas zonas cinzentas, de demarcação difícil, problema que se agrava se nos não esquecermos de que, como acima foi referido, a *subordinação jurídica* é uma noção de geometria variável, comportando uma extensa escala gradativa (dir-se-ia mesmo que, ao longo do passado século, este elemento foi-se flexibilizando, tendendo a jurisprudência a detetá-lo perante formas cada vez menos vincadas de exercício dos poderes empresariais), ao passo que no contrato de prestação de serviço não deixa de haver espaço para a emissão de algumas instruções genéricas por parte do credor da prestação. Tudo, portanto, a dificultar a tarefa ao intérprete-aplicador do Direito, o qual, infelizmente, não dispõe de um «subordinómetro»[57]. Se a isto juntarmos que não existe uma

---

[57] A propósito, sublinhando que a subordinação jurídica, sendo um elemento decisivo para a caracterização e qualificação do contrato de trabalho, «é também, simultaneamente, um conceito de enorme problematicidade aplicativa», SOUSA RIBEIRO, «As fronteiras juslaborais e a

CONTRATO DE TRABALHO *VERSUS* CONTRATO DE PRESTAÇÃO DE SERVIÇO

relação necessária entre a natureza da atividade exercida e a respetiva qualificação contratual, pois, como nota Sousa Ribeiro, «praticamente todo o labor humano por conta de outrem pode ser prestado de forma autónoma ou subordinada»[58], bem como que, por vezes, existe um desiderato de mascarar a natureza subordinada da relação por parte dos respetivos sujeitos (*maxime* por parte do credor dos serviços), então facilmente se compreenderá que este constitui um dos grandes desafios que atualmente se colocam ao Direito do Trabalho. Vejamos porquê. E vejamos como é que o nosso direito laboral tem respondido a esse desafio.

6.2. Contrato de trabalho, Direito do Trabalho, reação patronal

Repete-se: é sabido que, desde as suas origens, o Direito do Trabalho não visa regular todo o trabalho humano, mas apenas aquele trabalho prestado em moldes juridicamente subordinados e hierarquicamente dependentes – isto é, o trabalho de execução heteroconformada. E é outrossim bem conhecida a função tuitiva desempenhada por este ramo do direito, isto é, a feição protecionista assumida por este ramo do ordenamento jurídico. Não sendo a única, é inegável que a função de tutela do trabalhador assalariado (da sua pessoa e do seu emprego) e de compressão/limitação dos poderes patronais se encontra inscrita no código genético do Direito do Trabalho. A tutela do trabalhador é reclamada, por um lado, pela sua condição de contraente débil, economicamente dependente e juridicamente subordinado (face ao complexo de poderes de que goza o empregador, desde o poder diretivo ao poder disciplinar), por outro pelo facto de este envolver profundamente a sua pessoa (e o seu corpo) na execução do contrato, visto que a força de trabalho inere à própria pessoa do prestador, não podendo ser separada deste.

Como já foi assinalado, a formação deste ramo do ordenamento jurídico assenta, precisamente, na constatação histórica da insuficiência/inadequação do livre jogo da concorrência no domínio do mercado de trabalho, em ordem à consecução de condições de trabalho e de vida minimamente aceitáveis para as camadas laboriosas. Como vimos, o Direito do Trabalho não se compaginava com o ultraliberalismo oitocentista justamente porque se traduz num mecanismo deformador da concorrência, isto é, num mecanismo

---

(falsa) presunção de laboralidade do artigo 12º do Código do Trabalho», *Direito dos Contratos – Estudos*, Coimbra Editora, 2007, pp. 345-408 (355).

[58] *Ob. e loc. cit.*, na nota anterior.

CONTRATO DE TRABALHO

cuja função principal consiste em limitar a concorrência entre os trabalhadores no mercado laboral (é o que sucede quando o Estado edita legislação de carácter imperativo, estabelecendo, p. ex., salários mínimos ou limites máximos para a duração do trabalho, ou quando os sindicatos celebram convenções coletivas de trabalho dotadas de força normativa). Trata-se, acima de tudo, de evitar uma *race to the bottom* por parte dos (candidatos a) trabalhadores, impedindo uma «licitação negativa» entre estes, uns contra os outros, numa luta desenfreada pelas escassas vagas de emprego disponíveis[59].

Ora, aqui chegados, dir-se-ia: se o Direito do Trabalho existe e se este ramo do direito protege os trabalhadores dependentes (desde logo, mas não apenas, proibindo os despedimentos sem justa causa), com os inerentes custos para a contraparte, então, numa perspetiva patronal algo simplista mas nem por isso pouco frequente, o melhor será que, ao menos na aparência, deixe de haver trabalhadores dependentes. Daí a larga difusão do fenómeno da chamada «fuga ao Direito do Trabalho» ou «fuga ilícita para o trabalho autónomo»[60], através da dissimulação fraudulenta de uma relação de trabalho subordinado sob a capa de um falso trabalho independente, prestado ao abrigo de um suposto «contrato de prestação de serviço».

Este fenómeno da manipulação abusiva da qualificação do contrato é, aliás, bem conhecido dos juslaboralistas (pense-se, desde logo, no caso dos impropriamente chamados «recibos verdes»), traduzindo-se numa *simulação relativa sobre a natureza do negócio*, com o objetivo de evitar a aplicação da legislação laboral. Trata-se de uma simulação relativa sobre a natureza do negócio, visto que o negócio ostensivo ou simulado (contrato de prestação de serviço, «recibo verde») resulta de uma alteração do tipo negocial correspondente ao negócio dissimulado ou oculto (contrato de trabalho).

---

[59] Sobre o ponto, *vd.*, entre nós e por todos, ANTÓNIO MONTEIRO FERNANDES. O Autor assinala que uma das principais funções do Direito do Trabalho consiste em «garantir uma certa padronização das condições de uso da força de trabalho», assim condicionando a concorrência entre as empresas (ao nível dos custos do fator trabalho) e limitando a concorrência entre trabalhadores (na procura de emprego e no desenvolvimento das relações de trabalho). Neste sentido, acrescenta, se tem dito que o ordenamento juslaboral «atua à margem do mercado e, não raro, contra o mercado» (*Direito do Trabalho*, 18ª ed., Almedina, Coimbra, 2017, p. 31).

[60] Palavras de FURTADO MARTINS, «A crise do contrato de trabalho», *RDES*, 1997, nº 4, pp. 335 e ss. Trata-se, conforme indica o Autor, de «situações em que intencionalmente se faz uma errada qualificação das relações de trabalho com o intuito de evitar a aplicação da legislação laboral» (p. 341).

E tratar-se-á de uma simulação fraudulenta, dado que o intuito é o de contornar a legislação laboral[61]. *In casu*, este é um acordo simulatório no qual, naturalmente, o trabalhador também participa, mas o qual, normalmente, lhe é imposto pelo empregador como condição *sine qua non* para proceder à respetiva admissão na empresa. Estamos, pois, perante uma simulação negocial um tanto *sui generis*, quer pela circunstância de a cooperação do trabalhador no acordo simulatório lhe ser de algum modo imposta pela contraparte, quer pelo facto de o principal (ainda que não único) prejudicado com a simulação acabar por ser, precisamente, o trabalhador[62].

6.3. O *nomen iuris* e o «princípio da primazia da realidade»

«Os contratos são o que são, não o que as partes dizem que são», eis um princípio geral do Direito que encontra intensa aplicação em sede juslaboral. Na verdade, as partes são livres para concluir o contrato x ou o contrato y, mas já não o são para celebrar o contrato x dizendo que celebraram o contrato y – naquilo, e não nisto, consiste a sua liberdade contratual, entre nós consagrada no art. 405º do CCivil (nos termos do nº 1 deste artigo, «dentro dos limites da lei, as partes têm a faculdade de fixar livremente o conteúdo dos contratos, celebrar contratos diferentes dos previstos neste código ou incluir nestes as cláusulas que lhes aprouver»).

A liberdade contratual não se confunde, pois, com a manipulação ilícita da qualificação da relação: como dizia ORLANDO DE CARVALHO, «a liberdade contratual é a liberdade de modelar e de concluir os negócios, não a de decidir arbitrariamente da lei a que eles devem submeter-se (sobretudo se o *nomen* escolhido não corresponde às estipulações)»[63]. Destarte, apurando-se a existência de uma prestação de atividade em regime de heterodeterminação e a troco de uma retribuição, toparemos com um contrato de trabalho e não com um qualquer contrato de prestação de serviço, ainda

---

[61] Sobre estas noções, *vd.*, por todos, CARLOS MOTA PINTO, *Teoria Geral do Direito Civil*, 4ª ed., por António Pinto Monteiro e Paulo Mota Pinto, Coimbra Editora, Coimbra, 2005, pp. 466 e ss.

[62] A este propósito, FURTADO MARTINS, «A crise do contrato de trabalho», cit., n. 8, pp. 342-344. Sobre as virtualidades e as dificuldades do recurso ao enquadramento simulatório no âmbito do contrato de trabalho, realçando a importância preponderante da fase executiva na tarefa de interpretação-qualificação deste contrato, *vd.* JOANA NUNES VICENTE, *A Fuga à Relação de Trabalho (Típica): em torno da simulação e da fraude à lei*, Coimbra Editora, 2008, pp. 57-122.

[63] *Escritos, Páginas de Direito,* vol. I, Almedina, Coimbra, 1998, pp. 22-23.

CONTRATO DE TRABALHO

que esta seja a designação contratual adotada pelas partes e independentemente da cor do recibo passado pelo prestador de atividade[64].

Trata-se, afinal, de dar prevalência à vontade real das partes, desvelada pela execução contratual, sobre a vontade declarada. A doutrina brasileira alude, a este propósito, ao chamado «princípio da primazia da realidade», precisamente para vincar que as relações jurídico-laborais se definem pela situação de facto, isto é, pela forma como se realiza a prestação de serviços, pouco importando o nome que lhe foi atribuído pelas partes[65].

6.4. A qualificação contratual e a prova

Como resulta do acima exposto, as questões ligadas à qualificação do contrato em causa, designadamente no tocante à *prova da existência de uma relação de trabalho subordinado*, assumem uma importância decisiva em matéria de efetividade do Direito do Trabalho. Ora, neste ponto o CT de 2003 inovou face ao direito anterior, visto que, no seu art. 12º, foi estabelecida uma «presunção de laboralidade», acrescendo que a redação inicial desse preceito veio a ser substancialmente modificada pela Lei nº 9/2006, de 20 de março. E, com nova redação, a referida «presunção de laboralidade» mantém-se no art. 12º do atual CT.

Importa, por isso, proceder a uma sucinta descrição da situação vigente, nesta matéria, antes da entrada em vigor do CT de 2003, bem como fazer um breve comentário às novidades introduzidas pela versão primeva do seu art. 12º Isto feito, estaremos em melhores condições para apreciar o sentido

---

[64] Do mesmo modo, circunstâncias como a de o prestador de atividade não gozar férias, ou a de não receber subsídio de férias e de Natal, deverão ser encaradas com muita cautela. Isto porque tais circunstâncias tanto podem ser um sintoma de real autonomia como, pelo contrário, corresponder ao intuito visado com a simulação de um contrato de trabalho: dissimular este contrato em ordem a que o empregador não fique adstrito ao cumprimento destes deveres para com o trabalhador. Sobre a questão, *vd.* JOÃO LEAL AMADO, «Prestação de serviços musculada, contrato de trabalho atrofiado», *QL*, nº 30, 2007, pp. 245-249.

[65] Um interessante exemplo de aplicação jurisprudencial destes princípios, em sede de desporto profissional, pode colher-se em JOÃO LEAL AMADO, «Lançamento do disco: serviço ou trabalho?», *RLJ*, nº 3962, Maio-Junho 2010, pp. 299-312. Sobre a qualificação do contrato celebrado entre um maestro e o Teatro Nacional de São Carlos, *vd.* JOÃO LEAL AMADO e MILENA SILVA ROUXINOL, «A partitura da subordinação jurídica», *RLJ*, nº 3985, Mar.-Abril 2014, pp. 252-285. Um outro caso controvertido, no âmbito da enfermagem, pode ver-se em JOÃO LEAL AMADO, «Enfermagem, trabalho dependente e trabalho autónomo: comentário ao Acórdão do Tribunal da Relação de Lisboa, de 11 de janeiro de 2017», *QL*, nº 49, 2016, pp. 163-182.

e alcance das modificações registadas neste campo à luz da redação subsequente daquele art. 12º, introduzida em 2006. Tudo para vermos até que ponto o atual CT modificou o *statu quo ante* nesta matéria.

6.4.1. Situação anterior ao CT de 2003

Querendo o trabalhador fazer valer direitos decorrentes da legislação laboral, e suscitando-se a questão prévia da qualificação da relação, recaía então sobre o trabalhador, nos termos gerais, o ónus de provar a existência, *in casu*, de um contrato de trabalho (recorde-se que, segundo o art. 342º, nº 1, do CCivil, «àquele que invocar um direito cabe fazer a prova dos factos constitutivos do direito alegado»). Ou seja, estando o *ónus da prova* a cargo do trabalhador, caber-lhe-ia demonstrar a existência dos elementos constitutivos do contrato de trabalho: retribuição, prestação de trabalho e factos que habilitassem o tribunal a concluir pela presença de subordinação jurídica. E, nos casos de dúvida, era então muito frequente o recurso jurisprudencial ao chamado «método indiciário», de controlo múltiplo, em ordem a formular um juízo global sobre a qualificação contratual. Assim sendo, o tribunal recorria a uma bateria de elementos indiciários como forma de testar a existência de uma situação de autonomia ou de subordinação na prestação de trabalho, tais como os referentes ao local de trabalho (quem determina e controla o local de execução da prestação?), ao horário de trabalho (existe um horário definido para o desempenho da atividade laboral?), à modalidade da remuneração (certa ou variável?), à titularidade dos instrumentos de trabalho (propriedade do credor ou do devedor dos serviços?), à eventual situação de exclusividade do prestador de serviços (existe dependência económica deste face ao beneficiário dos serviços?), ao enquadramento fiscal e de segurança social, ao próprio *nomen iuris* escolhido, etc.

Tratava-se, repete-se, de meros tópicos indiciadores da existência de subordinação jurídica, cuja verificação tinha de ser demonstrada por quem estava onerado com o ónus da prova do contrato – o trabalhador. Ora, como então escrevia PEDRO ROMANO MARTINEZ, «a prova dos elementos constitutivos do contrato de trabalho é, muitas das vezes, difícil e, para obviar a tal dificuldade, poder-se-ia recorrer à presunção de existência de contrato de trabalho»[66]. Foi o que veio a ser feito pelo CT de 2003, procurando, ao

---

[66] «Trabalho subordinado e trabalho autónomo», *Estudos do Instituto de Direito do Trabalho,* vol. I, Almedina, Coimbra, pp. 271-294 (293). Isso mesmo consta, aliás, da Recomendação nº 198 da OIT (sobre a relação de trabalho), adotada em 15 de junho de 2006, a qual preco-

CONTRATO DE TRABALHO

menos *prima facie*, contrariar a «fuga ao Direito do Trabalho» a que acima se aludiu.

6.4.2. O art. 12º do CT de 2003 (redação originária)

O art. 12º do CT de 2003 veio, por conseguinte, consagrar uma «presunção de laboralidade». Fê-lo nos seguintes termos:

> «Presume-se que as partes celebraram um contrato de trabalho sempre que, cumulativamente:
>
> a) O prestador de trabalho esteja inserido na estrutura organizativa do beneficiário da atividade e realize a sua prestação sob as orientações deste;
>
> b) O trabalho seja realizado na empresa beneficiária da atividade ou em local por esta controlado, respeitando um horário previamente definido;
>
> c) O prestador de trabalho seja retribuído em função do tempo despendido na execução da atividade ou se encontre numa situação de dependência económica face ao beneficiário da atividade;
>
> d) Os instrumentos de trabalho sejam essencialmente fornecidos pelo beneficiário da atividade;
>
> e) A prestação de trabalho tenha sido executada por um período, ininterrupto, superior a 90 dias.»

O nosso legislador estabeleceu, assim, uma «presunção de laboralidade» – a qual, por definição, deveria facilitar a prova da existência de um contrato de trabalho, perfilando-se como uma técnica de combate à dissimulação ilícita de relações laborais –, mas a verdade é que a inusitada extensão da base da presunção (exigência de verificação cumulativa dos diversos factos indiciários) convertia aquele artigo numa norma *inútil* (por não ajudar a resolver os casos duvidosos) e até, porventura, *perniciosa* (porque, numa certa leitura da mesma, poderia conduzir o tribunal à conclusão precipitada de que não existiria um contrato de trabalho).

Em suma, a disposição em apreço limitou-se a compendiar os elementos indiciários habitualmente utilizados pela jurisprudência, exigindo que *todos* eles apontassem para a existência de trabalho subordinado – então, e

niza que a legislação dos Estados-membros estabeleça uma presunção legal de contrato de trabalho, baseada em indícios relevantes (art. 11º, al. b)).

apenas então, funcionaria a presunção legal, o que, em bom rigor, de pouco ou nada serviria, visto que, em tais situações, a qualificação laboral do contrato não suscitaria qualquer espécie de controvérsia, mesmo na ausência da referida presunção legal.

6.4.3. A ulterior redação do art. 12º do CT de 2003

Quiçá em razão das duras críticas que a presunção de laboralidade vertida no art. 12º havia suscitado, o certo é que a Lei nº 9/2006, de 20 de março, veio introduzir modificações substanciais na redação daquele preceito. A alegada «presunção de laboralidade» não desapareceu do nosso ordenamento, mas no art. 12º passou a ler-se o seguinte:

> «Presume-se que existe um contrato de trabalho sempre que o prestador esteja na dependência e inserido na estrutura organizativa do beneficiário da atividade e realize a sua prestação sob as ordens, direção e fiscalização deste, mediante retribuição.»

Seja-me perdoada a exclamação: lia-se, mas quase não se acreditava! Se a anterior redação do preceito apresentava, como se disse, deficiências manifestas, a nova redação do mesmo transformava esta norma numa disposição obtusa e, digamo-lo sem rodeios, mentirosa. Repare-se, com efeito, que a «presunção» estabelecida no art. 12º do CT de 2003 reproduzia todos os elementos constantes da noção legal de contrato de trabalho (prestação de atividade, mediante retribuição, sob a autoridade e direção de outrem), não se coibindo de acrescentar ainda mais alguns (inserção na estrutura organizativa do beneficiário da atividade e relação de dependência face a este último). A *base da presunção mostrava-se, assim, mais exigente do que os próprios requisitos da noção legal de contrato de trabalho, pelo que, em bom rigor, não existia entre nós qualquer presunção legal de laboralidade.*

Conforme esclarece o art. 349º do CCivil, «presunções são as ilações que a lei ou o julgador tira de um facto conhecido para firmar um facto desconhecido». Ora, pelo exposto, dir-se-ia que o nosso legislador laboral parecia gostar de presunções, mas só se elas não firmassem qualquer facto desconhecido, antes se limitassem a confirmar factos mais que conhecidos. A propósito das presunções legais, escreve, de forma lapidar, BAPTISTA MACHADO: «Dadas as dificuldades de prova de certos factos constitutivos de direitos em determinadas situações, a lei vem em socorro de uma

CONTRATO DE TRABALHO

das partes estabelecendo a seu favor uma presunção legal»[67]. Vistas as coisas sob este prisma, o mínimo que se pode dizer é que o art. 12º do CT de 2003, na sua nova redação, não vinha, com toda a certeza, em socorro do prestador de atividade...

Em suma, segundo aquela nova redação do art. 12º, *quando fosse absolutamente certo e seguro que existia um contrato de trabalho, então, e só então, a lei presumiria que tal contrato existia!* Este art. 12º traduzia-se, assim, num autêntico embuste. Certo, saber se a criação de uma «presunção de laboralidade» constitui uma medida idónea para combater a supramencionada «fuga ilícita para o trabalho autónomo» motiva, óbvia e legitimamente, opiniões desencontradas. As suas vantagens são discutíveis, pelo que haverá quem sustente com convicção a criação de uma tal presunção e quem, com igual convicção, a rejeite [68]. Neste quadro, julga-se que aquilo que o legislador democrático decerto não pode é adotar uma postura dúplice, anunciando o estabelecimento de uma presunção e, ao mesmo tempo, concebendo-a em moldes obnóxios – vale dizer, sabotando-a. Infelizmente, era isto que sucedia com o art. 12º do CT de 2003.

6.4.4. O art. 12º do atual CT

A situação alterou-se com o atual CT. A «presunção de laboralidade» continua presente no seu art. 12º, nº 1, mas agora nos seguintes termos:

> «Presume-se a existência de contrato de trabalho quando, na relação entre a pessoa que presta uma atividade e outra ou outras que dela beneficiam, se verifiquem algumas das seguintes características:
>
> *a)* A atividade seja realizada em local pertencente ao seu beneficiário ou por ele determinado;
>
> *b)* Os equipamentos e instrumentos de trabalho utilizados pertençam ao beneficiário da atividade;

---

[67] *Introdução ao Direito e ao Discurso Legitimador,* Almedina, Coimbra, 1989, p. 112.

[68] Considerando que a técnica da presunção legal não constitui o meio mais adequado para atingir os objetivos visados, *vd.,* p. ex., FURTADO MARTINS, «A crise do contrato de trabalho», cit., pp. 349-350. Sobre as vantagens e os inconvenientes das presunções legais de laboralidade, concluindo que «as presunções legais, quando bem calibradas no seu conteúdo previsional, podem dar um contributo positivo à solução do problema do tratamento das situações do "novo trabalho autónomo" [e, acrescentaria eu, do "falso trabalho autónomo"], *vd.* SOUSA RIBEIRO, «As fronteiras juslaborais...», cit., pp. 391-408.

CONTRATO DE TRABALHO *VERSUS* CONTRATO DE PRESTAÇÃO DE SERVIÇO

c) O prestador de atividade observe horas de início e de termo da prestação, determinadas pelo beneficiário da mesma;

d) Seja paga, com determinada periodicidade, uma quantia certa ao prestador de atividade, como contrapartida da mesma;

e) O prestador de atividade desempenhe funções de direção ou chefia na estrutura orgânica da empresa.»

O novo art. 12º do CT não é, naturalmente, uma norma perfeita e isenta de críticas. Mas penso que, à terceira tentativa, o legislador finalmente acabou por estabelecer uma «presunção de laboralidade» com algum sentido útil. A lei seleciona um determinado conjunto de elementos indiciários, considerando que a verificação de alguns deles (dois?) bastará para a inferência da subordinação jurídica. Assim sendo, a tarefa probatória do prestador de atividade resulta consideravelmente facilitada. Doravante, *provando o prestador que, in casu, se verificam algumas daquelas características, a lei presume que haverá um contrato de trabalho, cabendo à contraparte fazer prova em contrário.* Assim, provando-se, p. ex., que a atividade é realizada em local pertencente ao respetivo beneficiário e nos termos de um horário determinado por este, ou provando-se que os instrumentos de trabalho pertencem ao beneficiário da atividade, o qual paga uma retribuição certa ao prestador da mesma, logo a lei presume a existência de um contrato de trabalho. Tratando-se de uma presunção *juris tantum* (art. 350º do CCivil), nada impede o beneficiário da atividade de ilidir essa presunção, demonstando que, a despeito de se verificarem aquelas circunstâncias, as partes não celebraram qualquer contrato de trabalho. Mas, claro, o *onus probandi* passa a ser seu (dir-se-ia que a bola passa a estar do seu lado), pelo que, não sendo a presunção ilidida, o tribunal qualificará aquele contrato como um contrato de trabalho, gerador de uma relação de trabalho subordinado[69].

Pelo exposto, também para o julgador esta presunção reduz a complexidade da valoração a empreender, dado que, pelo menos num primeiro momento, ele poderá concentrar-se nos dados que integram a presunção, circunscrevendo a base factual da sua apreciação. De certa forma, esta presunção representa uma *simplificação do método indiciário tradicional*, visto que,

---

[69] A alínea que poderá suscitar maiores dúvidas aplicativas é, justamente, a última, relativa ao desempenho de funções de direção ou chefia na estrutura orgânica da empresa (al. *e*)). Trata-se, porventura, de mais uma manifestação da «componente organizacional» do contrato de trabalho, assumida pela lei na própria noção deste (art. 11º).

CONTRATO DE TRABALHO

como ponto de partida, ela dispensa o intérprete de proceder a uma valoração global de todas as características pertinentes para a formulação de um juízo conclusivo sobre a subordinação [70-71].

---

[70] Resta saber, no plano temporal, a que relações jurídicas será aplicável a presunção de laboralidade estabelecida neste art. 12º: apenas às relações constituídas após o início de vigência do atual CT? Ou também às relações constituídas antes dessa data (constituídas até, quiçá, antes do CT de 2003), mas que, em fevereiro de 2009, ainda subsistam?
Em sede de aplicação no tempo, é sabido que, em regra, as leis do trabalho, não sendo retroativas (isto é, não pretendendo ter efeitos *ex tunc*, sobre o passado), são retrospetivas (ou seja, aplicam-se ao conteúdo e efeitos futuros de relações jurídicas criadas no passado, mas ainda existentes). A este propósito, *vd.* o disposto no art. 12º do CCivil, bem como, em especial, o art. 7º da lei que aprovou o CT – assim, de acordo com este preceito, ficarão sujeitos ao regime do CT os contratos de trabalho celebrados antes da entrada em vigor deste diploma, «salvo quanto a condições de validade e a efeitos de factos ou situações totalmente passados anteriormente àquele momento». Casos haverá, portanto, em que a lei nova se aplica imediatamente, porque esta lei visa, acima de tudo, regular um certo *status* profissional ou laboral, desinteressando-se do facto que lhe deu origem, do respetivo título constitutivo (regras sobre férias ou sobre o poder disciplinar, p. ex.); mas outros casos existem que deverão ser regulados pela lei vigente ao tempo da celebração do contrato, porque, quanto a eles, a lei não abstrai do concreto facto jurídico que deu origem àquela relação (regras que sujeitam o contrato a certas formalidades, p. ex.).
No tocante à presunção de laboralidade, *quid juris?* A questão não é de resposta fácil, mas o certo é que, quanto à presunção estabelecida no art. 12º do CT de 2003, o STJ tem-se orientado firmemente no sentido de que tal presunção só se aplica às relações constituídas após o início de vigência do CT de 2003, vale dizer, tem entendido que à operação de qualificação da relação se aplica o regime jurídico existente ao tempo da respetiva constituição. Assim sendo, parece que, à luz desta jurisprudência constante, a nova presunção de laboralidade consagrada no art. 12º do CT apenas será aplicável aos contratos celebrados após o início de vigência do atual CT.
A bondade desta solução não deixa, apesar de tudo, de me suscitar algumas dúvidas. Aliás, importa não esquecer que esta presunção legal surge, na linha do recomendado pela OIT, como um expediente antifraudulento, destinado a combater as «relações de trabalho encobertas» e a facilitar a determinação da existência de uma relação de trabalho subordinado. Ora, é inegável que estes propósitos do legislador resultarão em grande medida frustrados se a nova presunção apenas atuar relativamente aos contratos celebrados após o início de vigência do CT. A ser assim, a presunção legal, enquanto expediente antifraudulento, surgirá como que desvitalizada...
Para maiores desenvolvimentos sobre o ponto, *vd.* João Leal Amado, «Presunção de laboralidade: nótula sobre o art. 12º do novo Código do Trabalho e o seu âmbito temporal de aplicação», *PDT*, nº 82, 2009, pp. 159-170 (166-170).
[71] Em matéria de *estágios profissionais extracurriculares*, registe-se ainda o estabelecido no art. 13º do DL nº 66/2011, de 1-6, nos termos do qual, e para além do disposto no art. 12º do CT, se considera exercida no âmbito de um contrato de trabalho: *i)* a atividade profissional

CONTRATO DE TRABALHO *VERSUS* CONTRATO DE PRESTAÇÃO DE SERVIÇO

Por último, instituindo mecanismos de combate à utilização indevida do contrato de prestação de serviço em relações de trabalho subordinado, designadamente criando uma nova *ação judicial de reconhecimento da existência de contrato de trabalho, vd.* a Lei nº 63/2013, de 27-8. Esta lei atribuiu à ACT o dever de, detetados indícios de trabalho subordinado camuflado de trabalho autónomo, lavrar um auto e notificar o empregador para, no prazo de 10 dias, regularizar a situação. Caso este não acate a ordem, a ACT comunicará a situação ao Ministério Público, que deverá instaurar a referida ação de reconhecimento da existência de contrato de trabalho, nos termos dos arts. 186º-K a 186º-R do CPT.

desenvolvida a coberto da realização de um suposto estágio profissional que não obedeça à noção de «estágio profissional» constante do art. 2º daquele diploma; *ii)* a atividade profissional desenvolvida a coberto da realização de um suposto estágio profissional sem suporte na celebração de um contrato de estágio devidamente formalizado, nos termos do respetivo art. 3º, nº 1 e 2; *iii)* a atividade desenvolvida pelo estagiário na entidade promotora após a caducidade do contrato de estágio em virtude do decurso do prazo correspondente ao seu período de duração, nos termos da al. *a)* do nº 2 do art. 12º do mesmo diploma. Nestes três grupos de hipóteses, mais do que uma mera presunção relativa de laboralidade, parece ser estabelecida uma autêntica *presunção absoluta* ou até uma *ficção legal de laboralidade*. A este propósito, JOÃO LEAL AMADO e MARGARIDA PORTO, «Primeiras notas sobre o regime jurídico dos estágios profissionais», *RLJ,* nº 3975, Jul.-Ago. 2012, pp. 348-366.

§ 7º
Modalidades de contrato de trabalho: os múltiplos desvios ao modelo típico

Relação com vocação para perdurar no tempo, relação que preenche, por inteiro, a «vida laboral» do cidadão-trabalhador, relação bilateral em que o trabalhador/homem[72] presta a respetiva atividade em prol de um único sujeito bem definido, que o remunera e que conforma a sua conduta emitindo as correspondentes ordens e instruções, relação que se desenvolve num quadro empresarial (a fábrica, o escritório, o estabelecimento comercial, etc.) – eis alguns dos traços caracterizadores da chamada «relação laboral típica» (tipicidade entendida aqui em sentido social e não em sentido técnico-jurídico) ou relação laboral *standard*. Com efeito, o emprego normal ou típico, que ainda funciona como paradigma, é um emprego permanente, de duração indefinida ou indeterminada, é um emprego em que o trabalhador labora para quem o retribui, é um emprego a tempo inteiro ou completo, é um emprego que tem a empresa por palco de execução.

---

[72] Como bem assinala ULRICH BECK, o chamado «emprego normal» sempre se traduziu, em certo sentido, numa «ocupação de uma pessoa e meia», envolvendo um homem a trabalhar (o *breadwinner*) e uma mulher na retaguarda, a qual se encarregava de «tudo o resto» (crianças, refeições, lavagens e limpezas, auxílio familiar, etc.) – *The Brave New World of Work*, Polity Press, Cambridge, 2000, p. 58. No plano jurídico, convém recordar que, à luz do art. 117º da LCT (diploma de 1969, não de 1869...), o marido poderia opor-se à celebração ou manutenção do contrato de trabalho da sua mulher, «alegando razões ponderosas»! É óbvio que este modelo tradicional entrou em crise a partir do momento em que as mulheres deixaram de se confinar ao espaço doméstico e fizeram valer os seus direitos de cidadania laboral.

CONTRATO DE TRABALHO

Vivemos, no entanto, «tempos líquidos», na sugestiva expressão de ZYG-MUNT BAUMAN[73]. Vivemos numa época de grande dinamismo e numa sociedade altamente volátil, marcada pelo risco, pela incerteza e pela instabilidade[74]. E também aqui a tradição vai deixando de ser o que era, sendo cada vez mais numerosos e significativos os desvios em relação àquela relação laboral *standard*. Ao lado dos contratos de duração indeterminada (não raro, *em lugar* dos contratos de duração indeterminada) vão crescendo os contratos de trabalho a prazo (contratos sujeitos a um termo resolutivo), expressão maior da precariedade laboral. O «empregador único» parece, amiúde, cindir-se em dois, em virtude da progressiva expansão da atividade das chamadas «empresas de trabalho temporário». As figuras do emprego em *part-time* e do trabalho intermitente vão-se também disseminando, nem sempre em função dos desejos dos trabalhadores. Fenómenos como o velho «trabalho no domicílio» ganham nova vitalidade e o jovem teletrabalho subordinado vai fazendo o seu curso, quiçá lenta mas, decerto, inexoravelmente.

Todos estes fenómenos põem em xeque o paradigma clássico de contrato de trabalho. Novas modalidades contratuais surgem e velhas modalidades ressurgem, tudo contribuindo para formar um «mosaico juslaboral» rico e diversificado[75]. É também por aqui que passa a segmentação do

---

[73] *Tempos Líquidos*, Zahar, Rio de Janeiro, 2007.

[74] Ainda que já remonte à época medieval a sensata afirmação do poeta francês FRANÇOIS VILLON: «Nada tenho por seguro, a não ser as coisas incertas». Uma frase célebre, proferida no séc. XV, mas com acrescida atualidade no séc. XXI...

[75] Ainda mais rico e diversificado se nos não esquecermos dos chamados «contratos especiais de trabalho». Com efeito, *prima facie*, poder-se-ia supor que, a partir do momento em que fosse celebrado um qualquer contrato de trabalho, nos moldes do art. 11º, o mesmo seria regulado pelo CT. Mas não é assim, como logo se retira do art. 9º deste diploma, nos termos do qual, «ao contrato de trabalho com regime especial aplicam-se as regras gerais deste Código que sejam compatíveis com a sua especificidade». Existem, pois, contratos de trabalho «com regime especial». É que, como vimos, a *diversidade normativa* constitui hoje, seguramente, uma das principais características do ordenamento jurídico-laboral. Pelo exposto, não causa surpresa que o CT coexista com diversos «regimes especiais». É, desde logo, o caso «clássico» do *contrato de trabalho doméstico*, hoje disciplinado pelo DL nº 235/92, de 24 de outubro, que o define como «aquele pelo qual uma pessoa se obriga, mediante retribuição, a prestar a outrem, com carácter regular, sob a sua direção e autoridade, atividades destinadas à satisfação das necessidades próprias ou específicas de um agregado familiar, ou equiparado, e dos respetivos membros» (art. 2º, nº 1). Mas é também o caso de outro tipo de atividades, tais como a dos *profissionais de espetáculos*, regulada pela Lei nº 4/2008, de 7 de fevereiro (alterada pela Lei nº 28/2011, de 16 de Junho), e a dos *desportistas profissionais*, regida pela Lei nº 54/2017, de 14 de julho. Sobre o contrato de trabalho

MODALIDADES DE CONTRATO DE TRABALHO: OS MÚLTIPLOS DESVIOS AO MODELO TÍPICO

mercado de trabalho, entre os chamados *insiders* (os trabalhadores a tempo completo, com vínculo por tempo indeterminado e com emprego relativamente estável) e os *outsiders* (não só os desempregados e os falsos trabalhadores independentes, mas também todos aqueles que apenas dispõem de um emprego precário, como os contratados a prazo). Importa, por isso, fazer uma referência a algumas das modalidades atípicas de contrato de trabalho[76], com especial destaque para o contrato de trabalho a termo, modalidade esta olhada com certa reserva pelo ordenamento jurídico, mas cujo êxito estatístico se mostra, nos nossos dias, absolutamente indiscutível.

7.1. O contrato de trabalho a prazo ou a termo
7.1.1. Liberdade contratual *versus* segurança no emprego
O contrato de trabalho é, em princípio, um contrato a prazo ou um contrato sem prazo? As partes dispõem de total liberdade para incluir no contrato de trabalho uma cláusula de termo resolutivo? Podem os sujeitos, ao abrigo do princípio da liberdade contratual, aprazar o contrato de trabalho? Contrato a prazo e contrato sem prazo são dois «produtos negociais» dotados de legitimidade idêntica em sede juslaboral? Ou existe, entre ambos, uma relação do tipo regra-exceção, em que um surge como contrato típico, *standard,* surgindo o outro como figura algo residual ou marginal?

As questões acima enunciadas ganharam particular acuidade com a superação histórica do chamado *employment-at-will*, isto é, com o fim do sistema do despedimento livre, imotivado, *ad nutum. A* partir de então, o termo resolutivo transformou-se numa espécie de cláusula mágica, cuja inserção no contrato de trabalho altera profundamente a respetiva relação laboral, dando origem a uma espécie de tipo particular de contrato de trabalho. Com efeito, o contrato a prazo parece hoje consistir num sonho para os empregadores (o contrato a prazo como instrumento privilegiado de gestão, como instrumento de flexibilização juslaboral), na exata medida em que, não raro, o mesmo surge como um pesadelo para os trabalhadores (o pesadelo da precariedade laboral, com tudo o que de pernicioso a esta

---

desportivo, *vd.* João Leal Amado, *Contrato de Trabalho Desportivo – Lei nº 54/2017, Anotada,* Almedina, Coimbra, 2017.

[76] Como bem nota Umberto Romagnoli, é por uma espécie de «pudor intelectual» e por «comodidade de expressão» que continuamos a falar em contratos atípicos («sinónimo de desviantes»), quando, afinal, nos referimos a contratos previstos e regulados pelo legislador – «Il diritto del lavoro tra disincanto e ragionevoli utopie», *LD*, 2002, nº 2, pp. 219-244 (232).

vem associado). Ora, o regime jurídico do contrato de trabalho a termo deverá tentar alcançar um ponto de equilíbrio entre o sonho de uns e o pesadelo de outros, sendo certo que o ponto de partida não pode, apesar de tudo, deixar de ser o seguinte: a relação laboral *standard*, o emprego normal ou típico, deverá (deveria) ser o *emprego por tempo indeterminado*; o paradigma contratual terá de ser este, pois isso mesmo resulta, desde logo, do disposto no art. 53º da CRP. Vejamos.

Sob a epígrafe «segurança no emprego», lê-se no art. 53º da CRP que «é garantida aos trabalhadores a segurança no emprego, sendo proibidos os despedimentos sem justa causa ou por motivos políticos ou ideológicos». Trata-se, no plano sistemático, do primeiro dos direitos, liberdades e garantias dos trabalhadores consagrados na nossa Lei Fundamental. E, como se disse *supra*, esta prioridade sistemática não é obra do acaso, antes surge, nas palavras de JORGE LEITE, «como que a significar não apenas a importância do bem constitucionalmente protegido, mas, sobretudo, o seu valor sintomático quanto à observância e efetividade dos restantes. Como o mostram estudos realizados e o revela a experiência quotidiana, quanto mais precário for o estatuto do trabalhador, mais vulnerável é a sua situação e mais fragilizado se sente na defesa dos seus direitos»[77].

Ora, aqui chegados, sejamos claros. É certo que o art. 53º da CRP em lugar algum se refere, *expressis verbis*, aos contratos a prazo. Mas é óbvio que a garantia constitucional da segurança no emprego não pode deixar de se projetar, com particular intensidade, no regime jurídico dos contratos a termo. Deste ponto de vista, seria tão abusivo interpretar a consagração desta garantia como significando um atestado constitucional de ilicitude dos contratos a termo («contratos a prazo jamais!») como proceder a uma leitura da norma segundo a qual da mesma nada de importante decorreria para o regime jurídico de tais contratos («contratos a prazo sempre, se as partes assim o quiserem!»). Manifestamente, qualquer destas posições pecaria, ora por excesso ora por defeito. Retamente interpretado, *o art. 53º da CRP implica que o emprego deve ser, por via de princípio, estável, sem prefixação do horizonte vital do contrato que o suporta*. Assim, este preceito pressupõe, nas autorizadas palavras de GOMES CANOTILHO e VITAL MOREIRA, «que, em princípio, a relação de trabalho é temporalmente indeterminada, só podendo ficar sujeita a prazo quando houver razões que o exijam, designadamente

---

[77] *Direito do Trabalho*, cit., vol. I, p. 82.

MODALIDADES DE CONTRATO DE TRABALHO: OS MÚLTIPLOS DESVIOS AO MODELO TÍPICO

para ocorrer a necessidades temporárias das entidades empregadoras e pelo período estritamente necessário à satisfação dessas necessidades»[78].

É, pois, com este pano de fundo que se desenvolve toda a trama dos contratos a termo. Para a CRP, a estabilidade é um valor, ao passo que a precariedade é um desvalor. Um certo grau de estabilidade no emprego aumenta a qualidade geral de vida do trabalhador e diminui a sua posição de debilidade face ao empregador. E o contrato a prazo significa, inequivocamente, precariedade laboral. Daí que o nosso ordenamento, conquanto admita a figura, não deixe de a encarar com alguma suspeição. A atitude geral é – não pode deixar de ser – de reserva, de cautela, pois lidamos com uma modalidade contratual que, na sua essência, se coloca em nítida rota de colisão com a garantia ínsita no art. 53º da CRP. Liberdade contratual para o aprazamento do contrato de trabalho? Dir-se-ia antes: liberdade, sim, mas condicional! *O contrato a prazo não pode, decerto, ser proscrito do nosso ordenamento, mas também não pode ser idolatrado* (contrato a prazo = paraíso da flexibilidade) *ou, sequer, ser concebido como um mecanismo normal/trivial de constituição da relação de trabalho.* Ainda que os dados estatísticos pareçam desmenti-lo, o certo é que, para a ordem normativa representada pelo Direito do Trabalho, o contrato a prazo tem um carácter excecional[79]. Quão excecional? É o que vamos passar a ver.

7.1.2. Termo resolutivo: requisitos materiais e requisitos formais
Quando acima falámos numa situação de *liberdade condicional* relativamente à contratação a termo, já deixámos implícito que a nossa lei estabelece

---

[78] *Constituição da República Portuguesa Anotada*, vol. I, 4ª ed., Coimbra Editora, 2007, p. 711.

[79] Isto, é claro, sem prejuízo de soluções distintas valerem relativamente a determinados contratos de trabalho sujeitos a regime especial, como sucede com o contrato de trabalho dos praticantes desportivos (que é sempre um contrato a prazo) e com o contrato de trabalho dos profissionais de espetáculos (que reveste as modalidades de contrato por tempo indeterminado ou de contrato a termo resolutivo, sem que, aqui, a lei estabeleça regra e excepção).

Já em Angola, pelo contrário, a Lei Geral do Trabalho (Lei nº 7/15, de 15 de Junho) revela-se muito (a meu ver, demasiado) permissiva em relação ao contrato a prazo. Como se pode ler no seu art. 16º, nº 1, «por livre acordo das partes, tendo por pressuposto a natureza da atividade, a dimensão e a capacidade económica da empresa e as funções para as quais é contratado o trabalhador, o contrato de trabalho pode ser celebrado por tempo indeterminado ou por tempo determinado, a termo certo ou incerto, integrando o trabalhador o quadro de pessoal da empresa». *Requiem* pela estabilidade do emprego?

CONTRATO DE TRABALHO

requisitos de verificação obrigatória para que seja validamente celebrado um contrato de trabalho a prazo. Existem requisitos de ordem *material*, que se prendem com o tipo e o elenco de situações legitimadoras da contratação a termo, e existem requisitos de ordem *formal*, obrigando à adequada documentação deste negócio jurídico. Destarte, a lei delimita um círculo dentro do qual admite a contratação a prazo, caso em que os sujeitos deverão ainda obedecer ao formalismo negocial imposto pelo CT. E a falta de preenchimento de qualquer destes requisitos, material ou formal, terá, em princípio, o mesmo efeito: recondução do contrato ao modelo *standard*, considerando-se que aquele será um negócio jurídico sem termo, de duração indeterminada.

A) Requisitos materiais

Em que tipo de situações poderá, então, ser celebrado um contrato de trabalho a prazo? Responde, *prima facie* de forma irrepreensível, o nº 1 do art. 140º do CT: «O contrato de trabalho a termo resolutivo só pode ser celebrado para satisfação de necessidade temporária da empresa e pelo período estritamente necessário à satisfação dessa necessidade». Este sistema de cláusula geral, radicando a admissibilidade de aprazamento do contrato de trabalho na satisfação de necessidades temporárias da empresa, vem a ser complementado pelo nº 2 do aludido preceito, através de uma enumeração exemplificativa daquilo que se entende por «necessidade temporária da empresa»: os chamados «contratos de interinidade», previstos nas quatro primeiras alíneas desse nº 2 (contratação para substituição de trabalhadores temporariamente ausentes), os contratos sazonais (al. *e*)), os contratos para trabalhos eventuais ou ocasionais, por variação ou acréscimo de atividade (al. *f*)) e os contratos para obra ou serviço determinado (als. *g*) e *h*)).

Até aqui, dir-se-ia, tudo perfeito e congruente. A lei autoriza a celebração de contratos precários em ordem à satisfação de necessidades meramente transitórias das empresas. Com efeito, se é necessário substituir um trabalhador doente, se é necessário contratar pessoal para efetuar uma determinada obra de construção civil (p. ex., construir uma ponte), se é necessário contratar trabalhadores para dar resposta a acréscimos sazonais na procura (quadra natalícia, época balnear, etc.), em todos estes casos o mecanismo do contrato a prazo surge talhado à medida. Nesta lógica, se a necessidade é transitória, o correspondente contrato de trabalho pode ser temporário, se a necessidade for permanente, então já o contrato deverá

MODALIDADES DE CONTRATO DE TRABALHO: OS MÚLTIPLOS DESVIOS AO MODELO TÍPICO

ser de duração indeterminada. E o sistema exigente da lei («o contrato de trabalho a termo resolutivo *só* pode ser celebrado...») desembocaria, inevitavelmente, na regra enunciada no art. 147º do CT, segundo a qual se considera sem termo o contrato de trabalho em que a estipulação da cláusula acessória tenha por fim iludir as disposições que regulam o contrato sem termo, bem como o celebrado fora dos casos previstos no art. 140º E, na mesma ordem de ideias, o nº 5 do art. 140º esclarece ainda que «cabe ao empregador a prova dos factos que justificam a celebração de contrato de trabalho a termo» – o que se afigura lógico, pois estes são os factos que, no plano material, habilitam o empregador a recorrer a uma modalidade contratual «flexível» que, de outro modo, lhe estaria vedada.

A verdade, contudo, é que a distinção entre o temporário e o permanente não deixa de ser algo problemática e contingente. Para mais nestes tempos de «pós-modernidade» em que vivemos, «tempos líquidos», dizem os sociólogos, tempos em que tudo é efémero, instável e volátil, tempos em que nada é perene, estável e constante. Neste quadro ambiental, as próprias empresas surgem, elas mesmas, como projetos de natureza transitória (e como tal se assumem), o que significa que, logicamente, a respetiva mão-de-obra também não poderá deixar de ser temporária. Como escreve MÁRCIO TÚLIO VIANA, «a empresa deixa de representar algo seguro, duradouro, para assumir um aspeto tão oscilante como os seus próprios produtos. É como se passasse de substantivo (sinónimo de *lugar*) a verbo (indicando *ação*)»[80]. E, ainda que assim não seja, o certo é que a expressão «necessidade temporária da empresa» é bastante vaga e indeterminada, remetendo-nos, até certo ponto, para o próprio empregador, uma vez que em boa medida vem a ser ele que, no exercício dos seus poderes de gestão empresarial, acaba por definir o que corresponde a uma necessidade deste tipo. Por esta via, corre-se o risco de, como JÚLIO GOMES teve já ocasião de advertir, chegarmos à dececionante conclusão de que, no fundo, «seriam temporárias as necessidades que o empregador definisse como tais»[81].

Para além do que vem de ser dito, sucede que aquela paisagem harmoniosa resultante da conjugação entre os arts. 140º, nºs 1 e 2, e 147º, nº 1, corresponde, tão-só, a uma parte da realidade. Em certo sentido, o legislador

---

[80] «El nuevo modelo económico y la destrucción de derechos laborales en Brasil», *RL*, nº 14, 2000, p. 95.
[81] «O contrato de trabalho a termo ou a tapeçaria de Penélope?», *Estudos do Instituto de Direito do Trabalho*, vol. IV, Almedina, Coimbra, 2003, p. 82.

CONTRATO DE TRABALHO

mente, ou, pelo menos, desmente-se. É que o art. 140º apresenta ainda outros números, *maxime* o nº 4, com a seguinte redacção:

«Além das situações previstas no nº 1, pode ser celebrado contrato de trabalho a termo certo para:

a) Lançamento de nova atividade de duração incerta, bem como início de laboração de empresa ou de estabelecimento pertencente a empresa com menos de 750 trabalhadores;

b) Contratação de trabalhador à procura de primeiro emprego, em situação de desemprego de longa duração ou noutra prevista em legislação especial de política de emprego.»

Ou seja, para além das situações «clássicas», em que o contrato a prazo surge como *instrumento privilegiado de satisfação de necessidades temporárias*, a nossa ordem jurídica perspetiva esta modalidade contratual como um *instrumento de dinamização do investimento empresarial* (al. *a)*) e como uma *medida de fomento do emprego* (al. *b)*), em ambos os casos dando luz verde para que se recorra ao contrato a termo tendo em vista a satisfação de necessidades permanentes de trabalho.

Inconstitucional, exclamarão alguns! Indispensável, retorquirão outros! A verdade é que, tudo visto, e ao invés do que sugere o nº 1 do art. 140º, o contrato a termo pode ser celebrado para satisfazer necessidades permanentes das empresas. A uma necessidade permanente de mão-de-obra pode, pois, corresponder, licitamente, um contrato a prazo. O juízo sobre a bondade intrínseca do art. 140º, nº 4, do CT arrisca-se, assim, a ser muito distinto de autor para autor. Alguns dirão, p. ex., que permitir a contratação generalizada, a título precário, de jovens à procura do primeiro emprego, se traduz numa medida negativamente discriminatória para com esta camada de (aspirantes a) trabalhadores. Outros, todavia, verão nesta norma uma discriminação, mas uma autêntica discriminação positiva. Uns enfatizarão a dicotomia emprego estável/emprego precário e, desse ângulo, criticarão o preceito. Outros, ao invés, colocarão o acento tónico na dicotomia desemprego/emprego precário e, daí, aplaudirão a norma. Quem tem razão? Porventura ambos, como nos ensina a velha história do copo, que alguns consideram meio cheio e outros dizem estar meio vazio...[82].

---

[82] Resta saber quem são, afinal, os trabalhadores «à procura de primeiro emprego». O preenchimento do conceito de primeiro emprego, para efeitos de contratação a termo, tem

Como quer que seja, o que penso ser indiscutível é que este art. 140º do CT ilustra, de forma cabal, as tensões que atualmente assolam o Direito do Trabalho. Um direito em que a lógica «social», clássica, que pauta os dois primeiros números do preceito – o emprego deve ser estável –, se confronta com uma lógica «económica», pós-moderna – o emprego, ainda que precário, é preferível ao desemprego. Resta saber se, por esta via, o ordenamento juslaboral não estará a deixar-se imbuir de um excessivo pragmatismo, que lhe corrói os princípios estruturantes e que subalterniza a sua axiologia própria, assim correndo o risco de passar a ser «mercantilizado» e considerado como um mero subproduto da economia.

É, pois, nesta confluência de águas que, hoje em dia, vive o contrato de trabalho a prazo. Além de uma base *estrutural*, que corresponde à satisfação de necessidades temporárias de trabalho, a lei fornece ainda uma base mais *conjuntural* para a contratação a termo, ampliando (demasiado?) o espaço de atuação desta modalidade contratual. Do ponto de vista normativo, o contrato a termo ainda é visto como um desvio à norma, ainda é tido como uma exceção. Mas é um desvio que se banaliza e é uma exceção que se multiplica, com a complacência do legislador, atentos os efeitos benéficos que, espera-se, tal pode acarretar em matéria de dinamização da atividade empresarial e de combate ao desemprego persistente de certas categorias de pessoas.

---

suscitado consideráveis dificuldades, defendendo uns que devem ser considerados como tal os trabalhadores que nunca tenham tido anteriormente um contrato por tempo indeterminado, sustentando outros que aquele conceito abarca apenas os trabalhadores que não tenham exercido uma atividade profissional por mais de seis meses, seguidos ou interpolados, e afirmando ainda outros que «trabalhador à procura de primeiro emprego é aquele que nunca tenha celebrado um contrato de trabalho, com ou sem termo» (assim, Menezes Cordeiro, *Manual de Direito do Trabalho*, p. 630). O ponto é duvidoso, mas parece ser esta última a melhor leitura do material normativo pertinente (no mesmo sentido, Menezes Leitão, *Direito do Trabalho*, 5ª ed., Almedina, Coimbra, 2016, p. 486). E, de resto, a primeira opção conduz o intérprete à estranha conclusão de que um trabalhador pode acumular dezenas de contratos a termo, ao longo de vários anos, numa perene busca do primeiro emprego – cenário este, reconheça-se, dificilmente tolerável, ainda que sufragado por parte da doutrina e pela jurisprudência dominante (neste sentido, por último, Luís Miguel Monteiro e Pedro Madeira de Brito, *in* Pedro Romano Martinez *et. al.*, *Código do Trabalho Anotado*, 10ª ed., Almedina, Coimbra, 2016, pp. 379-380). Para maiores desenvolvimentos, Joana Nunes Vicente, *A fuga à relação de trabalho*, cit., pp. 175-182.

CONTRATO DE TRABALHO

B) Requisitos formais

A mais de, *in casu*, se dever verificar alguma das situações legitimadoras do recurso à contratação a prazo previstas no art. 140º do CT, este diploma estabelece ainda requisitos de ordem formal para que tal contrato precário seja validamente celebrado. Assim, o seu art. 141º, nº 1, prescreve: «O contrato de trabalho a termo está sujeito a forma escrita e deve conter: *a)* identificação, assinaturas e domicílio ou sede das partes; *b)* atividade do trabalhador e correspondente retribuição; *c)* local e período normal de trabalho; *d)* data de início do trabalho; *e)* indicação do termo estipulado e do respetivo motivo justificativo; *f)* datas de celebração do contrato e, sendo a termo certo, da respetiva cessação».

A propósito destes requisitos de ordem formal, dois aspetos merecem, a meu ver, particular destaque:

i) A lei exige que, no indispensável documento escrito, seja indicado o *motivo justificativo* da contratação a termo. Caso este exista, mas não seja indicado, a consequência é a prevista no nº 1, al. *c)*, do art. 147º Caso o motivo seja indicado, mas realmente não exista (motivo forjado), terá aplicação o nº 1, als. *a)* e *b)*, do art. 147º – sendo certo que, em ambos os casos, o contrato de trabalho é tido como um contrato sem termo. Note-se ainda que, segundo o nº 3 do art. 141º, «a indicação do motivo justificativo do termo deve ser feita com menção expressa dos factos que o integram, devendo estabelecer-se a relação entre a justificação invocada e o termo estipulado». A lei impõe, portanto, que o documento contratual seja revelador, que não seja vago ou opaco, que permita um controlo externo da situação – e este especial ónus de transparência e de veracidade recai sobre o empregador, como decorre do nº 1, al. *c)*, do art. 147º;

ii) A inobservância da forma escrita (assim como, p. ex., a não indicação do motivo justificativo ou, até, a sua insuficiente indicação) não implica a nulidade do contrato de trabalho, mas apenas a *nulidade da cláusula de termo resolutivo*. As falhas ou insuficiências formais revertem, pois, contra o empregador, pois a sua consequência traduz-se na transformação do vínculo laboral, que passará de precário a estável, sendo reconduzido ao contrato *standard*. O nº 1, al. *c)*, do art. 147º é eloquente a este respeito: «Considera-se sem termo o contrato de trabalho em que falte a redução a escrito, a identificação ou a assinatura das partes, ou, simultaneamente, as datas de celebração do contrato e de início do trabalho, bem como aquele em que se omitam ou sejam insuficientes as referências ao termo e ao motivo justificativo»[83].

A tríade normativa que temos vindo a analisar (arts. 140º, 141º e 147º) constitui, de certo modo, o «núcleo duro» do regime jurídico da contratação a termo. E pode dizer-se que, nos três casos, se trata de outras tantas projeções da garantia constitucional da segurança no emprego no seio de um contrato precário como é o contrato a prazo. Contudo, na linha do que já sucedia com o CT de 2003, o art. 139º do atual CT reitera que o regime legal do contrato a termo poderá ser afastado por IRCT, com as ressalvas constantes da parte final do preceito (contratação de trabalhador à procura de primeiro emprego ou em situação de desemprego de longa duração, duração máxima do contrato). Resta saber, atento o *caráter coletivo-dispositivo* de quase todo este regime legal, se os IRCT poderão, p. ex, desligar a contratação a termo da satisfação de necessidades temporárias das empresas, ou dispensar a redução a escrito de tais contratos. *Prima facie*, a resposta será afirmativa. Em todo o caso, como é evidente, sempre subsiste o limite representado pela garantia ínsita no art. 53º da CRP, a qual não poderá ser vulnerada pela contratação coletiva.

O CT estabelece ainda um princípio de igualdade de tratamento entre o trabalhador contratado a termo e o trabalhador permanente (art. 146º), bem como um, aliás limitado, direito de preferência na respetiva admissão em regime de contrato sem termo (art. 145º).

Entretanto, em matéria de contrato a prazo (contrato sujeito a um termo resolutivo) o CT manteve a dicotomia básica *termo certo/termo incerto*. Sendo duas submodalidades de contrato a prazo, a verdade é que o respetivo regime jurídico não é idêntico. É tempo de sobrevoarmos a disciplina de ambas as figuras, a começar por aquela que é, de longe, mais frequente: o termo (resolutivo) certo.

---

[83] Para além destas formalidades *ad substantiam*, cuja omissão conduz à nulidade da cláusula de termo, existem formalidades *ad probationem*, relativamente às quais a exigência formal visa apenas obter prova segura sobre o teor da declaração: atividade contratada, retribuição ajustada, local e período normal de trabalho, data de início do trabalho ou data da celebração do contrato.

CONTRATO DE TRABALHO

7.1.3. Termo certo

Quando as partes apõem a um negócio jurídico uma cláusula de termo resolutivo certo, isso significa que a cessação desse negócio fica colocada na dependência de um evento futuro duplamente certo: sabe-se que ele irá ocorrer e sabe-se a data em que ele irá ocorrer (*certus an, certus quando*). Em sede de contrato de trabalho, é esta, de resto, a modalidade mais difundida de contrato a termo. As partes celebram o contrato e estipulam, p. ex., que o mesmo terá a duração de 6 meses ou de 1 ano; ou celebram o contrato, dispondo que ele terminará num certo e determinado dia. A este propósito, levantam-se, de imediato, diversas questões: em que situações permitirá a lei que este tipo de contrato a termo seja celebrado? Há regras sobre a duração deste contrato, seja estabelecendo limites máximos, seja fixando limites mínimos? O contrato caduca automaticamente pelo decurso do prazo? Poderá este contrato ser objeto de renovação? Caducando o contrato, o trabalhador terá direito a receber alguma compensação pecuniária do empregador? Poderá este contrato a termo transformar-se num contrato de duração indeterminada?

Vejamos alguns aspetos do atual regime jurídico do contrato de trabalho a termo certo, procurando, assim, responder às questões formuladas.

a) *Admissibilidade*: a celebração de contrato a termo certo é legalmente admissível em qualquer uma das situações enunciadas no art. 140º do CT. Tanto a satisfação de necessidades temporárias das empresas (nºs 1 e 2) como razões ligadas à política de incentivo ao investimento e à política de fomento do emprego (nº 4) poderão servir de título legitimador da contratação a termo certo. Em suma, e diferentemente do que sucede em matéria de contratação a termo incerto, todas as situações abarcadas pelo art. 140º se revelam idóneas para justificar o recurso a esta submodalidade contratual.

b) *Duração*: logicamente, o contrato a termo certo dura pelo período convencionado. Mas esse período acordado pelas partes terá de respeitar as balizas legais, que são as seguintes:

   i) Tratando-se de contrato destinado à satisfação de necessidade temporária da empresa, o mesmo só poderá ser celebrado «pelo período estritamente necessário à satisfação dessa necessidade», como se lê no art. 140º, nº 1, *in fine*, do CT. O contrato poderá, portanto, ter uma duração *coincidente* com a da necessidade

MODALIDADES DE CONTRATO DE TRABALHO: OS MÚLTIPLOS DESVIOS AO MODELO TÍPICO

temporária da empresa ou ter uma duração *inferior* ao período em que, previsivelmente, essa necessidade se fará sentir (assim deixando em aberto a possibilidade da respetiva renovação, no final do prazo). Mas o contrato já não poderá ser celebrado por um período que *exceda* a duração previsível da necessidade temporária da empresa (pense-se, p. ex., na contratação a termo, mas pelo período de um ano, de um trabalhador para substituir uma trabalhadora que entrou em licença parental), como resulta do disposto nos arts. 140º, nº 1, e 147º, nº 1-*b)*, do CT;

ii) Segundo dispõe o nº 2 do art. 148º, o contrato só poderá ser celebrado por prazo inferior a 6 meses nas situações previstas nas als. *a)* a *g)* do nº 2 do art. 140º, caso em que a respetiva duração não poderá ser inferior à prevista para a tarefa ou serviço a realizar. Logo, se o fundamento da contratação a termo certo for o da al. *h)* do nº 2 do art. 140º, ou se for o nº 4 do mesmo preceito, ou ainda se o contrato se basear, tão-só, na cláusula geral do nº 1, em todos estes casos encontrará aplicação o limite mínimo de 6 meses de duração, *ex vi* do art. 148º, nº 2. E, sendo esta norma violada, o contrato considerar-se-á celebrado pelo prazo de 6 meses, contanto que corresponda à satisfação de necessidades temporárias da empresa (nº 3 do mesmo artigo)[84];

iii) De forma inovadora, o CT veio prever casos especiais de contratos de muita curta duração, no art. 142º (contrato de trabalho em atividade sazonal agrícola ou para realização de evento turístico de duração não superior a 15 dias), nos quais se dispensa a forma escrita, devendo o empregador comunicar a sua celebração ao serviço competente da Segurança Social, mediante formulário eletrónico. Trata-se de uma solução «agilizadora» de bondade muito discutível (uma espécie de *offshore* turístico e agrícola), que destrói um dos pilares tradicionais do nosso ordenamento juslaboral: o de que não há contrato a termo se não houver documento escrito que o formalize adequadamente. A partir de agora, no setor agrícola e no sector do turismo,

---

[84] O preceito sugere que, caso seja celebrado um contrato por prazo inferior a seis meses em situação prevista no nº 4 do art. 140º (início de laboração de empresa, trabalhador à procura de primeiro emprego, etc.), o mesmo será tido como contrato sem termo, dado não corresponder à satisfação de necessidades temporárias da empresa.

abre-se espaço para a incerteza quanto ao tipo de ligação contratual existente entre as partes, até porque o nº 2 do art. 142º admite que a duração total de contratos a termo com o mesmo empregador atinja 70 dias de trabalho no ano civil, acrescendo que o nº 3 determina que, em caso de violação do disposto neste artigo, o contrato considerar-se-á celebrado pelo prazo de seis meses;

iv) De acordo com o nº 1, al. *c)*, do art. 148º, em regra a duração do contrato a termo certo não poderá exceder três anos, incluindo renovações, nem este contrato poderá ser renovado mais de três vezes;

v) A lei mostra-se mais exigente quanto à duração máxima dos contratos a termo celebrados ao abrigo do nº 4 do art. 140º Neste caso, tal duração máxima, incluindo renovações, não poderá exceder 2 anos, baixando esse limite para 18 meses quando se trate de trabalhadores à procura de primeiro emprego (als. *a)* e *b)* do nº 1 do art. 148º);

vi) A ultrapassagem dos prazos de duração máxima do contrato ou do número máximo de renovações admissíveis produzirá a mesma consequência: o contrato converter-se-á num contrato sem termo, conforme preceitua o art. 147º, nº 2, al. *b)*, do CT;

vii) A conversão do contrato a termo num contrato sem termo, por ultrapassagem dos referidos limites temporais, poderia ser facilmente evitada pelo empregador, através do expediente da celebração de diferentes contratos precários, sucessivos ou intervalados, com o mesmo trabalhador e para o preenchimento do mesmo posto de trabalho. Procurando combater estas práticas fraudulentas, o nº 5 do art. 148º do CT inclui no cômputo daquele limite máximo de três anos «a duração de contratos de trabalho a termo ou de trabalho temporário cuja execução se concretiza no mesmo posto de trabalho, bem como de contrato de prestação de serviço para o mesmo objeto, entre o trabalhador e o mesmo empregador ou sociedades que com este se encontrem em relação de domínio ou de grupo ou mantenham estruturas organizativas comuns»[85].

---

[85] De resto, a espiral da contratação precária através da rotação de diferentes trabalhadores sucessivamente contratados para ocuparem o mesmo posto de trabalho merece também a

c) Renovação. Ao invés do que, porventura, seria de esperar (afinal, estamos aqui perante um negócio jurídico sujeito a um termo resolutivo, pelo que a verificação deste último deveria implicar, *prima facie*, a caducidade do contrato), vigora nesta matéria uma regra supletiva de renovação automática. Assim, «na ausência de estipulação a que se refere o número anterior e de declaração de qualquer das partes que o faça cessar, o contrato renova-se no final do termo, por igual período se outro não for acordado pelas partes», lê-se no nº 2 do art. 149º O sistema legal facilita a renovação do contrato, pois, para que o mesmo caduque por expiração do prazo, é necessário que alguma das partes acione a caducidade, procedendo à comunicação prevista no art. 344º, nº 1, do CT: «O contrato de trabalho a termo certo caduca no final do prazo estipulado, ou da sua renovação, desde que o empregador ou o trabalhador comunique à outra parte a vontade de o fazer cessar, por escrito, respetivamente, 15 ou oito dias antes de o prazo expirar». Ou seja, em lugar de a caducidade operar automaticamente, o que opera automaticamente é a renovação contratual, sendo que este peculiar *modus operandi* da caducidade poderá encontrar explicação na circunstância de o legislador, mesmo no âmbito de um contrato precário como é, por definição, o contrato a prazo, procurar facilitar a manutenção da relação laboral, dificultando, em certa medida, a extinção do vínculo contratual.

Quando a este mecanismo da renovação do contrato a termo certo, é necessário efetuar três observações suplementares:

i) A regra da renovação automática possui, como se disse, caráter supletivo, pois a caducidade poderá operar automaticamente, desde que tal se encontre previsto no contrato. Com efeito, o nº 1 do art. 149º dispõe que «as partes podem acordar que o contrato de trabalho a termo certo não fica sujeito a renovação». Neste caso, dir-se-ia que a regra civilística da caducidade automática retoma o seu império e o contrato extinguir-se-á pelo simples decurso do prazo (isto é, pela simples verificação do respetivo termo resolutivo);

---

atenção do legislador em norma proibitiva própria – o art. 143º, que obriga à observância de um período de espera equivalente a um terço da duração do anterior contrato (incluindo renovações), cuja violação determinará que o novo contrato se considere sem termo (art. 147º, nº 1, al. *d*), do CT).

CONTRATO DE TRABALHO

ii) A renovação contratual apenas ocorrerá caso, à data da mesma, ainda subsista o motivo justificativo da contratação a termo. Como se lê no nº 3 do art. 149º, «a renovação do contrato está sujeita à verificação da sua admissibilidade, nos termos previstos para a sua celebração, bem como a iguais requisitos de forma no caso de se estipular período diferente». Compreende-se que assim seja, sob pena de se subverter toda a lógica a que obedece a contratação a termo. Pense-se, p. ex., na hipótese de contratação a termo, pelo prazo de 6 meses, para substituir um trabalhador doente: esgotados esses 6 meses, caso o trabalhador substituído continue transitoriamente impedido de prestar trabalho, o contrato renovar-se-á por mais 6 meses, se nenhuma das partes proceder à respetiva denúncia ao abrigo do art. 344º; mas semelhante renovação já não será possível na hipótese de, entretanto, o trabalhador doente ter já regressado ao serviço ou ter falecido, pois em qualquer destes casos o título legitimador da contratação a termo (a necessidade de substituir outrem que se encontra temporariamente impedido de prestar serviço) já teria desaparecido aquando da pretensa renovação do contrato – ou porque, nessa altura, o impedimento já tinha sido superado ou porque o mesmo já tinha deixado de ser temporário... Nestes casos, uma de duas: ou o contrato caduca no final do prazo, ao abrigo do art. 344º; ou, não havendo denúncia por parte de qualquer dos sujeitos, ele passará a ser um contrato sem termo (nº 2-*a*) do art. 147º)[86];

iii) Se as partes pretenderem renovar o contrato por período diferente do inicialmente acordado (pense-se, p. ex., num contrato com a duração de seis meses, que as partes querem prorrogar por mais três), essa prorrogação deverá observar os requisitos formais constantes do art. 141º

---

[86] O que vem de ser dito vale para as hipóteses típicas, de contratação a termo justificada por necessidades temporárias de trabalho. Já nos casos, previstos no nº 4 do art. 140º, em que a contratação a termo obedece a uma outra racionalidade (estímulo ao investimento e promoção do emprego), pensa-se que as partes poderão renovar livremente esses contratos a prazo, contanto que não ultrapassem os limites temporais estabelecidos no art. 148º, nº 1. Para desenvolvimentos sobre o ponto, JOÃO LEAL AMADO, «Renovação de contrato a termo por início de laboração de estabelecimento: uma miragem?», *QL*, nº 31, 2008, pp. 115-127.

d) *Caducidade.* Quanto ao *modus operandi* da caducidade, já se disse que, em princípio, esta não opera automaticamente, carecendo de ser acionada pelo sujeito interessado (denúncia escrita com aviso prévio de 15 ou 8 dias, consoante seja feita pelo empregador ou pelo trabalhador). Quanto aos efeitos da caducidade, lê-se no nº 2 do art. 344º do CT: «Em caso de caducidade de contrato de trabalho a termo certo decorrente de declaração do empregador nos termos do número anterior, o trabalhador tem direito a compensação correspondente a 18 dias de retribuição base e diuturnidades por cada ano completo de antiguidade, calculada nos termos do artigo 366º»[87]. Esta norma tem suscitado algumas dificuldades aplicativas, designadamente quanto aos casos em que a compensação é devida ao trabalhador. Vejamos.

A compensação será devida ao trabalhador em caso de caducidade do contrato «decorrente de declaração do empregador nos termos do número anterior». A solução legal compreende-se: perante um contrato a termo certo, caso este caduque por iniciativa do empregador é justo que o trabalhador seja compensado pela perda do emprego, em cuja continuidade estava interessado; caso o contrato caduque em virtude de declaração do trabalhador, a lei já entende que aquela compensação não lhe será devida, pois a perda do emprego deve-se aqui, em exclusivo, à decisão extintiva do trabalhador (o empregador, pela sua parte, estava disposto a renovar o contrato). Mais difícil é a resposta quando, nos moldes descritos acima, as partes inseriram no contrato uma cláusula de caducidade automática (art. 149º, nº 1). Nesta hipótese, o contrato caducará pelo simples decurso do prazo, sem prévia comunicação de qualquer dos sujeitos. E terá o trabalhador direito à compensação prevista no nº 2 do art. 344º? Julgo que sim. É certo que a lei apenas alude à compensação em caso de caducidade «decorrente de declaração do empregador». Mas, note-se, estamos a interpretar o nº 2 do art. 344º, norma que, logicamente, surge na sequência do nº 1 do mesmo artigo. E o nº 1 apenas contempla duas hipóteses: caducidade acionada pelo empregador ou caducidade acionada pelo trabalhador. Neste registo

---

[87] Em caso de fração de ano, o montante da compensação será calculado proporcionalmente, conforme resulta do disposto na al. *d)* do nº 2 do art. 366º

diádico, o trabalhador tem direito à compensação no primeiro caso, mas não no segundo. Ora, o problema da eventual caducidade automática do contrato não foi, manifestamente, previsto pela lei no n.º 2 do art. 344.º Teremos de apelar ao elemento racional para resolver a questão. E, se levarmos em conta esse elemento, julga-se que a resposta deverá ser afirmativa: por um lado, porque, como ninguém ignora, a inclusão de tal cláusula de caducidade no contrato dever-se-á, as mais das vezes (sempre?), à vontade da entidade empregadora, à qual o trabalhador se limita a aderir; por outro lado, porque, seja como for, neste caso o contrato caducará *também* por vontade do empregador – e, sendo compreensível que o empregador não tenha de compensar o trabalhador pela perda do emprego, caso essa perda decorra da vontade exclusiva do trabalhador, já não se compreenderia essa solução quando o empregador não está disposto a prolongar aquela relação laboral, como sucede caso as partes insiram no contrato a cláusula de que fala o n.º 1 do art. 149.º

Qual é a razão de ser do direito à compensação estabelecido no art. 344.º do CT? O que é que se visa compensar na esfera do trabalhador, atribuindo-lhe este crédito? Qual é, afinal, a *ratio* do preceito? Atendendo ao regime jurídico do contrato de trabalho a termo certo, levando em conta o disposto no CT sobre o *modus operandi* da caducidade destes contratos, sobre a regra supletiva da renovação automática dos mesmos e sobre a cláusula de irrenovabilidade que as partes podem inserir no contrato, alguma doutrina responde: *a compensação por caducidade visa, em retas contas, compensar a frustração de uma legítima expetativa do trabalhador, a expetativa de renovação do seu contrato a termo*; sendo o contrato automaticamente renovável, ao abrigo da lei, o trabalhador, ainda que contratado a prazo, tende a alimentar essa expetativa de renovação contratual, com a concomitante manutenção do seu emprego; se essa expetativa resulta frustrada, porque o empregador aciona a caducidade do vínculo, então o trabalhador deverá ser compensado; se for o trabalhador, ele mesmo, a acionar a dita caducidade, compreende-se que não seja ressarcido; e, nesta linha de raciocínio, o mesmo valeria na hipótese de um contrato a termo irrenovável, pois também aqui não existiria tal expetativa legítima do trabalhador, pelo que a caducidade não importaria qualquer direito a compensação para este.

A ratio *da compensação em apreço consistiria, portanto, na tutela das legítimas expetativas do trabalhador na renovação do vínculo contratual.* Esta compensação não visaria, pois, nem desincentivar o recurso à contratação a termo, nem compensar o trabalhador pela maior precariedade do seu vínculo laboral relativamente ao modelo *standard* de contrato de trabalho, nem compensá-lo pela perda do seu emprego. *Tratar-se-ia, tão-só, de tutelar uma expetativa, de compensar o fim de um sonho: quando o trabalhador desperta desse sonho para o pesadelo do desemprego, porque o empregador não renova o seu contrato, então a lei compensa-o, atribuindo-lhe o crédito pecuniário correspondente; mas nos outros casos já não, seja porque é o trabalhador, ele mesmo, que decide não renovar o vínculo, seja porque, sendo o vínculo irrenovável, nem em sonhos o trabalhador poderia aspirar a uma tal renovação...*

Afigura-se-me, porém, que a lei não criou esta compensação em ordem a ressarcir o trabalhador que despertou e viu o seu sonho renovatório desvanecer-se bruscamente; tudo visto e ponderado, parece que a lei concebeu esta figura em moldes mais latos e abrangentes, como forma de compensar o trabalhador pela perda do seu emprego. É isso que explica, julga-se, que tal compensação seja devida no âmbito de contratos a termo não renováveis como são os contratos a termo incerto (nos moldes expostos *infra*), os quais se extinguem automaticamente aquando da verificação do evento resolutivo e nos quais, portanto, o trabalhador não depositou nem poderia depositar quaisquer expetativas de renovação. Esse trabalhador, contudo, perde o emprego e, por isso mesmo, a lei entendeu compensá-lo, constituindo o empregador na obrigação de satisfazer esse crédito suplementar ao trabalhador.

É disso, pois, que, na perspetiva da lei, se trata: *compensar o trabalhador contratado a termo, pela perda do seu emprego.* Compensação pela perda do emprego, repete-se, não tanto compensação pela natureza precária do vínculo contratual do trabalhador (pois, se assim fosse, ou se fosse só assim, a mesma deveria ser sempre devida ao trabalhador, mesmo nos casos em que fosse este a acionar a caducidade do contrato), a qual, acessoriamente, ao tornar o recurso a esta modalidade contratual potencialmente mais oneroso para o empregador, funciona também como instrumento desincentivador da contratação a termo. Por isso o trabalhador faz jus à compensação em caso

CONTRATO DE TRABALHO

de caducidade do contrato a termo incerto. Por isso, também, faz jus a essa compensação em caso de caducidade do contrato a termo certo decorrente de declaração do empregador. Por isso, também, não faz jus a essa compensação em caso de caducidade do contrato a termo certo decorrente de declaração sua, emitida pelo próprio trabalhador – visto que aí, dir-se-ia, ele não perde o emprego, ele abdica do emprego, a despeito de o empregador estar disposto a conservar a relação. Mas, também por isso, estou convicto de que o trabalhador faz jus à compensação em caso de caducidade contratual automática, resultante da cláusula de irrenovabilidade inserida no contrato, ao abrigo do disposto no art. 149º, nº 1, do CT.

Nestes casos, a similitude com o que sucede em matéria de contrato a termo incerto é manifesta: *em ambos os casos o contrato a termo não é renovável e é integralmente cumprido até à verificação do evento resolutivo, ele morre de "morte natural" quando esse evento se verifica e o trabalhador, num e noutro caso, deverá receber a compensação de caducidade prevista na lei laboral.* Isto porque, repete-se, *caso a razão de ser da compensação por caducidade residisse na tutela das legítimas expetativas do trabalhador na renovação do vínculo contratual, então a única opção coerente do legislador consistiria em não atribuir tal direito ao trabalhador contratado a termo incerto, pois este, tal como o contratado a termo certo com cláusula de irrenovabilidade, sabe desde o início que o seu contrato não será renovado, não podendo, portanto, alimentar qualquer expetativa legítima a este respeito.*[88]

Se o contrato a prazo certo representa, de alguma forma, o filho primogénito da flexibilização juslaboral, a verdade é que este tem um irmão mais novo, porventura menos conhecido e decerto menos solicitado, mas, também ele, um mecanismo destinado a permitir uma gestão mais maleável da força de trabalho, adequando-a às mutáveis necessidades empresariais: o contrato a termo (resolutivo) incerto. É tempo de conhecermos a figura e o respetivo regime jurídico.

---

[88] Para desenvolvimentos, João Leal Amado, «De novo sobre uma velha questão: a compensação por caducidade nos contratos a termo certo», *ROA*, Abr./Jun. 2014, pp. 411-424, e Pedro Furtado Martins, *Cessação do Contrato de Trabalho*, 4ª ed., Principia, Cascais, 2017, pp. 50-62.

7.1.4. Termo incerto

Se o contrato a termo, pelos motivos expostos, é admitido pelo nosso ordenamento jurídico-laboral com algumas reservas, pode dizer-se que essas reservas se adensam quando se trata do contrato a termo incerto. Aqui, com efeito, o trabalhador vê-se colocado numa situação de maior instabilidade, visto que, ao contrário do que sucede no contrato a prazo certo, as partes não prevêem com exatidão a data em que o contrato se irá extinguir. O termo incerto caracteriza-se, justamente, por ser um evento certo quanto à sua verificação, mas incerto quanto à data em que a mesma irá ocorrer (*certus an, incertus quando*). Daí que o nosso ordenamento já tenha conhecido uma fase em que, embora tolerando a cláusula de termo certo, não admitia a cláusula de termo incerto. Gradualmente, a postura proibitiva foi perdendo força e, desde finais dos anos oitenta, o nosso Direito do Trabalho deixou de vetar esta cláusula contratual. De qualquer modo, é óbvio que o legislador vem revelando alguma prudência quando estabelece o respetivo regime jurídico.

a) *Admissibilidade*. As situações em que a lei concede luz verde para que as partes aponham um termo incerto ao contrato de trabalho encontram-se tipificadas no art. 140º, nº 3, do CT. Ao contrário do que sucede no nº 2 do artigo, relativamente ao termo certo, esta é uma *tipificação taxativa*: com efeito, só será admitida a celebração de contrato a termo incerto caso se verifique alguma das situações aí contempladas. De qualquer modo, o rigor da lei é mais aparente do que real, visto que, comparando as disposições em apreço, a grande diferença reside nas hipóteses de contratação a termo «conjuntural», ditada por razões de política de investimento e de emprego, previstas no nº 4 do art. 140º Estas poderão legitimar a contratação a termo certo, nos moldes descritos, mas não já um contrato a termo incerto. Quanto ao mais, a lista exemplificativa constante do nº 2 do art. 140º é quase totalmente coincidente com o elenco taxativo vertido no nº 3 do preceito[89], pelo que, nestas situações, as partes (*rectius*, o empregador) dispõem de total liberdade para optar pela

---

[89] Uma diferença a merecer registo: a contratação para substituição de trabalhador a tempo completo que passe a prestar trabalho a tempo parcial por período determinado (a este propósito, *vd.* o art. 155º do CT), caso que o legislador menciona em sede de contratação a termo certo, mas não já no âmbito do contrato a termo incerto.

CONTRATO DE TRABALHO

modalidade contratual que mais lhes aprouver: contrato a termo certo ou contrato a termo incerto.

b) *Duração.* Tratando-se de um contrato de trabalho a termo incerto, este durará, em princípio, por todo o tempo necessário para a substituição do trabalhador ausente ou para a conclusão da atividade, tarefa, obra ou projeto cuja execução justifica a respetiva celebração. Tudo dependerá, afinal, do tempo necessário para substituir o trabalhador transitoriamente ausente ou para concluir a atividade, tarefa, obra ou projeto previstos no contrato. Antes, a lei não estabelecia quaisquer balizas temporais nesta matéria, pelo que esta submodalidade contratual tanto poderia durar escassíssimo tempo como perdurar por muitos anos. Mas o CT inovou neste campo, estabelecendo que a duração do contrato a termo incerto não pode ser superior a seis anos (art. 148º, nº 4). Após esses seis anos, a lei como que considera que a situação deixou de ser transitória, não mais podendo servir de credencial para um contrato precário. Assim sendo, vindo esse prazo a ser excedido sem que o termo resolutivo incerto se tenha verificado, o contrato converter-se-á num contrato sem termo, por força do disposto no art. 147º, nº 2, al. *b)*, do CT.

c) *Caducidade.* Tendo em conta a natureza da cláusula de termo resolutivo incerto, compreende-se que não haja aqui lugar para qualquer renovação do contrato (ao invés do que sucede em matéria de contrato a termo certo). Aliás, em bom rigor pode dizer-se que o contrato a termo incerto caduca, automaticamente, aquando da verificação do respetivo termo resolutivo. Ainda assim, o CT procura evitar que o trabalhador seja surpreendido pela brusca extinção do seu contrato, pelo que obriga o empregador a proceder a um aviso prévio. Nos termos do nº 1 do art. 345º, «o contrato de trabalho a termo incerto caduca quando, prevendo-se a ocorrência do termo, o empregador comunique a cessação do mesmo ao trabalhador, com a antecedência mínima de sete, 30 ou 60 dias, conforme o contrato tenha durado até seis meses, de seis meses a dois anos ou por período superior». Só que, note-se, a falta de cumprimento deste dever patronal de conceder pré-aviso não implica qualquer renovação do vínculo contratual nem significa, por si só, que o contrato se irá transformar num contrato sem termo. Como esclarece o nº 3 do mesmo artigo, «na falta da comunicação a que se refere o nº 1, o empregador deve pagar ao trabalhador o valor da retribuição correspondente ao período de aviso prévio em falta».

A verificação do termo resolutivo constitui, portanto, condição necessária, mas também condição suficiente, para que o contrato caduque. Ou, dizendo as coisas de outro modo: o aviso prévio patronal não é condição indispensável para a caducidade do contrato. Caducando o contrato a termo incerto, o trabalhador sempre terá direito a uma compensação pecuniária, calculada nos termos do art. 345º, nº 4: 18 dias de retribuição base e diuturnidades por cada ano completo de antiguidade, no que respeita aos três primeiros anos de duração do contrato; 12 dias de retribuição base e diuturnidades por cada ano completo de antiguidade, nos anos subsequentes; em caso de fração de ano, o montante da compensação será calculado proporcionalmente, como decorre do disposto no art. 366º, nº 2, al. *d)*. Se a caducidade ocorrer sem que o empregador tenha emitido o competente aviso prévio, a essa compensação adicionar-se-á o montante indemnizatório previsto no nº 3 do art. 345º Mas, conquanto não possa ser renovado, o contrato a termo incerto poderá, contudo, converter-se num contrato sem termo, ao abrigo do disposto no art. 147º, nº 2, al. *c)*, do CT. Vejamos.

d) *Conversão.* Converte-se em contrato de trabalho sem termo «o celebrado a termo incerto, quando o trabalhador permaneça em atividade após a data de caducidade indicada na comunicação do empregador ou, na falta desta, decorridos 15 dias após a verificação do termo» (al. *c)* do nº 2 do art. 147º). A estatuição – conversão do contrato a termo incerto num contrato de duração indeterminada – aplicar-se-á, portanto, em duas hipóteses distintas: *i)* havendo comunicação patronal, isto é, cumprindo o empregador o dever de pré-avisar o trabalhador nos termos do art. 345º do CT, caso o trabalhador se mantenha ao serviço após a data de produção de efeitos daquela comunicação; *ii)* não havendo comunicação patronal, caso o trabalhador ainda se mantenha ao serviço decorridos 15 dias depois da verificação do termo resolutivo (conclusão da atividade para que tinha sido contratado, regresso do trabalhador substituído, etc.). Em qualquer destas hipóteses, a verificação do termo resolutivo a que as partes haviam subordinado o contrato, associada à manutenção ao serviço do trabalhador, como que leva a lei a presumir que, afinal, o trabalhador já não está a desempenhar a específica função para que havia sido contratado – e, logo, a transformar esse contrato num contrato sem termo (o contrato *standard*).

Note-se que, mesmo havendo aquela comunicação patronal, a efetiva verificação do termo resolutivo é sempre necessária para que o contrato caduque. Imagine-se, p. ex., que o empregador avisa o trabalhador contratado a termo de que o seu contrato irá caducar daí a 30 dias, em virtude do previsível regresso do trabalhador que havia sido substituído (cumprindo escrupulosamente o disposto no art. 345º, nº 1, do CT). Se, após esses 30 dias, o trabalhador substituído continuar transitoriamente impedido de regressar ao trabalho, nem por isso o contrato do substituto deverá considerar-se transformado num contrato sem termo. Na verdade, a eficácia da comunicação pressupõe a verificação do evento, do termo resolutivo. Sem esta, o contrato nem caduca nem, naturalmente, se transformará num contrato de duração indeterminada.

Retomemos a imagem «familiar» das cláusulas acessórias. O primogénito (termo certo) e o irmão mais novo (termo incerto) têm ainda uma prima algo problemática, que, nos últimos tempos, tem causado bastantes arrelias aos juslaboralistas. Refiro-me, é claro, à condição resolutiva. É tempo de lhe conceder a devida atenção.

7.1.5. Condição resolutiva

«As partes podem subordinar a um acontecimento futuro e incerto a produção dos efeitos do negócio jurídico ou a sua resolução: no primeiro caso, diz-se suspensiva a condição; no segundo, resolutiva». Eis o que dispõe o art. 270º do CCivil, assim nos esclarecendo, a um tempo, sobre o conceito de condição (cláusula acessória pela qual as partes fazem depender a vigência do contrato da verificação ou não verificação de um facto futuro e incerto) e sobre as suas principais modalidades – condição suspensiva e condição resolutiva[90].

Não obstante a aparente simplicidade da distinção (termo/certo, condição/incerta), a verdade é que esta acaba por resultar algo obscurecida pela circunstância de a doutrina aludir, com frequência, às figuras do termo

---

[90] Sobre esta matéria, *vd.*, por todos, CARLOS MOTA PINTO, *Teoria Geral do Direito Civil*, cit., pp. 561 e ss.

incerto e da condição certa. Há, pois, que clarificar a terminologia utilizada: se o termo consiste, por definição, num facto futuro e certo, a certeza quanto à ocorrência do evento poderá ser acompanhada da incerteza quanto ao momento em que ele virá a dar-se (termo incerto, *certus an incertus quando*) ou, pelo contrário, aquela certeza pode ir associada, de antemão, ao conhecimento do momento exato em que o evento se verificará (termo certo, *certus an certus quando*); inversamente, se a condição se analisa, forçosamente, num facto futuro e incerto, esta incerteza poderá dizer respeito ao *se* e ao *quando* da verificação do acontecimento, isto é, à ocorrência do facto e à sua data (*incertus an incertus quando*), mas também poderá limitar-se ao *se* do evento, sabendo-se que, a verificar-se o mesmo, ele se verificará em determinada data (*incertus an certus quando*)[91].

Tudo isto é sabido e tudo isto tem a sua sede própria na Teoria Geral do Direito Civil. Se aqui se recorda é, tão-só, com o intuito de delimitar o objeto das considerações subsequentes. Com efeito, é na condição e não no termo, é na condição resolutiva e não na condição suspensiva, que iremos centrar a nossa atenção. Mais concretamente, procurar-se-á averiguar se, à luz da nossa legislação, a convivência entre o contrato de trabalho e a condição resolutiva será ou não possível. Longe de pacífica, esta convivência tem-se revelado bastante problemática nas últimas décadas e a questão tem suscitado alguma controvérsia doutrinal e jurisprudencial, pelo que não se afigura despiciendo indagar do destino daquela dupla: em comparação com o regime legal antes vigente, o atual CT aproximou ou apartou a condição resolutiva do contrato de trabalho? O Código permite o casamento destas figuras ou, pelo contrário, acentua o respectivo divórcio?

Prima facie, a questão parece até algo desprovida de sentido. Afinal, o contrato de trabalho não é um negócio jurídico bilateral e oneroso, de direito privado, no qual as partes conservam uma certa margem de liberdade contratual? Nessa medida, não gozarão os respetivos sujeitos da liberdade de modelar o conteúdo contratual, ao abrigo do disposto no art. 405º do CCivil? A resposta a estas questões é afirmativa, mas, sabemo-lo bem, só até certo ponto. Aliás, o próprio art. 405º do CCivil não deixa de ressalvar que as partes têm a faculdade de fixar livremente o conteúdo dos contratos

---

[91] Exemplo de termo certo: «No próximo dia 31 de Dezembro». Exemplo de termo incerto: «No dia em que A falecer». Exemplo de condição incerta: «No dia em que A contrair casamento». Exemplo de condição certa: «No dia em que A fizer 40 anos» (a data é certa, mas A pode falecer antes).

«dentro dos limites da lei». E é também sabido que, no plano do Direito do Trabalho, tanto a contratação coletiva como a legislação laboral constituem uma malha normativa bastante espessa e altamente condicionadora da liberdade contratual. Resta saber se o nosso Direito do Trabalho, enquanto ramo do ordenamento jurídico assumidamente restritivo da liberdade contratual e limitativo da livre concorrência entre os trabalhadores no mercado laboral, permitirá ou não a aposição de uma condição resolutiva ao contrato de trabalho.

A regra geral, como observa MENEZES CORDEIRO, é a da livre aponibilidade de condições: quem é livre de estipular, pode condicionar. Só que, como o mesmo Autor logo acrescenta, as condições talvez não possam ser inseridas em determinados contratos, designadamente nos «negócios que o Direito pretenda firmes e como fórmula de os precarizar»[92]. Ora, é precisamente aqui que está o cerne do problema, visto que, a partir de 1976, a CRP veio consagrar a garantia fundamental da segurança no emprego, proscrevendo os despedimentos sem justa causa ou por motivos políticos ou ideológicos. Até então, a maioria da doutrina não colocava grandes dúvidas quanto à aponibilidade da condição resolutiva ao contrato de trabalho. Daí em diante, porém, com a proibição do despedimento *ad nutum* e com a elevação da estabilidade no emprego à categoria de princípio estruturante da nossa ordem jurídico-constitucional, quase tudo mudou. Seria juridicamente admissível, neste novo quadro normativo, que as partes colocassem a extinção do contrato de trabalho – e, portanto, a perda do emprego do trabalhador – na dependência de um acontecimento futuro e incerto?

A questão era tanto mais pertinente quanto, ao invés do que sucedia relativamente à condição suspensiva, as leis do trabalho pareciam ser totalmente omissas sobre a condição resolutiva. Desta forma, compreende-se que campeassem as dúvidas quanto à melhor interpretação a dar ao silêncio do legislador: *quem cala consente ou quem cala proíbe?* Dever-se-ia admitir a condição resolutiva, dado que a lei não a proibia *expressis verbis?* Ou, pelo contrário, dado que a lei não a reconhecia *expressis verbis*, deveria esta cláusula ser considerada inválida?

A verdade é que, muito embora não houvesse uma regulamentação específica para a condição resolutiva, nem por isso o nosso ordenamento juslaboral deixava de emitir sinais, dir-se-ia que inequívocos, a este respeito,

---

[92] *Tratado de Direito Civil Português*, I, Parte Geral, Tomo I, 2ª ed., Almedina, Coimbra, 2000, pp. 514-515.

sobretudo a partir da publicação do DL nº 781/76, de 28 de Outubro, diploma relativo aos chamados «contratos a prazo». Lia-se no art. 1º, nº 1, deste diploma: «É permitida a celebração de contratos de trabalho a prazo, desde que este seja certo». Vale dizer, ao mesmo tempo que o legislador dava luz verde para a aposição de um termo resolutivo ao contrato de trabalho, acendia a luz vermelha para a figura do termo incerto. A circunstância de o trabalhador ficar colocado numa situação instável, não sabendo em que data exata iria o seu contrato caducar, levou o legislador de então a proibir a contratação a termo incerto. Ora, neste contexto normativo avolumavam-se as razões para entender que o silêncio legal no tocante à condição resolutiva devia ser lido pelo intérprete como significando uma rejeição desta figura. Com efeito:

i) A condição resolutiva traduzia-se num elemento fortemente precarizador do emprego, sendo certo que a estabilidade do emprego possuía dignidade constitucional;

ii) Só o termo certo, e não já o incerto, era admitido pela lei – ora, se o termo incerto (recorde-se: acontecimento futuro e certo, respeitando a dúvida apenas ao *quando* da sua ocorrência) era expressamente proibido, *a fortiori* deveria considerar-se proibida a condição resolutiva, acontecimento incerto quanto à sua própria verificação;

iii) A circunstância de a lei exigir forma escrita para a condição suspensiva (bem como, aliás, para o termo resolutivo), nada dizendo quanto à condição resolutiva, a qual é, manifestamente, mais precarizadora do emprego do trabalhador do que aquela, constituía um sintoma adicional de que a lei não permitia uma tal cláusula – se a permitisse, no mínimo teria, seguramente, exigido a respetiva redução a escrito;

iv) A verificação da condição resolutiva não constava do catálogo legal das causas de cessação do contrato de trabalho, catálogo que, todavia, incluía uma referência expressa à caducidade por expiração do prazo.

Defendida por JORGE LEITE, então praticamente isolado, desde 1976, a tese da inaponibilidade da condição resolutiva ao contrato de trabalho[93]

---

[93] Tese que se estribava em diversos argumentos, alguns dos quais aduzidos no texto *supra* e sintetizados pelo autor em JORGE LEITE e COUTINHO DE ALMEIDA, *Coletânea de Leis do Trabalho*, Coimbra Editora, Coimbra, 1985, pp. 60-61.

CONTRATO DE TRABALHO

veio a ser acolhida pela generalidade da doutrina e da jurisprudência até que, em 1989, os dados normativos sofreram uma alteração significativa. Com efeito, a LCCT passou a admitir, ainda que numa perspetiva bastante restritiva, os contratos de trabalho a termo incerto, o que, de algum modo, acabou por relançar a discussão doutrinal sobre o tema.

É claro que, em princípio, a circunstância de passar a ser lícita a contratação a termo incerto, para mais com todas as cautelas e limites que a lei lhe colocava, pouca ou nenhuma importância deveria ter em sede de condição resolutiva. A inaponibilidade desta última ao contrato de trabalho resultava de um variado feixe de razões, não apenas da perimida proibição do termo incerto, pelo que a resposta deveria continuar a ser negativa. A questão veio, todavia, a assumir foros de maior complexidade, visto que boa parte da doutrina considerou que a LCCT rotulava de «contrato a termo incerto» algumas hipóteses em que, em rigor, estaríamos perante uma autêntica condição resolutiva. Seria o caso, desde logo, da situação prevista no art. 41º, nº 1, al. *a*), da LCCT: «Substituição temporária de trabalhador que, por qualquer razão, se encontre impedido de prestar serviço ou em relação ao qual esteja pendente em juízo ação de apreciação da licitude do despedimento». Admitindo a lei que, com base nesta situação, se celebrasse contrato a termo certo ou incerto (art. 48º), prevendo a mesma lei que este último contrato duraria «por todo o tempo necessário à substituição do trabalhador ausente» (art. 49º) e determinando ainda a conversão deste contrato num contrato sem termo caso o trabalhador continuasse ao serviço passados quinze dias «sobre o regresso do trabalhador substituído» (art. 51º), a dúvida adivinha-se: o evento do qual dependia a extinção do contrato do trabalhador substituto consistia no regresso do trabalhador substituído? Se assim fosse, estaríamos, afinal, perante um contrato a que teria sido aposta uma condição resolutiva e não um termo incerto, visto que tal evento poderia nunca vir a ocorrer (o trabalhador substituído falece, o trabalhador que havia sido despedido vê o tribunal considerar lícito tal despedimento ou opta pela indemnização em detrimento da sua reintegração na empresa, etc.). Por isso, a maioria da doutrina considerava que estas e outras situações pela lei qualificadas como de «termo incerto» ocultavam, ou podiam ocultar, genuínas condições resolutivas.

A este respeito, importa desde já fazer duas observações:

i) Em primeiro lugar, convém não perder de vista que, mesmo que as supramencionadas leituras dos arts. 41º e 48º a 51º da LCCT fossem

MODALIDADES DE CONTRATO DE TRABALHO: OS MÚLTIPLOS DESVIOS AO MODELO TÍPICO

fundadas, o núcleo essencial da tese da inaponibilidade da condição resolutiva ao contrato de trabalho não se veria afetado, na medida em que a liberdade de tornar dependente a sobrevivência do contrato de trabalho de uma tal cláusula continuaria a ser excecional, apenas podendo ser exercida nos casos especialmente previstos pelo legislador;

ii) Em segundo lugar, deve frisar-se que as referidas leituras dos arts. 41º e 48º a 51º da LCCT eram possíveis, mas não eram indiscutíveis. Com efeito, é inegável que todas as normas legais em questão aludiam à cláusula de termo e não a qualquer espécie de condição, sendo viável interpretar estas normas no sentido de que, em determinados casos, nelas poderia estar em jogo um «termo complexo», isto é, um termo composto por dois eventos – no exemplo com que temos estado a trabalhar, o termo incerto consistiria no regresso do trabalhador substituído ou na certeza do seu não regresso. A ser assim, nem mesmo nestes casos haveria, em rigor, uma condição resolutiva aposta ao contrato de trabalho, visto que o acontecimento (o regresso do trabalhador ou a certeza de que ele já não irá regressar) era de verificação certa, só a data da respetiva ocorrência sendo desconhecida de antemão[94].

Aqui chegados, é tempo de averiguar se o CT de 2003 veio alterar este estado de coisas, isto é, cumpre indagar se aquele Código veio, finalmente, referir-se *expressis verbis* à (in)aponibilidade da condição resolutiva ao con-

---

[94] Sobre o ponto, *vd.* JORGE LEITE, *Direito do Trabalho*, vol. II, cit., pp. 58-60. Da qualificação desta cláusula como termo ou como condição resultavam, como é óbvio, importantes consequências de ordem prática. Assim, para quem considerasse que se estava perante uma condição resolutiva (regresso do trabalhador substituído), caso se tornasse certo que esta já não se iria verificar (porque, p. ex., o trabalhador em causa vem a falecer) o trabalhador substituto via o seu contrato transformar-se num contrato firme, isto é, num contrato por tempo indeterminado – conforme prescreve o art. 275º, nº 1, do CCivil, «a certeza de que a condição se não pode verificar equivale à sua não verificação». Pelo contrário, para quem configurasse a cláusula como um termo resolutivo incerto, o contrato caducaria quando se verificasse o evento (o regresso do trabalhador substituído ou a certeza do seu não regresso), podendo converter-se num contrato sem termo, mas apenas se fossem preenchidos os requisitos estabelecidos pelo art. 51º da LCCT. Com o que, um tanto paradoxalmente, ao menos *prima facie*, para o trabalhador substituto seria preferível que a cláusula fosse reconduzida à famigerada figura da condição do que ao tolerado termo resolutivo...

trato de trabalho ou, caso o não tenha feito, se, ainda assim, o Código emitia alguns sinais normativos relevantes nesta matéria, seja no sentido de viabilizar seja no sentido de interditar a aposição de uma condição resolutiva ao contrato de trabalho.

Sucede que, a despeito de toda a controvérsia doutrinal e jurisprudencial que o tema da (in)aponibilidade da condição resolutiva ao contrato de trabalho tinha suscitado, o certo é que o CT de 2003 não dedicou qualquer preceito a esta questão. Tal como até então tinha sucedido – ou, quiçá, mais ainda do que até então tinha sucedido –, a legislação laboral portuguesa continuou a ser omissa relativamente a este problema. Ainda assim, porém, conquanto não lhe tenha dedicado nenhuma disposição específica, aquele Código não deixou de fornecer algumas pistas no sentido de reforçar a tese da inaponibilidade desta cláusula a este contrato. Estou a pensar, sobretudo, nos preceitos contidos nos seus arts. 127º e 145º Vejamos.

i) Estabelecia o art. 9º da LCT: «Ao contrato de trabalho pode ser aposta condição ou termo suspensivo, mas a correspondente cláusula deve constar de documento escrito assinado por ambas as partes». Ora, se bem que este preceito parecesse regular, tão-só, as cláusulas de tipo suspensivo, alguns autores tinham considerado que a letra da lei permitiria uma outra interpretação, visto que a utilização do adjetivo «suspensivo», no singular, poderia indicar que este apenas se referiria ao termo e não à condição. Destarte, e atendendo ao elemento literal, ao modo como o preceito se encontrava redigido, esta norma autorizaria a aposição de condição (suspensiva ou resolutiva) ou de termo (suspensivo) ao contrato de trabalho, pois a ser outro o seu sentido a norma deveria dizer «condição ou termo suspensivos», no plural.

Não parece que, do ponto de vista gramatical, esta argumentação fosse procedente. Em todo o caso, é óbvio que a existência desta controvérsia gramatical sobre o alcance da letra do art. 9º da LCT não poderia ser menosprezada aquando da leitura do artigo que, no CT de 2003, lhe veio suceder. Tratava-se do art. 127º, o qual, sob a sugestiva epígrafe «condição e termo suspensivos», estabelecia: «Ao contrato de trabalho pode ser aposta, por escrito, condição ou termo suspensivos, nos termos gerais». É fora de dúvida que esta dupla utilização de «suspensivos», no plural, fosse ou não correta numa ótica estritamente gramatical, não podia deixar de veicular uma mensagem normativa cristalina: o que o art. 127º regulava, o que este preceito legal autorizava a inserir no contrato de trabalho, desde que fosse observada a forma escrita, eram as cláusulas de tipo suspensivo (condição suspensiva e termo suspensivo), não qualquer cláusula de tipo resolutivo. As dúvidas, aliás escassas, que a redacção do art. 9º da LCT ainda poderia alimentar a este respeito, foram, pois, inteiramente desvanecidas pelo teor do art. 127º do CT de 2003.

ii) O art. 51º da LCCT, relativo à conversão do contrato a termo incerto num contrato sem termo, previa que tal conversão se realizasse caso o trabalhador substituto continuasse ao serviço passados quinze dias «sobre o regresso do trabalhador substituído». Ora, como se disse *supra*, dado que, em rigor, o regresso do trabalhador substituído é um facto futuro de verificação objetivamente incerta, esta norma tinha também alimentado a polémica sobre a admissibilidade da condição resolutiva. Pelo menos neste tipo de casos, segundo a doutrina maioritária, do que se trataria era da aposição de uma autêntica condição resolutiva ao contrato de trabalho, muito embora a lei a dissimulasse sob o manto do termo incerto. Houve já ocasião de referir que esta leitura do material normativo não se mostrava indiscutível, visto que não é de excluir que o legislador tenha dito menos do que pretendia no art. 51º da LCCT. Conquanto se referisse apenas ao «regresso do trabalhador substituído», indiciando que este e só este seria o facto condicionante do contrato condicionado, a verdade é que, até pela repetida afirmação legislativa de que estávamos perante contratos a termo incerto (há que ter alguma fé no legislador...), bem poderia concluir-se que o evento em causa era mais complexo do que o simples regresso do trabalhador substituído, abrangendo outrossim a certeza do não regresso deste. Nesta perspetiva, a condição desapareceria e surgiria aquilo que, afinal, a lei sempre disse que estava a regular: um genuíno termo incerto.

Neste contexto algo delicado e movediço, a redação do art. 145º, nº 1, do CT de 2003 mostrou-se, sem qualquer dúvida, iluminante. Com efeito, estatuiu-se neste artigo, descendente direto do art. 51º da LCCT: «Considera-se contratado sem termo o trabalhador que permaneça no desempenho da sua atividade após a data da produção de efeitos da denúncia ou, na falta desta, decorridos quinze dias depois da conclusão da atividade, serviço, obra ou projeto para que haja sido contratado ou o regresso do trabalhador substituído *ou a cessação do contrato deste*» (itálico meu). Ou seja, o legislador teve o cuidado de esclarecer que o facto extintivo do contrato do substituto consistiria, quer no regresso do trabalhador substituído, quer na cessação do contrato deste – um facto futuro e objetivamente certo, portanto, pelo que estávamos, decididamente, perante um termo e não perante uma condição. E, nos restantes casos, embora o Código apenas se referisse à «conclusão da atividade, serviço, obra ou projeto para que [o trabalhador] haja sido contratado», pensa-se que deveria valer um entendimento análogo: o termo consistiria aqui, quer na conclusão da atividade, serviço, obra ou projeto, quer na certeza da não conclusão dos mesmos pela empresa contratante[95].

Em suma, se o art. 127º do CT de 2003 era inequívoco no sentido de apenas contemplar/autorizar as cláusulas de tipo suspensivo, o art. 145º do mesmo diploma emitia também um claro sinal favorável à figura do «termo complexo». Dir-se-ia, pois, em jeito de conclusão, que aquele Código, sem fazer qualquer referência expressa à problemática da condição resolutiva, nem por isso deixava de robustecer a tese que me parecia mais acertada: a da inaponibilidade desta cláusula ao contrato de trabalho, na justa medida em que a condição resolutiva se analisa num fortíssimo factor de precarização do emprego, ao arrepio do disposto no art. 53º da Lei Fundamental.

Na conhecida lição de MANUEL DE ANDRADE, a dúvida é a «raiz psicológica» e mesmo «a mãe da condição»[96]. Ora, se assim é, talvez se possa concluir que, para o trabalhador comum, as dúvidas e as incertezas quanto à manutenção ou perda do seu emprego são já de si suficientemente angustiantes para dispensar a dose extra que representaria a aposição de uma qualquer condição resolutiva ao respetivo contrato de trabalho. É certo que o atual CT deixou de utilizar o plural, quando se refere à admissibilidade de condição ou termo suspensivo (art. 135º). E o atual CT também não alude, como evento extintivo do contrato, ao regresso do trabalhador substituído ou à cessação do contrato deste, mas apenas, de forma genérica, à «verificação do termo» (art. 147º, nº 2, al. *c*), *in fine*). Não parece, contudo, que tais

---

[95] Assim, p. ex., um trabalhador contratado a termo incerto para uma obra de construção civil veria o seu contrato caducar com a conclusão da obra ou quando se tornasse certo que a obra não iria ser concluída.

[96] *Teoria Geral da Relação Jurídica*, vol. II, 4ª reimp., Almedina, Coimbra, 1974, p. 357.

MODALIDADES DE CONTRATO DE TRABALHO: OS MÚLTIPLOS DESVIOS AO MODELO TÍPICO

nuances correspondam a qualquer espécie de opção de fundo do legislador no sentido de reabilitar a condição resolutiva em sede de contrato de trabalho.

Na medida em que viola normas imperativas – *maxime* as que estabelecem o regime jurídico da cessação do contrato de trabalho, normas estas que gozam mesmo de uma natureza absolutamente imperativa, não podendo ser afastadas ou modificadas por instrumento de regulamentação coletiva ou pelo contrato individual (art. 339º, nº 1, do CT)[97] – uma condição resolutiva que seja aposta ao contrato de trabalho deverá, pois, ser substituída pelas normas violadas, conforme dispõe o art. 121º, nº 2, do CT, relativo à invalidade parcial do contrato de trabalho. Tratar-se-á então de mais um caso de *redução teleológica* do contrato, em que se prescinde do recurso ao critério da vontade hipotética ou conjetural das partes, isto é, ainda que se prove que um dos sujeitos (normalmente o empregador) não estaria disposto a celebrar o contrato sem a condição, pelo que o negócio jurídico jamais teria sido concluído sem a parte viciada, a redução deverá ter lugar, não determinando a invalidade total do contrato de trabalho[98].

7.2. O trabalho temporário

Como vimos, o contrato de trabalho a termo institui uma relação juslaboral atípica devido, justamente, à circunstância de essa relação ter, à partida, os dias contados, pois as partes predeterminam o respetivo ciclo vital. Aquando da celebração desse contrato, as partes estipulam que o mesmo se extinguirá numa certa data (termo certo) ou quando se vier a verificar um determinado evento (termo incerto). É este aprazamento do contrato que o afasta da regra, do contrato *standard*, o contrato de duração indeterminada.

O chamado «trabalho temporário» analisa-se também num esquema contratual atípico, mas, dir-se-ia, aqui a atipicidade e o caráter desviante revelam-se de modo mais ostensivo. É que, com ou sem prazo, a relação laboral tradicional estabelece-se, já o sabemos, entre dois sujeitos bem definidos: o trabalhador e o empregador, aquele prestando a atividade a este e sendo por este retribuído. Ora, no trabalho temporário as coisas passam-se de outra forma, visto que aqui se assiste a uma relação protagonizada por

---

[97] Imperatividade absoluta do regime jurídico da cessação que, aliás, acaba por ser um elemento mais a concorrer para inviabilizar a estipulação de uma condição resolutiva neste contrato.

[98] Sobre esta redução teleológica, *vd.*, *infra*, § 10.1.

CONTRATO DE TRABALHO

três sujeitos. Em lugar da dialética relacional trabalhador-empregador, aqui temos uma dialética mais complexa, entre o trabalhador temporário, a empresa de trabalho temporário e o utilizador, dando azo, portanto, a um modelo tripartido de vínculo laboral que, enquanto tal, foge ao paradigma clássico da relação de trabalho.

Em certo sentido, o trabalhador temporário arrisca-se, como alguém escreveu, a «servir dois amos», a empresa que o contrata (mas que o não emprega) e a empresa que o emprega (mas que o não contratou). Com efeito, o esquema contratual atípico em que se traduz este fenómeno liga três sujeitos (o trabalhador temporário, a empresa de trabalho temporário e a empresa utilizadora) através de dois negócios jurídicos, a saber: *i)* o contrato de trabalho celebrado entre uma empresa de trabalho temporário e o trabalhador, pelo qual este se obriga, mediante retribuição daquela, a prestar temporariamente a sua atividade a utilizadores, mantendo o vínculo jurídico-laboral à empresa de trabalho temporário; *ii)* o contrato de utilização de trabalho temporário, contrato de prestação de serviço celebrado entre um utilizador e uma empresa de trabalho temporário, pelo qual esta se obriga, mediante retribuição, a ceder àquele um ou mais trabalhadores temporários[99].

Esquema contratual atípico, quando não anómalo, modelo relacional tripartido, mas não propriamente triangular (visto que não existe um contrato entre o trabalhador temporário e a empresa utilizadora), o certo é que o trabalho temporário é um fenómeno em nítida ascensão, desde o último quartel do passado século [100]. E logo se intuem os problemas que coloca ao ordenamento jurídico-laboral, pois, de algum modo, aqui a posição contratual do empregador como que se cinde ou desdobra em duas: a da empresa de trabalho temporário (que contrata, remunera e exerce o poder disciplinar sobre o trabalhador) e a da empresa utilizadora (que incorpora no seu

---

[99] As situações em que a lei admite a celebração do contrato de utilização de trabalho temporário revelam uma marcada similitude em relação às que vigoram para a contratação laboral a termo (art. 175º do CT). Tratando-se, em ambos os casos, de contratos sujeitos a termo resolutivo, subsiste a diferença fundamental de o primeiro ser um contrato de prestação de serviço e o segundo ser um contrato de trabalho.

[100] Ainda que, em termos económicos, a empresa de trabalho temporário (ETT) desempenhe uma função de intermediação laboral, ela não deve ser confundida com uma simples agência de intermediação de emprego ou de colocação de trabalhadores, dado que esta última se limita a facilitar o encontro entre a oferta e a procura, não celebrando qualquer contrato de trabalho com os candidatos a emprego, ao invés do que sucede com a ETT.

MODALIDADES DE CONTRATO DE TRABALHO: OS MÚLTIPLOS DESVIOS AO MODELO TÍPICO

seio, durante algum tempo, um trabalhador com quem não contratou, exercendo em relação a ele os poderes de autoridade e direção que tipicamente assistem à entidade empregadora).

Em suma, deparamos aqui com um *ménage a trois* em que, reconheça-se, o trabalhador não ocupa propriamente a posição mais invejável. A reificação do trabalhador «emprestado» e o caráter de mercadoria da força de trabalho revelam-se, neste campo, de modo particularmente agudo. Todavia, atribuindo a lei vantagens a este esquema tripartido, designadamente em matéria de flexibilidade do mercado de trabalho (facilidade de resposta rápida às necessidades empresariais de mão-de-obra, sobretudo especializada, sem os custos inerentes ao processo de recrutamento e sem que a empresa utilizadora fique vinculada àqueles trabalhadores, aumento da própria empregabilidade dos trabalhadores, etc.), impõe-se que o legislador clarifique o papel de cada um dos intervenientes, garantindo, ademais, a capacidade financeira, a idoneidade e a adequação estrutural das empresas de trabalho temporário (daí a necessidade de autorização administrativa prévia para o exercício da atividade destas empresas, a obrigatoriedade de constituição de uma caução para garantir os créditos dos trabalhadores, etc.).

Quanto às relações contratuais entre as três entidades já referidas, convém notar que o contrato que liga o trabalhador temporário à empresa de trabalho temporário pode ser, mas não tem de ser, um contrato a prazo ou a termo. A expressão «trabalho temporário» pode, com efeito, revelar-se algo enganadora. Ela serve, sem dúvida, para veicular a ideia de que o trabalhador se obriga a prestar *temporariamente* a sua atividade a utilizadores. Mas, segundo a lei, o vínculo contratual daquele tanto poderá ter um caráter precário («contrato de trabalho temporário», contrato a termo cuja noção consta da al. *a)* do art. 172º do CT) como estável («contrato de trabalho por tempo indeterminado para cedência temporária», definido na al. *b)* do mesmo preceito). Assim, o adjetivo *temporário* refere-se à atividade a desenvolver para o utilizador e não à duração do vínculo com a empresa de trabalho temporário: este vínculo será constituído por tempo indeterminado ou a termo e, nos dois casos, o trabalhador prestará a sua atividade *temporariamente* ao terceiro utilizador. De todo o modo, não deixa de ser verdade que a submodalidade tradicional (e, julga-se, largamente maioritária) neste campo é a do contrato de trabalho temporário/contrato a termo.

Em suma, *a empresa de trabalho temporário remunera o trabalhador temporário; e a empresa utilizadora remunera a empresa de trabalho temporário* (al. *c)* do

CONTRATO DE TRABALHO

art. 172º); *e ambas exercem as suas prerrogativas sobre o trabalhador, cabendo o exercício do poder disciplinar à empresa de trabalho temporário* (art. 185º, nº 4) *e competindo o poder de direção à empresa utilizadora* (nºs 2 e 3 do mesmo artigo). Em lugar da típica relação laboral, temos aqui, pois, uma relação em que o empregador como que se desdobra em dois, o que lança um considerável desafio ao ordenamento jurídico-laboral.

7.3. O trabalho a tempo parcial

Já o dissemos: vivemos numa sociedade fundada no trabalho; e vivemos numa sociedade em que o trabalho, em regra, consome grande parte da nossa existência. Daí que a relação laboral típica seja a do trabalhador que se ocupa a tempo inteiro, trabalhando, porventura, 8 horas por dia e 40 horas por semana. Porém, também quanto a este aspeto a relação laboral típica vem dando sinais de erosão, na justa medida em que a figura do trabalho a tempo parcial se vem afirmando e difundindo cada vez mais.

A *utilidade* do trabalho a tempo parcial é, em tese, indesmentível. Para o empregador, este tipo de trabalho surge como (mais) um instrumento de flexibilidade na gestão da mão-de-obra, permitindo-lhe ajustar o volume de trabalho adquirido à necessidade produtiva que o motiva a contratar. Para o trabalhador, ele pode representar o compromisso perfeito: seja para o jovem que, ainda estudante, deseja ou precisa de se integrar já no mercado de trabalho; seja para o idoso que, ainda ativo, deseja ou precisa de reduzir o volume de trabalho a que está adstrito; seja para a mãe ou o pai trabalhadores que, tendo um ou mais filhos menores, procuram harmonizar a vida familiar com a sua vida profissional, retirando algum tempo a esta para o dedicar àquela[101]; seja para o trabalhador que deseja ou precisa de manter uma situação de pluriemprego; seja, até, para aquela pessoa que, desejando e/ou precisando de trabalhar, tem condições (desde logo financeiras) para dedicar apenas uma parte do seu tempo à profissão, reservando maior espaço para outro tipo de atividades que, para si, sejam mais valiosas e gratificantes. Ademais, o trabalho a tempo parcial tem ainda um importante papel a desempenhar em matéria de combate ao desemprego, permitindo, quiçá, partilhar os empregos disponíveis – *rectius*, dividir os empregos disponíveis, pois trata-se aqui de *job splitting* e não de verdadeiro *job sharing*

---

[101] Note-se, de resto, que os arts. 55º e 57º do CT reconhecem ao trabalhador com responsabilidades familiares o direito de passar a trabalhar a tempo parcial.

MODALIDADES DE CONTRATO DE TRABALHO: OS MÚLTIPLOS DESVIOS AO MODELO TÍPICO

(trabalho repartido) – e, logo, abrir as portas do mercado de trabalho a mais pessoas. Ainda que, como tantas vezes sucede, essas pessoas aspirem a um trabalho a tempo completo, com a retribuição correspondente, sendo apenas o constrangimento económico que as leva a aceitar o *part-time* proposto pelo empregador...

Não espanta, pelo que vem de ser dito quanto ao caráter multifuncional desta modalidade contratual, que o nosso legislador dedique alguma atenção (dir-se-ia mesmo: algum carinho) ao trabalho a tempo parcial. Fá-lo nos arts. 150º a 156º do CT, definindo trabalho a tempo parcial, *per relationem*, como aquele «que corresponda a um período normal de trabalho semanal inferior ao praticado a tempo completo em situação comparável»[102]. Como se extrai do nº 3 deste preceito, a lei admite o trabalho a tempo parcial *vertical*, em que se eliminam dias inteiros de trabalho (pense-se, p. ex., no trabalhador que apenas labora dois dias por semana), bem como o trabalho a tempo parcial *horizontal*, em que se reduz a duração do trabalho em todos os dias da semana (pense-se, p. ex., no trabalhador que presta 4 horas diárias de trabalho, 5 dias por semana)[103].

Tudo dependerá, é claro, do acordo das partes, que deverá ser reduzido a escrito, sob pena de o contrato se considerar celebrado a tempo completo (art. 153º, nº 3). Diferentemente, se for observada a forma escrita, mas o documento não contiver a indicação do período normal de trabalho diário e semanal, com referência comparativa a trabalho a tempo completo, presumir-se-á que o contrato é celebrado a tempo completo (nº 2 do art. 153º). Mas tratar-se-á, neste caso, de uma presunção ilidível.

---

[102] Sobre o que deva entender-se por «situações comparáveis», *vd.* os nºs 4 e 5 do art. 150º Note-se que o CT de 2003 exigia, para que se tratasse de trabalho a tempo parcial, que o período normal de trabalho fosse igual ou inferior a 75% do praticado a tempo completo numa situação comparável (art. 180º, nº 1). Assim sendo, o trabalhador que laborasse menos tempo do que os seus companheiros em situação comparável, mas acima da fasquia dos 75%, teria um vínculo laboral a tempo integral, ainda que com jornada reduzida. À luz do atual CT, porém, a situação muda de figura (isto, é claro, sem prejuízo de o IRCT poder estabelecer o limite máximo de percentagem do tempo completo que determina a qualificação do tempo parcial, como se lê no nº 6 do art. 150º).

[103] O CT de 2003 tomava a semana como unidade de referência do trabalho a tempo parcial, mas o atual diploma revela-se mais flexível nesta matéria, permitindo que este trabalho seja prestado apenas «em alguns dias por semana, por mês ou por ano». Ora, como veremos, a anualização do trabalho a tempo parcial poderá gerar alguns problemas de delimitação entre esta figura e outras modalidades contratuais, *maxime* o chamado «trabalho intermitente».

CONTRATO DE TRABALHO

De resto, o desvelo do legislador para com o trabalho a tempo parcial é tanto que, não obstante este remeta, diversas vezes, para a contratação coletiva (*vd.*, desde logo, o disposto nos arts. 150º, nº 6, 152º e 154º), não deixa outrossim de estabelecer um limite infranqueável e sintomático: nos termos do art. 151º do CT, «a liberdade de celebração de contrato de trabalho a tempo parcial não pode ser excluída por instrumento de regulamentação coletiva de trabalho». Aliás, se bem virmos, *de entre as seis modalidades «atípicas» de contrato de trabalho previstas no CT, o trabalho a tempo parcial é o único a que se pode recorrer livremente e sem limites.* Como se escreveu *supra*, a lei limita a possibilidade de recurso ao contrato a termo e ao trabalho temporário; e veremos *infra* que também no tocante ao trabalho intermitente e à comissão de serviço a lei coloca algumas restrições (desde logo, quanto às empresas que podem lançar daquela modalidade e quanto às funções para cujo desempenho se pode utilizar esta modalidade). Já no teletrabalho, dir-se-ia, o limite resulta da natureza das coisas, pois nem todas as atividades laborais podem ser realizadas à distância, com recurso a tecnologias de informação e de comunicação (pense-se, p. ex., num «telebarbeiro» ou numa «telecabeleireira»...).

Quanto às condições de trabalho aplicáveis aos trabalhadores a tempo parcial, valem as diretrizes constantes do art. 154º do CT, que se inspiram no necessário respeito pelo *princípio da igualdade*, na sua dupla vertente: identidade de tratamento para situações iguais (regra da equivalência ou da equiparação); diferenciação de tratamento para situações distintas, de acordo com a medida da diferença (regra da proporcionalidade). Assim, p. ex., o trabalhador a tempo completo e o trabalhador a tempo parcial gozam, na relação laboral, dos mesmos direitos de personalidade, mas a retribuição deste será, naturalmente, inferior à daquele.

Dado o caráter duradouro do contrato de trabalho, compreende-se que o legislador preveja a possibilidade de o trabalhador a tempo parcial passar a trabalhar a tempo completo, ou, inversamente, o trabalhador a tempo completo passar a trabalhar a tempo parcial, modificação contratual esta que poderá ser feita a título definitivo ou por período determinado, através de acordo escrito entre as partes (art. 155º, nº 1)[104]. Mas o trabalhador gozará, em princípio, de um *direito de arrependimento*, a exercer até ao sétimo

---

[104] De resto, nesta matéria o empregador deverá, «sempre que possível», tomar em consideração os pedidos de mudança do trabalhador (art. 156º).

MODALIDADES DE CONTRATO DE TRABALHO: OS MÚLTIPLOS DESVIOS AO MODELO TÍPICO

dia seguinte à celebração do acordo modificativo (n.º 2 do art. 155.º). Não obstante a letra da lei, tenho dúvidas sobre o *dies a quo* deste prazo de sete dias, caso ao acordo modificativo seja aposto um termo suspensivo: data da celebração do acordo ou data da respetiva eficácia?[105]

Como já foi observado, caso a alteração da duração do trabalho se traduza na passagem de tempo completo para tempo parcial, *por período determinado*, isso habilita o empregador a contratar um substituto, a termo certo (art. 140.º, n.º 2, al. *d*)). Em princípio, quando aquele «período determinado» se esgotar, o trabalhador a tempo parcial retomará a prestação laboral a tempo completo (n.º 4 do art. 155.º), caducando então o contrato a termo do substituto.

Uma última nota, de natureza cautelar, a respeito desta matéria: é indubitável que o legislador encara com bastante simpatia o trabalho a tempo parcial, assumindo em relação a este um papel promocional; e é inegável que, juridicamente, este é um trabalho assexuado (ou, se se preferir, este é um trabalho unissexo, destinado, indistintamente, a trabalhadores e trabalhadoras). Mas a realidade é o que é e as estatísticas não mentem: o trabalho a tempo parcial é maioritariamente (dir-se-ia: é quase esmagadoramente) prestado por mulheres, a ponto de um autor ter chegado a observar, não sem alguma razão, que «qui dit temps partiel pense femmes». Com efeito, ainda que registe oscilações de país para país, o certo é que a *taxa de feminização* do trabalho a tempo parcial é elevadíssima, um pouco por todo o mundo. Daí que, neste campo, deva haver particular prudência e rigor: *prudência*, porque a difusão do tempo parcial pode contribuir para reproduzir velhos estereótipos sobre a divisão de papéis entre os pais trabalhadores (desde logo, o estereótipo de que, quando se mostra necessário ou conveniente dedicar mais tempo a um filho menor, caberá à mãe, e não ao pai, a passagem ao regime de trabalho a tempo parcial...)[106]; *rigor*, porque as

---

[105] Não existirá o mencionado direito de arrependimento em relação a um acordo modificativo devidamente datado e cujas assinaturas sejam objeto de reconhecimento notarial presencial (n.º 3 do art. 155.º).

[106] O mesmo se diga, é claro, quando se trate de prestar assistência a um familiar idoso. Recorde-se, p. ex., que o art. 120.º da defunta LCT, de 1969, determinava que deveria ser facilitado o «emprego a meio tempo» às «trabalhadoras com responsabilidades familiares»... E, a este propósito, não se ignore a advertência de ROBERT REICH: «Em muitas áreas que se movem depressa, optar por trabalhar a tempo parcial pode destruir automaticamente uma carreira» – *O Futuro do Sucesso (Trabalhar e Viver na Nova Economia)*, Terramar, Lisboa, 2004, p. 184.

CONTRATO DE TRABALHO

diferenciações regimentais relativas ao trabalho a tempo parcial (contidas, p. ex., nas convenções coletivas de trabalho) podem traduzir-se em formas de discriminação indireta de género (assim, p. ex., uma remuneração horária inferior para os trabalhadores a tempo parcial pode analisar-se num meio dissimulado de reduzir o nível retributivo das mulheres).

7.4. O trabalho intermitente
7.4.1. Noção. O *genus* e as espécies
Em que consiste esta nova figura, sem precedente no CT de 2003? Trata-se de uma modalidade contratual que poderá ser utilizada em empresas que exerçam «atividade com descontinuidade ou intensidade variável» e que se caracteriza pela circunstância de a prestação de trabalho ser «intercalada por um ou mais períodos de inatividade» (art. 157º, nº 1). Trata-se, pois, de uma nova modalidade contratual particularmente afeiçoada à satisfação de certo tipo de necessidades empresariais, traduzindo-se numa das mais flexíveis formas de emprego conhecidas pelo ordenamento jurídico-laboral. Trata-se, afinal, de adaptar a prestação de trabalho, de forma elástica, às variadas e mutáveis exigências produtivas da empresa moderna, as quais, por vezes, implicam que a períodos de prestação de trabalho se sucedam períodos de inatividade laboral[107].

Tendo em conta o disposto nos arts. 158º a 160º do CT, afigura-se que o contrato de trabalho intermitente é um *genus* composto por duas espécies. Com efeito, em qualquer espécie de contrato de trabalho intermitente este deverá conter a indicação do número anual de horas de trabalho ou do número anual de dias de trabalho (art. 158º, nº 1, al. *b*)), o que significa que o volume anual de trabalho, o *quantum* da prestação laboral, terá de ser programado pelos sujeitos. Casos haverá, no entanto, em que também o *quando* da prestação será previamente definido, isto é, em que as partes estabelecem no contrato o início e o termo de cada período de trabalho (art. 159º, nº 1, 1ª parte), ao passo que noutros já o *quando* da prestação não é antecipadamente determinado, obrigando-se o trabalhador a responder às solicitações da entidade empregadora (art. 159º, nº 1, *in fine*). Naqueles casos,

---

[107] Para maiores desenvolvimentos sobre esta nova modalidade contratual, *vd.* JOÃO LEAL AMADO e JOANA NUNES VICENTE, «Contrato de trabalho intermitente», *XI-XII Congresso Nacional de Direito do Trabalho – Memórias*, Almedina, Coimbra, 2009, pp. 119-137, bem como ANTÓNIO NUNES DE CARVALHO, «Considerações sobre o trabalho intermitente», *Estudos dedicados ao Professor Doutor Bernardo da Gama Lobo Xavier*, cit., vol. I, pp. 327-376.

MODALIDADES DE CONTRATO DE TRABALHO: OS MÚLTIPLOS DESVIOS AO MODELO TÍPICO

o ritmo da intermitência (a cadência ocupação/inatividade) é previsível e está programado no contrato; nestes casos, pelo contrário, o ritmo da intermitência será imprevisível/irregular, pelo que o *quando* da prestação dependerá da pertinente convocatória ou «chamamento» a efetuar pelo empregador. Assim sendo, poder-se-á concluir que o trabalho intermitente previsto na nossa lei se desdobra em duas submodalidades: o *trabalho alternado* e o *trabalho à chamada* (isto, como é óbvio, sem prejuízo de as partes poderem modelar fórmulas mistas de trabalho intermitente)[108].

7.4.2. Trabalho intermitente e trabalho a tempo parcial

Se pensarmos no protótipo tradicional de trabalho a tempo parcial – aquele em que a respetiva unidade de medida é a semana –, a distinção entre estas figuras surge nítida, até em atenção aos específicos interesses que, em regra, subjazem ao recurso ao trabalho a tempo parcial (instrumento de combate ao desemprego, de redução do tempo de trabalho, dando resposta a aspirações de diversas camadas de trabalhadores, como os jovens e as mulheres, que não pretendem laborar a tempo completo). A verdade, porém, é que a referida distinção nem sempre é fácil, sobretudo se atendermos ao chamado «tempo parcial vertical anual», que não se encontrava previsto no CT de 2003 (cujo art. 180º, nº 3, utilizava um módulo de referência semanal), mas que, como se disse, encontra expresso acolhimento no art. 150º, nº 3, do atual CT (módulo de referência anual, como fórmula adicional de flexibilizar o tempo de trabalho). Postas as coisas nestes termos, a distinção entre o *trabalho a tempo parcial anualizado* e o *trabalho intermitente/alternado* parece mostrar-se evanescente, registando-se uma certa sobreposição funcional entre ambas as figuras. Pelo contrário, atendendo à predeterminação das coordenadas temporais da prestação no tempo parcial e à relativa indeterminação de tais coordenadas no *trabalho intermitente/à chamada*, aqui a distinção já não suscita dúvidas: neste último, o trabalhador compromete-se a atender às solicitações do empregador, tendo de estar disponível para o efeito e sendo também especialmente retribuído por essa situação de heterodisponibilidade. Nisto reside o *plus* de flexibilidade apresentado por este contrato, em face do tempo parcial. E por isso se compreende que a lei admita, sem especiais limitações, o recurso ao trabalho a tempo parcial

---

[108] Sobre a distinção entre o trabalho alternado e o trabalho à chamada, *vd.* JORGE LEITE, «Direito do Trabalho na Crise», *Temas de Direito do Trabalho*, Coimbra Editora, Coimbra, 1990, pp. 35-36.

CONTRATO DE TRABALHO

(basta a vontade concordante dos sujeitos para esse efeito), mas já faça algumas exigências quanto à admissibilidade do trabalho intermitente (este é um contrato causal, nisto se aproximando do contrato a termo, visto que só em certas hipóteses será admitido, não vigorando aqui, sem mais, o princípio da liberdade contratual).

Em suma, dir-se-ia: o contrato é intermitente, não apenas porque a atividade laboral apresenta interrupções, alternando fases de trabalho com períodos de inatividade (pois essa estrutura bifásica também pode verificar-se no trabalho a tempo parcial vertical, *maxime* no de módulo anual), mas, acima de tudo, porque quem gere aquela intermitência, quem marca o ritmo, é o empregador, a quem caberá definir quando se trabalha e quando se paralisa a atividade, quando o trabalhador está *on* e quando estará em *stand-by* (trabalho à chamada). Eis, pois, uma nova ferramenta de flexibilidade para o empregador, concebida em função e à medida das necessidades empresariais.

7.4.3. Requisitos de admissibilidade

Em que circunstâncias poderá ser celebrado um contrato de trabalho intermitente? Em princípio, só numa *empresa que exerça atividade com descontinuidade ou intensidade variável* (nº 1 do art. 157º). Há que densificar este conceito, sendo certo que, ao utilizar a disjuntiva descontinuidade (interrupções) *ou* intensidade variável (flutuações), a lei oferece um terreno bastante vasto para o recurso ao trabalho intermitente (pense-se, p. ex., em certas atividades sazonais no âmbito da agricultura ou do turismo). Aliás, e em bom rigor, se a descontinuidade poderá não ser frequente, já a «intensidade variável» será, quiçá, um traço característico da atividade da grande maioria das empresas...

Que *sanção* aplicar, em caso de recurso indevido a esta modalidade contratual, isto é, na hipótese de o contrato de trabalho intermitente ser celebrado fora do amplo círculo de situações demarcado pela lei? A resposta, creio, só pode ser uma: recondução ao contrato *standard*, neutralização da «cláusula de intermitência», vale dizer, o contrato considerar-se-á celebrado sem período de inatividade laboral.

7.4.4. Forma e conteúdo

O contrato de trabalho intermitente está sujeito a forma escrita e deve conter a indicação do número anual de horas de trabalho, ou do número anual

MODALIDADES DE CONTRATO DE TRABALHO: OS MÚLTIPLOS DESVIOS AO MODELO TÍPICO

de dias de trabalho a tempo completo (n.º 1 do art. 158º); a falta de redução a escrito do contrato ou a falta de indicação no mesmo do volume anual de trabalho implica que o contrato se tenha como celebrado sem intermitência, sem período de inatividade (n.º 2 do mesmo artigo); caso aqueles requisitos sejam satisfeitos, mas o volume anual de trabalho seja inferior ao mínimo legal, é este limite mínimo (seis meses por ano) que será aplicável (n.º 3).

Segundo o art. 159º, as partes devem estabelecer a duração da prestação de trabalho, de modo consecutivo ou interpolado, bem como o início e termo de cada período de trabalho (no caso de trabalho alternado) ou a antecedência com que o empregador deve informar o trabalhador do início daquele (na hipótese de trabalho à chamada). Em todo o caso, a liberdade de modelação contratual dos sujeitos deve observar os seguintes limites:

i) A prestação de trabalho acordada não pode ser inferior a seis meses por ano, dos quais pelo menos quatro meses devem ser consecutivos (n.º 2). Ao estabelecer estes limites temporais, o legislador procura, decerto, evitar que o período de inatividade do trabalhador seja demasiado longo, mas, do mesmo passo, sujeita-se à crítica daqueles que entendem que, deste modo, se introduz uma excessiva rigidez normativa numa modalidade contratual que deveria ser o santuário da flexibilidade;

ii) A antecedência da chamada patronal não deve ser fixada em menos de 20 dias (n.º 3). Este é um ponto particularmente sensível, em que confluem interesses contrapostos de ambos os sujeitos. Para o empregador, até em função do carácter imprevisível e irregular das necessidades de mão-de-obra, o prazo de antecedência da chamada deve ser o mais curto possível, ao passo que, para o trabalhador, em ordem a que possa planificar minimamente a sua vida (pessoal, familiar, profissional), o aviso prévio deve ser o mais dilatado possível.

O CT refere-se ao trabalho intermitente como modalidade contratual pela qual as partes optam *ab initio*, aquando da celebração do contrato de trabalho. Nada impede, porém, que o trabalho intermitente resulte da modificação, em curso de execução, de um contrato de trabalho *standard* – isto, é claro, mediante o acordo (supõe-se que livre e esclarecido) de ambos os sujeitos, que deverá obedecer às exigências formuladas nos arts. 158º e 159º, bem como supondo que, *in casu*, a empresa exerce uma atividade «com descontinuidade ou intensidade variável», nos termos do n.º 1 do art. 157º

CONTRATO DE TRABALHO

7.4.5. Direitos e deveres do trabalhador intermitente

O trabalhador intermitente tem direito a auferir uma *compensação retributiva* nos períodos de inatividade (nos períodos em que está em *stand-by*), cujo montante deverá ser estabelecido por IRCT, mas, na sua falta, será o resultante do disposto no nº 1 do art. 160º (20% da retribuição base), a pagar pelo empregador com periodicidade igual à da retribuição. De qualquer modo, e ainda que a lei o não diga, é óbvio que as partes podem, no legítimo exercício da sua liberdade contratual, fixar uma compensação retributiva de montante superior àqueles 20% da retribuição base. Aliás, importa não esquecer que, nos termos acima expostos, o género contrato de trabalho intermitente compreende as espécies do *trabalho alternado* e do *trabalho à chamada*, sendo certo que, nos respetivos períodos de inatividade, a situação do trabalhador intermitente é marcadamente distinta: com efeito, este, e não aquele, obriga-se a responder à convocatória do empregador; para aquele, inatividade significará autodisponibilidade, para este, inatividade rima com heterodisponibilidade (o que justifica, de modo muito especial, o pagamento de uma adequada compensação retributiva).

No nº 3 do art. 160º, o CT reconhece ainda ao trabalhador intermitente a possibilidade (o direito) de *exercício de outra atividade laboral*, durante o período de *stand-by* (norma esta que, a meu ver, remete para o domínio do ilícito qualquer cláusula de exclusividade que aqui venha a ser estipulada pelos sujeitos). Note-se, contudo, que esta faculdade de exercer outra atividade laboral se depara com dois obstáculos consideráveis. Um, de ordem fáctica, reside na dificuldade prática de o trabalhador intermitente/à chamada assumir compromissos laborais minimamente consistentes com outrem, quando se sabe que ele terá de estar disponível para responder às solicitações, mais ou menos imprevisíveis, que lhe faça o empregador; enquanto trabalhador intermitente, retribuído durante os períodos de inatividade, ele é um trabalhador «à chamada», o que dificultará sobremaneira o exercício de qualquer outra atividade laboral durante tais períodos. Tendo em conta a relativa indeterminação das coordenadas temporais da sua prestação laboral intermitente, este trabalhador à chamada goza de uma escassa margem de manobra no tocante à gestão do «período de inatividade» – por isso mesmo que este período é, também, um período de heterodisponibilidade (não é tempo de trabalho, mas também não é tempo de autodisponibilidade), «à espera que o telefone toque»...

MODALIDADES DE CONTRATO DE TRABALHO: OS MÚLTIPLOS DESVIOS AO MODELO TÍPICO

Por outro lado, e agora no plano jurídico, acontece ainda que o exercício dessa outra atividade laboral não poderá representar uma violação do dever de lealdade (*maxime* na sua dimensão de *dever de não concorrência*) a que o trabalhador intermitente se encontra vinculado face ao respetivo empregador – relembre-se que, nos termos do nº 4 do mesmo preceito, «durante o período de inatividade, mantêm-se os direitos, deveres e garantias das partes que não pressuponham a efetiva prestação de trabalho». Assim sendo, não parece que reste grande espaço para esperar que o trabalhador intermitente aproveite a faculdade concedida pelo nº 3 do art. 160º para se dedicar a outra atividade laboral durante o «período de inatividade» – isso será viável, sem dúvida, no trabalho a tempo parcial e no trabalho alternado, mas sê-lo-á muito menos no campo do trabalho intermitente/à chamada.

A manutenção, durante o período de inatividade, dos direitos, deveres e garantias das partes que não pressuponham a efetiva prestação de trabalho, compreende-se sem dificuldade. Com efeito, no período de inatividade laboral o contrato não se extingue, não se interrompe nem, dir-se-ia, se suspende. Verdadeiramente, ele cumpre-se dessa forma, a inatividade do trabalhador corresponde a um dos seus modos de ser, à normal execução do contrato, à mais peculiar das suas facetas. A estrutura bifásica deste contrato significa, justamente, que, por vezes, o trabalhador se encontrará inativo. Assim, e para além do que já ficou escrito em matéria de dever de não concorrência, esta norma prende-se com aspetos como os referentes aos poderes patronais (poder de direção e poder disciplinar, aquele afetado e este incólume durante os períodos de inatividade) ou à antiguidade do trabalhador (o período de inatividade não deixa de ser computado para este efeito).

7.4.6. Contrato de trabalho intermitente *versus* contrato a termo

Este contrato é sempre um contrato de duração indeterminada, sendo o trabalho intermitente mas o emprego permanente? Ou o contrato de trabalho em apreço poderá ser, simultaneamente, intermitente e a termo? É certo que, em princípio, o contrato de trabalho intermitente surge como um contrato de duração indeterminada (é como tal que a lei o configura). Porém, verificados que fossem determinados pressupostos, julga-se que nada impediria que ele fosse, também, um contrato a termo, como que cumulando as duas precariedades. Pense-se nas hipóteses dos trabalhadores à procura do primeiro emprego ou desempregados de longa duração,

CONTRATO DE TRABALHO

das empresas ou estabelecimentos em início de laboração, dos contratos de interinidade, etc. É, de resto, o que sucede em matéria de trabalho a tempo parcial, caso em que não se duvida da possibilidade de o trabalhador em regime de *part-time* ser, também, um trabalhador a prazo.

O nº 2 do art. 157º estabelece, contudo, que este contrato «não pode ser celebrado a termo resolutivo ou em regime de trabalho temporário». O contrato de trabalho intermitente é, pois, incompatível com o contrato a termo e com o trabalho temporário. São modalidades contratuais que se excluem reciprocamente: se é intermitente, não é a termo; se é a termo, não pode ser intermitente. Assim, p. ex., se um trabalhador intermitente adoecer ou se sofrer um acidente incapacitante, ele poderá, decerto, ser substituído por um outro trabalhador contratado a termo – mas não em regime de intermitência[109].

Já vimos que a lei não permite aquela coabitação contratual, mas fica a dúvida: qual é a solução do caso, se as partes celebrarem um contrato intermitente *e* a termo? O contrato é inválido? O contrato valerá como intermitente/permanente (sem termo)? Ou valerá como contrato a termo sem intermitência? Parece que a resposta variará em função das circunstâncias concretas de cada caso (dir-se-ia: em função da localização do vício). Assim, e dando alguns exemplos:

i) Se um jovem à procura do primeiro emprego for contratado a termo e em regime intermitente, mas por uma empresa cuja atividade não satisfaça as exigências constantes do art. 157º, nº 1, o contrato valerá como contrato a termo;

ii) Se, pelo contrário, um trabalhador for contratado a termo fora do círculo de hipóteses demarcado pela lei para esse efeito, mas para prestar trabalho em moldes intermitentes numa empresa cuja atividade preenche os requisitos do art. 157º, nº 1, então o contrato valerá como intermitente;

iii) Se nenhuma das exigências legais for satisfeita (nem os requisitos da contratação a termo, constantes do art. 140º, nem os requisitos da contratação intermitente, plasmados no art. 157º), então, como é

---

[109] Nada se opõe, entretanto, a que um contrato de trabalho *standard* seja modificado por acordo das partes, passando a ser intermitente por um período determinado. Decorrido que seja esse período, o contrato não se extinguirá, apenas deixará de ser intermitente, retomando, pois, o seu caráter *standard*.

MODALIDADES DE CONTRATO DE TRABALHO: OS MÚLTIPLOS DESVIOS AO MODELO TÍPICO

óbvio, o contrato valerá como contrato de trabalho *standard* (isto é, sem termo e sem intermitência);

iv) Mais difícil é a resposta na eventualidade de os requisitos da contratação a termo e do contrato intermitente estarem, ambos, satisfeitos. Pense-se, p. ex., na empresa em início de laboração com atividade descontínua que contrata um trabalhador pelo prazo de dois anos, em regime de intermitência. Uma das cláusulas (a de termo ou a de intermitência) é nula, não por um vício intrínseco mas apenas porque a sua convivência com a outra é legalmente vedada (as duas cláusulas não podem coexistir naquele contrato). Verifica-se, pois, uma invalidade parcial do contrato de trabalho, por violação de uma norma legal (o nº 2 do art. 157º). Mas qual é, *in casu*, a cláusula violadora da lei? É que a norma que estabelece que o contrato de trabalho intermitente não pode ser um contrato a termo, estabelece, outrossim, que o contrato a termo não pode ter uma cláusula de intermitência... Como resolver? Recorrer ao critério da vontade hipotética ou conjetural das partes, em ordem a determinar qual das cláusulas seria mais importante para elas, caso soubessem que teriam de abdicar de uma delas[110]?

7.4.7. Intermitente: o contrato e o trabalho

Se, como acabamos de ver, o contrato de trabalho intermitente não pode ser um contrato a termo, *cabe perguntar se o trabalho intermitente não poderá resultar da celebração de sucessivos contratos a termo*. Basta pensar nas atividades sazonais ou outras cujo ciclo anual de produção apresente irregularidades, as quais tanto legitimarão a celebração de um contrato a termo (art. 140º, nº 2, al. *e)*) como de um contrato intermitente (art. 157º, nº 1). Com efeito, há atividades sazonais que se reiteram periodicamente, com uma cadência regular, traduzindo-se em necessidades empresariais permanentes,

---

[110] Note-se que, *in casu*, o recurso ao critério da vontade hipotética ou conjetural não visa averiguar da manutenção ou não em vigor do contrato de trabalho, pois esse é um dado adquirido. Trata-se, tão-só, de apurar qual das cláusulas contratuais deverá ser sacrificada. Caso a aplicação deste critério não permita resolver o problema, será de reconhecer ao trabalhador uma espécie de «direito de opção», concedendo-lhe a faculdade de escolher entre o contrato a termo e o contrato intermitente (à imagem do que acontece em matéria de pluralidade de empregadores ou de recurso ilícito à cedência ocasional de trabalhador, nos termos dos arts. 101º e 292º do CT)?

CONTRATO DE TRABALHO

conquanto cíclicas. Em princípio, as atividades sazonais têm uma natureza cíclica, previsível e regular. O trabalho sazonal já chegou a ser definido como «trabalho que é normalmente chamado a repetir-se em cada ano, em data mais ou menos fixa, em função do ritmo das estações ou dos modos de vida coletivos e que é efetuado por conta de uma empresa cuja atividade obedece às mesmas variações». De resto, e nas certeiras palavras de JÚLIO GOMES, «o emprego sazonal é um emprego com caráter necessariamente intermitente»[111].

Ora, assim sendo, parece pertinente perguntar: *a partir do momento em que a lei oferece às partes a figura do contrato de trabalho intermitente, será legítimo, ainda assim, recorrer ao contrato a termo nestas hipóteses?* Será que o nascimento do contrato de trabalho intermitente não implica um qualquer reajustamento normativo, em sede de contrato a prazo? Será que a emergência desta nova modalidade contratual não veio retirar algum do espaço de legitimação antes reconhecido ao contrato a termo? Numa atividade destas, de cariz sazonal e cíclico, é certo que o empregador deixa, periodicamente, de ter trabalho para oferecer, mas agora, desde 2009, ele passa a dispor de um contrato descontínuo ao qual pode recorrer... Ou trata-se aqui, apenas, de criar mais um «produto jurídico-laboral», a somar a outros, pelo qual o empregador poderá optar, até como forma de «fidelizar» os respetivos trabalhadores?

Julga-se que, *de jure condito*, esta última é a resposta acertada, sob pena, aliás, de privar de conteúdo útil o disposto no art. 140º, nº 2, al. *e)*, do CT. Porém, *de jure condendo*, e tendo em atenção a garantia constitucional da segurança no emprego, talvez esta norma deva ser retocada ou redimensionada, em função da criação da figura do trabalho intermitente – isto porque, repete-se, *uma atividade sazonal pode não corresponder a uma necessidade temporária da empresa, mas sim a uma necessidade permanente desta, ainda que intermitente (cíclica, reiterada)*.

Tendo a atividade da empresa, em regra destinada a perdurar no tempo por vários anos, como quadro de referência, dir-se-ia que uma atividade sazonal corresponde a uma necessidade permanente/intermitente de trabalho, não a uma necessidade meramente temporária ou transitória. Se, porém, tivermos como quadro de referência o "ciclo anual de produção", como parece resultar do nº 2-*e)* do art. 140º do CT, então já se dirá que

---

[111] «O contrato de trabalho a termo ou a tapeçaria de Penélope?», cit., p. 57.

MODALIDADES DE CONTRATO DE TRABALHO: OS MÚLTIPLOS DESVIOS AO MODELO TÍPICO

uma atividade sazonal corresponde, obviamente, a uma necessidade temporária da empresa. Pelo que, não vindo esta norma codicística a ser retocada, então não será difícil prognosticar uma escassa utilização, na prática, desta nova modalidade contratual, visto que a atração do contrato a termo será, decerto, demasiado forte para as entidades empregadoras...

Em jeito de síntese conclusiva, reitera-se que, se o contrato de trabalho intermitente não pode ser um contrato a termo, a verdade é que o fenómeno do trabalho intermitente resulta, as mais das vezes, da sucessão de múltiplos contratos a termo celebrados com o mesmo trabalhador[112]. Daí a insistência: com as portas da contratação a termo abertas de par em par no campo das atividades sazonais (ou outras cujo ciclo anual de produção apresente flutuações), não vislumbro grande futuro para o novel contrato de trabalho intermitente.

7.5. A comissão de serviço

Se no trabalho intermitente deparamos com uma modalidade contratual recortada em função das necessidades de certo tipo de empresas (aquelas cuja atividade é descontínua ou de intensidade variável), já a comissão de serviço consiste numa cláusula acessória que poderá ser aposta ao contrato de trabalho quando em causa esteja um certo tipo de funções a desempenhar pelo trabalhador, caracterizadas, todas elas, por uma especial relação de confiança interpessoal.

Oriunda, como se sabe, do Direito Administrativo, a figura da comissão de serviço laboral sugere, desde logo, a ideia de *preenchimento transitório de um lugar* (note-se: preenchimento transitório de um lugar permanente), bem como a de uma *deslocação funcional do trabalhador* (o trabalhador sai do seu posto para ir ocupar outro). O traço mais marcante do respetivo regime jurídico consiste, entretanto, na circunstância de a comissão de serviço poder cessar, a todo o tempo, por simples manifestação de vontade de qualquer um dos sujeitos, inclusive do empregador – traço que, como é evidente, permite rodear o exercício dos correspondentes cargos de um acentuado grau de flexibilidade.

Que cargos poderão ser exercidos em regime de comissão de serviço? Para que *tipo de funções* admite a lei a utilização desta modalidade con-

---

[112] De resto, tratando-se de atividades sazonais, o próprio legislador abdica de combater tal sucessão de contratos, conforme parece decorrer do disposto no art. 143º, nº 2, al. *c*), do CT.

CONTRATO DE TRABALHO

tratual? Responde o art. 161º do CT, prevendo três grupos de hipóteses: os cargos de direção («cargo de administração ou equivalente, de direção ou chefia diretamente dependente da administração ou de diretor-geral ou equivalente»), funções de secretariado («secretariado pessoal de titular de qualquer desses cargos»), bem como, se tal for previsto por IRCT, outras «funções cuja natureza também suponha especial relação de confiança em relação a titular daqueles cargos e funções de chefia». Trata-se, pois, necessariamente, de relações de trabalho marcadas por um particular laço fiduciário. Mas, como se vê, não se trata de um estatuto reservado, em exclusivo, aos chamados «trabalhadores dirigentes». Destarte, pode haver trabalhadores que não desempenhem funções dirigentes em regime de comissão de serviço, assim como pode haver trabalhadores dirigentes a que este regime não seja aplicado[113]. Neste quadro, não será legítimo recorrer à contratação em regime de comissão de serviço para o provimento de funções que exorbitem do círculo de situações demarcado pela lei (ou, sendo caso disso, pelo IRCT). Caso tal suceda, a cláusula da comissão de serviço será nula, valendo o contrato como contrato de trabalho típico, *standard*.

Quem poderá exercer os mencionados cargos em regime de comissão de serviço? Aqui, importa destrinçar as duas grandes *modalidades* da comissão de serviço laboral, na linha do disposto no nº 1 do art. 162º do CT: «Pode exercer cargo ou funções em comissão de serviço um trabalhador da empresa ou outro admitido para o efeito». A distinção radica, portanto, na existência ou não de prévio vínculo jurídico-laboral entre as partes: naquele caso, estaremos perante a chamada comissão de serviço «em sentido técnico», de trabalhador «interno», com a inerente deslocação funcional do trabalhador que, a título transitório, passará a desempenhar as novas funções correspondentes à comissão de serviço; neste caso, pelo contrário, teremos a comissão de serviço «em sentido amplo», de trabalhador «externo», contratado *ex novo* para o efeito, já em regime de comissão de serviço. Como veremos *infra*, é justamente esta modalidade «externa» de comissão de serviço que, em algumas das suas dimensões, vem a suscitar delicados problemas de (in)compatibilidade constitucional.

---

[113] De todo o modo, como veremos, ainda que não se utilize a figura da comissão de serviço, a lei não deixa de estabelecer algumas regras particulares em relação aos trabalhadores dirigentes (período experimental alargado, possibilidade de isenção de horário de trabalho, faculdade de oposição do empregador à reintegração, em caso de despedimento ilícito, etc.).

MODALIDADES DE CONTRATO DE TRABALHO: OS MÚLTIPLOS DESVIOS AO MODELO TÍPICO

O contrato de trabalho em comissão de serviço está sujeito a *forma escrita*, devendo conter a indicação do cargo ou funções a desempenhar, com menção expressa do regime da comissão de serviço (art. 162º, nº 3). A inobservância da forma escrita ou a falta desta menção implicarão que o contrato não se considere em regime de comissão de serviço (art. 162º, nº 4). Para além disto, há que distinguir: no caso de comissão «interna», de trabalhador da empresa, o documento escrito deverá indicar a atividade que o trabalhador exerce, bem como, sendo diversa, a que o mesmo irá exercer após cessar a comissão (art. 162º, nº 3, al. *c)*); no caso de comissão «externa», de trabalhador admitido para o efeito, a lei estabelece que poderá (ou não) «ser acordada a sua permanência após o termo da comissão» (nº 2 do art. 162º). Caso essa permanência seja acordada, a atividade sucedânea deverá ser indicada no documento que titula o contrato (al. *d)* do nº 3 do mesmo artigo). Porém, caso tal permanência não seja estipulada contratualmente, caso nada seja dito pelas partes, então a cessação da comissão de serviço implicará, do mesmo passo, a extinção do contrato de trabalho. Ora, como a lei reconhece a ambas as partes a faculdade de denunciar livremente a comissão de serviço – segundo o nº 1 do art. 163º, «qualquer das partes pode pôr termo à comissão de serviço, mediante aviso prévio por escrito, com a antecedência mínima de 30 ou 60 dias, consoante aquela tenha durado, respetivamente, até dois anos ou período superior» –, logo se vislumbra o *problema jurídico-constitucional* a que acima se fez alusão: a livre extinção da comissão de serviço por decisão unilateral do empregador, ao implicar a cessação da relação laboral e na medida em que necessariamente a implique, viola o princípio da causalidade do despedimento, vale dizer, viola a garantia constitucional da segurança no emprego e a proibição dos despedimentos sem justa causa, assim colocando em crise o art. 53º da CRP.

Importa sublinhar: não se contesta a faculdade de qualquer das partes pôr termo à comissão de serviço; tal corresponde, aliás, à lógica do instituto, mecanismo flexível de prover cargos de especial confiança, marcado pela ideia de transitoriedade; o que se contesta, numa ótica jurídico-constitucional, é que tal extinção livre e imotivada acarrete a morte da relação laboral, isto é, a perda do emprego para o trabalhador. *A comissão de serviço pode e deve ser transitória, mas o emprego não tem de ser (nem deveria poder ser) precário.* Aqui, e não ali, é que reside o problema.

CONTRATO DE TRABALHO

Daí que, em bom rigor, haja que distinguir, não só entre a comissão de serviço «interna» e «externa», mas ainda, dentro desta, entre a *comissão de serviço com e sem garantia de emprego*. Neste último caso, tudo visto, ponderado e depurado, aquilo que temos é um trabalhador que pode ser livremente despedido pelo empregador, através da simples via da denúncia imotivada da comissão de serviço. E, se esta solução já pode gerar dúvidas quando se trate de pessoal dirigente, convém relembrar que o universo subjetivo desta figura não se circunscreve a tal pessoal dirigente, abrangendo ainda as supramencionadas funções de secretariado pessoal, bem como outras a prever por IRCT. Tudo, pois, a depor no sentido da inconstitucionalidade destas normas, por violação do art. 53º da CRP (também neste sentido opinaram JORGE LEITE e JÚLIO GOMES). É certo que, nesta hipótese, o trabalhador terá direito a receber uma indemnização, conforme decorre do nº 1, al. *c*), do art. 164º Mas, obviamente, isso não basta para isentar as normas em questão de um juízo de censura constitucional[114].

Tratando-se, pelo contrário, de uma comissão de serviço «com garantia de emprego» (comissão interna, ou comissão externa em que as partes acordam na sobrevivência da relação após o termo da comissão, ao abrigo do art. 162º, nº 2), então a cessação da comissão implicará que o trabalhador se mantenha ao serviço da empresa, exercendo a atividade desempenhada antes da comissão ou a correspondente à categoria a que tenha sido pro-

---

[114] Diga-se, contudo, que, no seu Acórdão nº 338/10, o TC entendeu que esta figura não enferma de inconstitucionalidade. Segundo se lê no aresto, «nestes casos não vale o princípio de segurança do emprego consagrado no artigo 53º da Constituição, por a situação não caber no âmbito de aplicação da norma». Não acompanho – e confesso ter mesmo alguma dificuldade em compreender – esta asserção do TC. Com efeito, é hoje inequívoco que a comissão de serviço constitui uma modalidade de contrato de trabalho, pelo que quem presta a sua atividade em regime de comissão de serviço laboral assume, indiscutivelmente, a condição de trabalhador subordinado por conta de outrem. Ora, se a lei permite que o contrato deste trabalhador se extinga por livre decisão da sua entidade empregadora, como é que é possível sustentar que, nestes casos, «não vale o princípio de segurança do emprego», em virtude de «a situação não caber no âmbito de aplicação» daquela norma constitucional? Não vale porquê? Não cabe porquê? É que a dita norma constitucional destina-se, justamente, a proibir que o empregador despeça livremente o trabalhador... Em suma, e tal como afirma a Conselheira Maria João Antunes, na sua declaração de voto de vencida, não consigo divisar quaisquer razões para que a comissão de serviço laboral, enquanto modalidade de contrato de trabalho, não integre o âmbito de aplicação do art. 53º da CRP. Para maiores desenvolvimentos, com indicações bibliográficas, JOÃO LEAL AMADO, «Comissão de serviço e segurança no emprego: uma dupla inconciliável?», *RLJ*, nº 3966, Jan.-Fev. 2011, pp. 170-180.

MODALIDADES DE CONTRATO DE TRABALHO: OS MÚLTIPLOS DESVIOS AO MODELO TÍPICO

movido[115] ou, ainda, a atividade prevista no acordo referido nas als. *c)* e *d)* do art. 162º De qualquer modo, se a comissão de serviço terminar por decisão do empregador, o trabalhador poderá optar por resolver o contrato nos 30 dias subsequentes àquela decisão, com direito a receber uma indemnização calculada nos termos do art. 366º – solução que bem se compreende, pois, na ordem prática das coisas, muitas vezes a cessação da comissão de serviço corresponderá a uma «despromoção» do trabalhador, nem sempre facilmente digerida por este.

7.6. O teletrabalho

Ir para o trabalho significa, por norma, que o trabalhador se vai deslocar fisicamente para uma unidade produtiva (a fábrica, o estabelecimento comercial, o escritório, o banco) titulada e gerida por outrem, local onde o trabalhador permanecerá algumas horas por dia, cumprindo as obrigações decorrentes do respetivo contrato. Com efeito, a prestação laboral desenvolve-se, tipicamente, no quadro de uma empresa, local onde a atividade do trabalhador é coordenada com a dos seus congéneres e onde se exercem os poderes patronais de direção, fiscalização e disciplina. Ao inserir-se numa empresa alheia, o trabalhador tem plena consciência de que, aí, se encontra no espaço-tempo profissional, num espaço-tempo de heterodisponibilidade, que acaba quando, no termo da jornada laboral, o trabalhador abandona a empresa e regressa a casa, ao seu espaço-tempo de autodisponibilidade, de privacidade e de intimidade.

Sucede, porém, que nem sempre assim é. Com efeito, cada vez mais trabalhadores vão prestando a sua atividade, ainda que em moldes heteroconformados, fora da empresa, inclusive no seu próprio domicílio. E este fenómeno tem-se acentuado nas sociedades pós-industriais em que vivemos (a dita «sociedade da informação»), marcadas por um forte progresso científico e tecnológico, através do chamado *teletrabalho*. Fala-se, a este propósito, na «empresa virtual», como centro de convergência de uma rede telemática (termo que exprime a fusão entre a informática e as telecomunicações) que a ligará a fornecedores, clientes e trabalhadores localizados em qualquer parte da nossa «aldeia global».

---

[115] Registe-se, a este propósito, que o tempo de serviço prestado em regime de comissão de serviço conta para efeitos de antiguidade do trabalhador, como se lê no nº 5 do art. 162º

CONTRATO DE TRABALHO

As *vantagens* do teletrabalho são evidentes e têm sido evidenciadas: ele elimina ou reduz os incómodos e as despesas derivados das deslocações constantes do trabalhador para a (e da) empresa; ele diminui o *stress*, libertando tempo para o trabalhador e permitindo, em tese, uma melhor conciliação e articulação entre a vida profissional e a vida familiar ou privada; ele facilita (quando não possibilita) o acesso ao emprego por parte de pessoas portadoras de deficiências de ordem motora; ele proporciona uma elevação da qualidade de vida para a sociedade em geral (diminuição dos congestionamentos de trânsito, redução da poluição atmosférica, menor consumo de energia, requalificação das zonas suburbanas e, quiçá, das zonas rurais, travagem da especulação imobiliária no centro das cidades, etc.). É claro que a estas vantagens (reais ou virtuais) há que contrapor os inegáveis *inconvenientes* do teletrabalho, sobretudo do teletrabalho domiciliário: maior isolamento do trabalhador, com o inerente risco de desenraizamento social, desgaste psicológico, falta de solidariedade e empobrecimento da dimensão coletiva do trabalho; alguma diluição das fronteiras entre a vida profissional e extraprofissional, o que pode ameaçar a reserva da vida privada do trabalhador ou aumentar a conflitualidade familiar, bem como provocar a ultrapassagem dos limites legais em matéria de tempo de trabalho, etc.

Dir-se-ia, em suma, que com o teletrabalho a situação típica inverte-se, sendo o trabalho que, de algum modo, se desloca até ao trabalhador. E as novas tecnologias permitem, justamente, vencer a distância, sendo hoje concebível a existência de uma relação marcada por uma acentuada subordinação jurídica e por um apertado controlo da prestação por banda do empregador entre dois sujeitos separados no espaço por muitos quilómetros – a chamada *telesubordinação*.

É este teletrabalho subordinado, fenómeno em expansão na área dos serviços e da produção intelectual (banca, seguros, jornalismo, contabilidade, *marketing*, tradução, etc.), que nos interessa [116]. O CT define-o no art. 165º: «Considera-se teletrabalho a prestação laboral realizada com subordinação jurídica, habitualmente fora da empresa e através do recurso a tecnologias de informação e de comunicação». Aqui temos, pois, os dois elementos cuja combinação caracteriza o teletrabalho: o *elemento geográfico ou*

---

[116] Em termos gerais, o teletrabalho, fenómeno difuso, pode ser desenvolvido em moldes juridicamente subordinados ou autónomos; e, ainda que juridicamente autónomo, o teletrabalhador pode estar ou não economicamente dependente do credor dos serviços, para efeitos do disposto no art. 10º do CT.

topográfico (trabalho realizado à distância) e o *elemento tecnológico ou instrumental* (recurso a tecnologias de informação e comunicação).

A partir desta base, o teletrabalho apresenta um carácter multifacetado, assumindo diversas *modalidades*. Assim, atendendo ao critério geográfico, ao local de desenvolvimento da atividade laboral, fala-se em teletrabalho no domicílio (aliás, a modalidade mais frequente de teletrabalho, como que paradigmática), mas fala-se também no teletrabalho prestado num telecentro (estrutura partilhada por teletrabalhadores sem relação entre si, telematicamente ligados a diversas empresas) ou em teletrabalho móvel ou nómada (efetuado através de instrumentos portáteis). Se, pelo contrário, atendermos ao critério comunicativo, ao tipo de ligação estabelecida entre o prestador de atividade e o credor da mesma, fala-se em teletrabalho *on line* (*one way line* ou *two way line*) ou *off line* – sendo a modalidade *two way line* aquela que, em princípio, mais nos interessa, pois existindo uma conexão permanente, em ambos os sentidos, entre o computador «periférico» do trabalhador e o «central» do empregador, isso permitirá um diálogo constante entre estes, potenciando as faculdades patronais de conformação e controlo da prestação (a chamada «trela eletrónica»).

Vendo-se confrontado com o fenómeno do teletrabalho subordinado (cuja importância, pensa-se, tenderá a acentuar-se nos próximos anos, à medida que se aprofunda a revolução tecnológica e se generaliza a utilização de meios telemáticos), o nosso legislador destinou algumas normas do CT a esta nova modalidade contratual. Desde logo, pergunta-se: quem poderá exercer a correspondente atividade em regime de teletrabalho? Decorre do nº 1 do art. 166º que essa atividade tanto poderá passar a ser exercida por um trabalhador «típico» da empresa (teletrabalho *interno*) como por um trabalhador admitido, *ab initio*, em regime de teletrabalho (teletrabalho *externo*). Mas importa distinguir: neste último caso, a liberdade contratual vigora sem peias, vale dizer, o teletrabalhador pode sê-lo por período determinado ou a título definitivo e as partes poderão, por mútuo acordo, modificar esse contrato, passando o teletrabalhador a laborar no regime dos demais trabalhadores da empresa, seja a título definitivo seja por período determinado (nº 6 do art. 166º); naquele caso, porém, a lei mostra-se mais cautelosa quanto à faculdade de as partes modificarem o contrato de trabalho, convertendo-o num contrato para prestação subordinada de teletrabalho, dado que não permite que tal modificação opere a título definitivo, antes estabelece como limite máximo o período inicial de três

CONTRATO DE TRABALHO

anos, decerto por uma questão de prudência, desta forma permitindo que o teletrabalhador retome a prestação «normal» de trabalho caso alguma das partes assim o deseje no termo do prazo acordado (art. 167º). Acresce que este acordo modificativo poderá ainda ser denunciado por qualquer dos sujeitos, durante os primeiros 30 dias da sua execução (nº 2 do art. 167º). O que, uma vez mais, prova que a lei encara com mais reserva a passagem do trabalho típico para o teletrabalho do que a hipótese inversa.

Cumpre ainda destacar os seguintes traços regimentais do teletrabalho:

i) O contrato está sujeito a forma escrita, devendo conter as indicações constantes do nº 5 do art. 166º, mas a lei esclarece que a forma escrita do contrato apenas é exigida para prova do mesmo (nº 7 do art. 166º). Trata-se, portanto, de uma formalidade *ad probationem*, ao invés do que sucedia ao abrigo do CT de 2003 [117];

ii) Igualdade de tratamento entre trabalhadores e teletrabalhadores, tanto em matéria de condições de trabalho como em matéria de segurança e saúde ou de reparação de danos emergentes de acidente de trabalho ou doença profissional, bem como no tocante à observância dos limites máximos do período normal de trabalho (art. 169º);

iii) Respeito pela privacidade, isto é, o empregador encontra-se adstrito a respeitar a privacidade do teletrabalhador e os tempos de descanso e de repouso da família, aspeto particularmente sensível no teletrabalho domiciliário, desde logo no que tange às visitas patronais ao local de trabalho, matéria regulada pelo art. 170º;

iv) Previsão de regras sobre a propriedade dos instrumentos de teletrabalho, sobre as despesas inerentes à respetiva instalação e manutenção, e sobre o uso que o teletrabalhador pode ou não dar a tais instrumentos (art. 168º);

v) Consagração de deveres secundários específicos, designadamente do chamado *direito à sociabilidade informática*, nos termos do qual «o empregador deve evitar o isolamento do trabalhador, nomeadamente através de contactos regulares com a empresa e os demais trabalhadores» (nº 3 do art. 169º);

---

[117] Com efeito, o nº 2 do art. 234º do CT de 2003 determinava que, nesse caso, o contrato não se consideraria sujeito ao regime de teletrabalho.

vi) Utilização das tecnologias de informação e comunicação habitualmente usadas na prestação da atividade telelaboral para o exercício de direitos coletivos (direitos de reunião, de circulação da informação por parte das estruturas representativas dos trabalhadores, etc.), nos termos do art. 171º

Em princípio, o teletrabalho funda-se no consenso de ambos os sujeitos. Assim, o empregador não pode, arrimado apenas no seu poder de direção, converter uma relação laboral típica numa relação telelaboral. E o trabalhador também não goza de tal direito de conversão unilateral. Porém, verificadas que sejam as condições previstas no nº 1 do art. 195º do CT, o trabalhador que tenha sido vítima de violência doméstica terá direito a passar a exercer a atividade em regime de teletrabalho, quando este seja compatível com a atividade desempenhada (nº 2 do art. 166º). Eis uma disposição inovadora, curiosa e, decerto, bem intencionada, sendo outrossim certo que, na maioria das situações, o teletrabalho é prestado no domicílio, parecendo que o respetivo domicílio será, amiúde, o último local onde a trabalhadora vítima de violência doméstica desejará estar, muito menos em permanência... Sucede, no entanto, que o direito de passar a exercer a atividade em regime de teletrabalho depende, entre outros requisitos, da saída da casa de morada da família (nº 1, al. *b*), do art. 195º), pelo que o propósito do legislador será, decerto, o de que a trabalhadora passe a exercer a sua atividade em regime de teletrabalho no seu novo domicílio[118].

Além das supramencionadas situações de violência doméstica, a lei dispõe ainda que o trabalhador com filho com idade até 3 anos tem direito a exercer a atividade em regime de teletrabalho, quando este seja compatível com a atividade desempenhada e a entidade patronal disponha de recursos e meios para o efeito (nº 3 do art. 166º), não podendo o empregador opor-se ao correspondente pedido do trabalhador (nº 4 do mesmo preceito).

A) *Teletrabalho versus trabalho no domicílio*
O teletrabalho, fenómeno recente e característico da atual «sociedade da informação», não deve ser confundido com a figura tradicional do «trabalho

---

[118] Sobre a questão dos reflexos laborais da violência doméstica, *vd.*, *infra*, § 16.6, bem como, na doutrina mais recente, CATARINA DE OLIVEIRA CARVALHO, «Reflexões sobre a proteção laboral das vítimas de violência doméstica – Breve análise comparativa entre os regimes português e espanhol», *Para Jorge Leite – Escritos Jurídico-Laborais*, cit., pp. 143-169.

no domicílio». Aliás, como vimos, nem sempre o teletrabalho é prestado no domicílio do teletrabalhador. E, por outro lado, o teletrabalho envolve, necessariamente, o recurso a tecnologias de informação e comunicação, sendo estas que tornam mais fácil a criação de um laço de subordinação jurídica entre os sujeitos da relação. Pelo contrário, o trabalho no domicílio tradicional abrange, em regra, atividades em que predomina o trabalho manual e artesanal (alfaiates, bordadeiras)[119].

Ora, entendendo por trabalho no domicílio todo aquele que é realizado no domicílio do prestador ou em local por este escolhido, não raro adjacente ao seu domicílio e de que este tem a disponibilidade, casos há em que o trabalhador no domicílio labora com total autonomia (pense-se, p. ex., no alfaiate que tem as portas abertas ao público e que confeciona fatos para uma multiplicidade de clientes), mas também não se desconhecem situações em que, sendo discutível a existência de subordinação jurídica, haverá, decerto, dependência económica por parte do prestador em relação ao beneficiário da prestação: dependência económica, seja no sentido de que o trabalhador no domicílio carece dos rendimentos auferidos daquele sujeito para satisfazer as suas necessidades essenciais, seja no sentido de que a atividade deste trabalhador no domicílio se destina, em exclusivo ou quase, àquele sujeito. Vale dizer, o trabalhador no domicílio não tem, neste caso, uma carteira indeterminada de clientes, não contacta diretamente com o mercado, antes vê a sua atividade absorvida pelo sujeito contratante, integrando-se, assim, num processo produtivo alheio (imagine-se, ainda no caso do alfaiate, um estabelecimento de pronto-a-vestir). Nestas hipóteses, ainda que o «fator-localização» (a distância física e a subtração ao espaço empresarial, ao controlo direto da contraparte) possa gerar dúvidas sobre a existência de autêntica subordinação jurídica entre os sujeitos, já não se duvidará da situação de dependência económica em que se encontra o trabalhador. Verdadeiramente, este trabalhador tem uma participação no processo produtivo semelhante à dos assalariados com subordinação jurídica, possuindo um estatuto social análogo ao destes. Acresce que, não raro, o trabalho no domicílio surge como verdadeiro sucedâneo do contrato de trabalho típico, inserindo-se num processo de desintegração da empresa e de descentrali-

---

[119] Note-se, contudo, que para além dos setores em que é tradicional o recurso a esta forma de trabalho (têxteis, calçado, curtumes, brinquedos, etc.), outras têm surgido, envolvendo prestações de carácter intelectual e caracterizadas por um acrescido grau de especialização.

MODALIDADES DE CONTRATO DE TRABALHO: OS MÚLTIPLOS DESVIOS AO MODELO TÍPICO

zação produtiva e traduzindo-se mesmo, por vezes, num esquema negocial destinado a iludir a aplicação das leis do trabalho.

Colocado perante esta «criatura híbrida» – utiliza-se amiúde a locução «parasubordinação» (de origem italiana), para aludir a esta categoria intermédia de situações entre o trabalho subordinado e o trabalho autónomo, isto é, para abranger situações em que o trabalho é autónomo, no plano jurídico-formal, mas é dependente, no plano económico-material –, que predomina em zonas da chamada «economia submersa», o legislador responde através do art. 10º do CT, no qual, sob a epígrafe «situações equiparadas», se determina que «as normas legais respeitantes a direitos de personalidade, igualdade e não discriminação e segurança e saúde no trabalho são aplicáveis a situações em que ocorra prestação de trabalho por uma pessoa a outra, sem subordinação jurídica, sempre que o prestador de trabalho deva considerar-se na dependência económica do beneficiário da atividade»[120].

A mais relevante «situação equiparada» ao contrato de trabalho consiste, precisamente, na figura do *trabalho no domicílio*, hoje regulado pela Lei nº 101/2009, de 8 de setembro. O âmbito deste diploma encontra-se recortado no seu art. 1º: «A presente lei regula a prestação de atividade, sem subordinação jurídica, no domicílio ou em instalação do trabalhador, bem como a que ocorre para, após comprar a matéria-prima, fornecer o produto acabado por certo preço ao vendedor dela, desde que em qualquer caso o trabalhador esteja na dependência económica do beneficiário da atividade». O regime jurídico do trabalho no domicílio tem como matriz o sistema de ideias básicas em que assenta a disciplina do contrato de trabalho, mas não procede a uma verdadeira extensão dos dispositivos regulamentares laborais às situações de trabalho no domicílio. É certo que o trabalhador no domicílio beneficia, em vários domínios, de um regime idêntico ou análogo ao dos trabalhadores subordinados (trabalho de menores, segurança e saúde no trabalho, acidentes de trabalho e doenças profissionais, formação profissional, segurança social, etc.). Há também normas que estabelecem direitos e deveres específicos para os sujeitos desta relação (dever de o beneficiário da atividade manter um registo dos trabalhadores no domicílio, dever de respeitar a privacidade do trabalhador no domicílio e os tempos de descanso e de repouso do agregado familiar, dever de sigilo

---

[120] Para desenvolvimentos, por último, ANA LAMBELHO, «Trabalho autónomo economicamente dependente: da necessidade de um regime jurídico próprio», *Para Jorge Leite – Escritos Jurídico-Laborais*, cit., pp. 433-454.

do trabalhador sobre técnicas e modelos que lhe estejam confiados, normas relativas à determinação do montante da remuneração devida ao trabalhador no domicílio, etc.). Mas já no domínio da cessação do contrato, por exemplo, as regras são substancialmente distintas, pois a tutela da estabilidade no emprego que é concedida aos trabalhadores subordinados (traduzida, desde logo, na proibição do despedimento sem justa causa) não vigora no âmbito do trabalho no domicílio: neste caso, não só o beneficiário da atividade goza de grande margem de liberdade para extinguir o contrato por sua iniciativa (através de denúncia com aviso prévio, resolução por motivo justificativo não imputável a qualquer das partes ou resolução imediata por motivo de incumprimento do trabalhador), como as consequências de uma desvinculação contratual irregular são, para aquele, de ordem muito modesta, consistindo numa mera indemnização a pagar ao trabalhador, de valor tabelado e bastante reduzido (*vd.*, a este propósito, o disposto nos arts. 10º e 11º da Lei nº 101/2009).

Em suma, deparamos aqui com uma «equiparação limitada» do trabalho no domicílio com dependência económica ao trabalho subordinado. A lei é omissa, por exemplo, quanto aos limites máximos da jornada de trabalho, ao descanso semanal, às férias, etc. Tal como é omissa em relação aos direitos laborais coletivos dos «autónomos dependentes». De todo o modo, o grande problema deste regime jurídico reside na sua escassa (quase nula?) efetividade, até pelo facto, já mencionado, de o trabalho no domicílio ocorrer, predominantemente, em zonas da chamada «economia paralela» e do mercado de trabalho informal, o que contribui para dificultar sobremaneira o controlo e a fiscalização deste tipo de atividade laboral.

§ 8º
A formação do contrato de trabalho

8.1. Capacidade das partes: o trabalho de menores

«A capacidade para celebrar contrato de trabalho regula-se nos termos gerais do direito e pelo disposto neste Código», lê-se no art. 13º do CT. Sabe-se que a capacidade jurídica, ou *capacidade de gozo*, consiste na aptidão para ser titular de determinadas relações jurídicas (art. 67º do CCivil). E sabe-se que a capacidade de agir, ou *capacidade de exercício*, consiste na aptidão para atuar juridicamente por ato próprio e exclusivo, isto é, para atuar pessoal e autonomamente. A incapacidade de gozo é insuprível, ao passo que a incapacidade de exercício é suprível através da representação legal (o representante age em nome e no interesse do incapaz) ou da assistência (o assistente autoriza o incapaz a agir)[121].

No que à capacidade negocial diz respeito, as questões que maior relevo assumem, em sede juslaboral, prendem-se com o trabalho dos menores. Pode um menor ser *sujeito de* uma relação jurídica de trabalho subordinado? Ou, noutros termos, visto que o trabalhador surge, em certo sentido, como sujeito e como objeto do contrato de trabalho: pode um menor ser *sujeito a* uma relação jurídica de trabalho subordinado? Dispõe o menor de capacidade negocial de gozo nesta matéria? Em caso afirmativo, a partir de que idade? E quanto à capacidade de exercício? Havendo situações de incapacidade negocial de exercício por parte dos menores, será esta suprida através do instituto da representação legal?

---

[121] Sobre a matéria, *vd.*, por todos, Carlos Mota Pinto, *Teoria Geral do Direito Civil*, cit., pp. 193 e ss.

CONTRATO DE TRABALHO

Como vamos ver, o nosso ordenamento procura dar resposta a todas estas questões. E essa resposta, por um lado, obedece a um «princípio gradualista»[122], modificando-se o regime jurídico e aligeirando-se as exigências legais à medida que o menor se vai aproximando da maioridade; por outro lado, a resposta revela-se muito diversificada, em função do tipo de atividade que o menor se compromete a realizar. Com efeito, e como acima já foi sugerido, em sede de contrato de trabalho não se trata apenas de salvaguardar a posição do menor enquanto sujeito que emite uma determinada declaração de vontade, mas sobretudo de evitar que a execução do contrato (pelo dispêndio de energias físicas e psíquicas que supõe, pelo tempo que o menor se obriga a colocar à disposição da entidade empregadora, pelas circunstâncias espaciais e ambientais que rodeiam a prestação da atividade do menor, etc.) comprometa o normal e saudável desenvolvimento do menor, bem como a sua educação e adequada formação. Daí que o regime jurídico oscile, em função de os trabalhos a prestar pelo menor serem tidos como «leves» ou, no outro extremo, como «prejudiciais ao desenvolvimento físico, psíquico e moral dos menores». Em linhas gerais, o sistema pode ser descrito como segue:

i) Em princípio, «só pode ser admitido a prestar trabalho o menor que tenha completado a idade mínima de admissão, tenha concluído a escolaridade obrigatória ou esteja matriculado e a frequentar o nível secundário de educação e disponha de capacidades físicas e psíquicas adequadas ao posto de trabalho» (art. 68º, nº 1, do CT). Aliás, a estreita ligação entre a idade mínima de admissão para prestar trabalho e o cumprimento da escolaridade obrigatória constitui um imperativo lógico e decorre mesmo da CRP, nos termos da qual «é proibido, nos termos da lei, o trabalho de menores em idade escolar» (art. 69º, nº 3, da Lei Fundamental);

ii) Como regra geral, «a idade mínima de admissão para prestar trabalho é de 16 anos» (art. 68º, nº 2);

iii) Todavia, «o menor com idade inferior a 16 anos que tenha concluído a escolaridade obrigatória ou esteja matriculado e a frequentar o nível secundário de educação pode prestar trabalhos leves que consistam em tarefas simples e definidas que, pela sua natureza, pelos

---

[122] A expressão é de JORGE LEITE, «Alguns aspetos do regime jurídico do trabalho de menores», *PLT*, CEJ, nº 40, 1992.

A FORMAÇÃO DO CONTRATO DE TRABALHO

esforços físicos e mentais exigidos ou pelas condições específicas em que são realizadas, não sejam suscetíveis de o prejudicar no que respeita à integridade física, segurança e saúde, assiduidade escolar, participação em programas de orientação ou de formação, capacidade para beneficiar da instrução ministrada, ou ainda ao seu desenvolvimento físico, psíquico, moral, intelectual e cultural» (art. 68º, nº 3);

iv) Em sentido inverso, «os trabalhos que, pela sua natureza ou pelas condições em que são prestados, sejam prejudiciais ao desenvolvimento físico, psíquico e moral dos menores são proibidos ou condicionados por legislação específica» (art. 72º, nº 2)[123].

Pelo exposto, verifica-se que a resposta do ordenamento varia, tendo em conta o tipo de trabalho a prestar pelo menor. Se, em regra, a fasquia é colocada nos 16 anos (nesta idade, poder-se-á dizer, adquire-se a *capacidade de gozo* para ser titular de uma relação jurídico-laboral, um pouco à imagem do que sucede com o casamento), a verdade é que a lei, ora suaviza as exigências (admitindo que um menor, abaixo do limiar dos 16 anos, preste «trabalhos leves»), ora endurece o regime (proibindo a atividade a todo e qualquer menor, quando se trate de «trabalhos prejudiciais»).

De todo o modo, ainda que se possa dizer que, em regra, a capacidade jurídica surge, neste campo, aos 16 anos de idade, isso por si só não significa que um menor com 16 ou com 17 anos disponha, igualmente, de capacidade negocial de exercício. Superada que se mostre a fasquia etária legal, será que o menor pode, por ato próprio e exclusivo, celebrar um contrato de trabalho? Poderá ele atuar, nesta matéria, pessoal e autonomamente? Disporá ele de plena capacidade de exercício? Terá ele um tratamento idêntico ao do trabalhador maior, já com 18 anos de idade?

A resposta colhe-se do disposto no art. 70º do CT, que institui o *sistema gradualista* a que acima se fez alusão. Assim é que:

i) O contrato celebrado diretamente com o menor que não tenha completado 16 anos de idade («trabalhos leves») ou não tenha ainda

---

[123] A legislação específica sobre as atividades proibidas ou condicionadas a menores encontra-se hoje nos arts. 61º a 72º da Lei nº 102/2009, de 10-9 (segurança e saúde no trabalho). Sobre os requisitos de admissão para prestar trabalho, *vd.* ainda o disposto no art. 69º, nº 1, do CT.

CONTRATO DE TRABALHO

concluído a escolaridade obrigatória nem esteja matriculado e a frequentar o nível secundário de educação só é válido mediante autorização escrita dos seus representantes legais (nº 2);

ii) O contrato celebrado diretamente com o menor que tenha completado 16 anos de idade e tenha concluído a escolaridade obrigatória ou esteja matriculado e a frequentar o nível secundário de educação é válido, salvo oposição escrita dos seus representantes legais (nº 1).

Ou seja, nos casos do nº 2 a lei exige um ato positivo dos representantes legais do menor – a autorização – para que o contrato de trabalho por este celebrado seja válido. Nos casos do nº 1, pelo contrário, a lei basta-se com uma omissão dos representantes – a não oposição – para a respetiva validade. A meu ver, isto significa que, nos casos do nº 2, o menor carece de capacidade negocial de exercício para celebrar o contrato de trabalho, visto que ele, embora atue pessoalmente e por ato próprio, não atua exclusiva e autonomamente. Ele carece da autorização dos seus representantes, sem a qual o contrato não será válido – o que implica que deparamos, *in casu*, com um esquema atípico de suprimento da incapacidade de exercício dos menores, através do instituto da assistência e não da representação legal. Com efeito, e ao contrário do que é típico da representação enquanto forma de suprimento da incapacidade, aqui o representante legal não se substitui ao menor na atuação jurídica, celebrando ele mesmo o contrato em lugar deste, em nome e no interesse deste. Aqui, quem celebra o contrato é o próprio menor, mediante permissão dos representantes legais. Solução que, aliás, bem se compreende, tendo em conta o caráter pessoal das obrigações decorrentes do contrato de trabalho, que recomenda que seja o próprio menor, pessoalmente, a assumir esse compromisso, sem que os respetivos representantes legais se lhe possam substituir na emissão da correspondente declaração de vontade. Pessoalmente, mas, neste caso, não autonomamente (dada a necessidade de autorização dos seus representantes), daí que estejamos perante uma *incapacidade negocial de exercício*, suprida através do instituto da *assistência*[124].

Já nos casos do nº 1 do art. 70º, julgo dever falar-se em *capacidade assistida* por banda do menor, visto que, aqui, ele celebra o contrato de trabalho

---

[124]   Neste sentido, CARLOS MOTA PINTO, *Teoria Geral do Direito Civil,* cit., p. 231, n. 255. Como é sabido, a assistência é o modo através do qual, em regra, é suprida a incapacidade dos inabilitados.

A FORMAÇÃO DO CONTRATO DE TRABALHO

pessoal e autonomamente (dispondo, neste sentido, de capacidade negocial de exercício), conquanto uma certa «tutela paternal» se mantenha, em virtude da faculdade de oposição escrita dos seus representantes até que o jovem atinja a maioridade[125].

No que tange à *capacidade para receber a retribuição* devida pelo seu trabalho, a lei determina que, em princípio, o menor dispõe da mesma, «salvo oposição escrita dos seus representantes legais» (art. 70º, nº 3). Ou seja, a lei parece permitir que os representantes, por um lado, autorizem/não se oponham à celebração do contrato pelo menor, mas já se venham opor a que este, prestado que seja o trabalho, receba a correspondente retribuição... Ainda que, decerto, se possam invocar alguns argumentos em abono desta solução (poderá haver casos em que não seja aconselhável que o menor aufira rendimentos, pois poderá destiná-los a consumos menos próprios) confesso não nutrir particular simpatia pela dita. O menor a trabalhar e os representantes legais a receberem a contrapartida do trabalho daquele, eis um quadro que, julga-se, conviria rever...

Pelo exposto, importa não confundir o trabalho de menores com o chamado *trabalho infantil*. Esta última expressão diz respeito ao trabalho ilegal de menores (não raro, trabalho de crianças), trabalho proibido e que o ordenamento jurídico tenta combater, utilizando até, para o efeito, os mecanismos do Direito Penal[126]. Diferentemente, o ordenamento jurídico aceita o trabalho de menores, isto é, o legislador autoriza que certos menores possam prestar trabalho remunerado, caso preencham os requisitos (etários, escolares, etc.) indicados *supra*. Quando assim suceda, a preocupação primeira do ordenamento consiste em garantir ao menor condições de trabalho adequadas à respetiva idade e desenvolvimento, que protejam a sua segurança, saúde, desenvolvimento físico, psíquico e moral, educação e formação, prevenindo, de modo especial, qualquer risco resultante da sua falta de experiência ou da inconsciência dos riscos existentes ou potenciais (art. 66º, nº 1, do CT). Esta preocupação reflete-se em diversas normas do CT, com particular destaque para os aspetos que se prendem com a duração do trabalho dos menores (limites máximos do período normal de trabalho, dispensa de horários de trabalho com adaptabilidade, banco de horas ou horário concentrado, proibição de trabalho suplementar, condiciona-

---

[125] Tanto a oposição escrita, prevista no nº 1, como a revogação da autorização, exigida pelo nº 2, podem ser declaradas a todo o tempo, segundo estabelece o nº 4 do art. 70º do CT.

[126] Sobre o crime de utilização indevida do trabalho de menor, *vd.* o art. 82º do CT.

CONTRATO DE TRABALHO

mento do trabalho noturno) e com a salvaguarda dos respetivos períodos de descanso (intervalo de descanso diário e entre dois dias sucessivos, descanso semanal, etc.)[127].

Compreensivelmente, a *emancipação* do menor não prejudica a aplicação das normas relativas à proteção da saúde, educação e formação do trabalhador menor, como esclarece o nº 4 do art. 66º (recorde-se que, entre nós, o único facto constitutivo da emancipação do menor é o casamento, nos termos do art. 132º do CCivil).

8.2. Idoneidade do objeto

Já se disse: o contrato de trabalho não é definido por aquilo que se faz, mas sim pelo *modo como se faz*. Com efeito, qualquer atividade humana, desde que lícita e apta para a satisfação de um interesse do credor digno de tutela jurídica, pode constituir objeto deste contrato. Não existe, na verdade, um *numerus clausus* de atividades laborais, pelo que, quanto ao respetivo objeto (isto é, quanto ao tipo de atividade prometida), valem para o contrato de trabalho os requisitos gerais do objeto negocial, enunciados pelo art. 280º do CCivil: objeto física e legalmente possível, conforme à lei, determinável, conforme à ordem pública e não ofensivo dos bons costumes[128]. A este respeito, impõem-se duas notas adicionais.

i) A exigência de *determinação ou determinabilidade* do objeto vigora também no tocante ao contrato de trabalho. É certo que, não raro, a

---

[127] Segundo o art. 81º do CT, a participação de menores em espetáculos ou outras atividades de natureza cultural, artística ou publicitária (atores, dançarinos, figurantes, músicos, modelos, manequins, etc.) é objeto de regulamentação em legislação especial. Essa legislação especial foi já publicada, encontrando-se nos arts. 2º a 11º da LRCT. Note-se, porém, que nos situamos aqui muito para além das relações fundadas num genuíno contrato de trabalho, pois estas normas especiais regulam a atividade de crianças (só se aplicam a menores com idade inferior a 16 anos) e, até, de bebés. E não parece concebível que uma criança com, p. ex., 6 meses ou 1 ano de idade, seja parte num contrato de trabalho...

[128] Discute-se, por exemplo, se a participação em determinados concursos ou programas televisivos, do tipo dos *reality shows*, pode constituir, juridicamente, trabalho (e trabalho subordinado). Ora, tem-se entendido que sim. A este propósito, RITA GARCIA PEREIRA, «Casa dos Segredos: um novo templo para a subordinação jurídica?», *Para Jorge Leite – Escritos Jurídico-Laborais*, cit., pp. 697-731, e MILENA SILVA ROUXINOL, «Contrato de trabalho – um modelo *formoso e não seguro* (ou: quando o trabalhador é um "Adónis musculado deambulando pela praia")», in BENIZETE RAMOS DE MEDEIROS (coord.), *O mundo do trabalho em movimento e as recentes alterações legislativas: um olhar luso-brasileiro*, JUTRA, LTr, São Paulo, 2018.

doutrina tem sublinhado que o objeto deste contrato sempre apresentará uma relativa indeterminação, cabendo ao empregador, no exercício dos respetivos poderes, precisar e especificar a atividade a prestar pelo trabalhador, o local exato onde ela deverá ser prestada, quando é que ela será prestada, etc. É verdade. Mas não o é menos que, de alguma maneira, o objeto deste contrato sempre haverá de resultar predeterminado. O *trabalhador não se pode obrigar a fazer tudo aquilo que o empregador entenda, onde e quando quer que o empregador pretenda*. Com efeito, o contrato de trabalho sempre terá de delimitar, de algum modo, a situação de heterodisponibilidade em que o trabalhador se coloca por força da celebração do mesmo. Assim, tanto no plano funcional como no plano espacial impõe-se uma, ainda que relativa, predeterminação do objeto do contrato, vale dizer, impõe-se balizar a situação de subordinação em que o trabalhador se encontra – sob pena, aliás, de este se ver colocado numa situação praticamente servil e atentatória da sua dignidade.

Tradicionalmente, a fixação de uma dada categoria profissional serve (*rectius*: servia) para identificar, no plano funcional, a prestação devida pelo trabalhador. A este propósito, veja-se o art. 115º, nº 1, do CT, segundo o qual «cabe às partes determinar por acordo a atividade para que o trabalhador é contratado», definição esta que poderá ser feita por remissão para categoria constante de instrumento de regulamentação coletiva ou de regulamento interno (nº 2). E também o local de trabalho deverá ser contratualmente definido pelos sujeitos, conforme resulta do art. 193º, nº 1, do mesmo diploma. Trata-se, aliás, de dois aspetos da maior relevância para os sujeitos contratuais (o tipo de funções a prestar pelo trabalhador e o local onde este poderá ser chamado a prestá-las), em que os «ventos flexibilizadores» se têm feito sentir com bastante intensidade, aos quais será dedicada a devida atenção *infra*, nos §§ 15 e 16.

ii) Os restantes requisitos do objeto negocial impostos pelo art. 280º do CCivil devem, igualmente, ser preenchidos pelo contrato de trabalho. Por vezes, a questão coloca-se ao nível da licitude do objeto contratual, bem como da eventual *ofensa aos bons costumes* em que, por definição, incorreriam certos contratos de trabalho. Pense-se, para dar um exemplo atual e polémico, em tudo o que diz respeito ao chamado *trabalho sexual*, designadamente no fenómeno da

CONTRATO DE TRABALHO

prostituição. Poderá o exercício desta atividade ser objeto de um válido contrato de trabalho? Alguns dirão, quiçá horrorizados, que não. Mas é sabido que, na Alemanha, uma lei relativamente recente[129] veio admitir a válida celebração desta nova espécie de contrato de trabalho (o que poderíamos designar por «contrato de trabalho prostitucional»). Na verdade, guiada pelo fundamental desígnio de melhorar a situação sócio-jurídica em que se encontram as/os prostitutas/os na Alemanha e de pôr cobro às inúmeras discriminações de que são alvo, a *Prostitutionsgesetz* veio legalizar plenamente a prostituição (enquanto comércio sexual voluntária e conscientemente realizado entre adultos, concebida como uma profissão quase igual às outras), introduzindo modificações importantes no ordenamento jurídico germânico a vários níveis (designadamente em sede de direito criminal, de direito da segurança social, de direito civil e de direito laboral). Assim, além de descriminalizar certas condutas ligadas à prostituição e de garantir direitos às/aos *sex workers* em matéria de segurança social, a nova lei veio reconhecer expressamente a validade dos contratos celebrados entre a/o prostituta/o e o/a respetivo/a cliente, bem como a possibilidade de a atividade prostitucional ser realizada em regime de trabalho dependente (caso, p. ex., da prostituta que trabalha num bordel ou num clube) ao abrigo de um válido contrato de trabalho. Qualquer destes contratos – quer o contrato civil celebrado entre a prostituta *free-lancer* e o seu cliente, quer o contrato laboral celebrado entre a prostituta e o respetivo empregador – deixou, pois, segundo a lei alemã, de estar sujeito ao disposto no § 138 do BGB (Código Civil germânico) que declara nulos os negócios jurídicos contrários aos «bons costumes».

Em Portugal, *quid juris?* Reconhecerá o nosso ordenamento jurídico a validade de um qualquer «contrato de trabalho prostitucional»? Não. *De jure constituto* a resposta é claramente negativa, e isto por uma tripla ordem de razões:

---

[129] «Gesetz zur Regelung der Rechtsverhältnisse der Prostituierten» *(Prostitutionsgesetz)*, de 20 de dezembro de 2001. Como é sabido, a Alemanha não constitui caso único em matéria de legalização desta atividade.

i) Em primeiro lugar, não existe, entre nós, qualquer normativo específico, análogo à *Prostitutionsgesetz* alemã, no qual se possa arrimar a validade dos contratos que tenham por objeto a prática da prostituição;

ii) Em segundo lugar, e como vimos, o nosso CCivil (aliás na linha do BGB) considera nulo qualquer negócio jurídico que seja «ofensivo dos bons costumes». É certo que este é um conceito indeterminado, o qual, como bem nota MENEZES CORDEIRO, «não faculta uma imediata apreensão quanto ao seu conteúdo normativo», reclamando do intérprete-aplicador «um particular esforço de cautela e de precisão»[130]. É igualmente certo que, como observa CARLOS MOTA PINTO, ao exigir o respeito pelos bons costumes «não se faz apelo a uma ética ideal, de caráter eterno», pois tais bons costumes «são uma noção variável, com os tempos e os lugares»[131]. Tradicionalmente, porém, os bons costumes envolvem códigos de conduta sexual, considerando-se inadmissíveis negócios jurídicos que tenham por objeto prestações sexuais a troco de remuneração («comércio de favores sexuais»)[132];

iii) Hic et nunc, a nossa legislação penal esclarece quaisquer dúvidas quanto a este ponto. Com efeito, o art. 169º, nº 1, do Código Penal tipifica o crime de lenocínio da seguinte forma: «Quem, profissionalmente ou com intenção lucrativa, fomentar, favorecer ou facilitar o exercício por outra pessoa de prostituição é punido com pena de prisão de 6 meses a 5 anos». Destarte, o nascimento de uma relação laboral lícita tendo por objeto o exercício da prostituição encontra-se liminarmente excluído, visto que o respetivo empregador, ao fomentar, favorecer ou facilitar a atividade prostitucional, cometeria, por definição, um crime de lenocínio. Esta proibição penal impõe, pois, que as relações de trabalho assalariado que aqui eventualmente se desenvolvam sejam organizadas na ilegalidade.

---

[130] *Tratado de Direito Civil Português,* I, Parte Geral, cit., p. 498.

[131] *Teoria Geral do Direito Civil,* cit., pp. 558-559.

[132] Para maiores desenvolvimentos, *vd.,* por todos, MENEZES CORDEIRO, *Tratado de Direito Civil,* cit., pp. 497-507. Observa, com inteira razão, HEINRICH HÖRSTER, que «pode ser compatível com os bons costumes reinantes num determinado lugar um comportamento que noutro lugar ainda não o é», sendo certo que «existe atualmente uma tendência no sentido de "desmoralizar" o conceito dos bons costumes» (*A Parte Geral do Código Civil Português,* Almedina, Coimbra, 2000, p. 524).

CONTRATO DE TRABALHO

Em jeito de conclusão, dir-se-ia que os termos do relacionamento entre o fenómeno da prostituição e o ordenamento jurídico nacional merecem, porventura, ser repensados. Por um lado, o crime de lenocínio, tal como se encontra modelado no art. 169º, nº 1, do Código Penal, parece ser um «crime sem vítima», que, julga-se, deveria ser descriminalizado. Por outro lado, no séc. XXI, numa sociedade laica, liberal e plural como a nossa, a contrariedade aos bons costumes de determinados negócios jurídicos relacionados com o sexo não pode, a meu ver, ser aferida por padrões morais idênticos aos que vigoravam muitas décadas atrás (o BGB remonta a 1896, o nosso CCivil é anterior à Revolução de Abril). Será decerto excessivo sustentar, como alguns sustentam, que a prostituição é «moralmente neutra». Mas também não podemos ignorar que o próprio Tribunal de Justiça das Comunidades já veio afirmar, sem tergiversações, que a prostituição constitui uma prestação de serviços remunerada, a qual, para efeito dos Tratados da União Europeia, pode ser abrangida pelo conceito comunitário de «atividades económicas» [133]. Ora, se a prostituição pode constituir, para o direito comunitário, uma atividade económica lícita (e, como tal, as/os prostitutas/os gozam do direito de livre estabelecimento e prestação de serviços na União), é caso para perguntar: não estaremos nós a caminho de testemunhar, inclusive em Portugal, o nascimento de um novo tipo de contrato de trabalho, ajustado para o exercício daquela que, diz-se, é a mais velha profissão do mundo – o *contrato de trabalho prostitucional*?

---

[133] Acórdão do TJUE de 20 de Novembro de 2001 (proc. C-268/99), *Colectânea* 2001-11 (A), pp. I-8657 e ss.

§ 9º
Processo de formação do contrato

9.1. A promessa de contrato de trabalho

No processo genético do contrato de trabalho encontra-se, por vezes, um outro contrato: um contrato-promessa, «convenção pela qual alguém se obriga a celebrar certo contrato», como se lê no art. 410º, nº 1, do CCivil. E pode dizer-se que este contrato-promessa é um negócio jurídico bem conhecido pelo nosso ordenamento, quer civil (o CCivil disciplina-o nos seus arts. 410º a 413º), quer laboral (o CT não esquece a promessa de contrato de trabalho, regulando-a no seu art. 103º).

Mais do que um simples «pré-contrato» (designação pela qual é também conhecida, mas que se mostra uma expressão um tanto enganadora, por sugerir que se trataria de um mero preliminar ou preparativo do contrato), esta promessa de contrato constitui já, em si mesma, um verdadeiro negócio jurídico, um «contrato-promessa de contratar», na fórmula de ANTUNES VARELA[134]. O contrato-promessa tem por objeto, pois, a celebração futura de um outro contrato, o contrato prometido (no nosso caso, o contrato de trabalho), consistindo a prestação devida em virtude daquele na emissão de uma declaração de vontade destinada a realizar este último.

Como se disse, a promessa de contrato de trabalho encontra-se expressamente prevista no CT, cujo art. 103º, nº 1, prescreve que a promessa de contrato de trabalho está sujeita a forma escrita e deve conter, entre outras indicações, a «declaração, em termos inequívocos, da vontade de o promi-

---

[134] *Das Obrigações em Geral*, vol. I, 10ª ed., Almedina, Coimbra, 2000, p. 308.

CONTRATO DE TRABALHO

tente ou promitentes se obrigarem a celebrar o referido contrato» (al. *b*)), bem como a «atividade a prestar e correspondente retribuição» (al. *c*))[135].

Como contrato que é, o contrato-promessa é um negócio jurídico bilateral, pressupondo o consenso de duas declarações de vontade contrapostas (proposta-aceitação). Porém, do contrato-promessa tanto poderão resultar obrigações para ambas, como para apenas uma das partes, caso em que estaremos perante uma promessa unilateral, prevista no art. 411º do CCivil. Esta última hipótese é, aliás, claramente admitida pelo art. 103º, nº 1, do CT, ao aludir à assunção da obrigação pelo *promitente ou promitentes*, pelo que bem poderá dar-se o caso de o contrato-promessa vincular apenas uma das partes à celebração do contrato de trabalho.

Verificando-se o não cumprimento da promessa, aplicar-se-á o regime previsto nos nºs 2 e 3 do art. 103º do CT. Atendendo à natureza pessoal da obrigação assumida (pelo trabalhador, que "arrisca a pele", não tanto pelo empregador...), o nº 3 declara inaplicável à promessa de contrato de trabalho o disposto no art. 830º do CCivil, isto é, a possibilidade de execução específica da promessa através de sentença que produza os efeitos da declaração negocial do faltoso. É certo que o contrato-promessa tem por objeto um facto jurídico – a celebração do contrato prometido, *in casu*, do contrato de trabalho –, o que não levantaria especiais dificuldades em matéria de execução específica. Mas as obrigações emergentes do contrato de trabalho prometido, essas sim, seriam, por sua natureza, insuscetíveis de execução forçada (*one can bring a horse to the water, but nobody can make him drink...*), pelo que a insuscetibilidade de execução específica do contrato prometido acaba por se comunicar ao contrato-promessa.

O nº 2 do art. 103º determina, por sua vez, que o não cumprimento da promessa dá lugar a responsabilidade nos termos gerais de direito, remetendo para as regras sobre o incumprimento da prestação e a obrigação de indemnização, aqui assumindo particular relevo a possibilidade de constituição de *sinal*, de acordo com o art. 442º do CCivil. Se tal se verificar, sendo o incumprimento imputável à parte que prestou o sinal, a sanção consistirá na perda deste; sendo o não cumprimento imputável ao outro contraente, haverá lugar à sua restituição em dobro (*vd.* o nº 2 do art. 442º).

---

[135] Importa não confundir a promessa de contrato de trabalho com a celebração de um contrato de trabalho ao qual é aposta uma cláusula suspensiva de termo ou condição. Recorde-se, aliás, que a possibilidade de ao contrato de trabalho ser aposta uma cláusula acessória de tipo suspensivo (condição ou termo suspensivo) se encontra prevista no art. 135º do CT.

PROCESSO DE FORMAÇÃO DO CONTRATO

Segundo o mesmo artigo, e na ausência de estipulação em contrário, não há lugar a qualquer outra indemnização pelo não cumprimento do contrato, nos casos de perda do sinal ou de pagamento do dobro deste (n.º 4).

9.2. Princípio da liberdade e princípio da igualdade no acesso ao emprego

A celebração do contrato de trabalho obedece a dois princípios basilares: o *princípio da liberdade contratual*, expressão da autonomia privada dos sujeitos (art. 405.º do CCivil), e o *princípio da igualdade no acesso ao emprego*, que veda práticas discriminatórias neste domínio (art. 58.º, n.º 1, al. *b)*, da CRP). Com efeito, as partes poderão escolher livremente se e com quem querem celebrar o contrato de trabalho (liberdade de escolha do parceiro contratual), mas os critérios de seleção do empregador, nos processos de contratação de pessoal, não deverão basear-se em fatores discriminatórios, *maxime* os previstos no art. 24.º, n.º 1, do CT (ascendência, idade, sexo, orientação sexual, identidade de género, estado civil, situação familiar, situação económica, instrução, origem ou condição social, património genético, capacidade de trabalho reduzida, deficiência, doença crónica, nacionalidade, origem étnica ou raça, território de origem, língua, religião, convicções políticas ou ideológicas e filiação sindical).

Embora o n.º 1 do art. 25.º afirme que o empregador não pode praticar qualquer discriminação, direta ou indireta[136], em razão dos fatores referidos no n.º 1 do artigo anterior, o n.º 2 não deixa de esclarecer, prudentemente, que «não constitui discriminação o comportamento baseado em fator de discriminação que constitua um requisito justificável e determinante para o exercício da atividade profissional, em virtude da natureza da atividade em causa ou do contexto da sua execução, devendo o objetivo ser legítimo e o requisito proporcional» (pense-se, p. ex., no sexo ou na cor da pele, que podem relevar quando se pretende contratar um modelo ou um ator, ou no domínio de uma certa língua, imprescindível para o exercício de algumas profissões). Acrescente-se, de resto, que a lei revela abertura para algumas

---

[136] Sobre os conceitos de discriminação direta e indireta, *vd.* o disposto nas als. *a)* e *b)* do n.º 1 do art. 23.º do CT. Para maiores desenvolvimentos sobre a matéria, TERESA COELHO MOREIRA, *Igualdade e Não Discriminação – Estudos de Direito do Trabalho*, Almedina, Coimbra, 2013, e BRUNO MESTRE, «Sobre o conceito de discriminação – uma perpetiva contextual e comparada», *Estudos dedicados ao Professor Doutor Bernardo da Gama Lobo Xavier*, cit., vol. I, pp. 377-410.

CONTRATO DE TRABALHO

diferenças de tratamento baseadas na idade «que sejam necessárias e apropriadas à realização de um objetivo legítimo, designadamente de política de emprego, mercado de trabalho ou formação profissional» (nº 3 do art. 25º), matéria esta muito sensível, pela crescente tendência para a discriminação dos (candidatos a) trabalhadores seniores. Talvez por isso, o nº 4 do art. 25º determina que as disposições legais ou de IRCT que estabeleçam tais diferenciações «devem ser avaliadas periodicamente e revistas se deixarem de se justificar».

É sabido que o princípio da igualdade e o mandato antidiscriminatório, tendo conteúdos próximos, complementam-se, mas não se confundem. Na certeira síntese de JORGE LEITE, «com o *princípio da igualdade* pretende-se que seja tratado de modo igual o que é igual e de modo diferente o que é desigual na proporção da respetiva diferença. Já, porém, com o *princípio da não discriminação* o que se pretende é que se trate de modo igual o que é diferente, por se entender que a diferença é totalmente irrelevante para os efeitos tidos em conta»[137]. Ora, no plano das relações laborais, a discriminação em razão da idade tanto poderá fazer-se sentir em relação aos mais jovens como em relação aos mais idosos. Na prática, porém, o principal motivo de preocupação prende-se com a condição destes últimos. Com efeito, cada vez mais o mercado de trabalho, altamente dinâmico e extremamente competitivo, se vai assemelhando a um *no country for old men*: a partir de uma certa idade, as dificuldades em aceder ao emprego revelam-se quase insuperáveis e a perda do emprego assume, também por isso, foros de grande dramatismo, sendo certo que as entidades empregadoras tendem, não raro, a fazer uma certa pressão sobre os trabalhadores de idades mais avançadas no sentido de pôr termo ao vínculo contratual (ameaça de despedimento, convite à revogação do contrato por mútuo acordo, etc.). Neste quadro, a experiência profissional e o *savoir-faire* tendem a ser cada

---

[137] «O princípio da igualdade salarial entre homens e mulheres no direito português», *Compilação de elementos para uma consulta especializada sobre igualdade de remuneração entre mulheres e homens*, CITE, Estudos, nº 3, 2004, p. 71. Assim é que, por exemplo, a diferença entre candidatos a emprego fumadores e candidatos não fumadores deve ser tida como irrelevante para efeitos de contratação laboral – neste sentido, lê-se na nova lei do tabaco (Lei nº 63/2017, de 3/8, que alterou a Lei nº 37/2007, de 14/8) que «é proibida qualquer discriminação dos fumadores no âmbito das relações laborais, designadamente no que se refere à seleção e admissão, à cessação da relação laboral, ao salário ou a outros direitos e regalias» (art. 5º, nº 12).

vez menos valorizados, em detrimento da frescura, da criatividade e da disponibilidade quase ilimitada para o trabalho.

Pelo exposto, há que reconhecer que entre os princípios da liberdade contratual e da não discriminação se estabelece, por vezes, uma relação de forte tensão, pois a *liberdade de contratar* tem de se compatibilizar com a *proibição de discriminar*. E isto, sobretudo, quando as empresas obedecem a uma outra lei superior, a "lei do mercado": é que, nos nossos dias, a lei do mercado parece ditar emprego precário para os jovens e dificuldade extrema de obter emprego para os trabalhadores mais velhos. É certo que, desde sempre, o papel do Direito do Trabalho tem consistido em colocar limites ao livre jogo do mercado, em estabelecer as regras a que este deve obedecer (como alguém disse, o mercado não pode ser livre senão dentro das margens legais). Mas também é inegável que as práticas discriminatórias em razão da idade são muito difíceis de combater, sobretudo numa sociedade como a portuguesa – uma sociedade cada vez mais idosa, mas, talvez por isso mesmo, crescentemente marcada pelo fascínio da eterna juventude, em que predomina uma certa «adolescentocracia» e em que as ideias estereotipadas e os preconceitos em relação aos menos jovens (o chamado «idadismo») assentaram arraiais.

9.3. Fase pré-contratual e «direito à mentira»

«Quem negoceia com outrem para a conclusão de um contrato de trabalho deve, tanto nos preliminares como na formação dele, proceder segundo as regras da boa fé, sob pena de responder pelos danos culposamente causados», lê-se no art. 102º do CT. Ainda que esta disposição legal se limite a mimetizar (desnecessariamente?) o art. 227º do CCivil, o certo é que, em sede laboral, a *fase pré-contratual* assume uma delicadeza muito particular, em virtude da disparidade de poder entre os sujeitos e da posição de extrema vulnerabilidade em que, normalmente, o candidato a trabalhador se encontra (disposto a quase tudo na mira de obter o emprego, bem escasso). A prática mostra que as discriminações ocorrem, amiúde, na fase pré-contratual, tornando-se necessário proteger a pessoa do candidato ao emprego e, concomitantemente, salvaguardar a sua posição negocial. Certo, o (candidato a) trabalhador «deve informar o empregador sobre aspetos relevantes para a prestação da atividade laboral» (nº 2 do art. 106º do CT). Mas, do mesmo passo, e em princípio, o empregador não poderá exigir a candidato a emprego que preste informações relativas à sua vida privada, à sua saúde

CONTRATO DE TRABALHO

ou ao seu eventual estado de gravidez (art. 17º, nº 1). Daí que o empregador não possa, no decurso de uma entrevista de seleção ou em questionários escritos, colocar questões ao candidato que incidam, p. ex., na sua vida afetiva ou na sua orientação sexual, nas suas convicções políticas, ideológicas ou religiosas, nas suas preferências sindicais, na sua paixão clubista, na sua (atual ou desejada) gravidez, etc.[138]

O empregador não pode – isto é, não deve – colocar este tipo de questões. Mas a pergunta é: e se o fizer? E se o empregador violar estas proibições, inquirindo o candidato sobre aspetos que pertencem à esfera de privacidade deste? *Quid juris?* Dir-se-ia: o trabalhador pode contestar a questão e/ou recusar-se, legitimamente, a responder. Nestes casos, o trabalhador pode calar, tem *direito ao silêncio*. Seguramente assim é. Mas será que não deveremos ir mais longe? Em nome da preservação da reserva da vida privada e da prevenção de práticas discriminatórias, não deveremos reconhecer ao candidato a emprego um *direito à mentira*, se e quando for confrontado com semelhantes questões ilegítimas?

A meu ver, a resposta não pode deixar de ser afirmativa. Com efeito, só por uma indesculpável ingenuidade se ignorará que o silêncio, nestes casos, comprometerá irremediavelmente as hipóteses de emprego do candidato. O *empregador pergunta, o candidato cala, o emprego esfuma-se...* Julga-se, pois, que, neste tipo de casos, o único meio suscetível de preservar a possibilidade de acesso ao emprego e de prevenir práticas discriminatórias consiste em o trabalhador não se calar, antes dando ao empregador a resposta que ache que este pretende ouvir (e assim, eventualmente, mentindo). Prática contrária à boa fé? Comportamento doloso do candidato? Penso que não. A boa fé não manda responder com verdade a quem coloca questões ilegítimas e impertinentes. E o dolo na negociação não relevará em sede anulató-

---

[138] Ganha crescente relevo, neste âmbito, o problema dos dados colhidos através da *internet* e das redes sociais, redes nas quais, amiúde, a pessoa se expõe (dir-se-ia: a pessoa se desnuda) perante os outros, dados a que as empresas não deixam de aceder aquando da contratação (a chamada *googalização* dos candidatos), podendo excluir liminarmente certos candidatos por motivos discriminatórios, mas dificilmente comprováveis (através da rede, a empresa descobre que a candidata engravidou, que o candidato é militante do partido X, que professa a religião Y ou é ateu, que é adepto do clube Z, que os seus livros, filmes e músicos preferidos não coincidem rigorosamente nada com os da potencial entidade empregadora, etc.). Sobre estas novas questões, por todos, TERESA COELHO MOREIRA, «*To be or not to be* digital: o controlo das redes sociais *online* dos candidatos no processo de recrutamento», *Para Jorge Leite – Escritos Jurídico-Laborais*, cit., pp. 625-645.

PROCESSO DE FORMAÇÃO DO CONTRATO

ria, pois incide sobre aspetos que o próprio ordenamento jurídico considera não poderem relevar na decisão de contratar ou não[139].

Como é óbvio, este «direito à mentira» só existirá em face de questões ilícitas. Se o candidato a trabalhador não responder com verdade a perguntas legítimas e pertinentes, sujeitar-se-á às devidas consequências, desde a eventual responsabilidade civil pré-contratual à possível anulação do contrato celebrado, nos termos gerais.

---

[139] Para maiores desenvolvimentos sobre este «direito à mentira», *vd.* as interessantes reflexões de SARA COSTA APOSTOLIDES, *Do dever pré-contratual de informação e da sua aplicabilidade na formação do contrato de trabalho*, Almedina, Coimbra, 2008, pp. 255-261. Divergimos, porém, num ponto. Escreve a Autora: «É importante sublinhar este aspeto: *a admissibilidade de respostas falsas só é defensável no âmbito do processo de formação do contrato de trabalho e não no decurso da relação laboral.* Isto por uma razão muito simples: é que o risco de ser afastado, de uma forma ilegítima e discriminatória, do processo de seleção já não se coloca no momento posterior ao da celebração do contrato. Se durante a execução do contrato de trabalho o empregador colocar ao trabalhador perguntas ilícitas este pode, como forma de garantir a reserva da sua vida privada, recusar-se a responder, o que constituirá uma desobediência legítima (...) que, portanto, não gerará qualquer espécie de sanção disciplinar. Neste caso, o trabalhador pode recusar-se a responder mas não pode mentir» (p. 257, n. 687).

Julgo, ao contrário, que também durante a execução do contrato o trabalhador terá o direito de mentir, se for confrontado com questões ilícitas e intrusivas. É que, recusando-se a responder, o trabalhador desobedece. Legitimamente? Sim. Mas, ainda assim, desobedece à sua entidade empregadora, titular de diversos e amplos poderes no âmbito desta relação (poder diretivo, poder disciplinar). O trabalhador não pode ser disciplinarmente punido? Não deve sê-lo, mas... E, ao longo da relação laboral, decerto não faltarão ocasiões nem escassearão formas de prejudicar aquele trabalhador silente, que o empregador tenderá a considerar insolente (promoções, transferências, gratificações, tolerâncias, etc.)... Parece-me, por isso, que a tutela da posição negocial do trabalhador face ao empregador reclama que aquele possa mentir, licitamente, quando confrontado com questões ilegítimas daquele jaez.

§ 10º
Formalismo negocial: o princípio
da consensualidade e as suas exceções

«O contrato de trabalho não depende da observância de forma especial, salvo quando a lei determina o contrário» (art. 110º do CT). Confirmando a regra estabelecida para os negócios jurídicos em geral (art. 219º do CCivil), também no domínio do contrato de trabalho vigora, pois, o *princípio da liberdade de forma*. Este não é, por isso, um negócio solene, antes bastando, para que seja validamente constituído, o encontro de vontades entre os respetivos sujeitos, vontades que se ajustam «na sua comum pretensão de produzir resultado jurídico unitário, embora com um significado para cada parte» [140]. As declarações de vontade constitutivas do contrato de trabalho não carecem, pois, de ser reduzidas a escrito, pelo que as expressões, aliás recorrentes, segundo as quais determinado trabalhador labora, há muito, em certa empresa, «mas não tem contrato», são manifestamente erróneas, confundindo o negócio jurídico com o documento que o titula. Na fórmula célebre de ANTOINE LOYSEL, que remonta já ao séc. XVI, «ligam-se os bois pelos cornos e os homens pelas palavras»!

Repete-se: o contrato forma-se mediante o encontro das vontades convergentes de ambos os sujeitos, mas as respetivas declarações negociais não dependem, em princípio, da observância de forma especial. Mas isto, é claro, apenas significa que as partes não estão obrigadas a documentar o negócio, nada as impedindo de, voluntariamente, reduzirem o contrato a escrito.

---

[140] CARLOS MOTA PINTO, *Teoria Geral do Direito Civil*, cit., p. 385.

CONTRATO DE TRABALHO

Uma coisa é, na verdade, a forma legal, outra a forma voluntária, sendo bem conhecidas as vantagens da formalização dos contratos, seja por permitir uma maior ponderação das partes, seja por redundar numa formulação mais precisa da vontade dos sujeitos, facilitando a respetiva prova.

De todo o modo, se a regra geral é, neste campo, a da consensualidade, o certo é que existem numerosas situações em que a lei do trabalho se afasta da regra, sujeitando as declarações negociais a forma escrita. A leitura do CT mostra-se, a este respeito, elucidativa, abarcando figuras como o contrato a termo (art. 141º), o trabalho a tempo parcial (art. 153º), o contrato de trabalho intermitente (art. 158º), a comissão de serviço (art. 162º), o contrato para prestação subordinada de teletrabalho (art. 166º), o contrato de trabalho temporário (art. 181º) e o contrato de trabalho por tempo indeterminado para cedência temporária (art. 183º), o contrato com pluralidade de empregadores (art. 101º), etc.

Pergunta-se: quando a lei exige forma escrita para determinado contrato de trabalho, será que a inobservância daquela implica, em princípio, a nulidade do contrato, na linha do disposto no art. 220º do CCivil? Resposta: não, nem sempre. Com efeito, boa parte das situações em que a lei do trabalho exige a redução a escrito das declarações negociais reconduz-se às chamadas «relações laborais atípicas», que fogem ao paradigma clássico da relação laboral. Destarte, compreende-se que, não raro, a inobservância da forma escrita determine a recondução do contrato ao modelo *standard*: assim, o contrato a termo não reduzido a escrito considera-se sem termo, não se considera sujeito ao regime de comissão de serviço o acordo não escrito, o contrato a tempo parcial não formalizado considera-se celebrado a tempo completo, assim como o contrato intermitente se considera celebrado sem período de inatividade, etc. Casos há, é certo, em que a inobservância da forma escrita determina a invalidade do contrato de trabalho (pense-se, p. ex., no caso dos praticantes desportivos profissionais)[141], mas bem se poderá dizer que a regra, no campo laboral, é outra: recondução da figura em causa à relação de trabalho paradigmática.

Em suma, seja quanto aos requisitos formais estabelecidos, seja quanto à inobservância da forma legal, o Direito do Trabalho procura dar expressão

---

[141] *Vd.* o art. 6º da Lei nº 54/2017. O contrato de trabalho doméstico, pelo contrário, não está sujeito a forma especial (art. 3º do DL nº 235/92). Quanto ao contrato de trabalho dos profissionais de espetáculos, *vd.* o art. 10º da Lei nº 4/2008, na redação da Lei nº 28/2011.

a um certo *princípio de proteção do trabalhador* nestas matérias: por um lado, porque, ao consagrar a regra da consensualidade, a lei facilita a válida constituição de relações laborais; por outro lado, porque, em regra, a inobservância da forma requerida para certas declarações negociais não implica a invalidade do contrato, mas sim a consideração deste como um contrato de trabalho *standard*. Nos dois casos, pois, é da proteção do trabalhador (do trabalhador que «não tem contrato» ou tem um qualquer «contrato atípico») que, em grande medida, se cuida[142].

Registe-se ainda que, em ordem a suprir as naturais «insuficiências informativas» decorrentes da consagração do princípio da liberdade de forma, o CT obriga o empregador a prestar ao trabalhador, por escrito, um conjunto de informações relativas ao contrato de trabalho, nos 60 dias subsequentes ao início da execução do contrato (arts. 106º e 107º). Mas é claro que a violação patronal deste dever de informação não se repercute na validade do contrato, consistindo numa mera contra-ordenação laboral.

---

[142] Note-se que, nos termos do art. 26º do DL nº 7/2004, de 7-1, as declarações emitidas por via eletrónica satisfazem a exigência legal de forma escrita, quando contidas em suporte que ofereça as mesmas garantias de fidedignidade, inteligibilidade e conservação.

§ 11º
A invalidade do contrato de trabalho

Como qualquer outro negócio jurídico, também o contrato de trabalho poderá padecer de invalidade, total ou parcial. Poder-se-ia pensar que, neste ponto, o regime geral das invalidades negociais, constante do CCivil, seria plenamente aplicável em sede jurídico-laboral. A verdade, porém, é que a lei do trabalho dedica particular atenção a esta matéria, nos arts. 121º a 125º do CT. E a leitura destas normas revela-nos que, também aqui, o contrato de trabalho apresenta especificidades regimentais de relevo. Vamos analisar aquelas que, a meu ver, se mostram mais significativas, seja no tocante à invalidade parcial, seja no atinente à invalidade total.

11.1. Invalidade parcial

As situações de invalidade parcial do contrato surgem com bastante frequência no campo juslaboral[143]. Com efeito, tendo em conta a espessa malha normativa constituída pelas regras jurídico-laborais (desde logo, a lei e as convenções coletivas de trabalho), não espanta que, amiúde, se coloque o problema da invalidade parcial. Figure-se um contrato de trabalho, integrado por diversas cláusulas estipuladas pelos respetivos sujeitos, que apresenta uma cláusula cujo conteúdo é desconforme com a CRP (p. ex., cláusula em que o trabalhador renuncia ao direito de se sindicalizar), com a lei (pense-se, por hipótese, na estipulação de um período normal de trabalho

---

[143] Sobre o tema, desenvolvidamente, JOANA NUNES VICENTE, *A Invalidade Parcial do Contrato de Trabalho*, Gestlegal, Coimbra, 2017.

CONTRATO DE TRABALHO

semanal superior ao máximo legal) ou com a convenção coletiva aplicável (suponhamos que o salário acordado é inferior ao previsto na correspondente tabela salarial). Ora aqui temos outras tantas situações de invalidade parcial, suscitando-se a clássica questão: será que esta invalidade parcial vai alastrar a todo o contrato? Será que uma cláusula viciada redundará na inutilização do todo contratual? Ou deveremos proceder à redução do negócio jurídico, salvando o contrato e amputando-o da parte viciada? Que efeitos produz, afinal, a invalidade parcial do contrato de trabalho?

O critério geral de resolução das questões de invalidade parcial, consagrado no CCivil, assenta no recurso à chamada *vontade hipotética ou conjetural das partes*. Lê-se, com efeito, no art. 292º do CCivil: «A nulidade ou anulação parcial não determina a invalidade de todo o negócio, salvo quando se mostre que este não teria sido concluído sem a parte viciada». Ou seja, tudo depende da indagação de qual teria sido a vontade das partes se soubessem que o negócio continha uma parte viciada: teriam elas, ainda assim, celebrado o contrato sem a parte viciada? Ou para elas (para ambas ou para apenas uma delas) a parte viciada constituía um elemento determinante da decisão de contratar, em termos tais que, sem essa parte, o contrato não teria sido concluído? Na primeira hipótese, procede-se à redução do negócio jurídico. Na segunda, a invalidade parcial redundará na invalidade total do contrato, com a parte viciada a alastrar e a contaminar todo o negócio.

Pergunta-se: valerá este critério da vontade hipotética ou conjetural das partes em sede juslaboral? O CT responde a esta questão no art. 121º, parecendo dar-lhe uma resposta afirmativa no seu nº 1, mas acabando por se afastar do referido critério no seu nº 2 – aquela que, afinal, é a norma mais importante deste preceito legal. Vejamos.

No nº 1 do art. 121º, o CT estabelece que «a nulidade ou a anulação parcial não determina a invalidade de todo o contrato de trabalho, salvo quando se mostre que este não teria sido celebrado sem a parte viciada». Dir-se-ia, pois, que o legislador do trabalho teria ratificado o critério acolhido no art. 292º do CCivil. Porém, basta pensar nos exemplos que acima indiquei para concluir que, se assim fosse, algo não estaria bem. É que, porventura, o empregador só aceitou contratar aquele trabalhador porque ele renunciou à sindicalização; ou porque ele aceitou trabalhar 50 horas por semana; ou porque ele aceitou uma retribuição inferior à fixada na convenção coletiva... Em todas estas hipóteses, caso fosse aplicável o critério da «vontade hipotética ou conjetural das partes», a parte viciada revelava-se

A INVALIDADE DO CONTRATO DE TRABALHO

um elemento imprescindível à contratação – e, logo, a nulidade parcial conduziria à nulidade total do contrato de trabalho (o mesmo é dizer: o trabalhador perderia o seu emprego). Ora, pode dizer-se que um tal desfecho contrariaria toda a lógica enformadora do Direito do Trabalho, sacrificando o vínculo contratual em homenagem a uma vontade hipotética do empregador que não merece qualquer tutela.

Daí que o n.º 2 do art. 121.º do CT tenha vindo acrescentar: «A cláusula de contrato de trabalho que viole norma imperativa considera-se substituída por esta». Ou seja, quando a invalidade parcial resultar do facto de haver cláusulas contratuais (uma ou várias) que violam normas imperativas (constitucionais, legais ou convencionais), a lei prescinde do recurso à vontade hipotética ou conjetural das partes, optando antes por aplicar uma técnica de *substituição automática das cláusulas inválidas pelas normas invalidantes*. Assim, eliminam-se as cláusulas viciadas e estas são substituídas pelas normas que estavam a ser violadas: a norma constitucional que garante a liberdade sindical, a norma legal que estabelece o período semanal de trabalho máximo nas 40 horas, a norma convencional que fixa o montante salarial mínimo daquele trabalhador... Procede-se, pois, àquilo que Carlos Mota Pinto designa por «redução teleológica» [144] do contrato, sem permitir que a invalidade parcial do mesmo desemboque na respetiva invalidade total.

11.2. Invalidade total

E no tocante à invalidade total do contrato de trabalho? Haverá, também aqui, particularidades regimentais, face às soluções vertidas no CCivil? A resposta é afirmativa. Na verdade, é sabido que, em princípio, tanto a declaração de nulidade como a anulação de um negócio jurídico têm efeito retroativo, *ex tunc*, «devendo ser restituído tudo o que tiver sido prestado ou, se a restituição em espécie não for possível, o valor correspondente» (art. 289.º, n.º 1, do CCivil).

---

[144] Escreve o Autor: «Quando a invalidade parcial resultar da infração de uma norma destinada a proteger uma parte contra a outra, haverá redução, mesmo que haja vontade, hipotética ou real, em contrário. Trata-se de uma *redução teleológica*, no sentido de ser determinada pela necessidade de alcançar plenamente as finalidades visadas pela norma imperativa infringida (pois tal finalidade frustrar-se-ia com a procedência da alegação de que nunca se teria celebrado o negócio sem que essa norma, destinada a proteger a outra parte, tivesse sido violada)» – *Teoria Geral do Direito Civil*, cit., p. 636.

CONTRATO DE TRABALHO

Ora, no terreno juslaboral as coisas passam-se de modo algo distinto, pois o art. 122º, nº 1, do CT determina que «o contrato de trabalho declarado nulo ou anulado produz efeitos como válido em relação ao tempo em que seja executado». Vale dizer, *a lei laboral acolhe um princípio de irretroatividade da invalidade contratual, esta funciona somente para futuro*, ex nunc, *deixando incólumes os efeitos que o contrato executado tenha entretanto produzido.* Pense-se, p. ex., no contrato inválido por falta de capacidade das partes. Ou no contrato inválido por falta de observância da forma escrita (nos casos, claro, em que essa inobservância determina a invalidade do contrato de trabalho). Em qualquer destas hipóteses, o contrato será tratado *como se fosse válido* durante o período em que for executado, solução que se estriba em considerações de ordem pragmática (*rectius*, na impraticabilidade da solução oposta, a repetição das prestações efetuadas), mas também na necessidade de tutelar a posição do trabalhador e no próprio caráter duradouro e de execução sucessiva deste contrato.

À luz da solução *ex nunc* vertida no supracitado art. 122º, nº 1, do CT, outras normas constantes da mesma secção deste diploma ganham sentido: o nº 2 do art. 122º (regime dos atos modificativos inválidos), o art. 123º (regime dos factos extintivos ocorridos antes da declaração de invalidade ou anulação do contrato) e o art. 125º, nº 1 (convalidação do contrato, desde o início, na hipótese de cessar a causa de invalidade durante a execução do mesmo). Significa isto, quanto a este último ponto, que se a invalidade do contrato de trabalho executado não produz efeitos retroativos, já a *convalidação* retroage ao momento da celebração do contrato, na hipótese de a causa de invalidade desaparecer no decurso da respetiva execução.

§ 12º
O período experimental

12.1. Regime jurídico

O período experimental, ou período de prova, «corresponde ao tempo inicial de execução do contrato de trabalho, durante o qual as partes apreciam o interesse na sua manutenção», conforme dispõe o art. 111º, nº 1, do CT. Trata-se, com efeito, da primeira fase do ciclo vital do contrato, fase em que o vínculo jurídico-laboral revela ainda uma grande fragilidade, apresentando escassa consistência e sendo facilmente dissolúvel por qualquer das partes.

O período de experiência consiste, na verdade, numa figura cautelar, numa «medida de precaução ou de prudência», como escreve JORGE LEITE[145], possibilitando uma certificação mútua: o empregador certifica-se de que o trabalhador possui as aptidões laborais requeridas para o cabal desempenho das funções ajustadas; o trabalhador certifica-se de que as condições (humanas, logísticas, ambientais, etc.) de realização da sua atividade profissional são as esperadas. Compreende-se por isso que, em princípio, durante o período experimental qualquer das partes possa denunciar o contrato sem aviso prévio e sem necessidade de invocação de justa causa, não havendo lugar a qualquer indemnização (art. 114º, nº 1, do CT).

É certo que o nº 2 deste art. 114º obriga o empregador a conceder ao trabalhador um aviso prévio de 7 dias, caso decida denunciar o contrato

---

[145] *Direito do Trabalho*, vol. II, p. 75. Trata-se, segundo refere o Autor, de permitir a certificação *a posteriori* daquilo que não é possível certificar *a priori*. Desenvolvendo este mote, MARIA IRENE GOMES, «*Calcorreando* o período experimental ou período de prova», *Para Jorge Leite – Escritos Jurídico-Laborais*, cit., pp. 349-365.

CONTRATO DE TRABALHO

depois de o período experimental já ter durado mais de 60 dias. E, no caso de tal período já ter durado mais de 120 dias, o aviso prévio deverá ser de 15 dias (n.º 3). A superação desta primeiras fases do período experimental (60 e 120 dias) implica, pois, que o trabalhador, podendo embora ver o contrato terminar sem invocação de justa causa pelo empregador, cria já uma certa expetativa de continuidade do vínculo, tutelada através da exigência de concessão do referido aviso prévio. Convém notar, em todo o caso, que a inobservância do aviso prévio apenas sujeita o empregador ao pagamento da retribuição correspondente ao período em falta, nos termos do n.º 4 daquele preceito. Aquela expetativa de continuidade não pode, pois, deixar de ser bastante ténue...

Do exposto *supra* já se retira o carácter formalmente *bilateral* da experiência. Com efeito, durante este período não é só o trabalhador que está à experiência. Esta é uma via com dois sentidos: assim, ao «período de experiência do trabalhador pelo patrão» junta-se o «período de experiência do patrão em favor do trabalhador», para usar as clássicas fórmulas de RAÚL VENTURA[146]. Dito isto, é fora de dúvida que, na prática, este instituto aproveita quase em exclusivo ao empregador, visto que apenas este, e não já o trabalhador, é afetado por consideráveis restrições no tocante à sua liberdade de desvinculação contratual, decorrido que seja o período de prova. Deste modo, o período experimental assume-se, basicamente, como um instituto limitador do risco empresarial, assegurando ao empregador a indispensável margem de erro e representando, quiçá, o preço que o ordenamento jurídico terá de pagar a troco da garantia de estabilidade no emprego, surgindo assim em homenagem à parte patronal e como mecanismo destinado à salvaguarda dos seus interesses.

Qual é a *duração* do período experimental? Depende. Tratando-se de um contrato a termo, ele durará 30 ou 15 dias, consoante a duração do contrato atinja ou não os 6 meses (art. 112.º, n.º 2). Tratando-se de um contrato por tempo indeterminado, há que distinguir: 90 dias para a generalidade dos

---

[146] «O período de experiência no contrato de trabalho», *O Direito,* 1961, p. 252. Nessa época, a lei (mais concretamente, a Lei n.º 1952, de 10 de março de 1937) previa o período experimental em termos de funcionar em exclusivo benefício da entidade patronal. Só mais tarde, designadamente com a LCT, se consagrou legalmente a bilateralidade da experiência. E essa bilateralidade formal evidencia-se quando, p. ex., o n.º 2 do art. 111.º do CT prescreve que «no decurso do período experimental, as partes [ambas as partes] devem agir de modo a que possam apreciar o interesse na manutenção do contrato de trabalho.»

O PERÍODO EXPERIMENTAL

trabalhadores; 180 dias para os trabalhadores que exerçam cargos de complexidade técnica, elevado grau de responsabilidade ou que pressuponham uma especial qualificação, bem como para os que desempenhem funções de confiança; 240 dias para trabalhador que exerça cargo de direção ou quadro superior (art. 112º, nº 1). Note-se que estas normas relativas à duração do período experimental apresentam um caráter de imperatividade mínima (são normas relativamente imperativas), visto que as fontes inferiores não podem aumentar a duração daquele período, apenas podendo reduzi-la (art. 112º, nº 5). O que, de resto, revela que o legislador tem perfeita consciência de que, a despeito da sua natureza formalmente bilateral, o período experimental aproveita sobretudo ao empregador, analisando-se num período temporal de acentuada precariedade laboral [147].

Pergunta-se: terão as partes de incluir expressamente o período experimental no conteúdo do contrato, caso desejem institui-lo? Ou terão de o afastar expressamente, caso não o desejem ver aparecer? Dito de outra forma: o período experimental é encarado como um elemento *acidental*, ou como um elemento *natural*, do contrato de trabalho? Nenhuma dúvida quanto a este ponto: à luz do nosso ordenamento jurídico, o período experimental consiste num elemento natural do contrato, não carecendo de ser estipulado para existir, antes carecendo de ser expressamente excluído (por escrito) para não nascer, *ex vi legis*, juntamente com o contrato (art. 111º, nº 3)[148].

O período experimental começa a *contar-se* a partir do início da execução da prestação do trabalhador, não sendo tidos em conta, atenta a *ratio* deste instituto, os dias de faltas, ainda que justificadas, de licença e de dispensa, bem como os períodos de suspensão do contrato (art. 113º, nº 2). Isto, é claro, não obsta a que a antiguidade do trabalhador se conte desde o início do período experimental, naquela sendo incluídos os dias de ausência mencionados no art. 113º (art. 112º, nº 6).

---

[147] O período experimental será reduzido ou excluído, nas hipóteses contempladas pelo nº 4 do art. 112º, dado que em qualquer dessas hipóteses as partes já tiveram oportunidade de se conhecer previamente à celebração do novo contrato.

[148] Salvo no que diz respeito aos contratos em comissão de serviço, onde o caráter acidental do período experimental resulta do art. 112º, nº 3, do CT. Trata-se de uma solução que se compreende, atendendo a que, como vimos, qualquer das partes pode pôr termo à comissão de serviço sem especiais dificuldades (art. 163º do CT).

Por razões diferentes, também em sede de contrato de trabalho desportivo a existência de período experimental depende de estipulação expressa das partes (art. 10º da Lei nº 54/2017).

CONTRATO DE TRABALHO

O período experimental traduz-se, pois, numa espécie de *válvula de escape* de um sistema que tutela a estabilidade no emprego e restringe os despedimentos, servindo basicamente para que o empregador aprecie o desempenho profissional e avalie as capacidades laborais do trabalhador recém-contratado. Por isso e para isso a lei concede ao empregador a faculdade de denunciar o contrato, dispensando-o de invocar justa causa para romper o vínculo. Esta ampla liberdade patronal de denúncia não poderá, porém, redundar em práticas discriminatórias: assim, se o empregador «aproveita» o período experimental para se «desembaraçar» de um trabalhador em virtude das suas convicções ideológicas ou religiosas, da sua orientação sexual, do seu estado de gravidez, da sua filiação sindical, etc., aí teremos outras tantas práticas abusivas e discriminatórias, sindicáveis judicialmente através da figura do abuso do direito – isto muito embora a prova da real motivação patronal constitua, amiúde, uma dificuldade insuperável, porquanto o empregador dispõe aqui de um «direito ao silêncio», isto é, de um direito de nada dizer quanto às razões da denúncia, o que transforma a prova da discriminação numa tarefa quase impossível.

12.2. O período experimental e o art. 53º da CRP

«É garantida a segurança no emprego, sendo proibidos os despedimentos sem justa causa ou por motivos políticos ou ideológicos», lê-se no art. 53º da CRP. «Durante o período experimental, salvo acordo escrito em contrário, qualquer das partes pode denunciar o contrato sem aviso prévio e invocação de justa causa, nem direito a indemnização», lê-se, por seu turno, no nº 1 do art. 114º do CT. A simples leitura destes preceitos logo revela que, durante o período experimental, a lei permite aquilo que a CRP proíbe: o despedimento sem justa causa. O período experimental traduz-se, na verdade, num instituto que coloca o trabalhador numa posição de extrema vulnerabilidade, visto que, ao longo desse período, vigora a regra do «despedimento livre», ao arrepio da proibição constitucional. A CRP garante, com vigor, a estabilidade do emprego? Pois o período experimental precariza, com igual vigor, esse mesmo emprego. A CRP proíbe, energicamente, os despedimentos sem justa causa? Pois o período experimental admite, inequivocamente, esses mesmos despedimentos. O contraste entre o preceito constitucional e o período experimental mostra-se, assim, nítido e insofismável. Quer isto dizer que o período experimental, *qua tale*, é inconstitucio-

O PERÍODO EXPERIMENTAL

nal? Pela minha parte, respondo: não, mas... O *período experimental não será inconstitucional, mas é inegável que ele se encontra colocado no limiar da inconstitucionalidade.* Vejamos.

Como se disse *supra*, o período experimental consiste no inevitável preço a pagar por um sistema jurídico, como é o nosso, que tutela a segurança no emprego e que não concede foros de cidadania ao despedimento *ad nutum.* Num tal sistema, o empregador assume um risco relativamente elevado sempre que contrata um trabalhador – o risco de errar na escolha. Por isso, a ordem jurídica concede ao empregador algum tempo para testar o trabalhador recém-contratado, para avaliar o desempenho profissional deste, para ver como é que este se insere no novo ambiente de trabalho, para, enfim, verificar se o trabalhador corresponde ou não às expetativas nele depositadas aquando da contratação. Caso o trabalhador não supere esse teste, então, segundo a lei, o empregador poderá despedi-lo, sem necessidade de motivar a sua decisão ou de lhe pagar qualquer indemnização. Esta é, claramente, a função central desempenhada pelo período experimental no nosso sistema jurídico. Este surge, repete-se, como um instituto vocacionado para reduzir o risco empresarial, conferindo ao empregador a faculdade de verificar, *a posteriori*, aquilo que não lhe é possível saber *a priori*, por mais entrevistas e análises curriculares que efetue: saber se o trabalhador que executa o contrato está à altura do (candidato a) trabalhador que o celebrou, saber, em suma, como é o trabalhador *in action.*

O que vem de ser dito significa, contudo, que, durante o período experimental, o trabalhador não dispõe de qualquer espécie de estabilidade no emprego. Ele já celebrou um contrato de trabalho, ele já está a executar o mesmo, mas ele corre o risco de perder o emprego a qualquer momento, sem que o empregador lhe tenha de dar quaisquer justificações ou pagar qualquer indemnização. O trabalhador encontra-se «à prova», e quem vai ajuizar se ele supera ou não essa prova será, exclusivamente, o empregador, exercendo um poder discricionário virtualmente insindicável pelo tribunal.

Por isso, se o período experimental não deve ser proscrito, impõe-se extrema cautela ao legislador quando disciplina esta figura. Trata-se, repete-se, de uma figura que se situa em manifesta rota de colisão com a garantia da segurança no emprego, o que implica a respetiva submissão a um rigoroso e exigente crivo de requisitos, em ordem a que o mesmo não se venha a revelar inconstitucional. Não sendo inconstitucional em si mesmo, a verdade é

CONTRATO DE TRABALHO

que o período experimental se situa, como disse, no limiar da inconstitucionalidade. E o legislador não pode, em circunstância alguma, ignorar ou menosprezar esse dado. O legislador não pode disciplinar este instituto de forma relaxada, displicente ou demasiado tolerante. Neste domínio, dir-se-ia, a tolerância legislativa facilmente redunda no constitucionalmente intolerável...

Neste quadro problemático, a questão da *duração do período experimental* surge, a todas as luzes, como questão regimental verdadeiramente nuclear, como autêntica trave-mestra deste instituto. Por quanto tempo se poderá prolongar este «período de prova» a que o trabalhador se encontra sujeito? Durante quanto tempo poderá o ordenamento jurídico tolerar esta situação de extrema vulnerabilidade e de acentuada precariedade do trabalhador? Penso que a resposta não pode deixar de ser esta: durante o período estritamente necessário para verificar se o trabalhador possui ou não as qualidades requeridas para o desempenho do cargo para o qual foi contratado; durante esse período e apenas durante esse período.

Com efeito, perante um instituto que apresenta esta fisionomia, assumidamente antinómica e mesmo hostil em relação à segurança no emprego constitucionalmente garantida, é óbvio que o período experimental só encontrará justificação bastante se, no tocante à sua duração, for respeitado o *princípio da proporcionalidade* (ou princípio da proibição do excesso), na sua tríplice dimensão: conformidade ou adequação de meios, necessidade ou exigibilidade, e proporcionalidade em sentido estrito. Ora, para um trabalhador «indiferenciado», julga-se que alguns dias, poucas semanas, serão suficientes para aquele efeito de avaliação do desempenho. Nos anos setenta, o período experimental tinha, entre nós, a duração-regra de 15 dias. Insuficiente? Talvez. Deveria ser um mês? Talvez sim. Seria admissível um período superior? Quiçá dois meses? Admito que sim. Já algo duvidoso se mostra, a meu ver, o período de 90 dias estabelecido no CT. Três meses sem estabilidade no emprego, sem proteção face a um despedimento discricionário e imotivado, a pretexto de avaliar o desempenho profissional de um trabalhador indiferenciado? Parece excessivo. Três meses, como alguém já disse, «são mais do que suficientes» para o efeito. Mas o problema é que, aqui, a lei não se pode dar ao luxo de conceder ao empregador um lapso de tempo «mais do que suficiente». A lei só pode dar ao empregador o tempo indispensável, nem um dia mais do que isso. Não deixo, pois, de ter algumas dúvidas quanto aos três meses de duração-regra do período experimental

O PERÍODO EXPERIMENTAL

estabelecidos no nº 1, al. *a)*, do art. 112º do CT[149]. Tal como, de resto, não deixo de ter algumas dúvidas quanto à amplitude e imprecisão do universo de trabalhadores sujeitos a um período experimental de 180 dias (basta que satisfaçam um qualquer destes requisitos, todos algo indeterminados: exerçam cargos de complexidade técnica; ocupem cargos de elevado grau de responsabilidade; exerçam cargos que pressuponham uma especial qualificação; desempenhem funções de confiança). Apurar quem são, realmente, estes trabalhadores, não é, decerto, tarefa isenta de escolhos. Parece, porém, que eles serão muitos (a maioria?). E estarão, todos eles, sujeitos a um período experimental de duração muito (demasiado?) longa...

---

[149] Dúvidas já não tenho, porém, de que duplicar aquele já de si duvidoso período e criar um «semestre precário» para todo e qualquer trabalhador, como constava da proposta de revisão do CT (art. 112º, nº 1, al. *a)*, do Decreto nº 255/X, *Diário da Assembleia da República*, II Série-A, nº 34, de 28 de Novembro de 2008) se mostrava patentemente desproporcionado, violando a garantia fundamental da segurança no emprego. Tratava-se de uma dilatação substancial da situação de «precariado» dos trabalhadores, dilatação esta não reclamada por qualquer interesse legítimo do empregador, sem paralelo no campo do direito comparado e que punha em xeque a garantia ínsita no art. 53º da CRP. Dilatação que, como tal, não podia senão ser considerada constitucionalmente inadmissível.
Repete-se: não se contesta a necessidade de a lei dar guarida ao instituto do período experimental, mas uma duração de seis meses não se mostrava necessária para salvaguardar qualquer interesse sério e legítimo do empregador, implicando, além disso, um sacrifício manifestamente desmesurado para o trabalhador, que assim se veria colocado à mercê do empregador, ao arrepio do desiderato constitucional, ao longo de todo um semestre. Estávamos, pois, a meu ver, perante uma solução normativa juridicamente irrazoável e constitucionalmente intolerável. Chamado a pronunciar-se, a título preventivo, sobre a conformidade constitucional daquela norma, o Tribunal Constitucional veio a considerá-la inconstitucional, por a mesma se traduzir numa restrição desproporcionada do direito fundamental à segurança no emprego – Acórdão nº 632/2008, relatado pela Conselheira Maria Lúcia Amaral e tirado por unanimidade.

§ 13º
O empregador e a empresa

13.1. Empresa e Direito do Trabalho

A estreita ligação entre o fenómeno empresarial e o ordenamento juslaboral constitui hoje um dado adquirido por todos quantos cultivam este ramo do direito. Num notável texto, intitulado, justamente, «Empresa e Direito do Trabalho»[150], ORLANDO DE CARVALHO ensinou-nos que o Direito do Trabalho é um produto da empresa moderna, constituindo a empresa o fulcro, o «princípio energético» deste ramo do direito. Nas certeiras palavras do Autor, «é com a conflitualidade intrínseca à empresa capitalista – e com o caráter patente e agudo (antagónico e agónico) que a conflitualidade aí exibe – que o direito do trabalho se afirma».

É certo que nem toda a doutrina nacional secunda ORLANDO DE CARVALHO na afirmação de que o direito laboral «é obra de uma conflitualidade singularmente exasperada», mas é outrossim certo que todos reconhecem e atestam a centralidade da empresa em ordem à construção e compreensão do ordenamento jurídico-laboral. Assim, se percorrermos a nossa doutrina, logo colhemos afirmações como as que seguem: «a relevância da empresa para o Direito do trabalho tem sido posta em destaque na doutrina a justo título, sobretudo porque na maioria dos casos o trabalhador presta o seu trabalho na empresa e o regime legal do trabalho supõe mesmo o trabalho em empresas» (BERNARDO LOBO XAVIER); «o regime jurídico do trabalho

---

[150] *Temas de Direito do Trabalho, IV Jornadas Luso-Hispano-Brasileiras de Direito do Trabalho*, cit., pp. 9-17.

CONTRATO DE TRABALHO

subordinado assenta, em larga medida, no enquadramento das realidades laborais num esquema empresarial – quer dizer, no âmbito de uma organização de fatores produtivos dotada de certa complexidade e visando uma atividade produtiva. Facilmente se verifica que o Código do Trabalho contém, no fundo, o regime jurídico do trabalho na empresa» (ANTÓNIO MONTEIRO FERNANDES); «no Código do Trabalho associa-se normalmente o empregador ao titular da empresa, assentando no pressuposto – que nem sempre se verifica – de os contratos de trabalho sujeitos ao regime comum pressuporem um empregador que é simultaneamente empresário» (PEDRO ROMANO MARTINEZ); «embora a nossa lei não diferencie os regimes laborais consoante o contrato de trabalho se desenvolva num contexto empresarial ou num contexto não empresarial, tendo optado por um regime uniforme do contrato de trabalho, o relevo do contexto empresarial ou não empresarial do contrato de trabalho é incontornável. Com efeito, a maioria dos regimes laborais pressupõe a empresa como contexto normal de desenvolvimento do contrato de trabalho (a ponto de a aplicação de alguns destes regimes em contratos de trabalho de escopo não empresarial exigir adaptações ou ser mesmo inviável) e este contexto influencia quotidianamente o contrato de trabalho» (ROSÁRIO PALMA RAMALHO).

Permanecem, inegavelmente, assinaláveis divergências doutrinais quanto à noção de empresa que deva ser perfilhada[151], assim como quanto ao caráter mais ou menos comunitário ou conflitual das relações de trabalho que nela se desenvolvem. Mas já no tocante à função genética desempenhada pela empresa em sede jurídico-laboral, assim como no que diz respeito à sua função modeladora de soluções normativas, não subsistem dúvidas sérias quanto à posição incontornável ocupada pela empresa laboral: a empresa, *maxime* a empresa privada capitalista, constitui a realidade modelar

---

[151] Ponto este (o da noção jurídica de empresa, *rectius,* o de apurar uma noção de empresa jurídico-laboralmente adequada) que tem suscitado tais dificuldades que já levou vozes autorizadas a concluir, quiçá com alguma ironia à mistura, que o conceito de empresa deveria ser banido do Direito do Trabalho – assim, GÉRARD LYON-CAEN, «Du rôle des principes généraux du droit civil en droit du travail (première approche)», *Revue Trimestrielle de Droit Civil*, 1974, pp. 229-248 (234). Entre nós, *vd.*, em especial, o conceito de «empresa laboral» avançado por COUTINHO DE ABREU: «Organização de meios que constitui um instrumento de exercício relativamente continuado de uma atividade de produção, cujos trabalhadores estão sujeitos, individual e coletivamente, ao regime do direito do trabalho» – *Da Empresarialidade (As Empresas no Direito)*, Almedina, Coimbra, 1996, p. 299.

e dominante na regulamentação juslaboral, com base na qual é pensado e construído o regime jurídico das relações de trabalho.

13.2. Transmissão da empresa e contrato de trabalho
13.2.1. Sub-rogação legal do adquirente

Um sinal inequívoco da importância da inserção do trabalhador na estrutura empresarial é constituído pelo disposto nos arts. 285º a 287º do CT, relativos à transmissão de empresa ou estabelecimento. Com efeito, nos termos da regra constante do nº 1 do art. 285º, «em caso de transmissão, por qualquer título, da titularidade de empresa, ou estabelecimento ou ainda de parte de empresa ou estabelecimento que constitua uma unidade económica, transmitem-se para o adquirente a posição do empregador nos contratos de trabalho dos respetivos trabalhadores, bem como a responsabilidade pelo pagamento de coima aplicada pela prática de contra-ordenação laboral»[152].

A previsão legal abrange, portanto, a transmissão, total ou parcial, de empresa ou estabelecimento. E abrange a transmissão da titularidade ou da exploração da unidade económica (trespasse, fusão, cisão, venda judicial, doação, concessão de exploração, etc.). Como se intui, no tocante ao *objeto do negócio* transmissivo o âmbito de aplicação deste regime é muito vasto, sendo também o *conceito de transmissão* definido em moldes muito amplos. Note-se, contudo, que o regime da transmissão da empresa não se aplicará no caso de haver mera alteração na titularidade da posição acionista. Assim, p. ex., se as ações representativas do capital da sociedade detentora da empresa forem alienadas, não há propriamente uma transmissão da empresa, mas apenas modificações subjetivas na composição da estrutura acionista daquela sociedade, a qual, todavia, mantém a sua identidade jurídica. Ou seja, diz-se, à mudança na titularidade do capital não corresponde uma mudança na identidade do empregador – o que, sendo rigorosamente exato no plano jurídico-formal, nem sempre corresponde à verdade no plano económico-material...

Em caso de transmissão de empresa ou estabelecimento, verificar-se-á, pois, uma mera *vicissitude contratual*, isto é, o contrato de trabalho não se

---

[152] O nº 3 esclarece que o disposto no nº 1 é igualmente aplicável à transmissão, cessão ou reversão da exploração de empresa, estabelecimento ou unidade económica. E o nº 5 do mesmo preceito diz que se considera unidade económica «o conjunto de meios organizados com o objetivo de exercer uma actividade económica, principal ou acessória».

extinguirá, antes registará uma modificação de caráter subjetivo, uma mudança de empregador, sendo o transmitente substituído pelo adquirente na titularidade dos contratos de trabalho. Dar-se-á, nesta hipótese, uma sub-rogação *ex lege* do transmissário nas relações contratuais laborais do transmitente[153]. Ora, ao acolher este princípio de transmissão automática da posição contratual do empregador, a lei inspira-se, sem dúvida, numa preocupação fundamental: a de garantir a manutenção do emprego dos trabalhadores na hipótese de transmissão da unidade económica em que laboram. Mas outros interesses relevantes concorrem para este regime legal, desde logo o da tutela da operacionalidade do próprio estabelecimento, isto é, a ideia de garantir ao respetivo transmissário um estabelecimento funcionante, não desprovido de mão-de-obra. Trata-se, em suma, de um regime de proteção centrado na ideia de continuidade dos vínculos laborais, os quais acompanham o estabelecimento ou a empresa transmitida de forma automática, isto é, independentemente da vontade do transmissário/adquirente[154]. Resta saber se tal transmissão automática também se impõe à vontade do outro contraente, o trabalhador. Vejamos.

13.2.2. Direito de oposição do trabalhador?

Coloca-se a questão de saber se ao trabalhador assiste ou não um *direito de oposição* à transmissão do seu contrato de trabalho. É que, repare-se, o sistema legal concentra esforços na salvaguarda do emprego do trabalhador, garantindo que a transmissão da unidade económica não implique a extinção do respetivo contrato. Verificada a transmissão, o trabalhador conserva o emprego, ainda que a identidade do seu empregador mude. E, deve reconhecer-se, é com isto que, na maior parte dos casos, o trabalhador se preocupa: manter o emprego, independentemente da identidade do empregador. Porém, surge a dúvida: o trabalhador não tem, decerto, o poder de autorizar ou de vetar a transmissão da empresa ou estabelecimento, pois esta é uma faculdade empresarial, inerente ao princípio da livre iniciativa

---

[153] Salvo se o transmitente, antes da transmissão, tiver transferido o(s) trabalhador(es) para outro estabelecimento ou unidade económica, ao abrigo do disposto no art. 194º do CT (nº 4 do art. 285º).

[154] No tocante às obrigações vencidas até à data da transmissão, a lei prevê que o transmitente responderá solidariamente pelas mesmas, mas apenas durante o ano subsequente à transmissão (nº 2 do art. 285º).

económica (ainda que, note-se, a lei preveja um processo de informação e consulta sobre esta matéria, no art. 286º do CT); mas não gozará o trabalhador do direito de se opor à transferência do seu contrato para o adquirente da unidade económica? A transmissão do contrato é uma regra que se impõe a todos os intervenientes, inclusive ao trabalhador?

A questão começou por ser suscitada no plano do direito comunitário, antes ainda do período da codificação do nosso direito laboral, mas, desde então, tem gerado um intenso debate doutrinal. Na senda da jurisprudência do TJUE (*maxime* a relativa ao chamado «caso Katsikas»), autores como JÚLIO GOMES ou LIBERAL FERNANDES defenderam o reconhecimento de tal «direito de oposição» no nosso sistema jurídico. Mas a questão revelou-se tudo menos pacífica. E a polémica transitou para o CT de 2003, não tendo sido resolvida pelo atual CT. Com efeito, autores há que sustentam, com vigor, a existência do referido direito de oposição do trabalhador, outros se pronunciando em sentido contrário.

Que dizer? O tema é complexo e melindroso, até pela necessidade de entrecruzar o nosso direito (ainda lacunoso na matéria) com o direito comunitário (tal como vem sendo interpretado pelo TJUE). Julgo, em todo o caso, que importa saber, com clareza, de que falamos quando aludimos ao «direito de oposição do trabalhador à transmissão do contrato». Trata-se, decerto, de saber se o trabalhador pode recusar-se «a ir com o estabelecimento». Mas, pergunta-se: «pode recusar-se a ir», *no sentido de permanecer onde está, mantendo a sua ligação contratual com o transmitente?* Ou «pode recusar-se a ir», *no sentido de não ir para onde querem que ele vá, recusando-se a trabalhar para o transmissário?* Trata-se, como é óbvio, de dimensões diferentes do «direito de oposição», nem sempre, julgo, claramente destrinçadas quando se aborda esta questão.

Ora, neste quadro, tendo embora dúvidas de que, *hic et nunc*, à luz do nosso ordenamento, se possa afirmar um «direito de oposição» do trabalhador naquela primeira aceção (direito à manutenção do contrato com o transmitente, com a correspondente colocação do trabalhador noutro posto de trabalho), já estou convicto de que o trabalhador goza desta segunda dimensão do «direito de oposição»: a substituição do empregador que decorre da transmissão do estabelecimento ou empresa constitui, em si mesma e por si só, uma modificação substancial do contrato de trabalho, que habilitará o trabalhador a resolver o contrato com justa causa, ao abrigo do art. 394º, nº 3, al. *b)*, do CT.

Trata-se, afinal, de dar expressão a princípios tão fundamentais como são os da liberdade de trabalho, da liberdade contratual, da liberdade de o trabalhador escolher a pessoa em proveito de quem e às ordens de quem se compromete a realizar a sua atividade profissional. O trabalhador não pode, pois, ser visto como se de uma máquina se tratasse, como algo inelutavelmente incluído no complexo de bens que compõem a empresa transmitida. O respeito devido à dignidade do trabalhador enquanto pessoa implica, pois, que este possa opor-se (isto é, possa dizer não), rompendo, de imediato, a ligação contratual e assim fazendo abortar a transmissão do vínculo laboral para o adquirente do estabelecimento. Na verdade, não parece que se possa falar aqui, com propriedade, numa qualquer «simples mudança de empregador». Num contrato duradouro e pessoalmente envolvente como é o contrato de trabalho, a mudança de empregador dificilmente pode ser perspetivada como uma coisa «simples». Trata-se, na ótica do trabalhador, da pessoa em relação à qual ele passará a dever obediência, que de forma diuturna irá conformar a sua atividade e que lhe irá pagar, espera-se que pontualmente, a retribuição devida pelo seu trabalho. Trata-se, pois, nas palavras de João Reis, do «direito de o trabalhador recusar que um novo empregador ocupe, contra a sua vontade, a posição do empregador que consigo contratou»[155].

Subindo mais um degrau, defende-se ainda que o trabalhador poderá opor-se, dizer não, mas mantendo o contrato com o transmitente (mesmo sem o acordo deste). Aqui, repito, perante o nosso atual ordenamento jurídico, tenho algumas dúvidas em subir este degrau. De resto, muitos dos que o sobem acabam por concluir que, na maioria dos casos, o contrato do trabalhador-opositor virá, logo após, a extinguir-se por caducidade – o que, convenhamos, de certa forma não deixa de constituir uma afirmação um tanto pírrica do «direito de oposição»...[156]

---

[155] «O regime da transmissão da empresa no Código do Trabalho», *Nos 20 Anos do Código das Sociedades Comerciais, Homenagem aos Profs. Doutores A. Ferrer Correia, Orlando de Carvalho e Vasco Lobo Xavier,* FDUC, Coimbra Editora, vol. I, p. 347.

[156] No momento em que escrevo estas páginas, foi já aprovado na Assembleia da República um diploma contendo alterações ao CT em matéria de transmissão do estabelecimento, uma das quais consiste no reconhecimento expresso do direito de oposição do trabalhador, mantendo-se o vínculo contratual com a entidade transmitente (novo art. 286º-A do CT). Para desenvolvimentos sobre a nova lei, João Leal Amado, «Transmissão da empresa e contrato de trabalho: algumas notas sobre o regime jurídico do direito de oposição», *RLJ* (no prelo).

13.3. Cedência ocasional de trabalhador

Como vimos *supra* (§7.2), a principal atividade das empresas de trabalho temporário consiste, precisamente, na cedência temporária de trabalhadores (*rectius*, na cedência da disponibilidade da força de trabalho, a qual é inseparável da pessoa dos trabalhadores) a terceiros utilizadores. Porém, cabe perguntar: o «empréstimo» do trabalhador só é admissível através destas empresas e mediante a celebração daqueles contratos? Ou também outras empresas que não estas poderão lançar mão do «empréstimo de mão-de-obra»? E outros trabalhadores que não estes poderão ser objeto de semelhante «empréstimo»?

Ainda que o CT consagre a regra segundo a qual é proibido ao empregador «ceder trabalhador para utilização de terceiro», a verdade é que a lei logo ressalva os casos previstos no Código ou em IRCT (art. 129º, nº 1, al. *g)*). E a chamada *cedência ocasional de trabalhador* constitui mesmo uma vicissitude contratual prevista e regulada nos arts. 288º a 293º do CT. Nos termos da lei, «a cedência ocasional consiste na disponibilização temporária de trabalhador, pelo empregador, para prestar trabalho a outra entidade, a cujo poder de direção aquele fica sujeito, mantendo-se o vínculo contratual inicial» (art. 288º). Destarte, a cedência consiste num contrato através do qual uma entidade empregadora cede provisoriamente a uma outra determinado(s) trabalhador(es), conservando, no entanto, o vínculo jurídico-laboral que com ele(s) mantém e, daí, a sua qualidade de empregador. Ao invés do que sucede na chamada *cessão da posição contratual* (prevista no art. 424º do CCivil), aqui o empregador-cedente não sai de cena, muito embora a presença de um novo ator (o cessionário) implique uma redistribuição de papéis entre um e outro. Ao empregador-cedente junta-se, pois, o utilizador-cessionário, operando-se uma inevitável cisão na esfera de atributos daquele, com a consequente deslocação de poderes e deveres patronais para entidade distinta daquela que celebrou o contrato de trabalho.

Trata-se de uma figura a que se recorre, com particular frequência, no âmbito dos *grupos de empresas*, consistindo num instrumento privilegiado para enquadrar as situações de mobilidade interempresarial, sendo certo que a lei exige que se preencham vários requisitos para que tal cedência seja admitida, a saber: *i)* que o trabalhador esteja vinculado ao empregador cedente por contrato sem termo; *ii)* que a cedência ocorra entre sociedades coligadas, em relação societária de participações recíprocas, de domínio ou de grupo, ou entre empregadores que tenham estruturas organizativas

CONTRATO DE TRABALHO

comuns; *iii)* que a duração da cedência não exceda um ano, renovável por iguais períodos até ao máximo de cinco anos; *iv) last but not least,* que o trabalhador manifeste a sua vontade em ser cedido (art. 289º, nº 1). Ou seja, a lei exige uma declaração de concordância por parte do trabalhador, para que a cedência tenha lugar. De resto, embora a lei admita que os IRCT regulem as condições da cedência ocasional de trabalhador, a lei não transige no tocante à necessidade do acordo do trabalhador (nº 2 do art. 289º)[157].

A cedência ocasional do trabalhador dá-se, pois, através de um negócio jurídico que parece perfilar-se como um *negócio trilateral,* e não bilateral, traduzindo-se o acordo do trabalhador numa declaração de vontade imprescindível para a perfeição do contrato de cedência. Sucede, porém, que alguma doutrina tem considerado admissível que tal declaração escrita de concordância seja prestada, de forma genérica e apriorística, logo no momento da celebração do contrato de trabalho[158] – o que, como é óbvio, debilita muito a posição do trabalhador nesta matéria, privando-o do direito de vir a recusar uma concreta cedência com a qual, realmente, não esteja de acordo. A meu ver, para ser verdadeiramente livre e esclarecido, o consentimento do trabalhador terá de ser atual, não prestado *ab initio* aquando da contratação, numa fase de extrema vulnerabilidade do (candidato a) trabalhador – a fase do acesso ao emprego, fase em que a recusa de tal consentimento apriorístico implicará, quiçá... o desemprego[159].

13.4. A dimensão da empresa e o Direito do Trabalho

Se a empresa constitui, desde sempre, o fulcro do Direito do Trabalho, a verdade é que, nos últimos tempos, este ramo do direito tem experimentado um acentuado processo de diversificação interna, isto é, o ordenamento juslaboral tem vindo a distanciar-se cada vez mais do «mito da uniformidade de estatuto do trabalhador subordinado» (ROSÁRIO PALMA RAMALHO), sendo

---

[157] Sobre o regime de prestação de trabalho do trabalhador cedido, *vd.* o art. 291º do CT. Note-se que o recurso à cedência ocasional fora das condições em que é admissível confere ao trabalhador cedido o direito de optar pela permanência ao serviço do cessionário, em regime de contrato de trabalho sem termo (art. 292º).

[158] Assim, p. ex., PEDRO ROMANO MARTINEZ, *Direito do Trabalho,* cit., pp. 785-786. Em sentido contrário, *vd.,* contudo, JÚLIO GOMES, *Direito do Trabalho,* cit., p. 845.

[159] A figura da cedência ocasional de trabalhador assume particular relevo no âmbito do contrato de trabalho desportivo, em virtude da especificidade desta relação laboral. A este propósito, *vd.* os arts. 20º e 21º da Lei nº 54/2017, de 14-7, bem como JOÃO LEAL AMADO, *Contrato de Trabalho Desportivo,* cit., pp. 116-125.

O EMPREGADOR E A EMPRESA

proclamada a irreversível inadequação do chamado «enquadramento único» (Mário Pinto) e sendo cada vez mais exaltadas as ideias de diversidade normativa e de pluralidade de estatutos laborais. Ora, o *fator empresarial* não tem deixado de dar o seu contributo para este processo de diversificação ou diferenciação normativa, reivindicando-se crescentemente do Direito do Trabalho que este module as suas normas em função da dimensão da empresa, enquadrando distintamente as relações de trabalho consoante estas se desenvolvam em empresas de pequeno, médio ou grande porte.

Esta tendência para «dimensionar» o Direito do Trabalho, isto é, para construir regimes laborais diversificados e adaptados à dimensão da empresa na qual o trabalho é prestado[160], não foi ignorada pelo CT de 2003 nem pelo atual, constitui um vetor não despiciendo do processo de flexibilização das leis laborais que tem vindo a ser empreendido em diversos países vizinhos e coloca o Direito do Trabalho perante dilemas complexos. Diferenciar ou não diferenciar? Diferenciar porquê e em nome de quê? E como diferenciar sem discriminar?

Na sequência do disposto, de forma inovadora, no art. 91º do CT de 2003, o CT em vigor distingue vários tipos de empresas laborais no seu art. 100º, tendo em conta o chamado «critério ocupacional», isto é, o número de trabalhadores empregados. Assim, o CT procede à seguinte classificação tipológica: microempresa (a que emprega menos de 10 trabalhadores), pequena empresa (a que emprega de 10 a menos de 50 trabalhadores), média empresa (a que emprega de 50 a menos de 250 trabalhadores) e grande empresa (a que emprega 250 ou mais trabalhadores). Procurando minorar as previsíveis dificuldades práticas suscitadas pela aplicação desta classificação, o nº 2 do art. 100º esclarece que o número de trabalhadores será calculado com recurso à média do ano civil antecedente, salvo no ano de início da atividade, caso em que a determinação do número de trabalhadores se reporta ao dia da ocorrência do facto que determina o respetivo regime (nº 3 do mesmo artigo). Note-se que o recurso exclusivo ao critério ocupacional (número de trabalhadores) para classificar as empresas laborais tem suscitado aceso debate na doutrina, não faltando quem proponha a adoção de critérios mistos, que conjuguem o volume de emprego com o potencial

---

[160] Entre nós, para uma reflexão aprofundada sobre a matéria, Catarina de Oliveira Carvalho, *Da Dimensão da Empresa no Direito do Trabalho*, Coimbra Editora, Coimbra, 2011.

CONTRATO DE TRABALHO

económico da empresa (volume de negócios, capital investido, lucros apurados, etc.)[161].

De qualquer das formas, ao enunciar esta classificação tipológica das empresas laborais, o CT estabelece um marco jurídico sólido a partir do qual o processo de diferenciação normativa pode ser instaurado e aprofundado. De momento, as especialidades regimentais mais relevantes dizem respeito às *microempresas*, sendo certo que, de acordo com os dados estatísticos disponíveis, as microempresas representam mais de 80% do nosso tecido empresarial, nelas laborando quase 30% da mão-de-obra assalariada em Portugal.

Importa, pois, indagar quais são essas especialidades de regime. Existe já hoje – ou caminhamos de forma irreversível para a construção de – uma espécie de direito particular do trabalho aplicável no âmbito das microempresas, marcadamente distinto daquele que vigora no seio das pequenas, médias e grandes empresas?

13.4.1. Principais projeções regimentais da classificação tipológica das empresas laborais

No tocante às microempresas, as disposições mais significativas contidas no CT poderão ser agrupadas em torno das seguintes proposições nucleares:

i) *Normas que reforçam os poderes patronais de gestão da força de trabalho, visando salvaguardar a operacionalidade das microempresas.* É o que sucede, p. ex., com o regime de marcação das férias dos trabalhadores e com a faculdade patronal de recusa da licença sem retribuição.

Assim, no que toca à marcação do *período de férias*, o CT estabelece que, em regra, as férias deverão ser marcadas por mútuo acordo entre trabalhador e empregador (art. 241º, nº 1). Todavia, na falta de acordo caberá ao empregador marcar unilateralmente o período de férias (nº 2 do mesmo artigo), o qual, em princípio, terá de se situar entre 1 de maio e 31 de outubro (nº 3). Ora, estas balizas temporais (de maio a outubro) só se aplicam às pequenas, médias ou grandes empresas, e não já às microempresas, conforme se lê naquele nº 3 – o que significa que o empregador disporá aqui de uma maior mar-

---

[161] Registe-se que, entre nós e em matéria de responsabilidade contra-ordenacional, o fator relevante consiste no volume de negócios da empresa (e não no volume de emprego da mesma), por força do disposto no art. 554º do CT.

O EMPREGADOR E A EMPRESA

gem de manobra em sede de marcação do período de férias dos respetivos trabalhadores.

Quanto à figura da *licença sem retribuição*, em princípio a concessão de tais licenças carece da vontade concordante das duas partes, trabalhador e empregador, conforme resulta do nº 1 do art. 317º do CT. Em certos casos, porém, o trabalhador tem direito a licenças sem retribuição de longa duração para frequência de cursos de formação, ao abrigo do nº 2 do mesmo artigo, sendo certo que um dos fundamentos justificativos da recusa patronal de concessão de tais licenças consiste na circunstância de se tratar de uma microempresa ou de uma pequena empresa e não ser possível a substituição adequada do trabalhador (art. 317º, nº 3, al. *d*), do CT) [162].

ii) Normas que simplificam ou dispensam certo tipo de procedimentos, quando se trate de microempresas. Tal é o caso, desde logo, do aligeiramento do procedimento disciplinar em sede de despedimento com justa causa nas microempresas: com efeito, ao lado de um procedimento disciplinar mais exigente («processo disciplinar ordinário», na terminologia de JORGE LEITE), cuja observância é obrigatória na generalidade das empresas (regulado nos arts. 352º a 357º do CT), o CT prevê uma espécie de «processo disciplinar sumário», bastante mais simplificado, aplicável no domínio das microempresas (art. 358º).

Pense-se ainda, p. ex., na dispensa do procedimento previsto para os despedimentos coletivos, na hipótese de encerramento total e definitivo de uma microempresa. Nos termos do art. 346º, nº 3, do CT, o encerramento total e definitivo da empresa determina a caducidade do contrato de trabalho, mas as exigências procedimentais previstas para o despedimento coletivo deverão ser respeitadas pelo empregador, «com as necessárias adaptações», salvo no caso das microempresas – nestas bastará que o trabalhador seja informado do respetivo encerramento com uma determinada antecedência (nº 4 do art. 346º).

---

[162] Na mesma linha de preocupações gestionárias, *vd.* o regime de alteração do horário de trabalho (nos termos do nº 2 do art. 217º do CT, o prazo de aviso prévio a observar pela entidade empregadora é encurtado de 7 para 3 dias, em caso de microempresa) ou o disposto, em matéria de trabalho suplementar, no art. 228º (limites máximos de duração mais elevados no caso das microempresas e das pequenas empresas).

CONTRATO DE TRABALHO

iii) Normas que atendem ao «fator relacional», isto é, à particular intensidade do laço fiduciário/pessoal estabelecido entre os sujeitos do contrato de trabalho nas microempresas. Topamos aqui com uma das mais emblemáticas e controversas normas introduzidas pelo CT de 2003 (o art. 438º, que corresponde, grosso modo, ao art. 392º do atual CT), o qual veio conceder à entidade empregadora uma faculdade até então inexistente no nosso ordenamento jurídico-laboral: a *faculdade de oposição à reintegração* do trabalhador ilicitamente despedido. Ou seja, ao passo que, até à entrada em vigor do CT de 2003, qualquer trabalhador ilicitamente despedido gozava do direito potestativo de ser reintegrado no seu posto de trabalho (consequência lógica do efeito retroativo atribuído à declaração judicial de invalidade do despedimento), daí em diante, ainda que esse direito potestativo se mantivesse na titularidade do trabalhador despedido *contra legem* na generalidade dos casos, o CT não deixou de consagrar algumas exceções, isto é, não deixou de prever alguns casos em que o empregador poderia manifestar a sua oposição ao eventual regresso do trabalhador ilicitamente despedido – um desses casos prende-se com os trabalhadores que ocupem cargos de administração ou de direção, o outro diz respeito às microempresas, conforme se lê no nº 1 do art. 392º do atual CT. Em qualquer destas hipóteses, o empregador poderá opor-se à pretendida reintegração e requerer ao tribunal que a exclua, «com fundamento em factos e circunstâncias que tornem o regresso do trabalhador gravemente prejudicial e perturbador do funcionamento da empresa», carecendo este fundamento de ser apreciado pelo tribunal, a quem caberá a palavra final nesta matéria.

Registe-se que, caso a oposição patronal à reintegração do trabalhador seja julgada procedente pelo tribunal, o trabalhador terá direito a uma *indemnização substitutiva*, cujo montante será fixado pelo tribunal de acordo com os seguintes parâmetros: entre 30 e 60 dias de retribuição base e diuturnidades por cada ano completo ou fração de antiguidade, não podendo tal indemnização ser inferior a seis meses de remuneração (art. 392º, nº 3, do CT). Curiosamente, nos restantes casos (isto é, nos casos em que é o próprio trabalhador a optar pela indemnização em substituição da reintegração), o *quantum* indemnizatório tende a ser inferior, sendo fixado entre 15 e

O EMPREGADOR E A EMPRESA

45 dias de retribuição base e diuturnidades por cada ano completo ou fração de antiguidade, com o limite mínimo de três meses de remuneração (nºs 1 e 3 do art. 391º). Significa isto que, um tanto paradoxalmente, neste campo as microempresas poderão ter de suportar indemnizações mais elevadas do que as empresas de maior porte – o que, sendo explicável pela circunstância de a vontade patronal acabar por prevalecer sobre a vontade de regressar do trabalhador ilicitamente despedido, não deixa de corresponder a um ónus suplementar colocado pela lei a cargo das microempresas (justamente aquelas que, como melhor veremos *infra*, mais devem ser acauteladas pelo legislador).

13.4.2. Balanço e perspetivas: o processo de «dimensionamento» do Direito do Trabalho no contexto da flexibilização das leis laborais

Atendendo ao que acima se escreve, importa reconhecer que o ordenamento jurídico-laboral português, se já não é *adimensional* (vale dizer, se não é insensível à relevância juslaboral da dimensão empresarial), também ainda não se encontra profundamente *dimensionado* (no sentido de que ainda não é muito frequente a diferenciação normativa em função da distinta dimensão das empresas). Existem, como se disse, algumas peculiaridades regimentais para as microempresas, mas a sua importância, em termos globais e do ponto de vista sistemático, é relativamente diminuta. É certo que o valor real da alteração introduzida pelo art. 438º do CT de 2003 (faculdade de oposição patronal à reintegração de um trabalhador ilicitamente despedido, no caso das microempresas) não pode ser menosprezado, além de que o seu valor simbólico é muito elevado, como foi amplamente comprovado aquando do processo de elaboração daquele diploma. Ainda assim, porém, julgo poder afirmar que a diferenciação normativa baseada na dimensão empresarial se mostra, por enquanto, algo modesta entre nós. Mas é outrossim indiscutível que a tendência, até a julgar pela experiência dos países vizinhos, é para que tal diferenciação dimensional se acentue e se agudize.

A diferenciação normativa baseada na dimensão da empresa insere-se, de resto, numa estratégia mais vasta, de flexibilização do ordenamento jurídico-laboral, assumindo-se como um dos seus instrumentos privilegiados. As coordenadas fundamentais da retórica discursiva flexibilizadora, quando aplicada ao regime jurídico das relações de trabalho nas micro e pequenas empresas, podem, então, ser esquematicamente apresentadas como segue:

CONTRATO DE TRABALHO

i) O Direito do Trabalho clássico, demasiado rígido e excessivamente garantístico, cria mais problemas do que aqueles que resolve, em particular no campo económico e no plano da gestão empresarial (implica custos acrescidos para as empresas, não favorece a produtividade laboral, perturba a competitividade empresarial, dificulta a mobilidade e a adaptabilidade da mão-de-obra, etc.);

ii) Em ordem a deixar de fazer parte do problema e passar a fazer parte da solução, o novo Direito do Trabalho deve ser concebido, sobretudo, como um instrumento ao serviço das políticas de promoção do emprego e de combate ao desemprego, domínio em que as microempresas e as pequenas empresas revelam grandes potencialidades, podendo e devendo ser chamadas a desempenhar um papel fundamental;

iii) Num quadro económico globalizado e altamente competitivo, o Direito do Trabalho deverá revelar-se criativo, colocando «produtos normativos» atrativos à disposição das microempresas, de modo a que estas consigam resistir à concorrência que lhes é movida pelas restantes empresas e se mostrem mais recetivas à contratação de novos trabalhadores – o que poderia traduzir-se, p. ex., na admissão incondicionada de contratos a prazo no seio das microempresas, na fixação legal de um salário mínimo diferenciado para os respetivos trabalhadores, no pagamento de compensações ou indemnizações mais reduzidas para os trabalhadores que sejam despedidos de microempresas, etc.

13.4.3. O dilema dimensional

O dilema dimensional com que o Direito do Trabalho se vê, cada vez mais, confrontado, traduz-se, pois, nisto: *diferenciar ou não diferenciar?* Deve o ordenamento jurídico-laboral atender à diferente dimensão das empresas, criando estatutos juslaborais distintos para os respetivos trabalhadores? Ou deve prevalecer uma conceção mais uniformizadora daquele, que assegure a igualdade de tratamento entre trabalhadores, ainda que estes desenvolvam a sua atividade no seio de unidades produtivas muito desiguais entre si? *E, caso se admitam diferenciações normativas de base dimensional, até onde se deverá ir nesse caminho?* Que razões poderão justificar o tratamento laboral diferenciado? Razões ligadas a especiais fatores relacionais e fiduciários, característicos das relações de trabalho nas microempresas, como as que

O EMPREGADOR E A EMPRESA

motivaram o art. 392º do nosso CT? Ou também razões de ordem económica, ligadas à tutela e à promoção das microempresas, concebidas estas como instrumentos criadores de emprego?

Julga-se que, nesta matéria, o Direito do Trabalho terá de fazer o seu caminho entre a *sensibilidade* e o *bom senso*, isto é, as normas juslaborais deverão, decerto, ter em conta a dimensão da empresa na qual o trabalho é prestado (diferenciando o tratamento se e quando tal se justificar), mas aquelas normas não poderão violar o princípio constitucional da igualdade, introduzindo diferenciações discriminatórias entre trabalhadores e assim criando «trabalhadores de segunda». Dito por outras palavras: a meu ver, os incentivos legais às microempresas e às pequenas empresas – e a tutela destas face à concorrência predatória movida pelas grandes unidades empresariais – não poderão traduzir-se na concessão de vantagens competitivas assentes na sistemática degradação do estatuto jurídico-laboral dos respetivos trabalhadores.

Não hesito em acompanhar a doutrina dominante, reconhecendo que existe hoje uma "irresistível pressão" sobre o Direito do Trabalho no sentido de que este incorpore a dimensão da empresa na sua perspetiva ordenadora, isto é, para que este tome a dimensão da empresa como uma das suas variáveis regulativas (dimensão empresarial como fonte de diversidade normativa juslaboral). Também não se ignora que ao Estado compete, por expressa incumbência constitucional, incentivar a atividade empresarial, «em particular das pequenas e médias empresas» (art. 86º, nº 1, da CRP)[163]. E deve acrescentar-se que o próprio Tratado sobre o funcionamento da União Europeia revela particular atenção a este ponto, estabelecendo que as diretivas comunitárias em matéria social «devem evitar impor disciplinas administrativas, financeiras e jurídicas contrárias à criação e ao desenvolvimento de pequenas e médias empresas» (art. 153º, nº 2, al. *b*)). Favorecer a criação e o desenvolvimento de pequenas e médias empresas pode, assim, ser considerado um objetivo da União Europeia. Isto, porém, não significa que as ideias de tutela das microempresas e de promoção do emprego possam funcionar como uma espécie de «salvo-conduto juslaboral», que permita todo e qualquer tratamento diferenciado *in pejus* para os respetivos trabalhadores. Pelo contrário, o juízo sobre a constitucionalidade de tais

---

[163] De resto, o apoio às pequenas e médias empresas e, em geral, às iniciativas e empresas geradoras de emprego, constitui um dos objetivos da nossa política industrial, nos termos do art. 100º, al. *d*), da CRP.

normas diferenciadoras terá de ser feito caso a caso, tendo em conta os fundamentos e os objetivos da medida em análise e aplicando criteriosamente o princípio da proporcionalidade.

Em suma, se é recomendável que o Direito do Trabalho revele alguma «sensibilidade dimensional», já a hipersensibilidade se mostra francamente indesejável nesta matéria, podendo redundar na adoção de soluções injustas e mesmo inconstitucionais. Bom será, pois, que não se peça ao Direito do Trabalho, neste campo, mais do que este pode dar. É que o caminho da flexibilização/diferenciação dimensional não deixa de ser um caminho particularmente perigoso e escorregadio, visto ser muito fina a linha que separa a diferenciação legítima da discriminação ilegítima. E, repete-se, *se nem toda a diferenciação normativa baseada na dimensão das empresas é constitucionalmente censurável, também não bastará invocar vagas razões de «política de emprego» (incentivo às pequenas empresas) para que toda e qualquer diferenciação normativa escape a um eventual juízo de inconstitucionalidade.* Tudo dependerá, portanto, da concreta norma em questão, do seu fundamento, do seu alcance, dos seus efeitos, da circunstância de a mesma se revelar adequada, necessária e proporcionada, tendo em conta os objetivos visados, etc. Algo que, por conseguinte, reclama uma cuidada ponderação casuística, não sendo compatível com uma postura de genérica e apriorística admissão de toda e qualquer espécie de tratamento juslaboral diferenciado fundado na distinta dimensão das empresas.

§ 14º
Os poderes patronais e os direitos do trabalhador enquanto pessoa e cidadão

14.1. Os poderes do empregador

É sabido que a relação laboral se analisa numa relação de poder, na qual o trabalhador surge como sujeito juridicamente subordinado e adstrito, entre outros, ao dever de obediência relativamente às ordens e instruções do empregador. Mas convém reconhecer que o Direito do Trabalho (direito dos trabalhadores subordinados) não tem concedido grande atenção ao empregador. Este tem sido perspetivado, sobretudo, como *o outro*, a contraparte do trabalhador no contrato, credor da atividade deste e devedor da remuneração. Só que a figura do empregador se vem revelando cada vez mais complexa e opaca, sobretudo perante o fenómeno dos grupos de empresas e das empresas em rede, fenómeno de importância crescente ao qual o Direito do Trabalho não conseguiu, até hoje, dar uma resposta satisfatória. Chegou mesmo a afirmar-se, quiçá com razão, que para a nossa disciplina o grupo de empresas continua a ser um OJNI (objecto jurídico não identificado), sendo que, nas palavras de Júlio Gomes e na ausência de resposta legal satisfatória, «os grupos e as redes continuarão a ser o ângulo cego do direito do trabalho»[164]. De todo o modo, a clara e inequívoca posição de domínio ocupada pelo empregador nesta relação decompõe-se na seguinte

---

[164] *Direito do Trabalho*, p. 255. A nossa doutrina vem, no entanto, dando atenção a este fenómeno, merecendo aqui particular destaque os estudos de Rosário Palma Ramalho, *Grupos Empresariais e Societários. Incidências Laborais*, Almedina, Coimbra, 2008, e José Engrácia Antunes, «Os grupos de sociedades no direito do trabalho», *QL*, nº 39, 2012, pp. 49-78.

CONTRATO DE TRABALHO

(e tradicional) tríade de poderes patronais: poder diretivo, poder regulamentar e poder disciplinar.

Assim é que, de acordo com o art. 97º do CT, «compete ao empregador estabelecer os termos em que o trabalho deve ser prestado, dentro dos limites decorrentes do contrato e das normas que o regem». Nesta matéria, o empregador goza, pois, de uma espécie de poder geral de comando, cabendo no âmbito do *poder de direção* a faculdade de determinar a concreta função a exercer pelo trabalhador, o poder de conformar a prestação laboral e ainda poderes de vigilância e de controlo sobre a atividade desenvolvida pelo trabalhador em sede de execução contratual.

Por seu turno, o art. 99º, nº 1, do CT determina que «o empregador pode elaborar regulamento interno de empresa sobre organização e disciplina do trabalho». Trata-se, afinal, de mais uma manifestação da posição de domínio ocupada pelo empregador, a faculdade de fixar, por escrito, regras sobre a organização e a disciplina do trabalho, no âmbito da empresa. Ainda que se esteja perante um poder do empregador, a lei procura «democratizar» o exercício desse poder, reconhecendo aos representantes dos trabalhadores um direito de audição aquando da elaboração do *regulamento interno* (nº 2 do art. 99º) e preocupando-se ainda o legislador com a garantia de uma adequada publicitação do regulamento interno, de modo a possibilitar o seu pleno conhecimento, a todo o tempo, pelos trabalhadores (nº 3, al. *a)*, do art. 99º). Assinale-se, ademais, que o regulamento interno apenas produzirá efeitos após o respetivo envio ao serviço com competência inspetiva do ministério responsável pela área laboral (al. *b)* do nº 3 do art. 99º).

Entretanto, se o empregador «governa» e «legisla», ele também dispõe do poder de julgar e de punir. Nos termos do art. 98º do CT, «o empregador tem poder disciplinar sobre o trabalhador ao seu serviço, enquanto vigorar o contrato de trabalho». Ora, enquanto mecanismo *sui generis* de autotutela patronal, o *poder disciplinar laboral* constitui, sem dúvida, um instituto-chave do Direito do Trabalho, mas a respetiva admissão não pode fazer esquecer a circunstância de ele representar um importante desvio a dois princípios basilares do Direito: o *princípio da justiça pública* (com efeito, as sanções disciplinares reconduzem-se a penas privadas, sendo aplicadas pelo próprio empregador) e o *princípio da igualdade das partes* (este poder traduz uma inequívoca posição de domínio contratual do empregador, sendo certo que o contrato de trabalho é um negócio jurídico de direito privado). Estamos

182

OS PODERES PATRONAIS E OS DIREITOS DO TRABALHADOR ENQUANTO PESSOA E CIDADÃO

aqui, na verdade, perante um genuíno *poder punitivo privado*, através do qual um dos sujeitos do contrato de trabalho pode *castigar* o outro contraente, caso entenda que este cometeu uma qualquer infração disciplinar.

E pode castigá-lo de que forma? Aplicando-lhe que tipo de sanções? Entre nós, o *arsenal sancionatório* à disposição do empregador encontra-se estabelecido no art. 328º, nº 1, do CT, preceito que determina o seguinte: «No exercício do poder disciplinar, o empregador pode aplicar as seguintes sanções: *a)* repreensão; *b)* repreensão registada; *c)* sanção pecuniária; *d)* perda de dias de férias; *e)* suspensão do trabalho com perda de retribuição e de antiguidade; *f)* despedimento sem indemnização ou compensação»[165]. O nº 2 do mesmo artigo acrescenta que «o instrumento de regulamentação coletiva de trabalho pode prever outras sanções disciplinares, desde que não prejudiquem os direitos e garantias do trabalhador».

Este é, pois, o quadro sancionatório constante do CT, sendo certo que algumas das sanções disciplinares previstas na lei não têm deixado de suscitar fortes reservas doutrinais. É o caso, desde logo, da sanção consistente na *perda de dias de férias* (poderá o empregador reduzir a duração das férias do trabalhador, assim limitando um direito fundamental deste?), bem como da *multa/sanção pecuniária* (poderá o empregador impor ao trabalhador, como castigo, uma obrigação de pagar ao Estado uma determinada quantia em dinheiro, afetando, quiçá, a função alimentar do salário?)[166].

De todo o modo, e colocando agora entre parêntesis as referidas objeções doutrinais, o art. 328º do CT significa que:

i) Existe uma tipificação legal do arsenal sancionatório disponível, *a priori*, pelo empregador, desde a medida mais leve (repreensão simples) até à medida disciplinar mais drástica (despedimento com justa causa), devendo a sanção disciplinar aplicada em cada caso «ser proporcional à gravidade da infração e à culpabilidade do infrator», de acordo com as exigências do princípio da proporcionalidade, consagrado no art. 330º, nº 1;

---

[165] A aplicação das sanções deverá respeitar os limites quantitativos consagrados nos nºs 3 e 4 do art. 328º Por outro lado, importa não confundir a sanção de suspensão do trabalho com a suspensão preventiva do trabalhador, prevista no nº 5 do art. 329º

[166] Recorde-se que, nos termos do art. 330º, nº 3, do CT, o produto da sanção pecuniária reverte integralmente para o serviço responsável pela gestão financeira do orçamento da Segurança Social.

CONTRATO DE TRABALHO

ii) O empregador não dispõe, nesta matéria, de quaisquer poderes criativos unilaterais, não podendo «inventar» (p. ex., em sede de regulamento interno) e aplicar sanções disciplinares distintas das previstas na lei e/ou nos instrumentos de regulamentação coletiva de trabalho;

iii) A previsão de novas sanções disciplinares em sede de contrato individual de trabalho encontra-se outrossim excluída, conforme resulta da leitura conjugada dos arts. 328º, nº 2, e 3º, nº 5, do CT. Desta forma, e em simultâneo, o art. 328º do CT afirma que os instrumentos de regulamentação coletiva poderão fixar sanções disciplinares distintas das previstas na lei (regra explícita permissiva), bem como que o contrato individual já não poderá ser palco de tal labor criativo (regra implícita proibitiva);

iv) Os instrumentos de regulamentação coletiva de trabalho poderão, decerto, enriquecer o quadro legal de sanções disciplinares, mas só «desde que não prejudiquem os direitos e garantias do trabalhador», o que lança fundadas dúvidas sobre a legalidade de algumas sanções por vezes previstas pela contratação coletiva – é o caso da *despromoção*, que colide com a garantia da irreversibilidade da categoria, consagrada no art. 129º, nº 1, al. *e)*, do CT, assim como será o caso da sanção de *transferência do trabalhador para outro local de trabalho*, que parece conflituar com a garantia da inamovibilidade, proclamada no art. 129º, nº 1, al. *f)*, do CT.

Em suma, e no tocante ao quadro sancionatório, não há qualquer espaço para a criação unilateral nem para a estipulação contratual, apenas à contratação coletiva sendo permitido intervir neste domínio, mas sempre com respeito pelos limites legais.

A aplicação das sanções disciplinares pelo empregador encontra-se sujeita a alguns princípios gerais, consagrados no CT. Além do já mencionado *princípio da proporcionalidade*, vertido no nº 1 do art. 330º (a sanção deve ser proporcional à gravidade da infração e à culpabilidade do infrator), cumpre ainda destacar o princípio *non bis in idem*, consagrado na parte final do mesmo preceito (não pode aplicar-se mais de uma sanção pela mesma infração), o *princípio do contraditório*, previsto no nº 6 do art. 329º (a sanção disciplinar não pode ser aplicada sem audiência prévia do trabalhador), bem como o chamado *princípio da celeridade*, através do qual se procura evitar que o

OS PODERES PATRONAIS E OS DIREITOS DO TRABALHADOR ENQUANTO PESSOA E CIDADÃO

trabalhador fique sujeito, por largo tempo, à ameaça de vir a ser punido pelo empregador. Este último princípio compreende diversas dimensões, a saber:

i) O direito de exercer o poder disciplinar prescreve um ano após a prática da infração, ou no prazo de prescrição da lei penal se o facto constituir igualmente crime (nº 1 do art. 329º);

ii) O procedimento disciplinar deve iniciar-se nos 60 dias subsequentes àquele em que o empregador, ou o superior hierárquico com competência disciplinar[167], teve conhecimento da infração (nº 2 do art. 329º);

iii) O procedimento disciplinar prescreve decorrido um ano contado da data em que é instaurado quando, nesse prazo, o trabalhador não seja notificado da decisão final (nº 3 do art. 329º);

iv) A aplicação da sanção deve ter lugar nos três meses subsequentes à decisão, sob pena de caducidade (nº 2 do art. 330º).

Trata-se, na ótica do legislador, de criar balizas temporais nesta matéria, em ordem a proteger o trabalhador face à virtual eternização da ameaça de uma punição disciplinar.

Entretanto, se o ordenamento juslaboral reconhece a existência de um autêntico poder punitivo autotutelar na esfera do empregador, se a lei do trabalho coloca à disposição deste um vasto conjunto de medidas sancionatórias, se a mesma lei autoriza que a contratação coletiva venha criar novas medidas disciplinares potencialmente aplicáveis aos trabalhadores, se tudo isto constitui um dado adquirido entre nós, outro tanto acontecerá, como é óbvio, com a possibilidade de o exercício daquele poder punitivo particular vir a ser escrutinado e sindicado pelos tribunais. Destarte, o exercício do poder disciplinar está sujeito a controlo jurisdicional *a posteriori*, pelo que, caso o trabalhador entenda que foi alvo de um castigo injusto, de uma sanção disciplinar incorreta, de uma punição disciplinar extemporânea, etc., em todos esses casos ele poderá impugnar judicialmente a referida sanção disciplinar – veja-se, a este propósito, o art. 329º, nº 7, do CT, o qual ine-

---

[167] Registe-se que o poder disciplinar pode ser exercido diretamente pelo empregador, ou por superior hierárquico do trabalhador, nos termos estabelecidos por aquele (nº 4 do art. 329º).

CONTRATO DE TRABALHO

quivocamente ressalva o *direito de ação judicial* do trabalhador sancionado[168]. Ora, sendo o poder disciplinar patronal judicialmente sindicável, o tribunal poderá então confirmar ou anular a sanção aplicada, mas já não poderá substituir-se ao empregador e aplicar ao trabalhador uma outra medida punitiva que entenda, *in casu*, mais adequada.

Deixando agora de lado a sanção disciplinar máxima, expulsiva, de despedimento com justa causa, e centrando a nossa atenção nas sanções disciplinares conservatórias do vínculo laboral, logo se nos depara a questão: dentro de que limites temporais poderá o trabalhador impugnar judicialmente aquela sanção? De que prazo dispõe o trabalhador punido para se dirigir aos tribunais, contestando a licitude da sanção disciplinar que lhe foi aplicada e reclamando, porventura, uma indemnização pelos danos causados? A verdade é que, tal como o diploma que o precedeu, o atual CT não dá uma resposta clara a esta questão. Terá o trabalhador de se dirigir ao tribunal, processando o empregador, ainda durante a vigência da relação laboral? Ou disporá ele da faculdade de impugnar a sanção dentro de um certo prazo contado a partir da data da cessação do contrato? A este respeito, cumpre perguntar se, atenta a *ratio* do art. 337º, nº 1, do CT, a solução suspensiva nele instituída (que vale, p. ex., em sede de prescrição de um qualquer crédito retributivo) não deverá valer igualmente quando se trate da impugnação de uma sanção disciplinar conservatória. Será razoável forçar o trabalhador a optar entre abdicar do seu direito de impugnar uma sanção que considera ilícita ou, em alternativa, abrir um litígio judicial com alguém que (ainda) é o seu empregador, a cuja autoridade e direção se encontra sujeito e a cujo poder disciplinar continua submetido[169]?

---

[168] Isto sem prejuízo do direito de reclamação hierárquica ou do recurso a processo de resolução de litígio previsto em IRCT ou na lei (nº 7 do art. 329º).

[169] Note-se, de resto, que o nº 2 do art. 337º do CT, ao estabelecer um regime probatório especial para o crédito do trabalhador resultante da aplicação de sanção abusiva, se vencido há mais de cinco anos, parece pressupor que o trabalhador dispõe da faculdade de impugnar judicialmente tais sanções abusivas, mesmo se já tiverem sido aplicadas há mais de cinco anos. Sobre a questão, por último, ANA CRISTINA RIBEIRO COSTA, «Notas sobre o prazo para a impugnação judicial da sanção disciplinar distinta do despedimento – a eterna lacuna da legislação laboral?», *QL*, nº 42, 2013, pp. 265-290.

14.2. A força de trabalho e a pessoa do trabalhador
14.2.1. Os direitos laborais inespecíficos (direitos de personalidade)

Certa vez, o famoso empresário Henry Ford queixou-se de que, ao contratar um par de mãos, recebera também um ser humano... Eis o que julgo ser uma excelente síntese do problema que agora nos ocupa. É que, nas certeiras palavras de LUIGI MENGONI, o modelo antropológico do Direito do Trabalho «pressupõe o homem que trabalha, e não simplesmente um proprietário de força de trabalho que a oferece no mercado»[170]. Com efeito, o trabalhador não é, apenas, um ser laborioso e produtivo, alguém que se dedica a cumprir escrupulosamente as múltiplas obrigações emergentes do contrato de trabalho, vendendo as suas energias laborais com o fito de obter um determinado rendimento patrimonial; antes e mais do que trabalhador, ele é uma pessoa e um cidadão[171], ainda que, ao celebrar e executar o contrato de trabalho, ele fique colocado sob a autoridade e direção de outrem, inserindo-se no respetivo âmbito de organização.

Ora, assim sendo, pergunta-se: até onde vão os poderes empresariais neste domínio? A relação laboral é, como se disse, uma relação de poder. Quando labora, o trabalhador subordinado conserva intactos e incólumes os seus atributos de personalidade e os seus direitos de cidadania? Ou, pelo contrário, no espaço-tempo laboral o trabalhador é como que uma pessoa/ /cidadão em suspenso, visto ter de se incorporar numa estrutura produtiva alheia e numa organização hierárquica dominada, controlada e gerida por outrem?

Alguns exemplos: pode o empregador utilizar meios de vigilância à distância no local de trabalho (p. ex., câmaras de vídeo, microfones, quiçá um GPS...), com a finalidade de fiscalizar e controlar o desempenho profissional do trabalhador? Goza o trabalhador do direito de reserva e confidencialidade relativamente ao conteúdo das mensagens que envie ou receba através do correio eletrónico da empresa (utilizando, portanto, meios de comunicação da empresa)? Pode o empregador monitorizar a navegação na *Internet* feita pelo trabalhador, durante o período de trabalho e/ou nos

---

[170] «La tutela giuridica della vita materiale nelle varie età dell'uomo», *Rivista Trimestrale di Diritto e Procedura Civile*, 1982, p. 1121.

[171] Como observa JÚLIO GOMES, «não existe, por um lado, o trabalhador e, por outro, o cidadão, mas antes a pessoa que é simultaneamente cidadão e trabalhador subordinado (ou empregador); como, por vezes, se diz, a cidadania não fica à porta da empresa» (*Direito do Trabalho*, cit., pp. 265-266).

intervalos de descanso? Pode o empregador controlar a atividade do trabalhador através do telemóvel que este utiliza como instrumento de trabalho? E pode o empregador, p. ex., aceder ao conteúdo das mensagens que este envie ou receba, via telemóvel, durante o período de trabalho? Quais serão as possíveis repercussões laborais do fenómeno das chamadas "redes sociais"? Pode o empregador punir o trabalhador por afirmações que este publique na sua página pessoal do *facebook*? Pode o empregador elaborar e implementar os chamados *dress codes*, fixando regras mais ou menos vinculativas sobre a aparência externa do trabalhador (a forma como se veste ou os adereços que pode ou não ostentar, p. ex.)[172] que afetem a liberdade de escolha da apresentação e vestuário do trabalhador, cerceando o seu «direito à imagem»? Pode o empregador sujeitar o trabalhador a testes ou exames médicos de qualquer natureza (p. ex., para despistagem do vírus da SIDA) ou a trabalhadora a testes de gravidez? Pode o empregador proceder a revistas sobre a pessoa ou sobre os bens do trabalhador (verificando, no fim da jornada de trabalho, aquilo que o trabalhador transporta na sua carteira, ou acedendo ao respetivo cacifo)? Até onde vai a liberdade de expressão do trabalhador? Pode este divulgar o seu pensamento e opinião na empresa? Pode este criticar o empregador? Pode este prestar trabalho tendo na lapela o emblema do partido político de que é militante, ou um qualquer símbolo da sua crença religiosa[173], ou um cachecol do clube de futebol de que é adepto? Pode o empregador divulgar dados de que tenha conhecimento sobre aspetos da vida privada ou íntima do trabalhador (p. ex., referentes à orientação sexual deste último)? Pode o empregador exigir ao trabalhador que lhe preste informações relativas à sua vida privada (hábitos

---

[172] O trabalhador poderá vestir a roupa que quiser, fato completo ou uma roupa mais desportiva, usar ou não gravata, ter brincos ou *piercings*, deixar crescer a barba ou rapar o cabelo? As trabalhadoras poderão vestir saias (curtas) ou calças, usar ou não jóias, como colares, brincos ou pulseiras, usar ou não maquilhagem? Trata-se, nestes casos, de um espaço de liberdade pessoal do trabalhador, ou, pelo contrário, na empresa o empregador poderá impor regras proibitivas ou impositivas nesta matéria?

[173] Suponhamos que o trabalhador professa uma religião que impõe o descanso ao sábado, sendo certo que a empresa em que labora apenas encerra ao domingo. Suponhamos que o trabalhador professa uma religião que o impele a orar frequentemente, durante o horário de trabalho, o que causa irritação ao empregador e aos seus companheiros de trabalho (que professam outra religião ou que, incréus, não depositam qualquer fé no divino). Suponhamos que a trabalhadora faz questão de ir trabalhar usando o véu islâmico, o que, alega o empregador, tem efeitos negativos na clientela... Nestes casos, *quid juris*?

OS PODERES PATRONAIS E OS DIREITOS DO TRABALHADOR ENQUANTO PESSOA E CIDADÃO

de consumo, *hobbies*, etc.) ou à sua saúde (património genético[174], eventual toxicodependência, condição de fumador ou não)?

Estas e muitas outras questões análogas revelam-nos a extrema delicadeza do tema em apreço. Estamos, afinal, no coração do conflito entre as exigências gestionárias, organizativas e disciplinares do empregador, por um lado, e os direitos do trabalhador, por outro. Não propriamente os seus direitos enquanto trabalhador (direito à greve, liberdade sindical, direito a descanso semanal e a férias, direito ao salário, segurança no emprego, etc.), mas os seus «direitos inespecíficos», isto é, os seus direitos não especificamente laborais, os seus direitos enquanto pessoa e enquanto cidadão («direitos de 2ª geração», *hoc sensu*). O que temos aqui, quase sempre, é um problema de conflito de direitos (dir-se-ia: o conflito entre a liberdade *de* empresa e a liberdade *na* empresa), a reclamar uma cuidada e laboriosa tarefa de concordância prática entre eles, de acordo com o princípio da proporcionalidade, na sua tríplice dimensão (conformidade ou adequação, exigibilidade ou necessidade, proporcionalidade *stricto sensu*). Nesta matéria, assistimos, em suma, a uma *dialética aplicação/modulação*, vale dizer: i) a tutela da situação pessoal do trabalhador e a salvaguarda da chamada «cidadania na empresa» pressupõem a aplicação/eficácia dos direitos fundamentais da pessoa humana no âmbito da relação de trabalho; *ii)* os legítimos interesses do empregador e a posição de inequívoca supremacia que este detém na relação de trabalho implicam, necessariamente, uma certa compressão/modulação daqueles direitos do trabalhador.

Registe-se, aliás, que a utilização da expressão «cidadania na empresa» não significa que se aceite o «mito da empresa cidadã». A empresa não é um espaço feudal e o trabalhador não é, decerto, um vassalo. Mas a empresa também não é o parlamento. Nas palavras de DOMINIQUE MÉDA, a organização da empresa é a antítese de uma organização democrática – «O que não significa que a empresa seja um lugar antidemocrático, mas simplesmente que essa categoria não pode ser-lhe aplicada. O laço de cidadania refere-se com efeito a iguais que, através do sufrágio, segundo o princípio "um indivíduo = um voto", decidem coletivamente dos fins a buscar. A empresa é exatamente o contrário: admite uma distinção total entre os pro-

---

[174] Sobre esta questão, *vd.*, em especial, o disposto nos arts. 11º e 13º da Lei nº 12/2005, de 26 de janeiro (sobre informação genética pessoal e informação de saúde), bem como os arts. 24º e 25º do CT (direito à igualdade e proibição de discriminação baseada no património genético do trabalhador ou candidato a emprego).

CONTRATO DE TRABALHO

prietários e os empregados, executando os segundos sob a direção dos primeiros ou dos seus mandatários, mas sem intervirem nem quanto aos fins visados nem quanto à maneira como o são»[175]. É certo que os direitos dos trabalhadores (e, em particular, das estruturas de representação coletiva dos trabalhadores de âmbito empresarial) abalam um pouco aquele modelo dominial de empresa, mas não parece que bastem para o superar.

Isto dito, resta saber como se alcança o desejado ponto de equilíbrio, tarefa que o CT procura sobretudo enfrentar nos seus arts. 14º a 22º – relativos, justamente, aos chamados «direitos de personalidade», isto é, aos direitos que incidem sobre os vários modos de ser físicos ou morais da personalidade de cada pessoa, aos direitos da pessoa enquanto pessoa, aos direitos da pessoa sobre si mesma (*jura in se ipsum*), direitos gerais e necessários, de que todos gozam, pois representam o conteúdo mínimo e imprescindível da esfera jurídica de cada pessoa – [176], preceitos onde se estabelecem alguns critérios que permitem dar resposta a algumas das questões que enunciámos *supra*. De resto, e na linha do que já sucedia com o CT de 2003, o atual CT adota uma perspetiva *paritária* ou *simétrica* nesta matéria, afirmando que «o empregador e o trabalhador devem respeitar os direitos de personalidade da contraparte» (nº 1 do art. 16º) e consagrando os direitos de personalidade do trabalhador e do empregador (assim, p. ex., em matéria de liberdade de expressão e de opinião, de integridade física e moral, ou da reserva da intimidade da vida privada). Ora, sem prejuízo do óbvio

[175] *O Trabalho*, cit., pp. 191-192.

[176] Trata-se de matéria que, entre nós, ainda não deu azo a jurisprudência muito numerosa, mas a que a doutrina tem dedicado cuidada atenção. Para análises aprofundadas desta temática, permito-me remeter, em especial, para JOSÉ JOÃO ABRANTES, *Contrato de Trabalho e Direitos Fundamentais*, Coimbra Editora, Coimbra, 2005, e TERESA COELHO MOREIRA, *Da Esfera Privada do Trabalhador e o Controlo do Empregador*, Studia Iuridica, nº 78, Boletim da Faculdade de Direito, Coimbra Editora, 2004, *A Privacidade dos Trabalhadores e as Novas Tecnologias de Informação e Comunicação: contributo para um estudo dos limites do poder de controlo eletrónico do empregador*, Almedina, Coimbra, 2010, e *Estudos de Direito do Trabalho*, vol. II, Almedina, Coimbra, 2016. Sobre algumas das questões acima formuladas, *vd.* JOÃO LEAL AMADO, «A Lei nº 37/2007, o tabaco e o trabalho: algumas questões», *RLJ*, nº 3947, nov.-dez. 2007, pp. 117-126, «VIH/SIDA e proibição de discriminação dos trabalhadores: entre a tensão para a transparência e o direito à opacidade», *RLJ*, nº 3960, jan.-fev. 2010, pp. 170-175, «Enredado: o *Facebook* e a justa causa de despedimento», *RLJ*, nº 3994, set.-out. 2015, pp. 45-64, e «Genética e contrato de trabalho: nótula em torno do mandato antidiscriminatório», *Direito da Saúde – Estudos em Homenagem ao Prof. Doutor Guilherme de Oliveira*, vol. 4, Almedina, Coimbra, 2016, pp. 47-60.

e necessário respeito pelos direitos de personalidade do empregador, esta *perspetiva paritária* não me parece feliz, por tender a obnubilar o problema específico colocado pela relação de trabalho nesta sede: o problema da extensão, da intensidade e dos limites dos poderes patronais. Por esta ser uma relação estruturalmente assimétrica, marcada, ademais, pelo profundo envolvimento da pessoa do trabalhador na execução da prestação, são os direitos deste, e não já do empregador, que o Direito do Trabalho deve salvaguardar. Para tutelar os direitos do empregador, dir-se-á, o CCivil já bastaria...

Trata-se, em todo o caso, de uma matéria complexa, de um terreno escorregadio em que abundam os conceitos indeterminados e em que surgem, não raro, questões melindrosas, cuja resposta poderá oscilar em função das circunstâncias concretas que rodeiam cada situação (a natureza da atividade prestada, o tipo de empresa em que se realiza, os usos do setor, etc.). Ao Direito do Trabalho compete, no essencial, estabelecer aqui um marco fundamental: a garantia, nas certeiras palavras de MARIA REGINA REDINHA, «de que homens e mulheres, no tempo e local de trabalho, não abandonam a sua qualidade de cidadãos nem se despem dos atributos jurídicos da sua humanidade»[177]. Sem que, ademais, se deva esquecer a forte ligação existente entre a tutela da personalidade e da liberdade do trabalhador e o respeito pelo princípio nuclear da não discriminação, nas suas diversas vertentes[178].

14.2.2. O assédio no trabalho

Já em pleno séc. XVI, no seu famoso *Discurso Sobre a Servidão Voluntária*, ÉTIENNE DE LA BOÉTIE afirmava: «Vistas bem as coisas, não há infelicidade maior do que estar sujeito a um chefe; nunca se pode confiar na bondade dele e só dele depende o ser mau quando assim lhe aprouver». Como vimos, o contrato de trabalho surge-nos, à luz do art. 11º do CT, marcado

---

[177] «Os direitos de personalidade no Código do Trabalho: atualidade e oportunidade da sua inclusão», *A Reforma do Código do Trabalho*, CEJ-IGT, Coimbra Editora, 2004, p. 161. Para uma perspetiva geral e atual sobre o tema, da mesma Autora, «Da proteção da personalidade no Código do Trabalho», *Para Jorge Leite – Escritos Jurídico-Laborais*, cit., pp. 819-853, com indicações bibliográficas.

[178] Um caso recente e curioso, de eventual discriminação em razão da situação familiar ou conjugal dos trabalhadores, pode ver-se em JOÃO LEAL AMADO, «O casal voador: anotação ao Acórdão do Tribunal da Relação de Lisboa, de 14 de setembro de 2016», *RLJ,* nº 4002, jan.-fev. 2017, pp. 207-218.

CONTRATO DE TRABALHO

pelas notas da inserção organizacional e da subordinação jurídica do trabalhador. Trata-se de um contrato que se cumpre e se executa, tipicamente, num quadro empresarial. E a empresa, sabemo-lo, traduz-se num espaço de autoridade e de convivialidade: a empresa é um espaço hierarquizado, em que se desenvolvem relações de poder; e é também um espaço relacional, no qual a intersubjetividade das pessoas se vai forjando e afirmando quotidianamente.

Ora, um espaço com estas características – território de autoridade e de convivialidade – constituiu, desde sempre, um palco privilegiado para os múltiplos e diversificados fenómenos que integram o chamado «assédio moral» ou *mobbing*. E, ao que parece, o fenómeno da violência psicológica no trabalho tende a agudizar-se nos nossos dias, por diversas razões: seja porque estes são tempos marcados por uma intensa pressão competitiva, por uma grande agressividade concorrencial e por uma acentuada precariedade do emprego (fatores que contribuem para aumentar o assédio entre trabalhadores, seja o assédio horizontal seja o assédio vertical descendente promovido pelos superiores hierárquicos em relação aos seus subalternos), seja, até, porque o assédio moral surge, amiúde, como efeito perverso da tutela constitucional da segurança no emprego, traduzindo-se numa estratégia patronal de acossamento do trabalhador, tendente a induzi-lo a abandonar, ele mesmo, o seu emprego (assédio estratégico, promovido pelo empregador em ordem a «quebrar» o trabalhador, impelindo-o a demitir-se).

É evidente que a entidade empregadora dispõe do poder de dirigir, conformar, controlar e fiscalizar a atividade dos respetivos trabalhadores. Ponto é, contudo, que o exercício destes poderes empresariais se processe de acordo com a boa fé, não originando constrangimentos ao trabalhador, não afetando a sua dignidade, não lhe criando um ambiente intimidativo, hostil, degradante, humilhante ou desestabilizador. *Ponto é, afinal, que o exercício dos poderes patronais respeite a pessoa que há em cada trabalhador.*

É verdade que o assédio constitui, ainda hoje, um conceito juridicamente fluido e impreciso, podendo traduzir-se em comportamentos muito diversificados. O assédio pode ser *vertical* ou *horizontal*: naquele caso, o assediante será, em princípio, o próprio empregador ou um superior hierárquico do trabalhador; neste caso, o assédio ocorre entre trabalhadores entre os quais não existe uma relação hierárquica. O assédio pode ter, ou não, caráter *discriminatório*: em regra, o assédio traduz-se numa conduta discriminatória, que envolve um tratamento diferenciado para um dado trabalhador;

mas não tem, forçosamente, de ser discriminatório (o empregador pode, desde logo, assediar todos os trabalhadores da empresa, sem distinção...). As condutas assediantes possuem, em regra, um caráter *duradouro, reiterado, persistente*, originando um conflito em escalada entre os sujeitos (mas este elemento de reiteração não é indispensável à luz da nossa lei). E o assédio pode ser, ou não, *intencional*: com efeito, nos termos do art. 29º do CT, ele consiste num qualquer comportamento indesejado, nomeadamente o baseado em fator de discriminação, com o *objetivo* ou o *efeito* de perturbar ou constranger a pessoa, afetar a sua dignidade, criar um ambiente laboral hostil ou humilhante, etc.

Merece particular realce, nesta matéria, a problemática do chamado *direito de ocupação efetiva* (ou, na fórmula de JORGE LEITE, do «direito de exercício da atividade profissional») do trabalhador. Em síntese, o problema consiste em saber se ao trabalhador, devedor da prestação laboral, assiste igualmente o «direito de trabalhar», isto é, o direito de exercer a sua atividade profissional (em certo sentido, pois, saber se ele goza de um *prima facie* paradoxal «direito de cumprir a obrigação»). Poderá o empregador limitar-se a pagar a retribuição ao trabalhador, mas colocar este último «na prateleira», sem viabilizar o exercício da correspondente atividade profissional?

Doutrina e jurisprudência há muito identificaram os interesses do trabalhador que poderiam ser afetados por uma situação de inatividade prolongada provocada pelo empregador: interesses de ordem material (porque o trabalho efetivo enriquece o «património profissional» de cada um, contribuindo para a respetiva valorização no mercado de trabalho) e interesses de ordem não patrimonial (porque a inatividade imposta, a segregação, a exclusão do ambiente de trabalho, a não ocupação efetiva, tudo isto poderá ter reflexos psicológicos negativos no trabalhador). Tendo em conta o exposto, bem como o estabelecido no art. 59º, nº 1, al. *b*), da CRP (preceito segundo o qual todos os trabalhadores têm direito à organização do trabalho em condições socialmente dignificantes, de forma a facultar a realização pessoal), não espanta que o CT consagre, no seu art. 129º, nº 1, al. *b*), ser proibido ao empregador «obstar injustificadamente à prestação de trabalho».

Eis um exemplo: o esvaziamento de funções do trabalhador, a sua colocação «na prateleira», pode constituir um dos múltiplos comportamentos capazes de integrarem o conceito, juridicamente fluido e impreciso, de *assédio* ou *mobbing*. Abarca este conceito, comos se disse, um vasto conjunto

de comportamentos vexatórios ou humilhantes, habitualmente com caráter repetitivo, suscetíveis de afetar a saúde física e psíquica da vítima (pro-
vocando, ou podendo provocar nesta, ansiedade, perda de auto-estima,
depressão, etc.). A violência psicológica no trabalho não é, com certeza,
algo de novo, mas o certo é que, no atual contexto de grande pressão competitiva e de acentuada precarização do emprego, o fenómeno tende a
agravar-se, convertendo-se, amiúde, em autêntico terrorismo psicológico.
E, como se disse, por vezes o assédio surge como um filho indesejado do
próprio Direito do Trabalho, isto é, como uma espécie de efeito perverso
da tutela concedida pelo ordenamento jurídico-laboral à segurança no emprego, traduzindo-se numa estratégia patronal de acossamento e desgaste
do trabalhador, em ordem a que este apresente a demissão[179].

Trata-se, repete-se, de um fenómeno multiforme: injúrias, agressões ver-
bais, afirmações humilhantes, ameaças, difusão de calúnias, isolamento do
trabalhador, proibindo-o de falar seja com quem for (companheiros de trabalho ou clientes da empresa), privação de aquecimento ou proibição de
acesso à casa de banho, atribuição de tarefas excessivas ou demasiado exi-
gentes para a qualificação do trabalhador, esvaziamento de funções... eis algumas das muitas condutas que podem corresponder à noção de assédio[180].

O atual CT proíbe a prática de *assédio*, no nº 1 do seu art. 29º, sendo este
definido, no nº 2 do mesmo preceito, como «o comportamento indesejado,
nomeadamente o baseado em fator de discriminação, praticado aquando
do acesso ao emprego ou no próprio emprego, trabalho ou formação profissional, com o objetivo ou o efeito de perturbar ou constranger a pessoa,
afetar a sua dignidade, ou de lhe criar um ambiente intimidativo, hostil, degradante, humilhante ou desestabilizador». E o nº 3 acrescenta que constitui *assédio sexual* «o comportamento indesejado de caráter sexual, sob forma
verbal, não verbal ou física, com o objetivo ou o efeito referido no número
anterior». Aliás, como facilmente se imagina, muitas vezes a um tipo de

---

[179] Também aqui se faz sentir a especificidade do contrato de trabalho desportivo, dado
que, neste contexto, os casos mais significativos de assédio moral visam, ao invés, pressionar o trabalhador do desporto a prolongar a sua ligação contratual com a respetiva entidade
empregadora, constrangendo-o a prorrogar o contrato a termo. Sobre a questão, JOÃO LEAL
AMADO, «Entre a renovação e a hibernação: assédio moral no desporto», *Desporto & Direito –
Revista Jurídica do Desporto*, nº 31, 2013, pp. 11-35.

[180] Para uma interessante hipótese prática apreciada pelos nossos tribunais, de assédio com
propósito humilhante, remete-se para JOÃO LEAL AMADO, «As faces do assédio», *QL*, nº 33,
2009, pp. 117-119.

assédio sucede-se outro: a um assédio sexual frustrado seguem-se, na exata medida da frustração provocada no autor, condutas integrantes de assédio moral.

Quanto às possíveis *consequências jurídicas do assédio laboral* (moral ou sexual), cumpre notar que:

i) A prática de assédio confere ao trabalhador lesado o direito a ser indemnizado pelos danos patrimoniais e não patrimoniais sofridos, nos termos gerais de direito (art. 29º, nº 4, do CT);

ii) A prática de assédio constitui contraordenação muito grave, pela qual responde o empregador (art. 551º), sem prejuízo da eventual responsabilidade penal prevista nos termos da lei (art. 29º, nº 5, do CT);

iii) A prática de assédio por parte de um trabalhador legitima a utilização do poder disciplinar patronal, podendo dar azo ao despedimento com justa causa do autor do assédio, nos casos mais graves[181];

iv) A prática de assédio pelo empregador constituirá justa causa de resolução do contrato por iniciativa do trabalhador, o mesmo sucedendo na hipótese de o empregador vir a revelar-se conivente com o assédio promovido por um trabalhador em relação a outro – pense-se, desde logo, na hipótese de o empregador tomar conhecimento do assédio e nada fazer para pôr cobro ao mesmo (a este propósito, veja-se a nova redação da al. *f)* do nº 2 do art. 394º do CT).

---

[181] Ainda que, em regra, o poder disciplinar se analise num *direito subjetivo* do empregador, de conteúdo egoísta e de exercício livre e não vinculado (a este propósito, ROSÁRIO PALMA RAMALHO, *Tratado de Direito do Trabalho*, II, cit., pp. 586-587), o certo é que, neste caso do assédio, ele parece perfilar-se como um autêntico *poder-dever*, visto que, segundo o nº 1, al. *l)*, do art. 127º do CT, o empregador deve (note-se: não pode, deve) instaurar procedimento disciplinar sempre que tiver conhecimento de alegadas situações de assédio no trabalho.

§ 15º
O *quid* da prestação de trabalho: fazer o quê?

15.1. O objeto da prestação de trabalho: a categoria profissional e as funções desempenhadas pelo trabalhador

«Cabe às partes determinar por acordo a atividade para que o trabalhador é contratado», lê-se no art. 115º, nº 1, do CT. Eis o chamado *princípio da contratualidade do objeto*. Como foi dito *supra*, aquando da celebração do contrato as partes devem acordar num conjunto de tarefas ou serviços concretamente definidos ou individualizáveis, sob pena de eventual nulidade do contrato por indeterminabilidade do objeto (art. 280º do CCivil). Normalmente, o trabalhador é contratado para exercer um tipo genérico de atividade, a que corresponde determinada categoria profissional ou normativa, competindo à convenção coletiva (ou, quiçá, ao regulamento interno) a definição das várias tarefas ou funções que a integram. Daí que o nº 2 daquele art. 115º acrescente que «a determinação a que se refere o número anterior pode ser feita por remissão para categoria de instrumento de regulamentação coletiva de trabalho ou de regulamento interno de empresa».

Aqui chegados, o discurso juslaboral tradicional acrescentava: a categoria profissional traduz-se, nos termos expostos, numa forma de exprimir o objeto do contrato de trabalho[182], num rótulo referenciador da prestação

---

[182] Nas palavras de JORGE LEITE, a categoria profissional consiste num «expediente técnico através do qual se definem conjuntos de funções que participam de uma certa homogeneidade» (*Direito do Trabalho*, vol. II, cit., p. 98). Para JOSÉ ANDRADE MESQUITA, a categoria profissional constitui «um todo coerente de funções», englobando «várias tarefas laborais, integradas num conjunto coerente, tipicamente desempenhadas por um trabalhador» (*Direito do Trabalho*, 2ª ed., AAFDL, 2004, pp. 532-533).

CONTRATO DE TRABALHO

laboral devida, identificando e delimitando as funções que um trabalhador pode ser obrigado a realizar, competindo à entidade empregadora a escolha, em cada momento, das concretas tarefas a prestar dentro do tipo genérico prometido; neste sentido, a categoria surgia como uma espécie de couraça, constituindo um importante limite ao poder de direção do empregador, o qual, em princípio, apenas operava no respeito por esse limite, isto é, dentro do círculo de funções inerentes à categoria.

Acontece que as categorias constantes das convenções coletivas foram-se multiplicando e foram-se afunilando, acabando por converter-se num fator de excessiva rigidez laboral. Destarte, a necessidade de flexibilizar a gestão da mão-de-obra e o discurso da polivalência funcional acabaram por levar o legislador a desmentir o princípio da contratualidade do objeto do contrato de trabalho. Com efeito, o nº 2 do art. 118º do CT logo adverte o intérprete: «A atividade contratada, ainda que determinada por remissão para categoria profissional de instrumento de regulamentação coletiva de trabalho ou regulamento interno de empresa, compreende as funções que lhe sejam afins ou funcionalmente ligadas, para as quais o trabalhador tenha qualificação adequada e que não impliquem desvalorização profissional».

Ou seja, o legislador como que «corrige» ou «completa» as partes, assim se assistindo a uma autêntica *redefinição ou reconfiguração legal do objeto do contrato de trabalho*. Desta forma, a categoria torna-se insuficiente em ordem à identificação e delimitação do objeto contratual, a categoria funciona como mero ponto de partida para avaliar o referido objeto. A categoria converte-se numa forma de exprimir o núcleo central (e apenas esse núcleo duro ou central) do objeto do contrato, pois agora este será formado, em princípio, pelas tarefas compreendidas na categoria e pelas «funções que lhe sejam afins ou funcionalmente ligadas»[183].

Eleva-se assim, *ex vi legis*, o grau de indeterminação do objeto do contrato de trabalho[184], reduz-se *ope legis* o valor garantístico tradicionalmente

---

[183] Caso a essas funções afins ou funcionalmente ligadas corresponda uma retribuição mais elevada, o trabalhador terá direito a auferir essa retribuição majorada, mesmo que apenas exerça as ditas funções a título acessório (art. 267º do CT).

[184] Repare-se que o nº 3 do art. 118º não deixa de acrescentar que, para efeitos do nº 2, «consideram-se afins ou funcionalmente ligadas, designadamente, as funções compreendidas no mesmo grupo ou carreira profissional». Poder-se-ia pensar que esta norma teria um intuito limitativo; mas o «designadamente» aniquila qualquer veleidade interpretativa nesta matéria. Como escreve JÚLIO GOMES, em termos que mantêm plena atualidade à luz do CT

atribuído à categoria profissional, as fronteiras do que ao trabalhador é ou não exigível ficam menos nítidas, vale dizer, alarga-se o espaço de atuação do poder de direção do empregador e a autoridade deste, no plano funcional, consolida-se. Enquanto expediente apto para delimitar o objeto do contrato de trabalho, a categoria, se não foi descartada pela nossa lei, encontra-se, todavia, em regime de «liberdade condicionada», sujeita a apertada vigilância por parte de um ordenamento jurídico-laboral aparentemente rendido aos encantos da polivalência – isto muito embora se saiba que a polivalência consiste num «saber-fazer plural», numa qualidade do trabalhador que não surge por decreto...

A *tutela da categoria profissional* passa pela proibição de o empregador baixar a categoria do trabalhador (art. 129º, al. *e*), do CT), salvo nos casos previstos no art. 119º (isto é, com fundamento em necessidades prementes de alguma das partes, com o acordo do trabalhador e carecendo ainda de ser autorizada pela administração do trabalho no caso de a mudança determinar diminuição da retribuição). Mas resulta dos princípios gerais que a própria mudança para categoria superior (promoção), ao menos quando implique modificação de tarefas, funções ou grau de responsabilidade, deve ser consensual, contando com o assentimento, ainda que tácito, do trabalhador.

15.2. A mobilidade funcional

Lê-se, por seu turno, no nº 1 do art. 118º do CT: «O trabalhador deve, em princípio, exercer funções correspondentes à atividade para que se encontra contratado, devendo o empregador atribuir-lhe, no âmbito da referida atividade, as funções mais adequadas às suas aptidões e qualificação profissional». É o chamado *princípio da invariabilidade da prestação*, princípio do desempenho de funções correspondentes à atividade para que se foi contratado – ainda que, recorde-se, tal atividade «contratada» tenha sido automaticamente alargada pela lei, nos termos expostos *supra*.

Significa isto que a proteção legal deferida àquela «atividade contratada» impede, em absoluto, que ao trabalhador venha a ser exigido o desempenho de funções que dela exorbitem? Não. A lei atende, uma vez mais, às

---

vigente, «a atividade acordada é mais ampla, em princípio, do que a categoria profissional constante do IRCT, abrangendo, pelo menos, as atividades compreendidas no mesmo grupo ou carreira profissional» (*Direito do Trabalho*, cit., p. 508).

CONTRATO DE TRABALHO

exigências da flexibilidade empresarial, as quais reclamam do trabalhador que este seja «funcionalmente móvel». Daí que o nº 1 do art. 120º do CT estabeleça que «o empregador pode, quando o interesse da empresa o exija, encarregar o trabalhador de exercer temporariamente funções não compreendidas na atividade contratada, desde que tal não implique modificação substancial da posição do trabalhador». Trata-se do chamado *jus variandi*, faculdade excecional concedida ao empregador que se traduz, em boa medida, numa ultrapassagem dos quadros contratuais. Com efeito, e na fórmula clássica de GINO GIUGNI, «o *jus variandi* começa onde o poder de direção acaba».

É certo que a lei coloca limites a este singular «direito de variação» patronal: *i)* o interesse da empresa assim o exigir (resta saber se o «interesse da empresa» é coisa que existe e como é que ele se afere)[185]; *ii)* ser uma variação transitória (a duração da alteração não deverá ultrapassar dois anos, de acordo com o nº 3 do art. 120º); *iii)* não implicar uma modificação substancial da posição do trabalhador (conceito indeterminado, de preenchimento difícil...); *iv)* não implicar diminuição da retribuição, podendo implicar o aumento da mesma (nº 4). Trata-se de uma alteração transitória de funções que, em princípio, não belisca a atividade contratada. Por isso mesmo, e salvo disposição em contrário, o trabalhador não adquire a categoria correspondente às funções temporariamente exercidas (nº 5).

Chega de mobilidade? O nosso legislador pensou que não. E, se bem o pensou, melhor o fez, dado que o nº 2 do art. 120º preceitua: «As partes podem alargar ou restringir a faculdade conferida no número anterior, mediante acordo que caduca ao fim de dois anos se não tiver sido aplicado». Ou seja, a lei autoriza que as partes, através de simples estipulação contratual, alarguem aquele «direito de variação», vale dizer, subvertam a excecionalidade do recurso ao *jus variandi*. Aparentemente, as partes poderão dispensar que o interesse da empresa exija a alteração, bem como poderão admiti-la mesmo que ela implique uma modificação substancial da posição do trabalhador... É, afinal, da *mobilidade contratualizada* que se trata, é das chamadas «cláusulas de mobilidade funcional» que esta norma se ocupa. E, dir-se-ia, preocupa-se pouco com tais cláusulas, limitando-se a assinalar

---

[185] Como observa ROSÁRIO PALMA RAMALHO, na prática é «difícil de distinguir o interesse do empregador e o interesse da empresa (uma vez que é o primeiro que corporiza o segundo)» – *Tratado de Direito do Trabalho, II*, cit., p. 316.

que, se a faculdade que elas conferem ao empregador não for acionada no período de dois anos, a cláusula caducará. Resta saber se este limite temporal, *prima facie* protetor do trabalhador, não acabará por revelar-se perverso, estimulando o empregador a fazer uso de tal cláusula para que esta não caduque...[186].

---

[186] Mais ainda que as «cláusulas de mobilidade funcional», as chamadas «cláusulas de mobilidade geográfica» têm-se difundido bastante entre nós, sobretudo a partir do CT de 2003. Tratarei, pois, destas cláusulas de mobilidade, com maior desenvolvimento, a propósito do local de trabalho e da sua alteração. Mas as considerações que então farei são, em boa medida, transponíveis para o domínio da mobilidade funcional.

§ 16º
O lugar da prestação de trabalho: trabalhar onde?

16.1. O relevo do local de trabalho

É sabido que, na economia do contrato de trabalho, o lugar de execução da prestação laboral constitui um aspeto de suma importância, para o empregador como para o trabalhador. Do ponto de vista dos interesses de ambas as partes, o *locus executionis* traduz-se, realmente, num elemento fulcral do contrato de trabalho. Na verdade, ao contratar um determinado trabalhador a entidade empregadora visa obter a disponibilidade da respetiva mão-de-obra num certo local (coincidente, em regra, com o espaço ocupado pela empresa ou estabelecimento), em ordem a combinar essa mão-de-obra com a dos demais trabalhadores e com os restantes fatores produtivos, só assim se podendo atingir os objetivos prosseguidos pelo empregador. Como bem assinala BERNARDO LOBO XAVIER, «só satisfará o interesse da entidade patronal, credora da prestação do trabalho, o serviço prestado na empresa, na hora e local por ela previstos e determinados. Debalde oferecerá o trabalhador a sua prestação em local diverso – com efeito, que utilidade dela extrairia a entidade patronal se não a conjugasse com a força de trabalho, a maquinaria, as matérias-primas e a clientela que se encontram no lugar estabelecido?»[187].

O trabalhador, por seu turno, ao celebrar este contrato, obriga-se a laborar sob a autoridade e direção do empregador, em certo tempo e em certo lugar – sendo facto que, como a simples observação empírica exuberantemente demonstra, é em função desse mesmo lugar que o trabalhador vai

---

[187] «O lugar da prestação do trabalho», *ESC*, nº 33, 1970, pp. 13-15.

organizar e planificar toda a sua vida extraprofissional (é tendo em conta o local de trabalho que o trabalhador vai fixar a sua residência, vai colocar os filhos na escola, vai frequentar a associação desportiva, recreativa ou cultural da zona, vai alimentar o seu círculo de convivialidade social, etc.). Em suma, se, como alguém disse, *nós somos, em grande medida, o emprego que temos*, não será arriscado acrescentar que *nós vivemos, em boa medida, em função do sítio onde trabalhamos. O locus executionis* representa, pois, uma modalidade essencial da prestação de trabalho, o local de trabalho constitui, portanto, um elemento nuclear deste contrato.

É certo que não falta quem sustente que, na sociedade atual, a proteção do local de trabalho perde, consideravelmente, justificação, pelo que se registaria mesmo uma tendência para minimizar o papel do local de trabalho. Compreende-se, mas não se subscreve, esta afirmação. Cotejando a realidade dos nossos dias com aquela que existia há algumas décadas atrás, é indesmentível que muito mudou nesta matéria: hoje há mais e melhores meios de transporte, a rede viária transformou-se e progrediu imenso, as deslocações são, por isso, mais fáceis, em suma, Portugal (e o mundo) parece estar cada vez mais pequeno. Isto, porém, é apenas uma face da medalha. A outra face traduz-se nas delongas e no *stress* resultantes dos constantes congestionamentos de trânsito nos grandes aglomerados populacionais, bem como na seguinte circunstância, cujo relevo não pode ser ignorado: ao passo que, nos anos sessenta ou setenta do século passado, o protótipo juslaboral ainda era constituído pelo trabalhador-homem-chefe de família, único ganha-pão do lar (o *breadwinner*), no dealbar do séc. XXI o protótipo é radicalmente distinto, com ambos os cônjuges a desenvolverem uma atividade profissional e com absoluta igualdade de direitos em matéria de vida familiar e não só (no que toca à educação dos filhos, à eleição do local de residência, à assunção de compromissos extraprofissionais da mais variada índole, etc.). Ora, a meu ver, esta mutação sociológica não pode deixar de ter as suas implicações em sede de tutela da estabilidade do local de trabalho. Com efeito, e ao invés do que antes tendia a acontecer, a mudança de local de trabalho de um dos cônjuges/trabalhadores é suscetível de causar graves perturbações na respetiva vida familiar, visto que agora o outro cônjuge também trabalha e nem sempre lhe será fácil (ou, sequer, possível) acompanhar o primeiro. Parece-me, pois, que, hoje como ontem (embora talvez por motivos algo diferentes), a estabilidade do local de trabalho é um valor importante, um valor que merece adequada proteção por parte do ordenamento jurídico-laboral.

16.2. A noção de local de trabalho

A essencialidade ou centralidade do local de trabalho na economia deste contrato em nada obstam, no entanto, a que a correspondente noção seja algo relativa ou elástica, podendo possuir uma amplitude ou extensão variáveis. Basta pensar, a este propósito, nas atividades itinerantes ou ambulatórias (motorista, operário da construção civil, caixeiro-viajante...), em que, pela sua própria natureza, o local de trabalho possui geometria variável, tendendo a cobrir um perímetro mais dilatado do que o do operário fabril, o do empregado de escritório ou o do trabalhador ao serviço de um estabelecimento comercial. De qualquer das formas, dado que o local do cumprimento da prestação constitui um aspeto essencial do programa contratual, a definição do âmbito geográfico da prestação laboral caberá, naturalmente, aos sujeitos desse contrato. Como escreve MENEZES CORDEIRO, «no caso da prestação de trabalho, resulta em regra do próprio contrato, de modo expresso ou tácito, o local da prestação de trabalho; na dúvida, impõe-se o que resultar duma interpretação conveniente, baseada na boa fé, que dê primazia à finalidade do projetado trabalho»[188]. De resto, a própria *execução do contrato* permitirá delimitar esse local de trabalho[189], que a doutrina tem feito coincidir com a ideia de «centro estável ou predominante do desenvolvimento da atividade laboral».

Sendo embora um *conceito relativo ou elástico*, podendo, como se disse, ser dotado de uma amplitude ou extensão variáveis, o certo é que, ainda assim, *não poderá verificar-se uma total indeterminação do local de trabalho*, pois a situação de heterodisponibilidade do trabalhador tem de resultar, de algum modo, espacialmente delimitada pelo contrato. Com efeito, o trabalhador não se poderá obrigar a prestar toda e qualquer atividade, em todo e qualquer lugar, sob a autoridade e direção do empregador. A exigência de determinação ou determinabilidade do objeto do contrato de trabalho é

---

[188] *Manual de Direito do Trabalho*, cit., p. 683. Em sentido próximo, MONTEIRO FERNANDES, *Direito do Trabalho*, cit., pp. 501-502 (chamando este Autor a atenção para a circunstância, a meu ver sobremaneira importante, de a estipulação contratual do local de trabalho resultar, normalmente, da mera adesão do trabalhador à proposta patronal).

[189] Alertando para a necessidade de atender à execução contratual, em ordem à determinação do local de trabalho, *vd.* JOSÉ ANDRADE MESQUITA. Segundo o Autor, «o local de trabalho tem que estar determinado ou ser determinável, correspondendo, em qualquer caso, à efetiva execução contratual e não a hipotéticas necessidades empresariais futuras. Estas podem dar lugar a posteriores alterações do local de trabalho, segundo regras que equilibrem os interesses de ambas as partes» (*Direito do Trabalho*, cit., pp. 571-572).

CONTRATO DE TRABALHO

incontornável, quer quanto ao tipo de funções desempenhadas, quer quanto ao lugar de execução das mesmas. Como sugestivamente observa PEDRO MADEIRA DE BRITO, a propósito dos limites geográficos da prestação, «o trabalhador não se pode obrigar a executar as suas funções no Planeta Terra»[190]. De acordo com o disposto no próprio art. 280º do CCivil, o trabalhador comprometer-se-á, por conseguinte, a prestar ao empregador *uma atividade funcional, temporal e espacialmente delimitada ou balizada* – sob pena de, não o fazendo, acabar por se ver colocado numa posição próxima da servil. O que é totalmente inadmissível[191].

16.3. A garantia da inamovibilidade do trabalhador

Aqui chegados, dir-se-á: *i)* a fixação do local de trabalho corresponde a um elemento do maior relevo para ambos os sujeitos deste contrato; *ii)* a fixação do local de trabalho possui natureza contratual, resultando, pois, de acordo das partes, cujo conteúdo pode extrair-se da própria execução contratual; *iii)* assim sendo, *pacta sunt servanda*, vale dizer, o contrato deverá ser pontualmente cumprido, não podendo modificar-se por vontade unilateral de qualquer dos contraentes (art. 406º, nº 1, do CCivil). Nas palavras de JÚLIO GOMES, «o princípio de que os contratos devem ser pontualmente cumpridos tem aqui como corolário que a entidade patronal não pode em princípio transferir o trabalhador sem o seu acordo. Esta é, também, a trave-mestra, a pedra basilar do nosso sistema legal»[192].

Resulta, destarte, inteiramente compreensível que o nosso ordenamento jurídico de há muito venha consagrando expressamente a chamada «garantia da inamovibilidade», vedando à entidade patronal, em princípio, a transferência do trabalhador para outro local de trabalho. Princípio este que, enquanto tal, veio também a ser acolhido pelo atual CT, designadamente nos seus arts. 129º, nº 1, al. *f)* (nos termos do qual, «é proibido ao empregador

---

[190] «Local de Trabalho», *Estudos do Instituto de Direito do Trabalho*, vol. I, cit., p. 370.

[191] Em moldes mais rigorosos, e em lugar do teste de determinabilidade do art. 280º do CCivil, JOANA NUNES VICENTE refere-se antes à «exigência de predeterminação do parâmetro geográfico da prestação laboral». A Autora sublinha que o imperativo de *predeterminação* não se confunde com a exigência de *determinabilidade*, pois aqui está em causa uma possibilidade de determinação no futuro, ao passo que ali existe um imperativo de conhecer de antemão o perímetro dentro do qual a prestação laboral deverá ser realizada – «Cláusulas de definição do local de trabalho», *QL*, nº 42, 2013, pp. 217-239.

[192] «Algumas considerações sobre a transferência do trabalhador, nomeadamente no que concerne à repartição do ónus da prova», *RDES*, 1991, nº 1-2, p. 98.

O LUGAR DA PRESTAÇÃO DE TRABALHO: TRABALHAR ONDE?

transferir o trabalhador para outro local de trabalho, salvo nos casos previstos neste Código ou em instrumento de regulamentação coletiva de trabalho, ou ainda quando haja acordo»), e 193º, nº 1 (segundo o qual, «o trabalhador deve, em princípio, exercer a atividade no local contratualmente definido, sem prejuízo do disposto no artigo seguinte»).

Note-se, em todo o caso, que o «local contratualmente definido» a que alude o supracitado preceito codicístico, isto é, a zona geográfica contratualmente ajustada pelos sujeitos, coincidirá, em regra, com a área da empresa, estabelecimento ou unidade produtiva em que o trabalhador labore. Este será, de acordo com a terminologia proposta por MENEZES CORDEIRO, o *local de trabalho potencial* do trabalhador, competindo depois ao empregador, no uso do seu poder diretivo, a definição do *local de trabalho efetivo* daquele[193]. Vale dizer, *o local de trabalho potencial resulta de estipulação contratual, ao passo que o local de trabalho efetivo resulta da direção patronal.* Sendo o primeiro mais vasto do que o segundo, este poderá mudar sem que aquele seja alterado – tratar-se-á então, afinal, da normal *execução* do contrato de trabalho, de acordo com as ordens e instruções do empregador, e não já de uma qualquer *modificação* do mesmo.

16.4. As possibilidades de transferência unilateral à luz do CT

Consagrando embora a referida garantia da inamovibilidade, o certo é que o nosso ordenamento jurídico nunca foi insensível às exigências empresariais no sentido da mobilidade dos trabalhadores. Não o foi no quadro da legislação pré-codicística, menos ainda o é no quadro do atual CT. Aliás, este diploma manteve, no essencial, a clássica dicotomia de *fattispecies* (transferência individual e transferência coletiva) em que assentava a legislação anterior. Assim, prescreve o art. 194º, nº 1, do CT que «o empregador pode transferir o trabalhador para outro local de trabalho, temporária ou definitivamente, nas seguintes situações: *a)* «em caso de mudança ou extinção, total ou parcial, do estabelecimento onde aquele presta serviço» (*transferência coletiva*); *b)* quando outro motivo do interesse da empresa o exija e a transferência não implique prejuízo sério para o trabalhador» (*transferência individual*)[194].

---

[193] MENEZES CORDEIRO, *Manual de Direito do Trabalho*, cit., p. 684.
[194] Como nota JOSÉ ANDRADE MESQUITA, esta terminologia, sendo tradicional, nem por isso se mostra feliz, dado que, na chamada transferência individual, o empregador pode ordenar a mudança de vários trabalhadores em simultâneo, mantendo o estabelecimento no mesmo

CONTRATO DE TRABALHO

Tal como sucedia no domínio da legislação precedente, o conceito in-determinado de *prejuízo sério* continua a desempenhar uma função central no tratamento normativo desta matéria: *i)* assim, na hipótese de *transferência individual* (a qual é plausível no seio de uma organização produtiva pluri-localizada), o empregador apenas poderá modificar o local de trabalho se tal transferência não implicar prejuízo sério para o trabalhador (em caso de prejuízo sério, o trabalhador poderá desobedecer à ordem patronal de transferência, visto que o dever de obediência tem como limite o res-peito pelos seus direitos e garantias, conforme resulta do art. 128º, nº 1, al. *e)*, do CT)[195]; *ii)* já no caso de *transferência coletiva*, o trabalhador não poderá opor-se eficazmente à mudança, mas sempre poderá resolver o contrato, com direito a compensação, se aquela lhe causar prejuízo sério, ao abrigo do disposto no nº 5 do art. 194º

De resto, este preceito estabelece que, no caso de transferência definitiva, o trabalhador poderá resolver o contrato se tiver prejuízo sério, parecendo, ao menos *prima facie*, abranger tanto a hipótese de transferência coletiva como a própria transferência individual – o que significa que, confrontado com uma ordem de transferência individual que lhe irá causar prejuízo sé-rio, o trabalhador poderá recusar-se a obedecer a essa ordem, seja no sen-tido de continuar a trabalhar no mesmo local, seja no sentido de resolver o contrato com efeitos imediatos e com direito a ser compensado[196].

---

sítio, ao passo que, na chamada transferência coletiva, a mudança do estabelecimento (ou de parte dele) poderá abranger apenas um trabalhador. A transferência individual traduz-se, pois, numa transferência meramente laboral, desacompanhada da mudança do estabele-cimento, analisando-se a transferência coletiva numa transferência inerente ao estabeleci-mento – *Direito do Trabalho*, cit., pp. 578 e ss.

[195] É óbvio, porém, que, consistindo este «prejuízo sério» num conceito indeterminado, a desobediência do trabalhador à ordem patronal comporta riscos consideráveis de lhe vir a causar sérios prejuízos, em virtude de o empregador poder considerar a desobediência como ilegítima e logo desencadear o seu poder disciplinar... Daí a sugestão formulada por ALBINO MENDES BAPTISTA, no sentido de se recorrer a uma providência cautelar para a apreciação liminar da legitimidade da transferência («A mobilidade geográfica dos trabalhadores à luz do novo Código do Trabalho», *Estudos sobre o Código do Trabalho*, 2ª ed., Coimbra Editora, 2006, pp. 110-111).

[196] É defensável, nesta matéria, sustentar uma interpretação restritiva deste nº 5 do art. 194º, em termos de o mesmo apenas se aplicar às hipóteses de transferência coletiva. Diferente-mente, nas hipóteses de transferência individual ilegal, o trabalhador poderia também resol-ver o contrato de trabalho, mas aqui com base no art. 394º, nº 2, al. *b)*, do CT, e com direito à indemnização prevista no art. 396º Neste sentido, JOANA NUNES VICENTE, «Breves notas

O LUGAR DA PRESTAÇÃO DE TRABALHO: TRABALHAR ONDE?

A par da clássica dicotomia transferência individual/transferência coletiva, o CT distingue, outrossim, as hipóteses de transferência *definitiva* do trabalhador daquelas em que a transferência deste é meramente *temporária*. Neste último caso, a ordem patronal de transferência, além da fundamentação, deverá indicar o tempo previsível da alteração (que, salvo por exigências imperiosas do funcionamento da empresa, não poderá exceder seis meses, nos termos do nº 3 do art. 194º)[197].

Por outro lado, o CT estabelece *regras procedimentais* em matéria de transferência: assim, segundo o seu art. 196º, a decisão patronal de transferência de local de trabalho terá de ser comunicada ao trabalhador, em termos devidamente fundamentados e por escrito, com oito ou trinta dias de antecedência, conforme se trate, respetivamente, de uma transferência temporária ou de uma transferência definitiva. A discrepância quanto ao prazo de pré-aviso requerido (8 ou 30 dias) compreende-se sem dificuldade, visto que, em princípio, uma transferência definitiva terá implicações mais profundas na vida pessoal e familiar do trabalhador do que uma transferência meramente temporária, pelo que o período temporal necessário para fazer face à mudança será, tendencialmente, mais dilatado.

Por seu turno, o nº 4 do art. 194º prescreve que «o empregador deve *custear as despesas do trabalhador* decorrentes do acréscimo dos custos de deslocação e da mudança de residência ou, em caso de transferência temporária, de alojamento». Note-se que, tendo em conta o disposto nos nºs 2 e 6 deste artigo, o regime constante do nº 4 parece possuir um caráter «coletivo-dispositivo», vale dizer, poderá ser livremente afastado por IRCT, mas já não poderá ser afastado, em sentido menos favorável para o trabalhador, através de contrato individual de trabalho[198].

Registe-se, por último, que em caso de transferência individual, definitiva ou temporária, o CT requer *expressis verbis*, como pressuposto legitimador

---

sobre fixação e modificação do horário de trabalho», *Para Jorge Leite – Escritos Jurídico-Laborais*, cit., pp. 1065-1067, em nota.

[197] Entretanto, o CT procede ainda a uma distinção ulterior, separando os conceitos de transferência temporária e de *deslocação* do trabalhador (este encontra-se adstrito a deslocações inerentes às suas funções ou indispensáveis à sua formação profissional, conforme dispõe o nº 2 do art. 193º).

[198] Com efeito, o caráter supletivo da norma cinge-se ao seu nº 1 (cujo regime poderá ser afastado mediante contrato de trabalho, ao abrigo do nº 2), mas quanto ao disposto no nº 4 do art. 194º parece valer a diretriz consagrada no art. 3º, nº 5, do CT.

CONTRATO DE TRABALHO

de qualquer ordem patronal nesse sentido, que um motivo do interesse da empresa a exija (nº 1, al. *b*), do art. 194º). Esta exigência legal, relativa ao *interesse da empresa*, é de aplaudir, sem que, todavia, devam ser alimentadas grandes ilusões a seu respeito, pois convém não esquecer que o interesse da empresa é definido, em larguíssima medida, pelo respetivo titular, de modo que, na prática, não será esta ressalva que evitará os riscos tantas vezes associados a uma ordem de transferência do trabalhador – os riscos de tal ordem não se basear em reais razões de tipo gestionário, analisando-se antes num comportamento persecutório e/ou retaliatório por banda do empregador, tendente, não raro, a forçar o trabalhador a demitir-se.

16.5. As transferências autorizadas pelo contrato: as «cláusulas de mobilidade geográfica»

O art. 24º, nº 1, da defunta LCT (norma que estabelecia as exceções à garantia da inamovibilidade, então solenemente consagrada no art. 21º, nº 1, al. *e*), do mesmo diploma) apresentava o seguinte teor: «A entidade patronal, salva estipulação em contrário, só pode transferir o trabalhador para outro local de trabalho se essa transferência não causar prejuízo sério ao trabalhador ou se resultar da mudança, total ou parcial, do estabelecimento onde aquele presta serviço». Este preceito gerou uma forte polémica doutrinal quanto ao respetivo caráter. A dúvida consistia em saber qual o exato sentido que deveria ser atribuído à expressão «salva estipulação em contrário». Teria o legislador pretendido instituir um regime meramente supletivo, portanto livremente modificável ou afastável pelas partes? Ou gozaria aquela norma da singular imperatividade (imperatividade relativa) típica das leis do trabalho? Sendo este o caso, as partes contratantes poderiam reduzir ou eliminar as hipóteses de transferência unilateral do trabalhador previstas na lei, mas já não poderiam alargá-las ou deixar a mudança de local de trabalho ao puro critério do empregador. Ora, na resposta a esta questão, como tantas vezes sucede, a doutrina dividiu-se. Quanto à jurisprudência, o STJ teve ocasião de se pronunciar sobre o assunto, concluindo que a garantia da inamovibilidade não era de interesse e ordem pública, pelo que os sujeitos poderiam convencionar diretamente no contrato que a entidade patronal gozaria de liberdade na fixação do lugar de trabalho[199].

---

[199] Acórdão do STJ, de 11-5-1994, *ADSTA*, nº 394, 1994, pp. 1173 e ss.

Decerto tendo presente a referida polémica doutrinal, o CT de 2003 aproveitou o ensejo para esclarecer todas as dúvidas: a regra da inamovibilidade traduzia-se, afinal, numa *«garantia» meramente supletiva*, que, como tal, bem vistas as coisas, não constituía garantia alguma. Com efeito, depois de estabelecer as condições em que era admissível a transferência individual (art. 315º, nº 1) e a transferência coletiva (art. 315º, nº 2) do trabalhador, o nº 3 do mesmo artigo acrescentava: «Por estipulação contratual as partes podem alargar ou restringir a faculdade conferida nos números anteriores». E o atual CT não se afastou dessa linha de rumo, lendo-se no nº 2 do seu art. 194º: «As partes podem alargar ou restringir o disposto no número anterior, mediante acordo que caduca ao fim de dois anos se não tiver sido aplicado».

A mensagem normativa enunciada, a este propósito, pelo CT é cristalina, consistindo numa inequívoca aposta no papel do contrato individual como fator de promoção da mobilidade geográfica do trabalhador. As «cláusulas de mobilidade geográfica» (tal como, de resto, as «cláusulas de inamovibilidade geográfica») serão, pois, em princípio, admissíveis à luz do CT[200]. Ainda assim, pergunta-se: não haverá limites a observar nesta matéria? Será admissível, p. ex., uma cláusula de mobilidade que coloque a transferência individual do trabalhador à mercê do puro arbítrio da entidade empregadora? Será, por seu turno, admissível uma cláusula de inamovibilidade total do trabalhador, mesmo em caso de deslocalização do estabelecimento onde este presta serviço?

Julga-se que, em ambos os casos, a resposta não pode deixar de ser negativa. De resto, importa não olvidar que há valores constitucionais cuja presença se faz aqui sentir. A supramencionada cláusula de inamovibilidade, p. ex., colocar-se-ia em aparente rota de colisão com a liberdade de inicia-

---

[200] O tema tem merecido particular atenção, entre nós, da parte de Albino Mendes Baptista, Autor que, em todo o caso, não deixa de sublinhar que as cláusulas de mobilidade fazem sentido relativamente a pessoal dirigente, quadros superiores e trabalhadores que exercem cargos de confiança ou que desempenhem funções que por natureza exigem mobilidade espacial, concluindo que «em relação à maioria dos trabalhadores não se justificam essas cláusulas» – «Considerações a propósito das cláusulas de mobilidade geográfica», *RMP*, nº 104, 2005, pp. 153-165 (156), e «Ainda as cláusulas de mobilidade geográfica», *PDT*, nº 73, 2006, pp. 115-126 (117). Infelizmente, porém, o CT não procede a qualquer delimitação do universo de trabalhadores em cujo contrato poderá ser inserida uma cláusula de mobilidade.

CONTRATO DE TRABALHO

tiva económica privada, a qual pressupõe a liberdade de escolher a localização da atividade empresarial. A acima referida cláusula de mobilidade,
por sua vez, mal se compaginaria com a garantia constitucional da estabilidade no emprego, a qual possui uma importante vertente espacial – o paradigma constitucional (art. 53º da CRP) é, sem dúvida, o de um emprego
estável, durável não apenas no tempo mas também em certo lugar [201]. Como
bem escreve JOSÉ ANDRADE MESQUITA, «facilmente se intui que sem estabilidade espacial não há segurança no emprego. De nada adianta proibir os
despedimentos sem justa causa se, em simultâneo, se permitir a definição
do local de trabalho de forma tão lata que o trabalhador possa ser colocado,
a todo o momento, em qualquer lado»[202].

Dir-se-ia, pois, em jeito de conclusão, que, não obstante o disposto no
nº 2 do art. 194º do CT apontar, de modo inequívoco, para a supletividade
do regime legal da transferência do trabalhador, a verdade é que nem a inamovibilidade nem a mobilidade poderão ser absolutas. Através de estipulação contratual as partes poderão *restringir ou alargar* as faculdes patronais
de transferência – mas restringir não significa *suprimir*, nem alargar pode
significar *escancarar*!

No que às cláusulas de mobilidade diz respeito, não parece, p. ex., que
as partes possam limitar-se a convencionar que a entidade patronal ficará
com as mãos livres para fixar o lugar de trabalho, sendo-lhe legítimo, a
todo o momento e por qualquer razão, transferir o trabalhador para qualquer outro local, como se de uma peça de mobília se tratasse. Julga-se, aliás,
que semelhante cláusula levantaria problemas, desde logo, ao nível de uma
insuficiente determinabilidade ou predeterminação do objeto da prestação laboral.
Retomando e complementando uma afirmação citada *supra*, dir-se-ia que o
trabalhador, não só não pode obrigar-se a executar as suas funções no Planeta Terra, como ainda não poderá comprometer-se a executar tais funções
no estabelecimento societário *x*, sito em Coimbra, bem como em qualquer
outro estabelecimento que a referida sociedade possua, ou venha a possuir,
à escala planetária...

Ademais, uma cláusula deste jaez, concedendo à entidade empregadora
total liberdade para modificar o local de trabalho, não deixaria de convocar a

---

[201] No sentido de que a tutela constitucional da segurança no emprego põe o trabalhador a
coberto de mudanças arbitrárias de local de trabalho, *vd.*, por todos, GOMES CANOTILHO e
VITAL MOREIRA, *Constituição da República Portuguesa Anotada*, vol. I, cit., p. 713.
[202] *Direito do Trabalho*, cit., p. 571.

aplicação do *regime das cláusulas contratuais gerais*, aplicação esta, de resto, expressamente prevista pelo CT no tocante aos aspetos essenciais do contrato de trabalho que não resultem de prévia negociação específica (art. 105º). Ou seja, se o art. 194º, nº 2, do CT prenuncia a conversão das cláusulas de mobilidade geográfica do trabalhador numa espécie de *cláusula de estilo* nas empresas plurilocalizadas, já o art. 105º do mesmo Código poderá propiciar o reforço da sindicabilidade judicial deste tipo de cláusulas. À jurisprudência caberá, portanto, uma palavra decisiva, zelando pela necessária determinabilidade/predeterminação do parâmetro geográfico da prestação e controlando/expulsando as cláusulas abusivas inseridas neste contrato, mediante as quais a entidade empregadora reserve para si um poder incondicionado de alteração unilateral do local de trabalho.

Em todo o caso, é indiscutível que, em sede de mobilidade geográfica do trabalhador, o CT aposta, decididamente, no vetusto princípio da liberdade contratual e (sobre)valoriza o poder jurisgénico das partes – uma aposta algo estranha, se nos não esquecermos de que o contrato de trabalho é um contrato de adesão («entre o forte e o fraco é a liberdade que oprime»...)[203].

---

[203] Sobre as cláusulas de mobilidade geográfica, por último, ROSÁRIO PALMA RAMALHO, «Local de trabalho e mobilidade geográfica: reflexões críticas e interrogações», *Jornadas Regionais de Direito do Trabalho – Memórias*, Direção Regional do Emprego e Qualificação Profissional, Ponta Delgada, 2016, pp. 35-50. A Autora reconhece os efeitos perversos provocados pelo atual regime legal, propondo uma interpretação restritiva do nº 2 do art. 194º, em termos de considerar nulas, por indeterminação do objeto, as cláusulas de mudança de local de trabalho excessivamente vagas, bem como sugerindo que não se admita o afastamento dos requisitos legais (interesse da empresa e ausência de prejuízo sério) nas cláusulas que disponham sobre a transferência individual do local de trabalho.
Compartilhamos as preocupações manifestadas pela Autora e subscrevemos, sem hesitar, a hipótese de nulidade das cláusulas de mobilidade excessivamente vagas. Já a sugestão de não permitir que, por estipulação contratual, sejam afastados os requisitos do interesse da empresa e da ausência de prejuízo sério nos parece mais problemática, pois, a ser assim, esta cláusulas de mobilidade perderiam todo e qualquer préstimo para o empregador. Parece-nos que o que o legislador quis – mal – foi justamente permitir a inclusão no contrato de uma cláusula que permita ao empregador transferir o trabalhador para outro local de trabalho, mesmo que tal transferência cause prejuízo sério ao trabalhador. Se isto não lhe for permitido, de pouco ou nada servirá ao empregador inserir no contrato uma cláusula de mobilidade, pois a mobilidade do trabalhador sempre terá de respeitar os requisitos legais. Já a sugestão final da Autora, de remeter esta matéria para a contratação coletiva, em ordem a diminuir os abusos a que se tem assistido, merece também total concordância da minha parte. Para esse efeito, creio, bastaria (mas seria necessário) que o legislador interviesse e revogasse o atual nº 2 do art. 194º, deixando intocados os restantes números do artigo.

CONTRATO DE TRABALHO

É certo que, tal como vimos suceder em matéria de mobilidade funcional, o atual CT revela alguma preocupação em relação às cláusulas de mobilidade geográfica, estabelecendo que as mesmas caducarão ao fim de dois anos, caso não tenham sido ativadas pelo empregador (nº 2, *in fine*, do art. 194º). Esta *caducidade das cláusulas de mobilidade*, caso não sejam ativadas pelo empregador durante um certo período de tempo (2 anos), traduz-se numa solução bem intencionada e que se compreende sem dificuldade: é que o trabalhador poderá aceitar a inclusão dessa cláusula no momento da contratação, quando ainda é jovem e não tem compromissos familiares, mas não é razoável que, 10 ou 15 anos depois, quando a sua idade é outra e as suas responsabilidades familiares também se alteraram (filhos menores, pais idosos a necessitar de atenção, o cônjuge, etc.), ele possa ser transferido para outro local ao abrigo de semelhante cláusula. Neste sentido, a caducidade da mesma afigura-se uma medida correta. Tenho, porém, algum receio de que esta solução legal possa produzir efeitos perversos, pois, na prática, ela incentivará o empregador a fazer uso de tal cláusula de mobilidade, a ativá-la e a transferir o trabalhador, apenas em ordem a evitar que a mesma caduque... A alternativa consistirá, porventura, na celebração de novo acordo entre as partes, com o mesmo conteúdo, perto do final de cada período de dois anos (quiçá acompanhado do estímulo representado pela advertência patronal de que, caso o trabalhador não aceite tal acordo, ele será mesmo transferido para outro local de trabalho antes que o prazo de dois anos seja atingido...)[204].

---

[204] Sobre a especial tutela conferida, neste domínio, aos *representantes dos trabalhadores*, veja-se o disposto no art. 411º do CT, em cujo nº 1 se lê que «o trabalhador membro de estrutura de representação coletiva dos trabalhadores não pode ser transferido de local de trabalho sem o seu acordo, salvo quando tal resultar de extinção ou mudança total ou parcial do estabelecimento onde presta serviço». Tendo em conta o que acima se escreve sobre o regime geral da mobilidade geográfica dos trabalhadores, logo se depreende o alcance da tutela reforçada concedida, nesta matéria, aos representantes dos trabalhadores: em sede de transferência individual, a prerrogativa patronal de transferir o trabalhador, contanto que tal transferência lhe não cause um prejuízo sério, não existe; destarte, ainda que não haja prejuízo sério, quando se trate de um representante dos trabalhadores a respetiva transferência individual sempre carecerá do seu acordo, por força do art. 411º, nº 1, do CT.
A solução legal compreende-se e aceita-se. Exigindo a aquiescência deste trabalhador como condição *sine qua non* para a respetiva transferência individual, a lei procura alcançar um duplo objetivo, a saber: *i)* neutralizar quaisquer decisões persecutórias ou retaliatórias do empregador nesta matéria; *ii)* evitar, do mesmo passo, que o representante seja afastado dos trabalhadores que o elegeram. E, justamente porque estes inconvenientes não existem (ou

16.6. A transferência como direito do trabalhador

Temos vindo a analisar os termos em que o empregador poderá ordenar a transferência do trabalhador, modificando o local de trabalho ao abrigo dos seus poderes, sejam estes conferidos pela lei ou pelo contrato. Ou, ainda, os termos em que, por mútuo acordo, as partes poderão alterar o *locus executionis*. Mas o atual CT inovou em matéria de transferência de local de trabalho, dado que veio prever e regular uma hipótese em que o trabalhador (ou será melhor dizer a trabalhadora?)[205] terá o direito de ser transferido para outro local de trabalho. Trata-se da hipótese recortada pelo art. 195º do CT, cujo nº 1 determina: «O trabalhador vítima de violência doméstica tem direito a ser transferido, temporária ou definitivamente, a seu pedido, para outro estabelecimento da empresa, verificadas as seguintes condições: *a)* apresentação de queixa-crime; *b)* saída da casa de morada de família no momento em que se efetive a transferência». Nesta situação, como se lê no nº 2, «o empregador apenas pode adiar a transferência com fundamento em exigências imperiosas ligadas ao funcionamento da empresa ou serviço, ou até que exista posto de trabalho compatível disponível».

Para que a trabalhadora goze do referido *direito de transferência*, ao abrigo da disposição citada, torna-se necessário que se verifiquem dois pressupostos: *i)* tratar-se de uma empresa plurilocalizada, isto é, de uma empresa que possua diversos estabelecimentos geograficamente dispersos, assim permi-

---

só muito remotamente podem existir) nas hipóteses de transferência coletiva, nestes casos a especial tutela dos representantes dos trabalhadores em matéria de modificação do local de trabalho já não encontra aplicação.

Em suma, o nº 1 do art. 411º do CT, do mesmo passo que circunscreve a tutela reforçada dos representantes dos trabalhadores às hipóteses de *transferência individual*, consagra, quanto a estas hipóteses, a *garantia da inamovibilidade em toda a sua extensão*: em qualquer caso, haja ou não prejuízo sério, o trabalhador poderá opor-se à transferência desejada pela sua entidade empregadora; esta transferência jamais lhe poderá ser imposta, mas apenas proposta pelo empregador, e só com a anuência do trabalhador-representante poderá vir a ocorrer.

[205] Não se ignora que a violência doméstica tanto pode ser exercida sobre mulheres como sobre homens. Mas, se pode sê-lo sobre trabalhadores de ambos os sexos, a verdade é que o é, na esmagadora maioria dos casos, sobre as mulheres. E, muitas vezes, sobre mulheres não trabalhadoras e economicamente dependentes do agressor, o que só torna a situação ainda mais dramática... Como, socialmente, este não é um crime assexuado, não vejo razões para que a linguagem ignore a dimensão de género que o envolve. Mas o ponto é, naturalmente, discutível – em sentido diferente, CATARINA DE OLIVEIRA CARVALHO, «Reflexões sobre a proteção laboral das vítimas de violência doméstica», cit., pp. 143-155.

CONTRATO DE TRABALHO

tindo que o trabalhador seja transferido de um para o outro[206]; *ii)* ter sido apresentada queixa-crime por violência doméstica. Em rigor, a exigência formulada na al. *b)* do preceito, no sentido de que a trabalhadora saia da casa de morada da família, não parece perfilar-se como um pressuposto legal do referido «direito de transferência», visto que essa saída apenas terá de se verificar aquando da transferência, no momento em que a mesma se efetive[207]. Assim, para que a trabalhadora alvo de violência doméstica possa requerer ao empregador a transferência, importa, acima de tudo, que a empresa possua mais do que um estabelecimento e que aquela tenha apresentado queixa-crime. Quando assim seja, o empregador não poderá recusar a transferência, conquanto possa adiá-la, nos termos do nº 2.

De todo o modo, como o crime de violência doméstica é um crime público, o requisito da «apresentação de queixa-crime» não deixa de suscitar alguma perplexidade. É que, tratando-se de um crime público, o procedimento criminal não está dependente de *queixa* por parte da vítima, bastando uma denúncia por qualquer pessoa, ou o conhecimento do crime por qualquer outro modo, para que o Ministério Público promova o processo. Neste contexto, não parecia razoável que a trabalhadora ficasse privada do «direito de transferência» caso, p. ex., o seu marido ou companheiro fosse constituído arguido pela prática daquele crime, ainda que sem a prévia apresentação de queixa por parte da vítima. Isso mesmo veio a ser reconhecido pelo legislador, dado que a Lei nº 112/2009, de 16 de setembro (diploma que estabelece o regime jurídico aplicável à prevenção da violência doméstica, bem como à proteção e à assistência das suas vítimas), ao

---

[206] E quem determina para qual, caso existam vários estabelecimentos? Dado que, neste tipo de casos, a transferência não se funda no interesse da empresa, mas sim no interesse (*rectius*, na necessidade) da trabalhadora, julga-se que a vontade desta quanto ao respetivo destino desempenhará aqui um papel crucial, só podendo ser desatendida pelo empregador caso se verifiquem situações como as descritas no nº 2 do art. 195º (*maxime*, a inexistência de posto de trabalho compatível disponível no estabelecimento para o qual a trabalhadora pretende ser transferida).

[207] De resto, como, à luz do direito penal, o crime de violência doméstica não pressupõe necessariamente a coabitação entre a vítima e o agressor, é duvidoso que esta exigência de saída da casa de morada da família faça sentido quando o crime for praticado num caso em que falte a coabitação (pense-se, p. ex., na violência de um ex-cônjuge sobre o outro). Criticando este requisito legal, *vd.* JOANA VASCONCELOS, «Sobre a proteção da vítima de violência doméstica no direito do trabalho português», *RDES*, nº 1-4, 2010, pp. 103-134 (119-121), procedendo a Autora a uma interpretação restritiva da norma constante da al. *b)* do nº 1 do art. 195º do CT.

O LUGAR DA PRESTAÇÃO DE TRABALHO: TRABALHAR ONDE?

regular a matéria da transferência a pedido do trabalhador, deixa de exigir a «apresentação de queixa-crime», substituindo-a pela «apresentação de denúncia» (art. 42º)[208].

A *ratio* da norma parece consistir na criação de condições para que a trabalhadora vítima de violência doméstica (abrangendo esta última os maus tratos físicos ou psíquicos, incluindo castigos corporais, privação de liberdade e ofensas sexuais) possa sair de casa – indo, porventura, para longe, tão longe quanto possível, quiçá para uma «casa de abrigo»... Neste quadro, a manutenção do respetivo local de trabalho, com a inerente obrigação de nele comparecer de forma assídua e pontual, poderia representar um forte obstáculo a tal mudança de residência. Daí que a lei confira este *direito de transferência* à trabalhadora, para que esta possa fazer duas coisas que, para si, serão fundamentais e estão interligadas: manter o seu emprego e reorganizar a sua vida familiar, subtraindo-se à presença do agressor. O que implicará, amiúde, ir trabalhar e ir viver para outro sítio, eventualmente longínquo...

Atendendo à razão de ser do preceito, compreende-se que, nos casos em que o empregador se baseie no nº 2 do art. 195º em ordem a adiar a transferência requerida pela trabalhadora, esta tenha *direito a suspender o contrato* de imediato, até que a transferência ocorra (nº 3 do mesmo preceito, confirmado pelo nº 2, al. *b*), do art. 296º). De resto, o CT concede à trabalhadora vítima de violência doméstica a faculdade de suspender o contrato de trabalho, mesmo quando não exista outro estabelecimento da empresa para o qual possa pedir transferência (art. 296º, nº 2, al. *a*)) – solução esta cuja bondade poderá suscitar algumas dúvidas (até quando vigorará tal

---

[208] Por outro lado, também fica por saber o que acontece se, após a transferência se ter efetuado ao abrigo do art. 195º, o procedimento criminal vier a ser arquivado ou o alegado autor do crime vier a ser absolvido. Tudo fica como está? Ou a trabalhadora transferida deverá regressar ao anterior local de trabalho? Julga-se que o retorno ao anterior local de trabalho só se justificará em caso de conduta manifestamente fraudulenta da trabalhadora, até porque, como se sabe, o arquivamento ou a absolvição podem ser ditados, tão-só, pela falta ou insuficiência de provas, não significando que a violência doméstica objeto de denúncia não tenha realmente existido (*in dubio pro reo...*). De resto, nos termos do art. 14º da Lei nº 112/2009, o estatuto de vítima não será atribuído quando, apresentada a denúncia da prática deste crime, existam fortes indícios de que a mesma é infundada. A meu ver, uma vez que este estatuto de vítima seja atribuído à trabalhadora por parte da autoridade competente e que aquela seja transferida ao abrigo do art. 195º do CT, nem o arquivamento do procedimento nem uma decisão de absolvição deverão colocar em crise a transferência efetuada.

CONTRATO DE TRABALHO

suspensão?)[209], mas que, penso, se filia no mesmo tipo de preocupações já exposto: libertar transitoriamente a trabalhadora das adstringências inerentes ao pontual cumprimento das suas obrigações laborais, em ordem a viabilizar a sua saída da casa de morada do agressor[210].

Pergunta-se: de que *meios de tutela* dispõe a trabalhadora vítima de violência doméstica, caso o empregador inviabilize a transferência solicitada? Dir-se-ia que, pelo menos, os três que seguem: *i)* a suspensão imediata do contrato de trabalho até que ocorra a transferência, ao abrigo do nº 3 do art. 195º (a lei confere este direito à trabalhadora nos casos de adiamento legítimo da transferência pelo empregador, mas afigura-se que idêntico direito deverá ser-lhe reconhecido, até por maioria de razão, nos casos de incumprimento patronal, em que há mora do credor); *ii)* uma ação judicial de cumprimento, pedindo ao tribunal a condenação do empregador na viabilização da respetiva transferência, bem como, se for caso disso, no pagamento de uma indemnização pelos danos causados (podendo aqui ter cabimento o recurso à sanção pecuniária compulsória, prevista no art. 829º-A do CCivil); *iii)* a resolução do contrato com justa causa subjetiva, ao abrigo do disposto no nº 2 do art. 394º do CT.

---

[209] Nos casos previstos no nº 2 do art. 195º, o contrato da trabalhadora ficará suspenso até que ocorra a transferência, como se lê no nº 2, al. *b)*, do art. 296º Todavia, a trabalhadora que tenha sido vítima de violência doméstica também poderá suspender o contrato, de imediato, mesmo quando não exista outro estabelecimento da empresa para o qual possa pedir transferência, ao abrigo do disposto no nº 2, al. *a)*, do art. 296º Parece que, nestas hipóteses, o contrato ficará suspenso pelo período que a própria trabalhadora considerar necessário. Mas é claro que, em regra, a necessidade económica ditará as suas leis, dado que, durante o período de suspensão, o empregador não lhe terá de pagar a retribuição.

[210] O nº 4 do art. 195º do CT garante a confidencialidade da situação motivadora da suspensão contratual, se tal for solicitado pela interessada.

§ 17º
O tempo da prestação de trabalho: trabalhar quanto e quando?

17.1. Tempo de trabalho e tempo de repouso

Quando celebra um contrato de trabalho, o trabalhador não vende o seu corpo ao empregador. Nem, decerto, a sua alma. Mas talvez se possa dizer que aquele vende o seu tempo, parte do seu tempo. Na escravidão, o que se compra é o próprio sujeito, é o homem, ao passo que no trabalho assalariado é a sua energia, o que representa tempo de vida, tempo do homem. Recordem-se as belas palavras de FERNANDO PESSOA sobre o patrão Vasques: «Tenho, muitas vezes, inexplicavelmente, a hipnose do patrão Vasques. *Que me é esse homem, salvo o obstáculo ocasional de ser dono das minhas horas, num tempo diurno da minha vida?*»[211]. Também PEPETELA escreveu, num dos seus romances: «Era dono do seu tempo, a única liberdade válida»[212]. Ora, única ou não, a verdade é que esta liberdade é preciosa e é iniludivelmente sacrificada quando alguém celebra um contrato de trabalho e assume a qualidade de trabalhador dependente.

Compreende-se, pelo exposto, que a ordem jurídica se preocupe com esse tempo alienado, com determinar que tempo será esse e quanto tempo será esse. A este propósito, devemos começar pela CRP: todos os trabalhadores têm direito «ao repouso e aos lazeres, a um limite máximo da jornada de trabalho, ao descanso semanal e a férias periódicas pagas», lê-se no seu

---

[211] *Livro do Desassossego*, Obra Essencial de Fernando Pessoa, I, Assírio & Alvim, Lisboa, 2006, p. 46 (itálico meu).

[212] *A Geração da Utopia*, 7ª ed., Publicações Dom Quixote, Lisboa, 2004, p. 191.

art. 59º, nº 1, al. *d)*; e o nº 2, al. *b)*, do mesmo preceito acrescenta incumbir ao Estado «a fixação, a nível nacional, dos limites da duração do trabalho». Trata-se, aliás, de preocupações que acompanham o Direito do Trabalho desde o seu nascimento: limitar o tempo de trabalho, proteger o equilíbrio físico e psíquico do trabalhador, tutelar a sua saúde, garantir períodos de repouso para este, salvaguardar a sua autodisponibilidade, assegurar a conciliação entre o trabalho e a vida pessoal e familiar – conciliação esta que surge como um desiderato constitucional, nos termos do art. 59º, nº 1, al. *b)*, da CRP, analisando-se num dos deveres a cargo do empregador na relação laboral (art. 127º, nº 3, do CT, segundo o qual, «o empregador deve proporcionar ao trabalhador condições de trabalho que favoreçam a conciliação da atividade profissional com a vida familiar e pessoal») –, enfim, criar e preservar a própria noção de *tempo livre*, de tempos de não trabalho durante a vigência do contrato que não se reduzam aos períodos indispensáveis ao sono reparador[213].

Nesta matéria, a lei[214] assenta no binómio *tempo de trabalho/período de descanso*, sendo certo que o tempo de trabalho compreende dois módulos diferentes: o tempo de trabalho efetivo (art. 197º, nº 1) e os períodos de inatividade equiparados a tempo de trabalho (as interrupções e os intervalos previstos no nº 2 do art. 197º)[215]; por sua vez, aquele tempo de trabalho efetivo corresponde, não apenas ao desempenho da prestação («período durante o qual o trabalhador exerce a atividade»), mas também ao tempo de disponibilidade para o trabalho («ou permanece adstrito à realização da prestação»)[216]. O período de descanso é recortado negativamente pela lei,

---

[213] Já no séc. XIX PAUL LAFARGUE considerava que o «trabalho desenfreado» consistia no «mais terrível dos flagelos que alguma vez assolaram a humanidade», concluindo: «O trabalho só se tornará um condimento de prazer da preguiça, um exercício benfazejo para o organismo humano, uma paixão útil ao organismo social quando ele for devidamente regulamentado e limitado a um máximo de três horas por dia» (*O Direito à Preguiça*, 2ª ed., Teorema, Lisboa, 1991, p. 36).

[214] Sobre toda a matéria deste capítulo, desenvolvidamente, FRANCISCO LIBERAL FERNANDES, *O Trabalho e o Tempo: comentário ao Código do Trabalho*, Universidade do Porto, Centro de Investigação Jurídico-Económica, 2018.

[215] Trata-se, p. ex., de interrupções de trabalho por motivos técnicos, climatéricos ou económicos, pausas impostas por normas de segurança e saúde no trabalho, para satisfação de necessidades pessoais inadiáveis do trabalhador, etc.

[216] Como se vê, o conceito técnico-jurídico de tempo de trabalho não coincide com o conceito naturalístico de tempo de trabalho. O que em nada nos deve surpreender, pois é sabido que o Direito não é uma ciência descritiva, mas sim prescritiva.

consistindo, nos termos do art. 199º, em todo aquele que não seja tempo de trabalho.

Depois de esclarecer o que se entende por tempo de trabalho e por período de descanso, a lei procede à organização da dimensão temporal da prestação recorrendo a um conjunto de conceitos operatórios básicos, dos quais cumpre destacar os dois que seguem:

i) *Período normal de trabalho* (art. 198º) – tempo de trabalho que o trabalhador se obriga a prestar, medido em número de horas por dia e por semana (o *quantum* da prestação, a determinação do volume de trabalho)[217];

ii) *Horário de trabalho* (art. 200º) – determinação das horas de início e termo do período normal de trabalho diário e do intervalo de descanso, bem como do descanso semanal (o *quando* da prestação, a distribuição das horas que compõem o período normal de trabalho ao longo do dia)[218].

17.2. Período normal de trabalho e flexibilidade do tempo de trabalho: adaptabilidade e banco de horas

A fixação, em concreto, do período normal de trabalho cabe às partes, mas, em princípio, esse período não poderá exceder oito horas por dia e quarenta horas por semana, segundo o nº 1 do art. 203º)[219]. De acordo com o modelo tradicional de organização do tempo de trabalho, o trabalhador obriga-se a prestar, por ex., 8 horas de trabalho, de segunda a sexta-feira, 40 horas por semana, descansando ao sábado e ao domingo. Tratava-se de um modelo

---

[217] Conceito que não deve ser confundido com o de *período de funcionamento*, consagrado no art. 201º: período de tempo diário durante o qual o estabelecimento pode exercer a sua atividade (período de abertura ou de laboração, consoante se trate de um estabelecimento de venda ao público ou de um estabelecimento industrial).

[218] Sendo certo que o início e o termo do período normal de trabalho diário podem ocorrer em dias de calendário distintos, desde que consecutivos, como esclarece o nº 3 do art. 200º (pense-se, p. ex., em certas hipóteses de trabalho noturno).

[219] Mas há exceções, quer no tocante ao período de trabalho diário (assim, desde logo, no nº 2 do art. 203º, relativo ao chamado «trabalho de substituição», mas sobretudo no art. 209º, relativo ao chamado «horário concentrado»), quer no tocante ao próprio período semanal de trabalho (art. 210º). Quanto ao *horário concentrado*, a lei permite a concentração do período normal de trabalho semanal (menos dias de trabalho) através do aumento, até quatro horas diárias, do período normal de trabalho diário, seja por acordo entre empregador e trabalhador, seja mediante IRCT.

CONTRATO DE TRABALHO

algo rígido, pouco sensível às flutuações produtivas sentidas pelas empresas nos nossos dias, visto que, se a empresa necessitasse de maior volume de trabalho durante um certo período, então teria de contratar mais trabalhadores ou, em alternativa, recorrer ao trabalho suplementar – sempre com os custos inerentes. Ora, na era da nova economia globalizada, altamente competitiva e muito instável, reclama-se a adoção de modelos mais flexíveis de gestão do tempo de trabalho, que permitam uma resposta pronta (e, claro, menos onerosa) das empresas aos distintos ciclos produtivos que enfrentam.

Daí a emergência, em primeiro lugar, da figura da *adaptabilidade do tempo de trabalho*, mecanismo elástico através do qual o período normal de trabalho é definido em termos médios, com base num período de referência alargado (isto é, não semanal). Nas palavras de JORGE LEITE, «pode dizer-se que a adaptabilidade consiste na faculdade do empregador de redistribuição do tempo de trabalho devido pelo trabalhador num determinado arco temporal, correntemente designado por período de referência, concentrando numa parte deste algum tempo de trabalho que deveria ser prestado na outra, assim dividindo o período de referência em duas fases: *(i)* a fase de maior e *(ii)* a fase de menor densidade laboral, correspondendo o aumento de tempo de trabalho da primeira à redução (compensação) do tempo de trabalho da segunda»[220]. Destarte, o trabalhador poderá prestar, p. ex., 50 horas de trabalho em algumas semanas, compensadas com a prestação de 30 horas em outras semanas – assim se respeitando, em média e no período de referência em causa[221], o limite das 40 horas semanais, mas assim se conseguindo modular a utilização da força de trabalho na empresa, em função dos respetivos ciclos produtivos.

O CT prevê e disciplina três modalidades distintas de adaptabilidade, atendendo à génese desta última: a adaptabilidade por via de *regulamentação coletiva* (art. 204º), a adaptabilidade *individual*, resultante de acordo entre as partes (art. 205º)[222], e a chamada adaptabilidade *grupal*, que autoriza o

---

[220] «Limites da duração do trabalho – adaptabilidades e bancos de horas», *Jornadas Regionais de Direito do Trabalho – Memórias*, cit., p. 69.

[221] Quanto ao período de referência (lapso de tempo durante o qual é apurada a duração média dos períodos normais de trabalho organizados segundo a regra da adaptabilidade), *vd.* o art. 207º do CT. Em princípio, a sua duração será de quatro ou de seis meses, nunca podendo ser superior a 12 meses.

[222] Sendo certo que a lei não deixa de facilitar consideravelmente (em demasia?) esse acordo, presumindo que o trabalhador aceita a proposta patronal desde que a ela não se oponha,

empregador, verificados que sejam certos requisitos, a aplicar o regime de adaptabilidade a trabalhadores não abrangidos pelo IRCT previsto no art. 204º ou que não aceitem a proposta patronal prevista no art. 205º (art. 206º).

Mecanismo dúctil e elástico, a adaptabilidade desperta natural interesse junto dos empregadores, mas é lógico que, em regra, não seja vista com particular entusiasmo pelos trabalhadores. É certo que, com ela, o trabalhador não trabalhará mais do que sem ela – mas isto, note-se, apenas em média, o que implica que nas épocas de maior intensidade o trabalho se avolumará (e sem a contrapartida financeira inerente à prestação de trabalho suplementar...), com repercussões consideráveis em matéria de conciliação da vida profissional com a vida familiar e pessoal[223]. Neste quadro, o instituto da «adaptabilidade grupal», concedendo ao empregador a faculdade de, por decisão unilateral (por uma espécie de "decisão empresarial de extensão", nas palavras de JORGE LEITE), aplicar esse regime a um trabalhador que não o deseja, não o aceita e não é abrangido pelo IRCT que o instituiu, revela-se particularmente problemático.

O *banco de horas* consiste igualmente num mecanismo flexibilizador da organização do tempo de trabalho, conferindo ao empregador o poder de alargar o período normal de trabalho diário e semanal até certo limite (por exemplo, até duas ou até quatro horas diárias, podendo atingir 50 ou 60 horas semanais), de acordo com as conveniências da empresa. A compensação do trabalho assim prestado em acréscimo poderá ser feita mediante diversas formas, seja através da redução equivalente do tempo de trabalho, seja mediante pagamento em dinheiro, seja, até, através do aumento do período de férias do trabalhador.

O instituto do banco de horas apresenta, sem dúvida, marcadas similitudes com a adaptabilidade do tempo de trabalho. Em todo o caso, o banco de horas revela-se um instrumento ainda mais flexível do que o da adaptabilidade do tempo de trabalho, quer por permitir que a compensação do trabalho prestado em acréscimo seja feita por diversas formas e não apenas

---

por escrito, nos 14 dias seguintes ao conhecimento da mesma (art. 205º, nº 4). Para o nosso legislador, nesta matéria, o trabalhador que cala consente...

[223] Daí que, p. ex., a trabalhadora grávida, puérpera ou lactante tenha direito a ser dispensada da prestação de trabalho neste regime de adaptabilidade (art. 58º), o mesmo valendo para os menores ou para os trabalhadores com deficiência ou doença crónica, quando o trabalho nesse regime puder prejudicar a sua saúde ou segurança (arts. 74º e 87º).

CONTRATO DE TRABALHO

através da redução equivalente do tempo de trabalho – deste modo, ao passo que a adaptabilidade permite, sobretudo, *redistribuir* o tempo de trabalho contratado, o banco de horas vai mais longe, permitindo o *aumento* do número de horas de trabalho normal por ano[224] –, quer pelo facto de a entidade empregadora poder determinar o aumento da jornada de trabalho a qualquer momento, contanto que o comunique ao trabalhador com a antecedência devida.

O banco de horas foi introduzido na nossa legislação laboral pelo CT de 2009. Contudo, na sua redação originária o CT apenas permitia que este mecanismo fosse gerado e moldado mediante instrumento de regulamentação coletiva de trabalho (IRCT). Só a autonomia coletiva poderia, pois, dar vida a este instituto; o IRCT era, decerto, condição suficiente, mas era também condição *sine qua non* para que o empregador pudesse implantar o esquema do banco de horas (art. 208º do CT, redação originária). Ora, dando cumprimento ao chamado "Memorando da *Troika*", a Lei nº 23/2012, de 25-6, veio alterar substancialmente esta situação, visto que, a par do "banco de horas por regulamentação coletiva" (art. 208º do CT, redação atual), consagrou duas outras modalidades: o "banco de horas individual", no art. 208º-A, e o "banco de horas grupal", no art. 208º-B. Naquele caso, o regime do banco de horas pode ser instituído por acordo entre o empregador e o trabalhador, sendo certo que, também aqui, a lei facilita sobremaneira tal acordo, pois presume a aquiescência do trabalhador à proposta patronal contanto que a ela não se oponha, por escrito, nos 14 dias seguintes ao conhecimento da mesma. Neste último caso, de "banco de horas grupal", a lei vai ainda mais longe, dispensando o próprio acordo do trabalhador caso se verifiquem determinados requisitos, na linha do disposto em matéria de adaptabilidade grupal (art. 206º do CT).

Ou seja, em nome da necessidade de moldar o regime do tempo de trabalho de acordo com os ditames da economia globalizada, possibilitando às empresas uma melhor utilização dos chamados "recursos humanos", a lei

---

[224] Sobre as semelhanças e diferenças entre estas duas figuras, JORGE LEITE, «Limites da duração do trabalho – adaptabilidades e bancos de horas», cit., pp. 74-77, CATARINA DE OLIVEIRA CARVALHO, «A organização e a remuneração dos tempos de trabalho: em especial o banco de horas», *Estudos dedicados ao Professor Doutor Bernardo Lobo Xavier*, cit., vol. I, pp. 447-508, e LUÍS MIGUEL MONTEIRO, «Adaptabilidade e banco de horas», *PDT*, 2016 – II, pp. 153-186.

enfraquece a autonomia coletiva em matéria de banco de horas[225], permitindo que este esquema de organização temporal da prestação, o qual suscita delicados problemas em matéria de respeito pelo período de descanso e de conciliação entre o trabalho e a vida pessoal e familiar, seja criado por mero acordo interindividual ou, até, prescindindo do acordo do trabalhador em causa, nas condições predispostas no novo art. 208º-B do CT. Competitividade empresarial *oblige*...

17.3. Horário de trabalho, descanso semanal e isenção de horário

Estabelece o art. 212º do CT que compete ao empregador determinar o *horário de trabalho* do trabalhador (naturalmente, dentro dos limites legais e tendo em conta o regime de período de funcionamento aplicável)[226]. Em princípio, o período de trabalho diário deverá ser interrompido por um intervalo de descanso, de duração não inferior a uma hora nem superior a duas, de modo que o trabalhador não preste mais de cinco horas de trabalho consecutivo (art. 213º, nº 1), tendo o trabalhador direito a um período de descanso de, pelo menos, 11 horas seguidas entre dois períodos diários de trabalho consecutivos (art. 214º, nº 1)[227].

No que diz respeito à alteração do horário de trabalho, a lei manda aplicar o disposto sobre a sua elaboração, com as especificidades constantes do art. 217º Assim sendo: *i)* em princípio, o empregador goza da faculdade de alterar o horário de trabalho por decisão unilateral; *ii)* essa alteração deve ser precedida de consulta aos trabalhadores envolvidos e à respetiva estru-

---

[225] Outros preferirão dizer: a lei destrói o monopólio da contratação coletiva nesta matéria... Dito assim soa melhor, sem dúvida, mas a verdade é que colocar a contratação coletiva quase a par do acordo individual e até da desnecessidade de acordo, no seio de uma relação estruturalmente assimétrica como é a relação de trabalho, corresponde, em retas contas, a debilitar a eficácia da contratação coletiva nesta sede.

[226] Ainda que a matéria seja concebida como expressão de um poder patronal (ponto discutível), o certo é que as estruturas de representação coletiva dos trabalhadores devem ser consultadas previamente sobre a definição e a organização dos horários de trabalho (nº 3 do art. 212º). E, na elaboração do horário, o empregador deverá ter em atenção as circunstâncias previstas no nº 2 do mesmo artigo: as exigências de proteção da segurança e saúde do trabalhador, a conciliação da atividade profissional com a vida familiar, e a frequência de curso escolar ou de formação técnico-profissional.

[227] Tudo isto, note-se, vale como regra, mas a lei introduz ou permite a introdução de diversos desvios nesta matéria, seja no tocante ao intervalo de descanso (art. 213º), seja no tocante ao descanso diário (art. 214º). Sobre o mapa de horário de trabalho, *vd.* os arts. 215º e 216º do CT.

CONTRATO DE TRABALHO

tura representativa; *iii)* a alteração deve ser afixada na empresa com antecedência de sete dias relativamente ao início da sua aplicação, ou três dias em caso de microempresa; *iv)* não poderá ser unilateralmente alterado o horário que tenha sido individualmente acordado; *v)* a alteração que implique acréscimo de despesas para o trabalhador confere direito a compensação económica[228].

*

*   *

Nos termos do art. 232º, nº 1, do CT, «o trabalhador tem direito a, pelo menos, um dia de descanso por semana» (descanso semanal obrigatório). Esse dia de *descanso semanal* coincidirá, em regra, com o domingo (princípio do descanso dominical), mas, tendo em conta que a nova economia funciona 24 horas por dia e 7 dias por semana, a lei não deixa de prever diversos casos em que o descanso semanal pode deixar de ser gozado ao domingo (nº 2 do mesmo artigo). Acresce que, por IRCT ou por contrato de trabalho, pode ser instituído um período de descanso semanal complementar (nº 3), geralmente ao sábado. Significa isto que a redução progressiva do tempo de trabalho tem permitido que, em relação a muitos trabalhadores, as 40 horas (ou menos) de período normal de trabalho semanal sejam repartidas por apenas 5 dias (5x8), dando azo ao surgimento do «fim-de-semana» como período privilegiado de autodisponibilidade pessoal, de evasão e de rutura com o quotidiano laboral.

*

*   *

Acontece que nem todos os trabalhadores dispõem de um horário de trabalho. Com efeito, o nº 1 do art. 218º do CT prevê que, por acordo escrito, poderá ser isento de horário de trabalho o trabalhador que se encontre numa das seguintes situações: *a)* exercício de cargo de administração ou direção, ou de funções de confiança, fiscalização ou apoio a titular

---

[228] Sobre o horário de trabalho e respetiva alteração, *vd.* LIBERAL FERNANDES, «Notas sobre a flexibilização do tempo de trabalho», *Nos 20 Anos do Código das Sociedades Comerciais*, cit., vol. II, pp. 705-740. O Autor sustenta que a fixação do horário é um elemento do contrato de trabalho (cláusula essencial), defendendo uma interpretação restritiva das normas legais que, *prima facie*, conferem ao empregador completa discricionariedade em matéria de modificação do horário de trabalho (pp. 730-736). Sobre a questão, por último e em termos próximos, JOANA NUNES VICENTE, «Breves notas sobre fixação e modificação do horário de trabalho», cit., pp. 1051-1071.

desses cargos; *b)* execução de trabalhos preparatórios ou complementares que, pela sua natureza, só possam ser efetuados fora dos limites do horário de trabalho; *c)* teletrabalho e outros casos de exercício regular de atividade fora do estabelecimento, sem controlo imediato por superior hierárquico[229]. Neste quadro situacional, as partes poderão acordar numa das seguintes modalidades de *isenção de horário*, previstas no art. 219º: isenção *total*, sem sujeição aos limites máximos do período normal de trabalho (esta é, aliás, a modalidade supletiva, como resulta do disposto no seu nº 2); isenção *parcial ou limitada*, com possibilidade de determinado aumento do período normal de trabalho, diário ou semanal; isenção *modelada ou relativa*, com observância do período normal de trabalho acordado[230].

Note-se que, na economia da lei, o trabalhador isento de horário não ganha, antes perde, autodisponibilidade: é que o horário baliza a situação de heterodisponibilidade do trabalhador, o qual sabe que, fora desse horário, não terá de se sujeitar ao poder diretivo do empregador e prestar-lhe a correspondente atividade laboral (salvo, é claro, na hipótese de trabalho suplementar, que analisaremos *infra*); ora, são essas balizas protetoras que vêm a ser removidas aquando da isenção de horário de trabalho – daí que a lei só admita a isenção num círculo relativamente limitado de situações, prevendo, ademais, o direito a uma retribuição específica para o trabalhador isento de horário, contrapartida da disponibilidade acrescida que lhe é exigida (art. 265º do CT). Trata-se, afinal, de mais uma ferramenta de flexibilidade temporal oferecida ao empregador, o que explica que este, se quiser utilizá-la, tenha de compensar o trabalhador[231].

A isenção de horário de trabalho é uma situação reversível. Resta saber em que termos. Segundo ANTÓNIO NUNES DE CARVALHO, tendo em conta a necessária contratualização da isenção de horário, tudo dependerá daquilo que as partes tenham estabelecido a esse propósito: assim, quando o acordo

---

[229] Nos termos do nº 2 do art. 218º, o IRCT pode prever outras situações de admissibilidade de isenção de horário de trabalho.

[230] Em qualquer das suas modalidades, a isenção não prejudica o direito a dia de descanso semanal, obrigatório ou complementar, a feriado ou a descanso interjornadas diário, como esclarece o nº 3 do art. 219º

[231] Não sendo tal retribuição específica estabelecida por IRCT, a mesma corresponderá a uma hora de trabalho suplementar por dia, salvo no caso de isenção modelada ou relativa, em que corresponderá a duas horas de trabalho suplementar por semana. Segundo a lei, o trabalhador que exerça cargo de administração ou de direção poderá renunciar a esta retribuição específica (nº 2 do art. 265º).

CONTRATO DE TRABALHO

for sujeito a um termo resolutivo, não será possível a cessação antecipada do mesmo por decisão unilateral de qualquer dos sujeitos; não existindo termo, qualquer deles o poderá fazer cessar a todo o tempo, contanto que o comunique à outra parte com a antecedência exigida pelo princípio da boa fé[232].

17.4. Trabalho por turnos, trabalho noturno e trabalho suplementar

Sempre que o período de funcionamento ultrapasse os limites máximos do período normal de trabalho (pense-se, desde logo, nos casos de laboração contínua), deverão ser organizados *turnos* de pessoal diferente, como prescreve o nº 1 do art. 221º do CT. Nos termos do art. 220º, «considera-se trabalho por turnos qualquer organização do trabalho em equipa em que os trabalhadores ocupam sucessivamente os mesmos postos de trabalho, a um determinado ritmo, incluindo o rotativo, contínuo ou descontínuo, podendo executar o trabalho a horas diferentes num dado período de dias ou semanas». Trata-se, como é bom de ver, de uma forma de organização do trabalho particularmente desgastante para os trabalhadores, sobretudo na modalidade de turnos rotativos (estes perturbam o ritmo biológico da pessoa, os chamados «ciclos circadianos»). A lei revela preocupação com a salvaguarda da segurança e saúde destes trabalhadores (art. 222º), mas não reconhece o direito a qualquer retribuição especial («subsídio de turno») nestes casos – o que, evidentemente, não impede que tal seja previsto através de IRCT.

*

*   *

Ao contrário, no *trabalho noturno* – em princípio, o compreendido entre as 22 horas de um dia e as 7 horas do dia seguinte, como decorre do disposto no art. 223º do CT – a lei não só se preocupa com a proteção do trabalhador nocturno (arts. 224º e 225º) como, em regra, prevê o pagamento de uma retribuição acrescida para quem preste esse tipo de trabalho (art. 266º). Trata-se, no entanto, de uma regra sujeita a várias exceções, desde

---

[232] «Duração e organização do tempo de trabalho no Código de Trabalho», *VI Congresso Nacional de Direito do Trabalho – Memórias*, cit., pp. 95 e ss. (113). Trata-se, em todo o caso, de uma solução discutível, dado que a estipulação de um acordo de isenção envolve uma modificação do contrato, parecendo defensável que a mesma não possa ser alterada sem novo acordo de ambas as partes – neste sentido, por todos, Luís Menezes Leitão, *Direito do Trabalho*, cit., p. 302.

as que respeitam a atividades exercidas exclusiva ou predominantemente durante o período noturno, ou que devam funcionar à disposição do público durante esse período, até aos casos em que a retribuição já tenha sido estabelecida atendendo à circunstância de o trabalho dever ser prestado em período noturno (nº 3 do art. 266º).

Em todo o caso, esta é uma matéria em que importa ter atenção às «proteções discriminatórias». Com efeito, até há poucos anos, as normas jurídico-laborais (inclusive as aprovadas no seio da OIT) proibiam o trabalho noturno das mulheres na indústria. Ora, tal proibição do trabalho noturno feminino, conquanto se inspirasse numa preocupação protetora da mulher trabalhadora, tendia outrossim a reproduzir determinados estereótipos sociais – o da maior debilidade da mulher, o de que o lugar desta, pelo menos à noite, é em casa, junto da família (visão esta paternalista, quiçá até machista). Tratava-se, aliás, de uma medida tutelar suscetível de produzir consideráveis efeitos perversos, pois dificultava o acesso ao emprego por parte das mulheres, impedia-as de usufruir da remuneração acrescida conferida pelo trabalho noturno, entravava a sua progressão na carreira, etc. Foi a aplicação do direito comunitário, com o seu entendimento exigente do princípio da igualdade e não discriminação em função do sexo, que pôs cobro a este tipo de normas discriminatoriamente tutelares (*vd.*, a este propósito, o célebre Acórdão *Stoeckel*, do TJUE, de 25-7-1991).

*

*   *

Quanto ao *trabalho suplementar*, o mesmo encontra-se regulado nos arts. 226º a 231º do CT, com os seus efeitos retributivos a ser previstos no art. 268º Destacam-se as seguintes notas fortes do respetivo regime jurídico:

i) *Noção* (art. 226º). Em princípio, considera-se trabalho suplementar todo aquele que é prestado fora do horário de trabalho. Tratar-se-á, pois, de situações em que se verifica um desvio em relação ao programa normal de atividade do trabalhador[233].

ii) *Caráter excecional* (art. 227º, nºs 1 e 2). Por motivos de distinta natureza (que vão desde razões sociais, ligadas à necessidade de limitar

---

[233] Sobre os termos em que um trabalhador isento de horário poderá prestar trabalho suplementar, *vd.* o disposto nos nºs 2 e 3, al. *a*), do art. 226º As diversas alíneas deste nº 3 preveem, aliás, várias situações de prestação de trabalho não compreendidas na noção de trabalho suplementar.

CONTRATO DE TRABALHO

a situação de heterodisponibilidade do trabalhador e de salvaguardar a sua segurança e saúde, até razões económicas, ligadas à conveniência de desincentivar a sobreutilização dos trabalhadores empregados, em ordem a combater o desemprego), a lei consagra, ainda que timidamente, o caráter de certa forma excecional deste tipo de trabalho, visto que o mesmo apenas poderá ser prestado em dois tipos de situações: quando a empresa tenha de fazer face a acréscimo eventual e transitório de trabalho e não se justifique para tal a admissão de trabalhador (nº 1, critério de necessidade); em caso de força maior ou quando seja indispensável para prevenir ou reparar prejuízo grave para a empresa ou para a sua viabilidade (nº 2, critério de indispensabilidade)[234]. Estas são, pois, as situações em que a lei admite o recurso ao trabalho suplementar, quer o mesmo seja unilateralmente decidido pelo empregador, quer haja acordo do trabalhador no sentido de o prestar. Vale isto por dizer que o simples acordo do trabalhador não basta para legitimar o recurso a este tipo de trabalho, o que bem se compreende se atendermos a que, nesta sede, além de estarem em jogo direitos fundamentais daquele, estão também presentes interesses gerais, supraindividuais (razões económicas e de política de emprego), que militam no sentido de circunscrever a atuação desta figura. Isto, claro, sem prejuízo de o trabalho suplementar prestado *contra legem* não isentar o empregador dos efeitos correspondentes face ao trabalhador, seja em matéria de descanso compensatório, seja em matéria de majoração remuneratória.

iii) Caráter obrigatório (nº 3 do art. 227º). Preenchido que esteja algum dos seus fundamentos justificativos, a lei estabelece que «o trabalhador é obrigado a realizar a prestação de trabalho suplementar, salvo quando, havendo motivos atendíveis, expressamente solicite a sua dispensa». A letra do preceito é suficientemente ambígua para deixar a dúvida sobre se, afinal, basta que o trabalhador invoque e prove a existência de motivo atendível para se poder escusar, licitamente, à prestação de trabalho suplementar, ou se, pelo contrário, o acento tónico deve ser colocado na dispensa a conceder pelo empregador, o qual seria o juiz (pelo menos o primeiro juiz) da atendibilidade do

---

[234] Sobre os limites de duração do trabalho suplementar, diferenciando consoante o mesmo seja prestado ao abrigo do nº 1 ou do nº 2 do art. 227º, *vd.* o disposto no art. 228º do CT.

motivo invocado. Ainda que se defenda a primeira leitura do preceito, o certo é que, atendendo ao caráter fortemente indeterminado do conceito de «motivos atendíveis», a recusa da prestação de trabalho suplementar (isto é, a desobediência a uma ordem do empregador) representará, muitas vezes, um risco demasiado elevado para o trabalhador, que este simplesmente não se pode dar ao luxo de correr...[235].

iv) Efeitos. A prestação de trabalho suplementar produz, basicamente, dois tipos de efeitos jurídicos, dependentes do número de horas de trabalho prestado por dia e da circunstância de esse trabalho ser executado em dia normal de trabalho ou em dia de descanso ou feriado: confere ao trabalhador, ainda que em casos muito limitados, direito a *descanso compensatório remunerado*, nos termos dos arts. 229º e 230º do CT; confere-lhe também direito a *retribuição acrescida*, nos termos do art. 268º do CT[236]. Estes efeitos, do mesmo passo que desincentivam o empregador de recorrer a este tipo de trabalho, estimulam o trabalhador a prestá-lo, em ordem a «compor» o respetivo rendimento. Talvez por isso, a lei esclarece que só será exigível o pagamento de trabalho suplementar «cuja prestação tenha sido prévia e expressamente determinada, ou realizada de modo a não ser previsível a oposição do empregador» (art. 268º, nº 2). O trabalhador não goza, portanto, de qualquer «direito a prestar trabalho

---

[235] Há, todavia, casos especiais, em que a prestação de trabalho suplementar é dispensada ou mesmo proibida, como sejam o das trabalhadoras grávidas ou o dos trabalhadores com filhos de idade inferior a 12 meses, o dos menores ou o dos trabalhadores com deficiência ou doença crónica (*vd.*, a propósito, os arts. 59º, 75º e 88º do CT).

[236] Em princípio, a majoração será de 50% por cada hora ou fração, caso o trabalho suplementar seja prestado em dia de descanso semanal, obrigatório ou complementar, ou em dia feriado. Quando prestado em dia útil, o acréscimo será de 25% pela primeira hora ou fração desta, e de 37,5% por hora ou fração subsequente (nº 1 do art. 268º). Note-se, porém, que o trabalho suplementar poderá também traduzir-se em trabalho noturno. Aliás, as relações entre o trabalho suplementar e o trabalho noturno podem ser de tipo muito diverso: há trabalho suplementar diurno e trabalho noturno não suplementar; mas pode haver casos em que o trabalho seja, simultaneamente, suplementar e noturno – e, quando assim seja, o trabalhador terá direito a cumular os acréscimos remuneratórios previstos nos arts. 266º e 268º do CT.

CONTRATO DE TRABALHO

suplementar», mesmo contra a vontade do empregador, em ordem a majorar a sua retribuição no final do mês...[237].

De qualquer modo, é expectável que o recurso ao trabalho suplementar comece a diminuir, na prática, na razão direta do aumento que se venha a registar na utilização dos supramencionados mecanismos de *adaptabilidade do tempo de trabalho* ou dos *bancos de horas*. Mecanismos, estes, menos generosos para os trabalhadores, mas menos onerosos para os empregadores...

17.5. Feriados

Feriados são dias em que, pelo seu especial significado (no plano político, histórico, religioso, etc.), se comemoram determinados acontecimentos com projeção nacional (ou, em certos casos, local). Ora, nos termos do nº 1 do art. 236º do CT, «nos dias considerados como feriado obrigatório, têm de encerrar ou suspender a laboração todas as atividades que não sejam permitidas aos domingos». Daí que, um tanto reflexamente, os respetivos trabalhadores fiquem exonerados do dever de prestar trabalho. E, nos termos do nº 1 do art. 269º, «o trabalhador tem direito à retribuição correspondente a feriado, sem que o empregador a possa compensar com trabalho suplementar»[238].

A lei diz-nos quais são os *feriados obrigatórios*, no art. 234º, nº 1, do CT (dias 1 de janeiro, de Sexta-Feira Santa, Domingo de Páscoa, 25 de abril, 1 de maio, de Corpo de Deus, 10 de junho, 15 de agosto, 5 de outubro, 1 de novembro, 1, 8 e 25 de dezembro)[239], mas, numa disposição de nítido cunho

---

[237] Sobre o registo do trabalho suplementar, *vd.* o disposto no art. 231º, em especial o seu nº 5, relativo às consequências remuneratórias da falta de registo. Sobre o regime de prova da realização de trabalho suplementar, *vd.* o nº 2 do art. 337º

[238] O trabalhador que preste trabalho em dia feriado, em empresa não obrigada a suspender o funcionamento nesse dia, terá direito, ou a gozar descanso compensatório com duração de metade do número de horas prestadas, ou a acréscimo de 50% da retribuição correspondente. Mas a opção caberá ao empregador, não ao titular do(s) direito(s), nos termos do nº 2 do art. 269º do CT. Trata-se de uma obrigação alternativa (art. 543º do CCivil). Este trabalho, não se analisando em trabalho suplementar (pois compreende-se no horário dos trabalhadores destas empresas), não deixa, ainda assim, de ser sujeito a um enquadramento normativo especial: dir-se-ia que é trabalho normal, mas é também, de algum modo, «trabalho a mais».

[239] Como é sabido, o legislador tinha resolvido eliminar quatro feriados obrigatórios (Corpo de Deus, 5 de outubro, 1 de novembro e 1 de dezembro), dois deles de cariz religioso e outros dois que são, apenas, o dia da implantação da República e o dia da restauração da Independência... Segundo o mesmo legislador, esta eliminação seria obrigatoriamente objeto

O TEMPO DA PRESTAÇÃO DE TRABALHO: TRABALHAR QUANTO E QUANDO?

«produtivista», acrescenta que, «mediante legislação específica, determinados feriados obrigatórios podem ser observados na segunda-feira da semana subsequente» (n.º 3 do mesmo preceito)[240]. Além dos feriados obrigatórios, a lei admite que sejam observados, a título de *feriado facultativo*, mais dois dias por ano (em princípio, a terça-feira de Carnaval e o feriado municipal da localidade), desde que tal se encontre previsto em instrumento de regulamentação coletiva de trabalho ou no contrato de trabalho (art. 235º). Note-se que os feriados consagrados na lei (isto é, nos arts. 234º e 235º do CT) são-no a título absolutamente imperativo, visto que as fontes inferiores não poderão estabelecer feriados diferentes desses (n.º 2 do art. 236º).

17.6. O desafio das NTIC e o "direito à desconexão"

É certo que a repartição dicotómica a que aludimos *supra*, a lógica binária *tempo de trabalho/período de descanso*, nunca foi linear. Trabalhadores há, como vimos, que estão isentos de horário de trabalho, o que significa que não dispõem das tradicionais balizas limitadoras da situação de heterodisponibilidade representadas pela figura do horário de trabalho. Por outro lado, a lei sempre permitiu que, verificando-se determinadas circunstâncias, a entidade empregadora pudesse ir além do horário de trabalho, pudesse afastar-se do programa contratual, ordenando ao trabalhador a prestação de trabalho extraordinário ou suplementar.

Ainda assim, era de exceções que aqui se cuidava: nem todos os trabalhadores, mas apenas aqueles que exercem certo tipo de funções (de administração ou direção, de confiança, exercidas fora do estabelecimento, etc.), podem ser isentos de horário de trabalho, se nisso acordarem; e o recurso ao trabalho suplementar apenas é lícito quando se verificarem certos requisitos de necessidade ou indispensabilidade na esfera da empresa, sendo que

---

de reavaliação num período não superior a cinco anos (art. 4º da Lei nº 69/2013, de 30-8). Mas a Lei nº 8/2016, de 1-4, procedeu à reposição dos feriados antes abolidos.

[240] Muitas vozes têm-se manifestado em sentido contrário à eventual publicação desta legislação especial, observando que a mesma, a pretexto do combate às denominadas "pontes", pode contribuir para descaracterizar o significado comemorativo dos feriados, transformando-os em meros dias de repouso. Curiosa, e de sinal totalmente distinto, é a solução consagrada, neste ponto, pela Lei do Trabalho de Moçambique (Lei nº 23/2007, de 1-8), nos termos da qual, sempre que o dia feriado coincida com o domingo, a suspensão da atividade laboral fica diferida para o dia seguinte (art. 96º, nº 3).

CONTRATO DE TRABALHO

o trabalhador poderá desobrigar-se da respetiva prestação se invocar e provar motivos atendíveis para a sua dispensa.

No essencial, aquele modelo binário era válido: por via do contrato de trabalho, o trabalhador abdicava de uma parte da sua liberdade, perdia a sua autodisponibilidade, ao subordinar-se a outrem; mas isso, em regra, apenas no tempo e no local de trabalho, pois, fora do espaço-tempo empresarial, o trabalhador passava para segundo plano, quase desaparecia, volvendo-se em pessoa e cidadão, assim recuperando a liberdade alienada – isto, claro, até ao início de nova jornada de trabalho[241]. Lá, na empresa, no seu horário, cumprindo a jornada, o trabalhador reencontrava o trabalho dependente, colocando a sua autodisponibilidade entre parêntesis, a troco de um salário.

Em suma, o homem é um ser pluridimensional e multifacetado, que, por isso mesmo, não deve reduzir-se, nem pode ser reduzido, à sua condição de trabalhador, ao mero plano profissional. Nós, realmente, somos, temos de ser, muito mais do que o emprego que temos e do que o trabalho que realizamos. E ao Direito do Trabalho compete, afinal, não só "salvar a pele" que o trabalhador arrisca quando executa o contrato, mas também garantir que a execução do contrato não exaure o tempo de vida do trabalhador, garantir que este não se reduz à sua condição laboriosa e que tem condições (desde logo de saúde e de tempo disponível) para se dedicar, livremente, a outras dimensões da sua vida.

Sucede, porém, que, nos últimos anos, com o advento e com o incremento das NTIC (Novas Tecnologias de Informação e Comunicação), surgiu um novo e complexo desafio para o Direito do Trabalho, dado que as

---

[241] Registe-se ainda que, apesar da ausência de disposições legais adequadas a regular estas situações em Portugal, a contratação coletiva não tem deixado, em certos setores de atividade (saúde, transportes, eletricidade, comunicações, indústrias de laboração contínua, etc.), de estabelecer *regimes de prevenção ou disponibilidade*, isto é, situações em que os trabalhadores devem permanecer contactáveis e disponíveis para, em caso de necessidade, comparecerem rapidamente nas instalações da empresa ou em outro local, para prestar trabalho. Nesse caso, porém, via de regra os trabalhadores sujeitos ao regime de disponibilidade auferem subsídios próprios (por vezes calculados em função do número de dias ou horas de afetação ao regime), sendo que, sempre que sejam chamados a comparecer na empresa ou em outro local, as correspondentes despesas de viagem serão pagas pela empresa, devendo ainda o trabalho assim prestado ser remunerado, eventualmente como trabalho suplementar. Para indicações a este respeito, cfr. o *Livro Verde sobre as Relações Laborais*, Ministério do Trabalho, Solidariedade e Segurança Social, Dezembro de 2016, Lisboa, pp. 343-344.

NTIC possibilitam que o trabalho acompanhe o trabalhador fora do espaço/ /tempo profissional, invadindo o seu tempo de (suposta) autodisponibilidade. São de todos conhecidas as impressionantes mudanças registadas na nossa forma de viver, de comunicar e de trabalhar, resultantes da informatização, da internet, do *e-mail*, das redes sociais, dos telemóveis, dos computadores... E um dos principais efeitos destes fenómenos consiste, sem dúvida, na diluição das tradicionais fronteiras entre vida profissional e vida pessoal, entre o público e o privado, sobretudo no âmbito das atividades de cariz intelectual. Agora, em muitos casos, o trabalho (e, por via disso, o empregador) pode facilmente acompanhar o trabalhador, seja quando for e onde quer que este se encontre. Agora, o modelo é o de um trabalhador conectado e disponível 24 sobre 24 horas, pois a tecnologia permite a conexão por tempo integral (hiperconexão), potenciando situações de quase escravização do trabalhador – a escravatura, diz-se, do *homo connectus*, visto, amiúde, como "colaborador" de quem não se espera outra coisa senão dedicação permanente e ilimitada.

Enfim, vivemos numa era virtual, digital, marcada por múltiplas contradições: preocupamo-nos com o não-trabalho, com o descanso, com o lazer, com o ócio, num mundo marcado pelo desemprego; preocupamo-nos com o desemprego causado pelo avanço tecnológico, num mundo em que a tecnologia não tem deixado de escravizar o homem ao trabalho; preocupamo-nos com a dignificação do homem através do trabalho, num mundo em que a tecnologia pode roubar dignidade ao homem que trabalha, devassando a sua intimidade e perturbando a sua vida privada...

Num interessante artigo dedicado, justamente, a este tema, intitulado «Do direito à desconexão do trabalho», datado de 23 de junho de 2003, o professor e magistrado brasileiro Jorge Luiz Souto Maior concluía, lançando o seguinte desafio ao leitor: «Façamos uma reflexão sobre nossa postura diante do trabalho. Temos sido escravos do trabalho? Quase não respiramos sem nosso computador? Ele – o computador – está para nós como aquela bombinha está para o asmático? Trabalhamos dia e noite, inclusive finais de semana, e não são poucas as vezes que tiramos férias para colocar o trabalho em dia? Estamos pressionados pelos "impessoais" relatórios de atividade, que, mensalmente, mostram publicamente o que somos no trabalho, sob o prisma estatístico? E, finalmente, estamos viciados em debater questões nas famosas listas de discussão via internet?». O Autor rematava: «Se a sua resposta foi positiva a três destas perguntas, é sinal de que o sinal

CONTRATO DE TRABALHO

de alerta deve ser ligado. Se a resposta positiva atingiu o nível de cinco perguntas, então é hora de exercer, concretamente, o direito a se desconectar do trabalho»[242].

As palavras de JORGE LUIZ SOUTO MAIOR são muito sugestivas. E, quase quinze anos volvidos, dir-se-ia mesmo que tudo se agravou neste domínio, sendo o computador substituído pelo telemóvel, isto é, pelo telemóvel--computador – o *smartphone*, que, muito marginalmente, ainda serve para as pessoas comunicarem telefonicamente umas com as outras... Mas o grande problema, para a maioria dos trabalhadores, é este: como exercer, realmente, esse "direito à desconexão", num tempo de concorrência global e desenfreada? Como ousar desligar e desconectar-se, como premir o botão *off*, numa época marcada pelo excesso de trabalho de alguns, mas também pelo desemprego de muitos?

Neste contexto, ousar desconectar-se pode implicar, a curto ou médio prazo, ser desligado da empresa... E o receio da perda do emprego, a luta infrene para escapar às agruras do desemprego, ou, mesmo que em moldes menos drásticos, a simples preocupação em assegurar que os canais permanecem abertos para uma eventual progressão na carreira (promoções, p. ex.), tudo isto redunda em que o trabalhador, mesmo se fatigado, desgastado, perturbado, contrariado, devassado, no limiar do esgotamento, sem tempo para si e para os seus, não ousará desconectar-se. Esse é, simplesmente, um luxo a que ele não poderá dar-se. Ele poderá sonhar com isso, poderá fantasiar com isso, mas, em regra, tudo não passará do plano dos devaneios, pois ele não ousará *fazer* isso...

Tenho, pelo exposto, algumas dúvidas em relação à conveniência de reconhecer ao trabalhador, por via legal, um "novo" direito, uma "nova" faculdade, o chamado "direito à desconexão profissional". A desconexão, creio, não é propriamente um direito. O direito aqui em causa é, sim, tal como se consagra na CRP, o direito ao repouso e aos lazeres, ao descanso semanal, a férias periódicas, à limitação da jornada de trabalho... Mais do que como *direito*, a desconexão surge, assim, como o *efeito* natural da limitação da jornada de trabalho, isto é, do balizamento do tempo de trabalho através da definição do horário de trabalho de cada trabalhador. O horário de trabalho, repete-se, delimita o período normal de trabalho diário e se-

---

[242] «Do direito à desconexão do trabalho», *Revista do Tribunal Regional do Trabalho da 15ª Região*, nº 23, 2003.

manal. Já se disse, jornada de trabalho é tempo de vida, pelo que, «ao trabalhar, o sujeito entrega tempo de vida ao empregador, que lhe toma esse tempo em troca de dinheiro»[243]. Mas esse tempo é limitado (período normal de trabalho) e delimitado (horário de trabalho) pelas normas jurídico--laborais. Fora do tempo de trabalho estaremos, então, em período de descanso, como decorre do disposto no art. 199º do CT. Período de descanso, isto é, período de lazer, período de autodisponibilidade, tempo de vida do trabalhador, tempo que este não alienou nem entregou à empresa para a qual trabalha, «porção livre da sua existência».

Dir-se-ia, pelo exposto, que o período de descanso equivale, deve equivaler, a um período de *do not disturb* patronal! Um período, pois, em que o trabalhador deve ser deixado em paz pelo empregador, para descansar ou para se dedicar, livremente, a outras dimensões da sua vida. Não é sobre o trabalhador que recai o ónus de colocar o dístico *do not disturb!* na porta do seu quarto, assim exercendo um qualquer "direito à desconexão profissional" (ao jeito de um *buzz off!* dirigido ao empregador). Pelo contrário, a obrigação de não perturbar, de não incomodar, recai sobre a empresa. O trabalhador goza, assim, de um "direito à não conexão" (dir-se-ia: de um *right to be let alone*, na conhecida fórmula, que remonta a 1880, do juiz Thomas Cooley) por parte da empresa, de um *do not disturb!* resultante do contrato de trabalho e da norma laboral aplicável.

Sobre a empresa é que recairá, portanto, um "dever de não conexão profissional" fora da jornada de trabalho, fora das balizas representadas pelo horário de trabalho – por isso mesmo que, em princípio, o período de descanso, para o ser verdadeiramente, deve corresponder a um tempo de desconexão profissional[244]. Em certo sentido, o tempo de desconexão profissional surge, pois, como uma versão virtual do período de descanso,

---

[243] Nestes termos, ALMIRO EDUARDO DE ALMEIDA e VALDETE SOUTO SEVERO, *Direito à Desconexão nas Relações Sociais de Trabalho*, LTr, São Paulo, 2014, p. 36. Os Autores acrescentam: «É importante sublinhar que o tempo colocado à disposição do empregador é *tempo de vida* do trabalhador *na Terra*. Já passamos grande parte do nosso dia em nosso local de trabalho, mas temos também a necessidade de interagir, construir *pontes* em nosso convívio social. Temos necessidade de participar da sociedade, de "desconectarmos" do trabalho para *sermos-com-o-outro*» (p. 95).

[244] Pode haver, claro, situações pontuais, de emergência, casos de força maior, etc., em que esse tempo de desconexão profissional poderá ser sacrificado. Mas estas terão de ser sempre situações excepcionais e devidamente justificadas, nunca a rotineira prática da empresa.

CONTRATO DE TRABALHO

típica do mundo digital em que vivemos, como o direito à vida privada do século XXI.

Tudo isto, como é óbvio, sem prejuízo de se poder – e, quiçá, dever – consagrar expressamente na lei que as formas de garantir o tempo de desconexão profissional, designadamente através da não utilização das NTIC durante o período de descanso do trabalhador, poderão ser estabelecidas mediante convenção coletiva de trabalho. É que o desafio da conexão permanente é novo, não se colocava – ou, em todo o caso, não se colocava nos mesmos moldes e com a mesma premência – anos atrás. Justifica-se, por isso, que o Direito do Trabalho tente responder a esse desafio, tente enquadrar o fenómeno, tanto por via legal, (rea)firmando princípios, como por via convencional, adaptando e desenvolvendo esses princípios em função da realidade específica de cada setor de atividade[245].

A ideia-chave, porém, deverá aqui consistir, a meu ver, não tanto em conceder ao trabalhador um suposto novo direito – o direito à desconexão profissional, que, se e quando exercido pelo seu titular, fará dele, aos olhos do empregador, um mau profissional... –, mas antes em disciplinar o comportamento invasivo da entidade empregadora, em sublinhar que esta, em princípio, deverá abster-se de estabelecer conexão com o trabalhador quando este se encontra a gozar o seu período de descanso.

Neste sentido, creio que é mais de um "dever de não conexão patronal" do que de um "direito à desconexão do trabalhador" que, *in casu*, se trata. É que, de certa forma, falar num "direito à desconexão" parece pressupor que a entidade empregadora teria, *prima facie*, um direito à conexão. Ora, repito, resulta da própria ideia de contrato de trabalho (e da liberdade que este pressupõe), bem como das normas laborais sobre limitação e organização do tempo de trabalho, justamente, a ideia oposta: fora do tempo de trabalho, no período de descanso, impõe-se ao empregador a não-conexão, um *do not disturb!*, um *buzz off!*, uma trégua na conectividade que permita ao trabalhador repousar e... viver a (sua) vida, quiçá exercendo,

---

[245] Prevendo, p. ex., um período obrigatório de tréguas nas comunicações da empresa para os *smartphones* dos trabalhadores (como sucedeu na Alemanha, no seio de um estabelecimento do grupo *Volkswagen*, onde se alcançou um acordo que suspende a conetividade entre as 18h15m de um dia e as 7h do dia seguinte). Também em França foram celebrados diversos acordos sublinhando que a utilização profissional das NTIC deve circunscrever-se aos tempos de trabalho, cabendo à empresa abster-se de enviar mensagens aos trabalhadores no período de descanso destes.

nas certeiras palavras de MANUEL ANTÓNIO PINA, um salutar «direito à improdutividade»[246]...

De resto, convém sublinhar que uma situação de conexão por tempo integral – hoje permitida, desde logo, pelo computador e, sobretudo, pelo telemóvel/*smartphone*, esse objeto precioso que nunca largamos e que tão bem simboliza os tempos que vivemos –, isto é, uma situação de "bombardeamento" permanente do trabalhador, com *e-mails*, perguntas constantes, mensagens diversas sempre urgentes, pedidos de elaboração de relatórios sempre inadiáveis, etc., não deixa de poder redundar numa prática de assédio, prevista e proibida pelo art. 29º do CT. Perante a amplitude da previsão legal de assédio, que abrange práticas discriminatórias ou não e que abrange práticas intencionais ou não, não creio que restem grandes dúvidas sobre a possibilidade de a violação do tempo de desconexão correspondente ao período de descanso do trabalhador vir, em tese, a constituir assédio moral. Trata-se, tipicamente, de condutas empresariais que têm como efeito (ainda que, quiçá, não como objetivo) perturbar a pessoa do trabalhador, práticas suscetíveis, como se sabe, de lhe causar danos da mais variada espécie, desde logo afetando gravemente a sua saúde (*stress*, *burnout*, etc.).

Os problemas derivados da hiper-conectividade que caracteriza os nossos tempos são numerosos, complexos e, claro, nada fáceis de resolver. Nem o Direito poderá, aliás, aspirar a resolver todos esses problemas. Como falar em desconexão a alguém que já não se conecta nem se desconecta, antes vive permanentemente conectado?[247] Ainda assim, o Direito pode ajudar. Pode, desde logo, sinalizar. E aqui, parece-me, o atual papel do Direito do Trabalho, neste novo contexto digital, deve continuar a ser aquele que, desde a sua origem, o anima: limitar o tempo de trabalho, preservar períodos de repouso, salvaguardar a saúde do trabalhador e garantir a autodisponibilidade (*rectius*: a liberdade) deste, para que ele não se veja reduzido à unidimensional condição de força produtiva e assim despido dos múltiplos atributos da sua humanidade.

---

[246] *Crónica, Saudade da Literatura*, Assírio & Alvim, Porto, 2013, p. 94.

[247] Pense-se, desde logo, nos mais jovens, na chamada «geração Millénium». Trata-se de jovens que dão larga expressão à sua vida privada no local/tempo de trabalho (através, p. ex., da utilização frequente das redes sociais durante o período de trabalho) e que, em contrapartida, tendem a exportar uma parte da sua vida profissional para fora do seu tempo de trabalho, levando-a para casa. O problema é que muitas vezes, como a prática vem demonstrando, este *trade-off* não funciona, pois a balança fica demasiado desequilibrada.

CONTRATO DE TRABALHO

Sempre na linha, para o dizer com Júlio Gomes, de que «o ser humano não existe apenas para o trabalho, mas sim o trabalho para o ser humano»[248]. E, bem assim, com a consciência de que o ser humano, na sua irredutível complexidade e riqueza, é sempre muito mais do que o seu trabalho. Se assim não for, então, creio, mais vale desistir e talvez queimar a secção do CT relativa à duração e organização do tempo de trabalho...[249]

---

[248] *Direito do Trabalho*, cit., p. 653.
[249] Sobre esta problemática, ver, na doutrina portuguesa, Teresa Coelho Moreira, «O direito à desconexão dos trabalhadores», *QL*, nº 49, 2016, pp. 7-28, e Francisco Liberal Fernandes, «Organização do trabalho e tecnologias de informação e comunicação», *QL*, nº 50, 2017, pp. 7-17.

§ 18º
O direito ao repouso e ao lazer: o regime jurídico das férias

O direito de todos os trabalhadores a férias periódicas pagas encontra-se expressamente consagrado na nossa Lei Fundamental, surgindo como manifestação e concretização do direito ao repouso e aos lazeres (art. 59º, nº 1, al. *d*), da CRP). As férias analisam-se, por um lado, num tempo de recuperação de energias e, por outro, num tempo da autodisponibilidade do trabalhador-pessoa-cidadão. Como se lê no nº 4 do art. 237º do CT, «o direito a férias deve ser exercido de modo a proporcionar ao trabalhador a recuperação física e psíquica, condições de disponibilidade pessoal, integração na vida familiar e participação social e cultural»[250].

O trabalhador tem direito, em cada ano civil, a um período de férias retribuídas, que em regra se vence em 1 de janeiro (art. 237º, nº 1). E o nº 2 desse preceito acrescenta que o direito a férias, em regra, se reporta ao trabalho prestado no ano civil anterior, mas não está condicionado à assiduidade ou efetividade de serviço.

18.1. A duração das férias

Uma das mais emblemáticas alterações introduzidas pelo CT de 2003 no tocante à duração do período de férias consistiu, como é sabido, no estabelecimento de um regime legal diferenciado em função da maior ou menor

---

[250] Sobre toda esta matéria, *vd.*, em especial, MILENA SILVA ROUXINOL, *O Direito a Férias do Trabalhador*, Cadernos IDET, nº 8, Almedina, Coimbra, 2014.

CONTRATO DE TRABALHO

assiduidade do trabalhador no ano a que as férias se reportam. Assim, de acordo com o disposto no art. 213º, nº 1, daquele Código, o período anual de férias teria a duração mínima de 22 dias úteis, mas aquele período seria aumentado num máximo de 3 dias úteis em caso de inexistência de faltas ou na hipótese de o trabalhador ter dado um número diminuto de faltas justificadas – solução esta que veio a ser mantida e confirmada pelo art. 238º do atual CT, na sua redação inicial.

À luz do CT, as férias teriam, por conseguinte, uma duração anual de 22, 23, 24 ou 25 dias úteis, consoante o grau de assiduidade do trabalhador no ano a que respeitassem: 25 dias, se o trabalhador não tivesse faltado ao longo desse ano, ou tivesse dado, no máximo, uma falta justificada (ou dois meios dias); 24 dias, caso tivesse dado, no máximo, duas faltas justificadas (ou quatro meios dias); 23 dias, caso tivesse dado, no máximo, três faltas justificadas (ou seis meios dias); 22 dias, nas restantes hipóteses, isto é, caso tivesse dado alguma falta injustificada e/ou quatro ou mais faltas justificadas.

Do ponto de vista *político-legislativo*, este preceito consistia, sem dúvida, numa norma que procurava combater o absentismo laboral e premiar ou recompensar a assiduidade do trabalhador, conferindo-lhe uma bonificação em sede de duração das respetivas férias. Numa perspetiva *técnico-jurídica*, porém, tanto poderia falar-se de uma majoração das férias em função da assiduidade como de uma redução das mesmas em função da falta de assiduidade do trabalhador: com efeito, a norma em análise poderia outrossim ser apreendida como firmando a regra segundo a qual a duração do período anual de férias corresponderia, em princípio, a 25 dias úteis, sendo deduzidos 1, 2 ou 3 dias úteis de acordo com a (falta de) assiduidade do trabalhador. Nesta ótica, em lugar de premiar a assiduidade deste penalizava-se a sua ausência, em lugar de adicionar dias de férias porque ele comparecia subtraem-se dias de férias porque ele não comparecia ao serviço.

Fosse o preceito concebido como estabelecendo *um prémio/recompensa* (22 dias mais 1, 2 ou 3) ou como prevendo uma *punição/penalização* (25 dias menos 1, 2 ou 3), o certo é que nos situávamos no plano daquilo que era *juridicamente devido* pelo empregador. Os 25 dias úteis de férias, p. ex., não eram algo que permanecesse no domínio do facultativo para o empregador, algo que este poderia ou não conceder ao trabalhador de acordo com o seu livre alvedrio, mas, pelo contrário, eram algo que o empregador deveria obrigatoriamente respeitar, analisando-se num *direito subjetivo do trabalhador* que não tivesse dado qualquer falta injustificada e tivesse dado, no máximo,

O DIREITO AO REPOUSO E AO LAZER: O REGIME JURÍDICO DAS FÉRIAS

uma falta justificada no ano precedente (*in casu*, este gozaria de um autêntico *direito à majoração*).

O «produto normativo» constante deste art. 238º poderia, pois, ser apresentado, para efeitos didáticos, ora como uma majoração ora como uma penalização, ora como um prémio ora como uma punição, ora como uma recompensa ora como uma sanção. Ponto é, em qualquer caso, que se tivesse presente que estávamos a falar da maior ou menor extensão de um direito do trabalhador, de algo que, *para o empregador, relevava do devido/obrigatório e não do facultativo/opcional.*

Ora, sucede que, em matéria de férias, a principal alteração introduzida pela Lei nº 23/2012 prendeu-se, justamente, com o respetivo período de duração. Neste ponto o legislador cortou cerce, eliminando o acréscimo legal de até 3 dias e passando a prever, *ne varietur*, que o período anual de férias tem a duração mínima de 22 dias úteis (nova redação do art. 238º, nº 1). Pela minha parte, nunca simpatizei com a solução anterior, que aliás suscitava numerosos problemas interpretativos e aplicativos, mas não deixa de ser sintomático que o legislador, chamado a rever a norma, tenha resolvido colocar a fasquia e tenha fixado a extensão legal do direito a férias no menor dos períodos antes previstos – precisamente, nos 22 dias úteis[251].

18.2. Retribuição durante as férias

O trabalhador tem direito, segundo a CRP e a lei, a férias periódicas pagas. As férias são, pois, retribuídas. E, a este propósito, o art. 264º, nº 1, do CT estabelece que «a retribuição do período de férias corresponde à que o trabalhador receberia se estivesse em serviço efetivo», consagrando o chamado *princípio da não penalização retributiva*, segundo o qual, e nas palavras de José Andrade Mesquita, «em termos de contrapartida pelo trabalho, tudo se passa como se não existisse tempo de repouso [252]. Ainda que o

---

[251] Trata-se, em todo o caso, da duração *mínima* das férias, nada impedindo a contratação coletiva de estabelecer majorações a esse período legal anual de férias (art. 3º, nº 3, al. *h*), do CT). A questão da duração das férias é, sem dúvida, das mais emblemáticas quanto ao nível da tutela reconhecida por dado ordenamento jurídico aos respetivos trabalhadores. Assim é que, por exemplo, a Lei das Relações de Trabalho de Macau (Lei nº 7/2008) consagra, nesta matéria, no seu art. 46º, que o trabalhador cuja relação de trabalho seja superior a um ano tem direito a gozar, no ano seguinte, um mínimo de *seis dias úteis* de férias anuais remuneradas...

[252] «O direito a férias», in *Estudos do Instituto de Direito do Trabalho*, vol. III, Almedina, Coimbra, 2002, p. 106.

CONTRATO DE TRABALHO

contrato de trabalho se apresente, indiscutivelmente, como um contrato bilateral, marcado pelo sinalagma entre trabalho e retribuição, o certo é que o período de inatividade produtiva correspondente às férias não deverá ter qualquer impacto negativo sobre a retribuição a pagar ao trabalhador[253].

Porém, mais do que como um simples período de inatividade, as férias são hoje concebidas como um fator de equilíbrio biopsíquico do trabalhador, implicando um «corte com a rotina», uma rutura drástica com o quotidiano laboral e extralaboral, o que redunda, mais ou menos inevitavelmente, num acréscimo de despesas para o trabalhador e respetiva família (deslocação, alojamento, etc.). Em ordem a possibilitar que o trabalhador enfrente este previsível aumento de gastos, o nº 2 deste preceito determina que, além da retribuição de férias prevista no nº 1, o trabalhador terá outrossim direito a auferir um *subsídio de férias*.

Neste ponto, porém, o atual CT persevera na linha do anterior, o qual introduziu modificações significativas relativamente ao disposto na velha LFFF, de 1976. Com efeito, ao passo que o art. 6º, nº 2, deste diploma estabelecia que o subsídio de férias seria de montante igual ao da retribuição de férias, o preceito vigente prevê que o montante deste subsídio compreende «a retribuição base e outras prestações retributivas que sejam contrapartida do modo específico da execução do trabalho». O enunciado codicístico não deixa de ser perturbador e suscita consideráveis dificuldades de aplicação prática, sobretudo se nos não esquecermos da miríade de atribuições patrimoniais suscetíveis de integrarem a retribuição global do trabalhador. Em todo o caso, é seguro que: *i)* o CT (seja o de 2003, seja o atual) revela-se mais restritivo do que o era a LFFF, deixando de apontar para a ideia de que, grosso modo, no período de férias o trabalhador deve auferir o dobro das prestações habituais; *ii)* o CT também não recorre, para este efeito, à base de cálculo fornecida pelo art. 262º (retribuição base e diuturnidades).

O CT tenta auxiliar o intérprete quanto à noção de «retribuição base», no seu art. 262º, nº 2, al. *a)*. Mas o que deverá entender-se pelas tais

---

[253] Diferente será o caso, como se compreende, no tocante a certas atribuições patrimoniais que não possuem caráter retributivo e estão incindivelmente ligadas à efetiva prestação de trabalho (pense-se, p. ex., nas ajudas de custo ou no subsídio de refeição, contemplados no art. 260º), as quais não serão devidas durante as férias. De qualquer das formas, há que não olvidar que, nos termos do nº 3 do art. 258º, «presume-se constituir retribuição qualquer prestação do empregador ao trabalhador», pelo que, nos casos de dúvida, tais prestações patronais também devem integrar a retribuição do período de férias.

«outras prestações retributivas que sejam contrapartida do modo específico da execução do trabalho»? Dir-se-ia que as diuturnidades, p. ex., na medida em que se analisam numa prestação retributiva radicada na antiguidade do trabalhador, exorbitam das prestações integradoras do subsídio de férias. Mas e as comissões de vendas, para figurar outra hipótese? Suponhamos que um trabalhador aufere uma retribuição mista, composta por uma parte certa, calculada em função do tempo (a sua retribuição base), à qual acresce um montante variável, calculado em função do número de vendas que realiza. Ao menos *prima facie*, também estas comissões não se reconduzem às outras prestações retributivas a que alude este preceito (assim, as comissões relevarão para efeito de retribuição de férias, mas não para o cálculo do respetivo subsídio). Já outro tipo de prestações retributivas, mais ligadas às circunstâncias que rodeiam a execução do trabalho, isto é, ao seu condicionalismo externo (subsídios por trabalho noturno ou em regime de turnos, subsídios de risco, de isolamento, de toxicidade, de penosidade, etc.) relevarão para o cômputo do subsídio de férias[254].

A primeira parte do nº 3 do art. 264º do CT consagra, ainda que apenas em moldes supletivos, o *princípio do vencimento antecipado do subsídio de férias*, solução reclamada pela lógica através da qual se procura garantir ao trabalhador que disponha, em tempo útil, do montante necessário para fazer face às despesas acrescidas inerentes ao gozo das férias.

18.3. A estrutura complexa do direito a férias e a cessação do contrato

Em regra, o direito a férias vence-se no dia 1 de janeiro e reporta-se ao trabalho prestado no ano civil anterior. As férias consistem, assim, num *direito de formação sucessiva e de vencimento diferido*. Como, em regra, as férias devem ser gozadas no ano civil em que se vencem (art. 240º), isso significa que, em princípio, as férias que o trabalhador goza, p. ex., em agosto de 2017, se reportam ao trabalho prestado ao longo de 2016, tendo-se vencido esse direito em 1 de janeiro de 2017. Ora, se assim é, logo se compreende a solução vertida no art. 245º do CT, quanto aos efeitos da cessação do contrato no direito a férias. No nosso exemplo, supondo que o contrato de trabalho se extinguiu, por qualquer motivo, em abril de 2017, isso implicará que o trabalhador deva auferir a retribuição e o subsídio correspondentes às

---

[254] Para maiores desenvolvimentos, João Leal Amado, «Comissões, subsídio de Natal e férias (breve apontamento à luz do Código do Trabalho)», *PDT*, nº 76-77-78, 2007, pp. 229-242.

CONTRATO DE TRABALHO

férias vencidas em 1 de janeiro de 2017, férias que o trabalhador não chegou a gozar (nº 1, al. *a)*, do art. 245º), bem como um montante proporcional ao tempo de serviço prestado em 2017, pois a partir de 1 de janeiro começou a formar-se um novo direito a férias, que se venceria plenamente em 1 de janeiro de 2018, mas que se vence antecipada e parcialmente aquando da extinção do vínculo, em abril de 2017 (nº 1, al. *b)*, do mesmo preceito).

Caso o contrato de trabalho cesse no ano civil subsequente ao da admissão, ou cesse no próprio ano em que o trabalhador foi admitido, aplicar-se-á o disposto no nº 3 do art. 245º, que manda atender a um critério de proporcionalidade [255].

18.4. A marcação das férias

Vencendo-se em 1 de janeiro, diz a lei que as férias devem ser gozadas nesse mesmo ano civil [256]. Mas quando? Quem marca as férias? Quem decide? Quem manda? Diz o CT, no seu art. 241º, nº 1: «O período de férias é marcado por acordo entre empregador e trabalhador». Mas, na falta de acordo, quem marca as férias é o empregador, após audição da estrutura representativa dos trabalhadores (nº 2). Porém, neste caso a lei estabelece alguns marcos temporais que o empregador deverá respeitar, *maxime* o de marcar o período de férias entre 1 de maio e 31 de outubro. Só assim não será se o IRCT ou o parecer dos representantes dos trabalhadores admitir época diferente, ou caso se trate de uma microempresa (nº 3 do art. 241º). O CT prevê ainda um (mais um!) regime especial para as empresas ligadas ao turismo, cujos empregadores só estarão obrigados a marcar 25% do período de férias dos trabalhadores entre 1 de maio e 31 de outubro (nº 4 do art. 241º). Deduz-se que os restantes 75% poderão ser marcados para qualquer outra época do ano, por decisão unilateral do empregador. Turismo *oblige...*

Os períodos de férias mais pretendidos devem ser rateados, sempre que possível, beneficiando alternadamente os trabalhadores em função dos períodos gozados nos dois anos anteriores (nº 6), tendo os cônjuges e

---

[255] Na mesma linha, o art. 239º, nº 4, rege para os contratos de duração inferior a seis meses, caso em que o trabalhador terá direito a dois dias úteis de férias por cada mês completo de duração do contrato, a gozar, em princípio, imediatamente antes da cessação do mesmo (nº 5).

[256] Em certos casos, havendo acordo entre as partes ou porque o trabalhador pretende gozar as férias com familiar residente no estrangeiro, a lei introduz desvios a esta regra (nºs 2 e 3 do art. 240º).

as pessoas que vivam em união de facto ou economia comum, que laborem na mesma empresa, direito a gozar férias simultaneamente, salvo se houver prejuízo grave para a empresa (nº 7). De resto, o gozo do período de férias poderá ser interpolado, mas só se nisso acordarem ambas as partes e desde que sejam gozados, no mínimo, 10 dias úteis consecutivos (nº 8). É o chamado *princípio da continuidade das férias*, aliás reclamado pela razão de ser das mesmas, a qual se mostra incompatível com um excessivo fracionamento do período de férias. Resta saber se este princípio, o qual significa que o trabalhador apenas poderá ver as suas férias fracionadas com o seu acordo, também se aplica nas empresas ligadas ao turismo, tendo em conta o disposto no nº 4 do art. 241º Poderão os 75% do período de férias (a gozar antes de 1 de maio ou depois de 31 de outubro) ser desconectados dos restantes 25%, contra a vontade do trabalhador?

Tendo o período de férias sido marcado nos moldes acima descritos[257], a verdade é que o período de férias poderá ser *alterado*, seja por motivos relativos à empresa (art. 243º), seja por motivos relativos ao trabalhador (art. 244º)[258]. Nesta matéria, a solução que tem gerado maior polémica doutrinal é a que defere ao empregador a faculdade unilateral de alterar a marcação das férias, determinando que o respetivo gozo tenha lugar imediatamente antes da cessação, nos casos em que a cessação do contrato de trabalho esteja sujeita a aviso prévio (arts. 241º, nº 5, e 243º, nº 3, do CT). No essencial, trata-se, como melhor veremos *infra*, das situações de denúncia do contrato por iniciativa do trabalhador e dos casos de despedimento por razões objetivas, em que o empregador poderá antecipar as férias do trabalhador, o que lhe permitirá fazer algumas economias, ainda que à custa do trabalhador... Dir-se-á, com razão, que durante o período de aviso prévio

---

[257] O empregador deverá elaborar o mapa de férias, com indicação do início e do termo dos períodos de férias de cada trabalhador, até 15 de abril de cada ano (nº 9 do art. 241º).

[258] Quanto à possibilidade de encerramento da empresa ou estabelecimento para férias dos trabalhadores, *vd.* o disposto no art. 242º Registe-se que a Lei nº 23/2012 inovou nesta matéria, prevendo que, caso os feriados ocorram à terça-feira ou à quinta-feira e o descanso semanal ocorra, como é frequente, ao sábado e/ou ao domingo, o empregador poderá decidir encerrar a empresa ou o estabelecimento no dia que ficar de permeio (segunda ou sexta-feira), sendo esse dia de encerramento imputado/descontado nas férias dos trabalhadores (novo art. 242º, nº 2-*b*) do CT) ou sendo esse dia compensado posteriormente pelo trabalhador, através de trabalho extra que, todavia, não será considerado trabalho suplementar (novo art. 226º, nº 3-*g*) do CT). Tudo com base na decisão unilateral do empregador e em prol da sacrossanta competitividade empresarial...

CONTRATO DE TRABALHO

(um período de agonia contratual) a produtividade do trabalhador tende a ser afetada. Resta saber se esse (correspondendo, amiúde, a um período de angústia pessoal) é um bom período para o gozo de férias por parte do trabalhador...

18.5. O ano da contratação

Aqui chegados, dir-se-ia: se o direito a férias se vai formando progressivamente ao longo do ano e só se vence no dia 1 de janeiro, então isso significa que, no ano da contratação, o trabalhador jamais gozará férias. Assim, mesmo que o trabalhador fosse contratado em janeiro ou em fevereiro, o seu primeiro direito a férias apenas se venceria no dia 1 de janeiro do ano civil subsequente, sendo as mesmas gozadas ao longo desse ano, quiçá em Julho ou Agosto...

Acontece que, precisamente para evitar situações do género da que venho de mencionar (prestação de trabalho durante um período muito extenso, sem interrupção para gozo de férias), a lei introduz um importante desvio à regra segundo a qual as férias se vencem, apenas, no dia 1 de janeiro. Assim, nos termos do art. 239º, nº 1, do CT, «no ano da admissão, o trabalhador tem direito a dois dias úteis de férias por cada mês de duração do contrato, até 20 dias, cujo gozo pode ter lugar após seis meses completos de execução do contrato». E o nº 2 acrescenta que, «no caso de o ano civil terminar antes de decorrido o prazo referido no número anterior, as férias são gozadas até 30 de junho do ano subsequente». Assim, figure-se a hipótese do trabalhador que é admitido no dia 1 de agosto. Por força daquele nº 1, ele terá direito a 10 dias úteis de férias, mas, como o respetivo gozo só pode ter lugar após seis meses de execução do contrato, as mesmas transitarão para o ano seguinte, nos termos do nº 2. Sucede que, entretanto, se vence outro direito a férias, pelo que o trabalhador, nesse ano, poderia desfrutar de um período demasiado generoso de férias (*in casu*, 10+22). Daí que o nº 3 estabeleça o princípio segundo o qual, da aplicação dos números anteriores, não poderá resultar o gozo, no mesmo ano civil, de mais de 30 dias úteis de férias.

Trata-se, em suma, de um entorse introduzido no sistema, de um *plus* de tutela concedido ao trabalhador no ano em que é contratado, que não deixa, ainda assim, de suscitar algumas dúvidas quanto à sua bondade intrínseca. Isto porque, bem vistas as coisas, o trabalho prestado no ano da contratação concorre para a formação de dois períodos de férias (o desse ano e o que se vence no ano seguinte), o que não deixa de ser estranho.

O DIREITO AO REPOUSO E AO LAZER: O REGIME JURÍDICO DAS FÉRIAS

Registe-se que o regime consagrado nos nºs 1 e 2 deste artigo vale também na hipótese de terminar o *impedimento prolongado do trabalhador* que se tenha iniciado em ano anterior, por força do disposto no nº 6. Se, no ano em que se iniciou, aquele impedimento tiver determinado a impossibilidade do gozo das férias já vencidas, aplicar-se-á o nº 3 do art. 244º (o trabalhador terá direito à retribuição correspondente ao período de férias não gozado ou ao gozo do mesmo até 30 de abril do ano seguinte e, em qualquer caso, ao respetivo subsídio). E, se o contrato cessar após impedimento prolongado do trabalhador, a norma aplicável será o nº 4 do art. 245º do CT (o trabalhador terá direito à retribuição e ao subsídio de férias correspondentes ao tempo de serviço prestado no ano de início da suspensão).

18.6. A tutela do direito a férias

Dado o elevado calibre dos valores envolvidos na matéria das férias (direito ao repouso e aos lazeres, recomposição das energias físicas e psíquicas despendidas ao longo do ano, salvaguarda de um espaço temporal alargado de autodisponibilidade pessoal do trabalhador, etc.), compreende-se que o ordenamento jurídico rodeie o correspondente direito de uma particular tutela. Assim é que:

i) Em princípio, o direito a férias é irrenunciável, não podendo o seu gozo ser substituído por qualquer compensação, económica ou outra, ainda que com o acordo do trabalhador (art. 237º, nº 3)[259];

ii) A violação do direito a férias é punida com severidade, visto que, caso o empregador obste culposamente ao gozo das férias, «o trabalhador tem direito a compensação no valor do triplo da retribuição correspondente ao período em falta, que deve ser gozado até 30 de abril do ano civil subsequente» (art. 246º);

---

[259] Mas há exceções, designadamente as previstas no art. 238º, nº 5, e no art. 257º, nº 1, al. *a)*, sempre com salvaguarda do gozo de um período mínimo de 20 dias úteis de férias. Nestes preceitos a lei acaba por conceder ao trabalhador alguma margem de manobra dispositiva sobre o seu direito a férias, seja permitindo que este troque o gozo efetivo de alguns dias de férias pela prestação de trabalho retribuído, seja permitindo que o trabalhador troque a perda de retribuição resultante de faltas dadas pela perda de igual número de dias de férias. Dir-se-á, pois, que a faculdade de renúncia parcial integra o conteúdo do direito subjetivo em questão, traduzindo-se numa faculdade jurídica de exercício unilateral pelo trabalhador, titular do direito a férias.

iii) Segundo o nº 1 do art. 247º do CT, «o trabalhador não pode exercer durante as férias qualquer outra atividade remunerada, salvo quando já a exerça cumulativamente ou o empregador o autorize». Tendo em conta o disposto neste artigo, parece que nos deparamos aqui com um verdadeiro *direito-dever, poder-dever* ou *direito funcional* do trabalhador. Com efeito, as férias, enquanto período destinado ao descanso do corpo e à regeneração da mente, surgem, na perspetiva da nossa lei, não só como um direito do trabalhador perante o empregador, mas também como um dever do trabalhador perante o empregador – o trabalhador deve gozar essas férias, acima de tudo, repousando e não trabalhando, se quiser gozá-las a trabalhar, por conta própria ou para outrem, deve solicitar autorização ao empregador, sob pena de cometer uma violação contratual e ser chamado a responder por ela. Creio, contudo, que esta proibição, *rectius,* esta necessidade de autorização patronal para o exercício de tal atividade traduz uma insustentável sujeição do trabalhador ao interesse empresarial e uma inadmissível submissão daquele ao controlo patronal, beliscando a dignidade pessoal do trabalhador, a sua capacidade de autodeterminar de forma consciente e responsável a própria vida, bem como o livre desenvolvimento da sua personalidade. A meu ver, o art. 247º do CT, ao converter o direito a férias do trabalhador num autêntico direito-dever ou direito funcional, redunda, por isso, numa norma de constitucionalidade muito duvidosa[260].

---

[260] Para desenvolvimentos sobre o ponto, permito-me remeter para JOÃO LEAL AMADO, «Direito a férias: direito-dever ou direito subjetivo? (baseado em factos inverídicos mas verosímeis)», *QL*, nº 45, 2014, pp. 381-396.

§ 19º
O dever de assiduidade e o regime jurídico das faltas

O trabalhador deve comparecer ao serviço com assiduidade e pontualidade, como se encontra previsto no art. 128º, nº 1, al. *b*), do CT. Caso o trabalhador não se apresente ao serviço, no local e tempo acordados, então ele estará a faltar ao trabalho. Como se lê no art. 248º, nº 1, do CT, «considera-se falta a ausência de trabalhador do local em que devia desempenhar a atividade durante o período normal de trabalho diário». A *noção de falta* pressupõe, assim, a conjugação de um elemento material (ausência física do local de trabalho) e de um elemento normativo (durante o período de trabalho devido). Por isso mesmo, se o trabalhador comparecer ao serviço mas estiver «psicologicamente ausente», ele violará, provavelmente, o dever de diligência a que também se encontra adstrito, mas não o dever de assiduidade. E também não haverá falta quando o trabalhador não comparece porque, p. ex., se trata do seu dia de descanso semanal ou de um feriado, pois aqui o programa temporal da prestação não é inobservado.

A disciplina jurídica das faltas ao trabalho constitui um desafio permanente para o legislador, pois nesta matéria regista-se uma forte tensão entre os imperativos de caráter económico (combate ao absentismo laboral) e as exigências de cariz social (limitação do constrangimento pessoal representado pela necessidade de comparecer, pontual e assiduamente, ao serviço). Com efeito, o trabalhador não é apenas um ser laborioso, ele é uma pessoa que tem família, que adoece ou sofre um acidente, que contrai matrimónio ou a quem falece um ente querido, que é trabalhador-estudante ou que é candidato a um cargo público, etc. Vale dizer, se a produtividade laboral e a competitividade empresarial apontam para um regime duro em matéria

CONTRATO DE TRABALHO

de faltas ao trabalho, as circunstâncias pessoais acabadas de referir não deixam de militar em sentido oposto. E é este equilíbrio delicado entre razões de política económica e razões de política social que o legislador deve tentar alcançar.

Como alcançar esse ponto de equilíbrio? Basicamente, através da previsão de dois grandes *tipos de faltas* ao trabalho: as justificadas e as injustificadas. Com efeito, segundo o nº 1 do art. 249º do CT, a falta poderá ser justificada ou injustificada. O nº 2 do mesmo preceito diz-nos que faltas poderão ser justificadas, concluindo o nº 3 que qualquer falta não prevista no número anterior é considerada injustificada. Existe, pois, um catálogo taxativo de motivos justificativos da ausência do trabalhador, mas a leitura das alíneas do nº 2 logo nos revela que o sistema é mais aberto do que, *prima facie*, se poderia supor (a doutrina costuma aludir, a este propósito, a um «sistema híbrido», de «taxatividade aparente» ou de «tipicidade aberta»). É que esta disposição legal abrange um largo espectro de situações justificativas da falta, algumas bem identificadas e delimitadas (casamento, falecimento de familiares ou prestação de assistência inadiável e imprescindível aos mesmos, prestação de provas em estabelecimento de ensino, deslocação a estabelecimento de ensino para acompanhar a evolução escolar de um filho menor, desempenho de funções em estruturas de representação coletiva dos trabalhadores, candidatura a cargos públicos, etc.), mas outras nem por isso. É o caso, sobretudo, do disposto na al. *d)* do art. 249º (falta motivada por impossibilidade de prestar trabalho devido a facto não imputável ao trabalhador)[261] e também na sua al. *i)* (qualquer falta previamente autorizada ou aprovada, *a posteriori*, pelo empregador).

---

[261] A lei fornece alguns exemplos de tais situações de impossibilidade devida a facto não imputável ao trabalhador: doença, acidente, cumprimento de obrigação legal e, com caráter inovador, observância de prescrição médica no seguimento de recurso a técnica de procriação medicamente assistida. Mas as situações de impossibilidade de prestar trabalho vão muito para além destas, sobretudo para quem adira à tese de JÚLIO GOMES, vendo esta disposição como uma cláusula geral de adequação social, ligada à ideia de inexigibilidade da comparência ao serviço. Tratando-se de situações de inexigibilidade, e não tanto de impossibilidade material de comparência, a norma justificaria ausências ditadas, p. ex, pelo facto de o prédio em que o trabalhador habita ter sido destruído por um incêndio durante a noite, ou pela necessidade inadiável de o trabalhador levar o seu animal de estimação, atropelado diante dos seus olhos, ao veterinário. *Vd.*, do Autor, «Algumas reflexões sobre as faltas justificadas por doença (não profissional) do trabalhador», *Estudos em Homenagem ao Prof. Doutor Raúl Ventura*, vol. II, Coimbra Editora, Coimbra, 2003, pp. 717-749.

Neste ponto, o regime jurídico das faltas ao trabalho mostra-se, por conseguinte, mais duro na forma do que na substância. Assim, se a comparência do trabalhador significa assiduidade, a sua ausência não equivale, necessariamente, a uma violação deste dever. Registe-se, de todo o modo, que a falta só será justificada se a ausência for tempestivamente *comunicada* ao empregador, com a indicação do motivo justificativo, nos termos do art. 253º do CT. E o empregador poderá, como bem se compreende, exigir ao trabalhador *prova* do facto invocado para a justificação da falta, nos termos do art. 254º[262].

Por força do art. 250º do CT, as disposições legais relativas aos motivos justificativos de faltas e à sua duração possuem um caráter *absolutamente imperativo*, não podendo ser afastadas por IRCT[263] ou por contrato de trabalho. Vale dizer, as partes não podem, p. ex., conceder ao trabalhador a faculdade de faltar um dia por trimestre, para tratar de assuntos pessoais, ou o direito de faltar no dia do seu aniversário. Tal cláusula será nula, à luz deste art. 250º Mas isto, claro, não impede que o empregador autorize ou aprove essas faltas, o que as tornará justificadas ao abrigo da al. *i)* do art. 249º... As partes também não poderão, p. ex., aumentar o número de faltas justificadas que o trabalhador poderá dar por motivo de luto, nos termos do art. 251º Note-se, porém, que a imperatividade absoluta do regime legal apenas se refere «aos motivos justificativos de faltas e à sua duração», pelo que nada impede as cláusulas de IRCT de regularem outros aspetos da matéria (p. ex., o modo de comunicação ou de prova das faltas).

A *natureza jurídica* das faltas ao trabalho oscila, portanto, entre o exercício de um direito, quando se trate de uma falta justificada[264], e o incumprimento contratual, quando a ausência seja injustificada. Daí que, em princípio, a *falta justificada* não afete qualquer direito do trabalhador, como se lê no nº 1 do art. 255º Mas é claro que esta afirmação do legislador tem de ser matizada,

---

[262] Assume aqui particular relevo o combate ao absentismo fraudulento resultante de doença simulada. O nº 2 do art. 254º estabelece que a prova da situação de doença do trabalhador é feita por declaração de estabelecimento hospitalar ou centro de saúde, ou ainda por atestado médico. Mas o nº 3 acrescenta que a situação de doença poderá ser verificada por médico, nos termos previstos em legislação específica. O regime jurídico da verificação da situação de doença do trabalhador encontra-se hoje previsto nos arts. 17º a 24º da LRCT.

[263] Salvo no tocante às faltas dadas no desempenho de funções em estruturas de representação coletiva dos trabalhadores, cujo regime legal é de natureza relativamente imperativa.

[264] JÚLIO GOMES prefere falar, a este propósito, numa «causa de justificação ou de desculpação» – «Algumas reflexões sobre as faltas justificadas...», cit., p. 724.

CONTRATO DE TRABALHO

porque o mesmo preceito logo prevê diversas hipóteses em que a falta, a despeito de ser justificada, determina a perda de retribuição (nº 2)[265].

Tratando-se de *falta injustificada*, esta constitui violação do dever de assiduidade, determinando a perda da retribuição correspondente ao período de ausência, o qual não será computado na antiguidade do trabalhador (art. 256º, nº 1)[266]. Para além disso, a falta injustificada traduzir-se-á, em princípio, numa conduta infracional do trabalhador[267], mais ou menos grave de acordo com as circunstâncias concretas de cada caso, podendo levar à aplicação da correspondente sanção disciplinar por parte do empregador, respeitado que seja, como é óbvio, o princípio da proporcionalidade. No limite, as faltas injustificadas poderão consubstanciar justa causa de despedimento do trabalhador (art. 351º, nºs 1 e 2, al. *g*), do CT).

Numa clara manifestação normativa da política de *combate ao absentismo laboral*, o nº 2 do art. 256º assevera que «a falta injustificada a um ou meio período normal de trabalho diário, imediatamente anterior ou posterior a dia ou meio dia de descanso ou a feriado, constitui infração grave». Norma «tabelar» esta que, credenciando-se embora na penalização das «pontes» e na dissuasão do alargamento dos fins-de-semana, mal se compagina com o princípio da justiça individualizante ou material, princípio verdadeiramente estruturante do direito disciplinar.

Além disso, e nos termos do nº 3 do mesmo preceito, aquela falta injustificada implicará a perda de retribuição relativamente aos dias de descanso ou feriados imediatamente anteriores ou posteriores ao dia de falta. Convenhamos: fazer abranger na perda de retribuição períodos de ausência que correspondem, legalmente, a períodos de interrupção do trabalho (dias de descanso semanal, feriados), não deixa de constituir uma solução violenta.

---

[265] Caso curioso é o das faltas justificadas ao abrigo do art. 252º do CT (faltas para assistência a membro do agregado familiar), as quais, implicando embora perda de retribuição (nº 2, al. *c*), do art. 255º), são consideradas como prestação efetiva de trabalho (nº 3 do mesmo preceito). A este propósito, *vd.* ainda os arts. 49º, 50º e 65º do CT (faltas para assistência a filho e neto).

[266] Sublinhando a importância da *pontualidade*, a lei concede ao empregador a faculdade de recusar a prestação de trabalho durante certo período, caso o trabalhador se apresente com atraso injustificado superior a 30 ou 60 minutos (nº 3 do art. 256º), com as inerentes consequências em matéria retributiva e de antiguidade. Já o atraso injustificado do trabalhador que seja inferior a 30 minutos levará a que esse tempo de ausência seja computado nos termos do nº 2 do art. 248º

[267] Em princípio, mas não necessariamente. Sobre o ponto, *vd.* MILENA SILVA ROUXINOL, «A relevância disciplinar das faltas injustificadas», *QL*, nº 47, 2015, pp. 193-215.

254

§ 20º
Trabalhar a troco de quê? A retribuição

20.1. Noção e estrutura da retribuição

«Considera-se retribuição a prestação a que, nos termos do contrato, das normas que o regem ou dos usos, o trabalhador tem direito em contrapartida do seu trabalho», lê-se no art. 258º, nº 1, do CT. A *retribuição* ou *salário*[268] traduz-se, afinal, no preço da mercadoria força de trabalho, constituindo um elemento essencial do contrato de trabalho, enquanto obrigação capital e nuclear a cargo da entidade empregadora. Como escreve BERNARDO LOBO XAVIER, «em traços gerais, do ponto de vista jurídico, a retribuição costuma perfilar-se como a obrigação essencial a prestar no contrato de trabalho pelo empregador, obrigação de índole patrimonial e marcadamente pecuniária, devida em todos os casos e não tendo caráter meramente eventual, ligada por uma relação de reciprocidade à atividade prestada, tendo nela a sua causa»[269].

---

[268] Tempos houve em que, para a nossa lei, o termo *retribuição* era mais amplo do que o termo *salário*, na medida em que aquela abrangia o salário do operário (trabalhador manual) e o ordenado do empregado (trabalhador intelectual). Hoje, porém, inclusive em face da CRP (cujo art. 59º utiliza ambos os termos, não parecendo atribuir-lhes significados distintos), a sinonímia afigura-se preferível. O CT utiliza, preferencialmente, o termo *retribuição*.

[269] «Introdução ao estudo da retribuição no direito do trabalho português», *RDES*, 1986, p. 67. Registe-se que, nos termos do art. 272º, nº 1, do CT, não obstante a retribuição constitua um dos elementos essenciais do contrato de trabalho, a indeterminação do montante daquela (derivada da inexistência de prévia estipulação contratual sobre o ponto e da imprestabilidade de normas de IRCT aplicável ao contrato para esse efeito) não conduzirá à nulidade deste. O contrato de trabalho manter-se-á em vigor, acolhendo-se aqui um

CONTRATO DE TRABALHO

A afirmação legal de que se considera retribuição aquilo a que o trabalhador tem direito «em contrapartida do seu trabalho» terá, no entanto, de ser encarada com as devidas cautelas, visto que é fácil apresentar exemplos em que o dever de pagar a retribuição não corresponde a trabalho efetivamente prestado – férias (art. 264º), feriados (art. 269º), algumas faltas justificadas (art. 255º), algumas hipóteses de suspensão do contrato de trabalho (art. 309º), casos de suspensão preventiva do trabalhador (art. 329º, nº 5), etc. –, os quais constituiriam outras tantas exceções ao sinalagma trabalho-retribuição, que se condensa na conhecida expressão germânica «Kein Arbeit, kein Lohn».

O nº 2 do art. 258º dá conta da grande *complexidade* assumida pelo salário, nele se distinguindo a chamada «retribuição base» de todo um conjunto (cada vez mais extenso e diversificado, sobretudo por influência da contratação colectiva) de prestações complementares ou acessórias, tais como diuturnidades, subsídios de risco, de penosidade, de toxicidade, de isolamento, de alojamento, de alimentação, de transporte, de turno, de férias, de Natal, prémios de produtividade ou de assiduidade, comissões, prestações por trabalho suplementar ou noturno... O salário é, pois, uma realidade multiforme e heterogénea, integrada por numerosas prestações pecuniárias mas também, não raro, por prestações em espécie, a este propósito se falando, eloquentemente, em «retribuição complexiva», de modo a abranger todas aquelas prestações. De forma ainda mais impressiva, não falta mesmo quem veja na variada tipologia de atribuições patrimoniais constitutivas do salário a expressão de uma autêntica «selva retributiva», tornando a estrutura daquele fragmentária e quase incontrolável[270].

De todo o modo, e como facilmente se concluirá, a nossa lei procura evitar que a parte *não pecuniária* da retribuição assuma proporções demasiado vastas. De facto, foram estabelecidas algumas limitações a este respeito, designadamente exigindo-se que as prestações não pecuniárias se destinem à satisfação de necessidades pessoais do trabalhador ou da respetiva

---

princípio de conservação do contrato incompleto e cabendo então ao julgador fixar o montante da retribuição, tendo em conta a prática da empresa e os usos do setor ou locais.

[270] Questão que vem assumindo importância crescente, em sede retributiva, é a da atribuição, pelo empregador, de uma viatura da empresa ao trabalhador, para seu uso pessoal – a este propósito, FILIPE FRAÚSTO DA SILVA, «Reflexões em torno do uso pessoal de viatura da empresa que integre a retribuição do trabalhador», *Para Jorge Leite – Escritos Jurídico-Laborais*, cit., pp. 947-976.

família (art. 259º, nº 1, 1ª parte), não lhes podendo ser atribuído valor superior ao corrente na região (art. 259º, nº 1, 2ª parte) e não podendo ainda, em princípio (salvo se outra coisa for estabelecida em IRCT), exceder a parte paga em dinheiro (nº 2 do mesmo preceito). Como se vê, temos aqui várias disposições tendentes a limitar o pagamento da retribuição em prestações diferentes do dinheiro, o que, aliás, bem se compreende, pois numa economia mercantil o salário há-de assumir, em regra, uma forma monetária, há-de consistir basicamente numa quantia de dinheiro livremente disponível. Com efeito, só o pagamento em dinheiro preserva a liberdade de escolha dos seus consumos por parte do trabalhador, o que é inegavelmente reclamado pelo art. 6º da Convenção nº 95 da OIT, sobre a proteção do salário. Note-se que, como é óbvio, estamos a falar da livre disponibilidade, pelo trabalhador, do seu salário (isto é, do objeto mediato do direito) e não do seu crédito ao salário – cuja disponibilidade se encontra, como veremos *infra*, assaz limitada. Por outras palavras: a livre disponibilidade refere-se àquilo que o trabalhador pode fazer ao *salário-dinheiro* (depois de cumprida a obrigação e, portanto, satisfeito o direito) e não ao *salário-direito*, ao salário enquanto situação de poder ou de prevalência, enquanto *jus ad rem*[271].

20.2. Qualificação

A *presunção* estabelecida no nº 3 do art. 258º («presume-se constituir retribuição qualquer prestação do empregador ao trabalhador») está em perfeita sintonia com o caráter oneroso do contrato de trabalho – contrato em que, tipicamente, os respetivos sujeitos não estão imbuídos de qualquer espírito de liberalidade –, para mais quando se sabe que, nas palavras de Bernardo Lobo Xavier, «há que ter o maior cuidado com uma política

---

[271] De resto, sobre o salário em espécie continua a fazer-se sentir a sombra do *truck system*, prática patronal através da qual o trabalhador acabava por receber mercadorias em vez de dinheiro e, agravando a situação, mercadorias pelas quais invariavelmente pagava um preço elevado. A isto procura justamente opor-se a nossa lei, proibindo que a entidade empregadora obrigue o trabalhador «a adquirir bens ou serviços» por ela fornecidos ou por pessoa por ela indicada (art. 129º, al. *h),* do CT), e impedindo-a de «explorar, com fim lucrativo, cantina, refeitório, economato ou outro estabelecimento diretamente relacionado com o trabalho, para fornecimento de bens ou prestação de serviços aos seus trabalhadores» (art. 129º, al. *i)*). Busca-se, assim, garantir a efetividade e consistência da prestação retributiva, evitando que um crédito marcadamente pecuniário seja abusivamente – leoninamente – transformado num crédito a bens ou serviços, ainda por cima inflacionados.

CONTRATO DE TRABALHO

patronal de relações de trabalho assente no disfarce de atribuições remuneratórias com outro título ou com diverso invólucro»[272]. Política patronal esta que, note-se, pode ser ditada pelas mais variadas razões, desde motivos de ordem fiscal até ao intento de possibilitar ao empregador a supressão, no futuro, desta ou daquela atribuição patrimonial, caso as circunstâncias assim o recomendem. Provando-se a existência de uma dada prestação patrimonial efetuada pelo empregador ao trabalhador, recairá, portanto, sobre aquele o ónus de demonstrar que não se verificam, *in casu*, os elementos próprios e caracterizadores da retribuição.

O CT não deixa, no entanto, de fornecer ao intérprete/aplicador[273] alguns subsídios, *maxime* no seu art. 260º, no qual o legislador se refere a um vasto conjunto de prestações patrimoniais, qualificando umas e desqualificando outras como retribuição. É, desde logo, o que sucede com as importâncias a que alude o nº 1, al. *a)*, desse preceito. As várias figuras contempladas nesta disposição (importâncias recebidas a título de ajudas de custo, abonos de viagem, despesas de transporte, abonos de instalação e outras equivalentes) têm em comum com a retribuição o facto de serem juridicamente devidas ao trabalhador, assumindo caráter patrimonial. Todavia, como observa JORGE LEITE, «tais importâncias não visam pagar o trabalho ou sequer a disponibilidade para o trabalho e não representam qualquer ganho efetivo do trabalhador, não sendo, por isso, retribuição»[274]. Trata-se aqui, apenas, de ressarcir o trabalhador de despesas que este suporta em virtude da prestação de serviço. Vale dizer, aquelas importâncias são-lhe pagas *para o trabalho*, não *pelo trabalho* prestado. O segmento final da norma admite, porém, que as mencionadas importâncias integrem a retribuição do trabalhador, contanto que: *i)* se trate de deslocações ou despesas frequentes; *ii)* as importâncias em causa excedam os montantes normais de tais deslocações ou despesas; *iii)* aquelas importâncias tenham sido previstas no contrato ou se devam considerar pelos usos como retribuição.

---

[272] «Introdução ao estudo da retribuição...», cit., p. 90.

[273] Designadamente ao julgador, a quem, como é óbvio e resulta do nº 2 do art. 272º, competirá decidir esta questão de direito, qual seja a da qualificação ou não como retribuição das atribuições patrimoniais realizadas pelo empregador em proveito do trabalhador.

[274] *Coletânea de Leis do Trabalho*, cit., p. 92. A noção legal de retribuição pressupõe, assim, a conjugação de dois elementos fundamentais: o caráter obrigatório da prestação e a correspetividade desta com o trabalho. A falta de qualquer destes elementos retirará caráter retributivo à prestação efetuada.

TRABALHAR A TROCO DE QUÊ? A RETRIBUIÇÃO

Do que se trata, em suma, é de tentar evitar que as partes, através da simples manipulação do *nomen* das prestações, impeçam a correta qualificação jurídica de tais prestações[275].

Resulta do princípio plasmado no art. 258º, nº 1, do CT que só se considera retribuição aquilo a que o trabalhador tem direito em contrapartida do seu trabalho. A retribuição analisa-se, pois, numa obrigação a cargo do empregador, numa *prestação juridicamente devida* ao trabalhador. Em conformidade, as als. *b)* e *c)* do art. 260º excluem do conceito de retribuição as gratificações ou prestações concedidas pelo empregador a título de recompensa ou prémio (pelos bons resultados obtidos pela empresa, pelo desempenho ou mérito profissionais do trabalhador, pela sua assiduidade), na medida em que tais atribuições patrimoniais sejam marcadas por um espírito de liberalidade, não existindo qualquer prévia vinculação patronal ao respetivo pagamento. Tratar-se-á, portanto, nestes casos, de prestações concedidas mas não devidas, de uma liberalidade que não de uma obrigatoriedade, ou seja, de uma espécie de doação remuneratória[276]. Ora, é justamente da contraposição entre a obrigatoriedade de efetuar a prestação retributiva e o *animus donandi* que caracteriza as gratificações ou prémios previstos nas als. *b)* e *c)* do nº 1 do art. 260º que se extrai a conclusão de que estes últimos não se consideram retribuição.

O *nomen* utilizado pelas partes (gratificação, prémio, recompensa, etc.) para identificarem estas atribuições patrimoniais não basta, porém, para as descaracterizar enquanto elemento integrante da retribuição do trabalhador, sempre que tais atribuições patrimoniais lhe sejam juridicamente devidas, assumindo caráter vinculativo para o empregador. Disso mesmo se ocupa o nº 3 do mesmo artigo, esclarecendo que as gratificações e prémios podem ser retribuição, contanto que sejam devidas ao trabalhador por força do contrato, das normas legais ou convencionais que o regem, dos usos laborais, etc. Neste último caso, o caráter regular, permanente e estável

---

[275] O nº 2 do art. 260º manda aplicar o critério estabelecido no nº 1, al. *a)*, ao abono para falhas e ao subsídio de refeição. Em princípio, pois, tanto o abono para falhas como o subsídio de refeição não integrarão a retribuição do trabalhador, conquanto possam vir a integrá-la se forem preenchidos os requisitos estabelecidos na parte final daquela alínea.

[276] Recorde-se que, nos termos do art. 941º do CCivil, «é considerada doação a liberalidade remuneratória de serviços recebidos pelo doador, que não tenham a natureza de dívida exigível».

CONTRATO DE TRABALHO

daquelas atribuições, não obstante o respetivo montante possa variar, tenderá a remeter a prestação em causa para o domínio retributivo[277].

Como se disse, a obrigação retributiva recai sobre o empregador (é, aliás, a principal obrigação que para este resulta do contrato de trabalho), pelo que quaisquer gratificações concedidas ao trabalhador por terceiros, *maxime* as chamadas «gorjetas» (pagas pelos utilizadores diretos dos serviços prestados pelo trabalhador, caso dos empregados de restaurantes, bares e cafés, dos barbeiros e cabeleireiros, dos motoristas de táxi, etc.), ainda que correspondam a uma parcela não negligenciável do rendimento daquele, não integram a retribuição do trabalhador. A retribuição, repete-se, consiste numa prestação obrigatória a cargo do empregador: se a prestação em causa não é juridicamente obrigatória ou não é efetuada pelo empregador – e as gorjetas não são uma nem outra coisa –, então não estaremos perante uma prestação de natureza retributiva.

20.3. Modalidades

«A retribuição pode ser certa, variável ou mista, sendo esta constituída por uma parte certa e outra variável», conforme se lê no art. 261º, nº 1, do CT. E é sabido que o critério distintivo destas várias modalidades de retribuição radica na respetiva unidade de cálculo ou de medida: a unidade de cálculo da *retribuição certa* é constituída pelo tempo (a hora, o dia, a semana, a quinzena, o mês), como prescreve o nº 2 do art. 261º; ao passo que a *retribuição variável* é calculada com base em critérios diversos da medida temporal, *maxime* o rendimento (rendimento do trabalhador individualmente considerado ou rendimento de um determinado grupo de trabalhadores) – será o caso do salário à peça, do salário à tarefa, das comissões, etc. A *retribuição mista*, por seu turno, é constituída por uma parte certa (calculada em função do tempo) e por uma parte variável (calculada em função do rendimento).

Importa sublinhar que a retribuição variável, enquanto retribuição exclusivamente calculada em função do resultado ou do rendimento do trabalho, não é incompatível com a circunstância de, como vimos *supra*, o contrato de trabalho ser um negócio jurídico por força do qual o trabalhador se compromete, tão-só, a prestar a sua *atividade* em benefício e sob a autoridade

---

[277] A participação nos lucros da empresa não integra o conceito de retribuição, desde que ao trabalhador esteja assegurado pelo contrato uma retribuição adequada ao seu trabalho (art. 260º, nº 1, al. *d*)).

do empregador. Em qualquer contrato de trabalho, independentemente da modalidade de retribuição praticada, o respetivo objeto consiste, na verdade, na prestação de uma atividade laborativa por banda do trabalhador, sendo a realização desta atividade – e não a obtenção do respetivo resultado – aquilo que se encontra *in obligatio*. Todavia, e ao invés daquilo que sucede quando estamos perante a chamada retribuição certa, o resultado da atividade desenvolvida pelo trabalhador assume extrema importância em sede de retribuição variável, não tanto para apurar se o trabalhador cumpriu ou não as suas obrigações (*maxime* se prestou a respetiva atividade com o zelo e a diligência exigíveis, à luz do art. 128º, nº 1, al. *c*), do CT), mas sim para determinar o montante da contrapartida patrimonial devida pela entidade empregadora. Assim, na hipótese de retribuição variável, o trabalhador não deixa de cumprir o contrato caso não atinja os resultados pretendidos, mas o certo é que o seu inêxito acaba por se repercutir negativamente em sede remuneratória.

Em qualquer caso, é óbvio que a retribuição certa, calculada em função do tempo de trabalho, além de ser a mais simples e a mais difundida, é também aquela que mais segurança confere ao trabalhador, visto que torna a sua posição menos dependente do (in)êxito da empresa e das flutuações do mercado, assim atenuando, de algum modo, o poder patronal. A retribuição variável, pelo contrário, conquanto possa invocar a seu crédito o argumento do incentivo à produtividade (e da redução de custos, em épocas de crise...), tem inconvenientes conhecidos: provoca ritmos de trabalho desumanos, atentando contra a segurança no trabalho; estimula a competição entre trabalhadores, afectando a solidariedade entre os mesmos; pode pôr em xeque a própria dignidade do trabalhador enquanto pessoa, intensificando a exploração do trabalho alheio, etc. Perante este quadro de interesses contrapostos, vê-se com muito bons olhos a chamada «retribuição mista», quiçá por esta se traduzir num compromisso aceitável entre a necessidade de contribuir para a elevação dos níveis de produtividade (algo a que a retribuição certa se mostra pouco sensível) e a tutela de uma certa segurança para o trabalhador (algo que a retribuição variável manifestamente coloca em xeque).

20.4. Prestações complementares ou acessórias: a base de cálculo

O nº 1 do art. 262º do CT estabelece que, «quando disposição legal, convencional ou contratual não disponha em contrário, a base de cálculo de

CONTRATO DE TRABALHO

prestação complementar ou acessória é constituída pela retribuição base e diuturnidades». Ao fixar uma base de cálculo para o apuramento das prestações complementares e acessórias devidas ao trabalhador, este dispositivo legal traduz-se numa resposta (discutível, é certo, mas em todo o caso uma resposta) às dificuldades resultantes da *relatividade* ou *não omnivalência* da própria noção de retribuição, isto é, à circunstância de o conteúdo desta poder variar de diploma para diploma e de norma para norma, em função do objetivo prosseguido em cada caso e, portanto, da respetiva teleologia. «A dificuldade – escrevia há muito, a este propósito, BERNARDO LOBO XAVIER – reside no facto de as prestações retributivas serem achadas umas em função das outras», daqui decorrendo «a conveniência de, no apuramento dos complementos salariais, se fazer cálculos com recurso a uma base que é necessário averiguar de modo seguro», sob pena de se registar «uma escalada imparável de duplicações». E o Autor alertava: «Uma definição do sistema de cálculos é coisa que está por fazer»[278], o que, sem dúvida, exigia do aplicador do direito uma cuidada e delicada tarefa interpretativa, com recurso aos cânones hermenêuticos adequados, tendo em vista a determinação da referida base de cálculo (retribuição-base? retribuição global ou complexiva? retribuição-base mais algumas prestações complementares? e, neste caso, quais?).

A este tipo de questões vem o art. 262º tentar dar resposta, firmando o princípio segundo o qual, na ausência de disposição legal, convencional ou contratual em contrário, apenas a retribuição base e as diuturnidades servirão de base para o cálculo do valor das prestações complementares e acessórias. O preceito tem, assim, um campo de aplicação potencial bastante dilatado, valendo como chave interpretativa de várias disposições do CT que, a propósito do cálculo de determinadas prestações, se referem, sem mais, à retribuição ou a uma percentagem desta (pense-se, p. ex., no art. 263º, relativo ao subsídio de Natal)[279].

---

[278] «Introdução ao estudo da retribuição...», cit., pp. 96-97.
[279] O *subsídio de Natal* (ou, como é também conhecido, «13º mês») consiste numa prestação pecuniária paga ao trabalhador durante a quadra natalícia, visando assegurar a este último uma disponibilidade financeira que lhe permita enfrentar o acréscimo de despesas tradicionalmente associado a esta época do ano. O subsídio de Natal traduz-se numa *prestação retributiva de vencimento anual*, pagável até 15 de dezembro de cada ano e cujo montante, nos termos do nº 1 do art. 263º, equivalerá a um mês de retribuição. Aquilo que deva entender-se por «valor igual a um mês de retribuição» deu azo a consideráveis dificuldades à luz da le-

No n.º 2 do art. 262º, o legislador ensaia uma definição das noções de retribuição base e *diuturnidade*. Porém, se relativamente a esta última a missão legislativa parece ter sido concluída com êxito («prestação de natureza retributiva a que o trabalhador tenha direito com fundamento na antiguidade»), já o mesmo não se poderá dizer no tocante à primeira daquelas noções. Com efeito, a exata delimitação conceptual daquilo que seja a *retribuição base* não constitui tarefa simples e tem dado azo a algumas divergências na nossa doutrina. Ora, esta norma entende por retribuição base aquela prestação «correspondente à atividade do trabalhador no período normal de trabalho». A formulação legal parece pouco esclarecedora, deixando de fora aquilo que, na lição de JORGE LEITE, constitui o cerne da retribuição base, a saber, o seu caráter de «contrapartida da prestação *standard*», isto é, de contrapartida da prestação laboral realizada em condições consideradas normais ou comuns. Assim, segundo JORGE LEITE, deve entender-se por retribuição base «a prestação que, de acordo com o critério das partes, da lei, do IRC ou dos usos, é devida ao trabalhador com determinada categoria profissional pelo trabalho de um dado período realizado em condições consideradas normais ou comuns para o respetivo sector ou profissão». Em conformidade com este entendimento, serão prestações complementares «todas as restantes devidas ao trabalhador em razão de fatores diferentes do da prestação de trabalho em condições consideradas normais ou comuns: por motivo de acréscimo de despesas, real ou presumido, em determinadas épocas do ano, por antiguidade na empresa ou na categoria, em

---

gislação pré-codicística (retribuição-base mensal? retribuição global mensal? duodécima parte da retribuição anual?), mas o certo é que da articulação entre este preceito e o art. 262º a conclusão só parece poder hoje ser uma: a base de cálculo do subsídio de Natal será, em princípio (isto é, na ausência de disposição convencional ou contratual em contrário), constituída apenas pela retribuição base e diuturnidades mensalmente devidas ao trabalhador. Tendo em conta a norma interpretativa adotada no art. 262º do CT, o «mês de retribuição» de que fala o art. 263º em sede de subsídio de Natal deverá entender-se como abrangendo, não toda e qualquer prestação retributiva devida ao trabalhador, mas apenas a sua retribuição base mensal e respetivas diuturnidades.
O subsídio de Natal traduz-se também numa *prestação retributiva de formação progressiva* ao longo do ano civil, num salário diferido que se vai sedimentando gradualmente, pelo que se compreende que o seu valor seja proporcional ao tempo de serviço prestado, nas situações contempladas pelo n.º 2 do art. 263º: *i)* no ano de admissão do trabalhador; *ii)* no ano da cessação do contrato de trabalho; *iii)* em caso de suspensão do contrato de trabalho por facto respeitante ao trabalhador.

CONTRATO DE TRABALHO

razão da particular penosidade, do isolamento ou do risco em que o trabalho é prestado, em função dos lucros, etc.»[280].

Em regra, as prestações complementares estão, por conseguinte, ligadas a contingências especiais da prestação laboral (a penosidade ou o isolamento, p. ex.) ou a aspetos particulares relativos ao próprio trabalhador (a sua produtividade ou a sua antiguidade, p. ex.). Neste contexto, a norma em apreço, limitando-se a acentuar o fator temporal (ao dizer que a retribuição base corresponde à contrapartida da actividade desempenhada pelo *trabalhador no período normal de trabalho*), parece ficar aquém do necessário. De qualquer modo, e como sempre sucede, à jurisprudência caberá um papel decisivo no que concerne ao preenchimento e afinamento desta noção legal.

20.5. Determinação do valor da retribuição

No que diz respeito à determinação do *quantum* retributivo, importa atender aos seguintes parâmetros normativos:

i) «É garantida aos trabalhadores uma retribuição mínima mensal, seja qual for a modalidade praticada[281], cujo valor é determinado anualmente por legislação específica, ouvida a Comissão Permanente de Concertação Social» (art. 273º, nº 1, do CT). Este preceito situa-se na linha do disposto no art. 59º, nº 2, al. *a*), da CRP, nos termos do qual «incumbe ao Estado assegurar as condições de trabalho, retri-

---

[280] *Coletânea de Leis do Trabalho*, cit., p. 89.

[281] Qualquer que seja a modalidade de retribuição praticada (certa, variável ou mista), o trabalhador não poderá, em cada mês de trabalho, receber um montante inferior ao da retribuição mínima garantida aplicável. Com efeito, sobretudo no caso de retribuição variável, o trabalhador poderia ver o seu salário baixar a um nível ínfimo ou mesmo ser reduzido a zero durante um dado período – algo que, decerto, se compatibilizaria muito dificilmente com o tipo de interesses em jogo neste contrato e com o nosso ordenamento constitucional, *maxime* com o disposto no art. 59º da CRP. Na verdade, esta norma constitucional, ao estatuir que todos os trabalhadores têm direito à retribuição do trabalho «de forma a garantir uma existência condigna» e ao declarar que incumbe ao Estado assegurar a retribuição a que os trabalhadores têm direito, designadamente através do estabelecimento e atualização do salário mínimo nacional, não se mostra compaginável com a possibilidade de o *quantum* retributivo descer abaixo de certo nível, mesmo se por aplicação de critérios de cálculo prévia e contratualmente ajustados entre as partes. Ou seja, a retribuição poderá ser certa, mista ou até totalmente variável, mas tudo sem prejuízo do amparo representado pela existência de uma rede legal nesta matéria, rede que sempre impedirá a retribuição de corresponder a um montante inferior ao mínimo garantido.

TRABALHAR A TROCO DE QUÊ? A RETRIBUIÇÃO

buição e repouso a que os trabalhadores têm direito, nomeadamente o estabelecimento e a atualização do salário mínimo nacional, tendo em conta, entre outros fatores, as necessidades dos trabalhadores, o aumento do custo de vida, o nível de desenvolvimento das forças produtivas, as exigências da estabilidade económica e financeira e a acumulação para o desenvolvimento»[282].

Trata-se, pois, de estabelecer uma retribuição mensal *mínima*, em ordem a garantir um rendimento mínimo aos trabalhadores mais desfavorecidos e com menor poder negocial face aos empregadores. Assim sendo, nada impedirá as fontes juslaborais inferiores (desde logo, a convenção coletiva de trabalho) e os contratos individuais de fixar salários mais elevados, mas já lhes será proibido estabelecer salários inferiores ao mínimo legal. Qualquer cláusula convencional ou contratual que fique aquém deste valor mínimo será nula, por violar uma disposição legal de natureza (relativamente) imperativa.

A retribuição mínima mensal garantida deverá ainda assumir um carácter *nacional* (isto é, deverá consistir num salário cujo âmbito de aplicação se estenderá, em princípio, a todo o território nacional) e *interprofissional* ou *intercategorial* (isto é, não poderá excluir qualquer atividade profissional ou categoria de trabalhadores, ainda que o montante do salário mínimo possa não ser uniforme, oscilando em função do setor de actividade em causa ou de certos factos respei-tantes à condição do trabalhador)[283]. A definição dos valores da re-tribuição mínima deverá obedecer a diversos fa tores, nem sempre facilmente conciliáveis entre si, de ordem social e de ordem econó-mica, sendo certo que a lógica subjacente a esta retribuição mínima é a de permitir a satisfação das necessidades básicas do trabalhador e garantir uma existência condigna deste.

Atendendo à supramencionada relatividade da noção de retribui-ção, o art. 274º do CT procura esclarecer o intérprete sobre as pres-

---

[282] A norma codicística difere da constitucional em alguns pontos. Assim: *i)* é garantida uma retribuição mínima *mensal*; *ii)* acolhe-se o princípio da atualização *anual* do respetivo valor; *iii)* estabelece-se a obrigatoriedade de *audição* da Comissão Permanente de Concertação Social; *iv)* os *fatores* em função dos quais serão definidos os valores da retribuição mínima são enumerados exemplificativamente em ambas as disposições, mas a bateria legal (nº 2 do art. 273º) não coincide totalmente com a bateria constitucional.

[283] *Vd.*, a este propósito, o disposto no art. 275º do CT.

tações patrimoniais incluídas e as prestações patrimoniais excluídas do conceito de retribuição, para efeitos do salário mínimo nacional.

ii) «Na determinação do valor da retribuição deve ter-se em conta a quantidade, natureza e qualidade do trabalho, observando-se o princípio de que, para trabalho igual ou de valor igual, salário igual» (art. 270º do CT). Este preceito traduz-se na transposição para a legislação ordinária do essencial do princípio enunciado no art. 59º, nº 1, al. *a)*, da CRP, nos termos do qual todos os trabalhadores, sem distinção de idade, sexo, raça, cidadania, território de origem, religião, convicções políticas ou ideológicas, têm direito à retribuição do trabalho, segundo a quantidade, natureza e qualidade, observando-se o princípio de que para trabalho igual salário igual, de forma a garantir uma existência condigna. Esta mesma norma constitucional representa, de resto, uma concretização do princípio geral da igualdade, estabelecido no art. 13º da CRP.

Em sede de determinação do valor da retribuição, o conhecido e consagrado princípio *a trabalho igual, salário igual* tem gerado bastantes dificuldades no que toca à exata delimitação do seu sentido e do seu alcance prático. Em termos gerais, parece adquirida a afirmação de que com tal princípio não se visa alcançar um qualquer igualitarismo extremo. O que este princípio proíbe não é a diferenciação salarial, mas sim a discriminação salarial, ou seja, a diferenciação injustificada, baseada, p. ex., em fatores como o sexo, a raça, a nacionalidade, a religião, as convicções políticas, etc. Já constituem fundamento bastante para a diferenciação e títulos legitimadores da mesma os fatores ligados à distinta quantidade (duração ou intensidade, p. ex.), natureza (dificuldade ou penosidade, p. ex.) e qualidade (mérito ou produtividade, p. ex.) do trabalho prestado. Há, pois, diferenças admissíveis e diferenças inadmissíveis, traduzindo-se o princípio da igualdade de tratamento na exigência de um fundamento material para a diferenciação salarial. O que aqui se proíbe, repete-se, são desde logo as práticas discriminatórias, são as distinções desprovidas de uma justificação razoável e aceitável (bem como, acrescente-se, o tratamento indiferenciado de situações objetivamente desiguais). Sublinhe-se, no entanto, que o princípio da igualdade retributiva não compreende apenas um conteúdo negativo (a proibição de discriminações), mas comporta também uma vertente positiva, reclamando a igualdade substantiva de tratamento dos trabalhadores que prestam o mesmo tipo de trabalho (trabalho igual ou de valor igual, cujas noções constam do art. 23º, nº 1, als. *c)* e *d)*, do CT), aferido este pelos critérios da quantidade, natureza e qualidade, critérios objetivos e sufragados pela CRP[284]. *Proibição do*

---

[284] Parece, no entanto, que, para além dos fatores da quantidade, natureza e qualidade do trabalho, outros critérios de diferenciação salarial serão admissíveis. Pense-se, desde logo, na antiguidade do trabalhador, a qual, por si só, poderá implicar um acréscimo retributivo, através da figura das diuturnidades, fazendo com que um trabalhador aufira uma retribuição mais elevada do que outro, ainda que ambos prestem um trabalho de idêntica natureza, qualidade e quantidade (sendo duvidoso que se possa considerar que à antiguidade vai necessariamente associada uma maior qualidade da prestação). O mesmo se poderá dizer, *mutatis mutandis*, no tocante às diferentes qualificações académicas dos trabalhadores. A este propósito, *vd.* Rui Medeiros, *O Direito Fundamental à Retribuição – em especial, o princípio a trabalho igual salário igual*, Universidade Católica Editora, Lisboa, 2016, pp. 70-77.
Muitas dúvidas tem gerado a questão de saber se a *opção sindical* do trabalhador poderá, outrossim, traduzir-se num critério de diferenciação salarial atendível, por via da aplicação das disposições de uma convenção coletiva de trabalho. Como é sabido, no exercício da liberdade sindical, consagrada no art. 55º da CRP, é garantida aos trabalhadores a liberdade de inscrição, seja na sua vertente positiva (direito de se inscrever no sindicato que o possa representar, sem dependência de um ato de admissão discricionário do sindicato), seja na sua vertente negativa (direito de não inscrição no sindicato ou direito de o abandonar). Ora, tendo em conta que, quanto ao âmbito pessoal das convenções coletivas de trabalho, vigora entre nós o chamado «princípio da filiação» (art. 496º do CT), tal poderá conduzir a que dois trabalhadores, conquanto desempenhem funções idênticas para o mesmo empregador, acabem por receber uma retribuição distinta, visto que só àquele que esteja sindicalizado serão aplicáveis as normas convencionais, *maxime* as de natureza remuneratória. Neste ponto, os nossos tribunais têm, não raro, entendido que o princípio da igualdade retributiva (para trabalho igual, salário igual) deve prevalecer sobre o princípio da filiação, assim reconhecendo aos trabalhadores não filiados no sindicato outorgante de determinada convenção o direito de reclamar o estatuto remuneratório nessa convenção estabelecido para os trabalhadores filiados que desempenhem funções idênticas, segundo a quantidade, natureza e qualidade do trabalho. Mas os resultados a que tal entendimento jurisprudencial conduz são, a meu ver, algo dececionantes: por um lado, aplica aos trabalhadores não sindicalizados uma parte, e apenas uma parte, da convenção coletiva (as disposições de índole remuneratória), quando é inegável que a convenção coletiva é um todo complexo, fruto de um delicado compromisso negocial feito de cedências e de contrapartidas mútuas, que só artificialmente poderá ser seccionado; por outro lado, é óbvio que a aplicação indiferenciada das disposições convencionais de natureza remuneratória aos trabalhadores, independentemente de os mesmos estarem ou não sindicalizados, representa um inequívoco desincentivo à sindicalização dos mesmos, visto que eles acabam por usufruir de boa parte das vantagens da atividade sindical (aplicação das tabelas salariais constantes da convenção coletiva) sem, todavia, suportarem os corres-

CONTRATO DE TRABALHO

arbítrio, proibição de discriminação e *obrigação de diferenciação*, eis, na lição de GOMES CANOTILHO e VITAL MOREIRA, as principais dimensões do princípio constitucional da igualdade[285].

iii) O CT consagra a chamada «garantia da irredutibilidade da retribuição» no seu art. 129º, nº 1, al. *d)*, nos termos do qual é proibido ao empregador «diminuir a retribuição, salvo nos casos previstos neste Código ou em instrumento de regulamentação coletiva de trabalho». Esta proibição de regressão salarial (trata-se, é claro, do salário nominal, não do salário real, o qual é inexoravelmente corroído pela inflação...) significa que não é lícita a diminuição da retribuição, nem por decisão unilateral do empregador[286], nem mesmo por mero acordo *inter partes* – note-se, a este propósito, que a baixa de categoria, caso implique diminuição da retribuição, está sujeita às exigências constantes do art. 119º do CT, entre elas a da respetiva autorização pelo serviço com competência inspetiva do ministério responsável pela área laboral[287]. Dir-se-ia que a lei procura furtar o

---

pondentes sacrifícios (desde logo, sem terem de pagar as quotas sindicais). Sobre a questão, RUI MEDEIROS, *O Direito Fundamental à Retribuição*, cit., pp. 94-96.

[285] *Constituição da República Portuguesa Anotada*, vol. I, cit., pp. 339-342. Quanto à igualdade de tratamento retributivo em função do sexo, *vd.* o art. 31º do CT. Quanto ao ónus da prova, *vd.*, em geral, o disposto no nº 5 do art. 25º do CT: cabe a quem alegar a discriminação indicar o trabalhador ou trabalhadores em relação a quem se considera discriminado, incumbindo ao empregador provar que a diferença de tratamento não assenta em qualquer fator de discriminação.

[286] Questão diferente é a de saber se o empregador pode alterar, de modo unilateral, as componentes da retribuição do trabalhador (p. ex., diminuindo a parte certa desta, mas aumentando a parte variável). A este propósito, *vd.* JÚLIO GOMES, *Direito do Trabalho*, cit., pp. 776-778, Autor que responde negativamente, não tanto por força do princípio da irredutibilidade, mas em nome do respeito devido ao princípio *pacta sunt servanda*.

[287] A garantia da irredutibilidade salarial não encontra direto arrimo na CRP, o que acabou por permitir que nos últimos anos (de 2011 a 2014), a pretexto da grave situação financeira vivida e da necessidade de equilibrar as contas públicas, o Estado-legislador austeritário tenha reduzido os salários a pagar pelo Estado-empregador à generalidade dos respetivos trabalhadores. Para uma perspetiva sintética sobre essas várias medidas orçamentais, bem como sobre as decisões do TC relativamente às mesmas, *vd.* JOÃO LEAL AMADO, «La protección jurisdiccional de los derechos fundamentales de los trabajadores en Portugal: tópicos sobre el caso de las reducciones salariales en el sector público», *Revista de Derecho Social*, nº 69, 2015, pp. 171-179.

trabalhador a possíveis pressões da entidade empregadora, num domínio que para aquele é vital[288].

20.6. Cumprimento da obrigação retributiva
20.6.1. Forma e prova do cumprimento

O *modo* como pode ser paga a retribuição encontra-se regulado no art. 276º do CT, norma esta que revela um dos mais importantes atributos do salário: o seu caráter intrinsecamente patrimonial, mas não necessariamente (antes só tendencialmente) pecuniário. Na verdade, de acordo com o nº 1 deste preceito, «a retribuição é satisfeita em dinheiro ou, estando acordado, em prestações não pecuniárias, nos termos do artigo 259º» – prestações estas que, como é óbvio, não sendo pecuniárias não deixam de assumir um caráter patrimonial, por isso mesmo que são redutíveis a um equivalente pecuniário. Aliás, como vimos, já o nº 2 do art. 258º refere poder a retribuição compreender prestações em dinheiro ou em espécie[289].

No que à obrigação retributiva diz respeito, é ponto pacífico que incumbe ao empregador fazer a *prova* do respetivo cumprimento. Para tal efeito, é admissível qualquer meio de prova, mas o certo é que também aqui se confirma a tese de que o melhor meio de prova do cumprimento é representado pela quitação. Na verdade, a entidade empregadora pode exigir quitação do trabalhador, nos termos da regra geral contida no art. 787º, nº 1, do CCivil (quem cumpre a obrigação tem o direito de exigir quitação daquele a quem a prestação é feita), podendo ainda recusar-se a cumprir enquanto a quitação não for dada (nº 2 do mesmo artigo).

---

[288] Quanto ao cálculo do valor da retribuição horária, *vd.* o art. 271º do CT. O valor da retribuição horária do trabalhador pode relevar para diversos efeitos, designadamente como base de cálculo de determinadas prestações complementares (acréscimos remuneratórios devidos pela prestação de trabalho por turnos, noturno ou suplementar, p. ex.) ou para proceder ao correspondente desconto na retribuição dos períodos de faltas injustificadas dadas pelo trabalhador. Nesta sede, os conceitos operatórios são os de «retribuição mensal» e de «período normal de trabalho semanal». O valor da retribuição horária será então calculado multiplicando a retribuição mensal do trabalhador por 12 (os 12 meses do ano) e dividindo o resultado pelo produto da multiplicação do seu período normal de trabalho semanal (40, p. ex.) por 52 (as 52 semanas do ano).

[289] Nos termos do nº 2 deste art. 276º, o empregador poderá efetuar o pagamento por meio de cheque bancário, vale postal ou depósito à ordem do trabalhador, isto desde que se observem as condições previstas nessa norma: o empregador deverá suportar a despesa feita com a conversão do título de crédito em dinheiro ou o levantamento, por uma só vez, da retribuição.

CONTRATO DE TRABALHO

Esta é, contudo, uma matéria em que a singularidade da dívida salarial se vem a revelar em toda a sua extensão: o ordenamento juslaboral obriga, com efeito, à passagem de um «recibo» (*rectius*, de um «boletim de pagamento») aquando do pagamento da retribuição; simplesmente, o documento a que alude o nº 3 do art. 276º do CT não se traduz numa qualquer quitação, não visa facilitar a prova do cumprimento ao devedor-empregador, mas, bem ao invés, consiste numa obrigação estabelecida no interesse do credor-trabalhador, visando permitir-lhe um controlo *a posteriori* sobre os seus créditos e respetiva (in)satisfação. Trata-se, assim, de um documento entregue pelo devedor ao credor, documento situado nos antípodas da quitação prevista no CCivil.

Nada disto, porém, invalida o que se escreve *supra*, isto é, que o empregador pode, pagando o salário, exigir quitação. Esta quitação será, aliás, normalmente dada mediante a assinatura, pelo trabalhador, do duplicado do documento previsto neste nº 3, assim se constituindo um documento particular que prova o recebimento, pelo credor, das importâncias nele enunciadas[290].

O cotejo do disposto nos arts. 787º do CCivil e 276º, nº 3, do CT revela-se, de todo o modo, extremamente fecundo. Não havendo sombra de contradição normativa entre os dois preceitos, estes refletem entretanto, seguramente com alguma fidelidade, as preocupações básicas, estruturantes de cada um dos respetivos setores do ordenamento jurídico. Assim, é certo que a relação jurídica entre trabalhador e empregador se analisa num vínculo de natureza obrigacional; é também pacífico que a satisfação do interesse do credor (neste caso, do trabalhador) constitui o fim e a razão de ser

---

[290] Mas, note-se, apenas dessas importâncias. Como escreve JORGE LEITE, «o recibo assinado pelo trabalhador só prova que este recebeu as importâncias nele discriminadas, mas não prova que nenhumas outras lhe sejam devidas» (*Coletânea de Leis do Trabalho*, p. 96). Significa isto, ao menos numa certa visão das coisas, que o trabalhador, assinando embora o duplicado do documento previsto no nº 3, não dá propriamente quitação ao empregador, não o considera quite, livre da sua obrigação. Assinando o referido duplicado, o trabalhador confirma, tão-somente, que recebeu determinadas importâncias. Saber se estas coincidem ou não, ponto por ponto, com o montante em dívida é, porém, toda uma outra questão. De resto, nem poderia ser de outra forma, sabendo-se como se sabe que a obrigação de entrega daquele documento assenta, nas palavras de JORGE LEITE, «na presunção de que o trabalhador se não encontra, no momento em que recebe as prestações e, eventualmente, assina os recibos, em condições de conhecer os montantes dos seus créditos» (*ob.* e *loc. cit.*).

de tal vínculo; simplesmente, ainda que assim seja, o interesse do devedor não é minimamente descurado na relação obrigacional, sendo mesmo usual aludir-se à existência, no Direito Civil, de um princípio geral de proteção desse devedor (o chamado *favor debitoris*), princípio operante sempre que não prejudique o escopo central da obrigação – a satisfação do interesse do credor. Pode mesmo dizer-se que, de certa maneira, é isto o que se passa quando o CCivil atribui ao devedor o direito à quitação – satisfeito o interesse prioritário do credor, pelo cumprimento, o legislador preocupou-se em acautelar devidamente o legítimo interesse daquele no tocante à prova desse cumprimento.

Só que – e aqui intervém o Direito do Trabalho – a plena satisfação do interesse do credor da obrigação retributiva exige algo mais: a complexidade e essencialidade do salário, a própria natureza assimétrica da relação da qual este emerge (repare-se que estamos perante um credor que se encontra juridicamente subordinado ao devedor, circunstância nada despicienda), tudo reclama acrescida segurança e controlabilidade dos termos em que a prestação debitória é efetuada, certificando-se aquilo que foi pago e permitindo que se verifique se foi pago tudo o que era devido – objetivos que o n.º 3 do art. 276.º do CT busca, justamente, atingir[291].

20.6.2. Lugar e tempo do cumprimento

No que diz respeito ao *local* onde deverá ser efetuada a prestação retributiva, deve dizer-se que este é um domínio em que vigora com grande latitude o princípio da autonomia privada, podendo as partes convencionar livremente esse local – esta é a regra geral estabelecida no CCivil (art. 772.º, n.º 1) e este é também o princípio acolhido no art. 277.º, n.º 1, do CT, nos termos do qual «a retribuição deve ser paga no local de trabalho ou noutro lugar que seja acordado, sem prejuízo do disposto no n.º 2 do artigo anterior» (esta ressalva refere-se à hipótese de o pagamento ser efetuado, p. ex., por meio de transferência bancária).

---

[291] Sobre o alcance das chamadas «declarações liberatórias» emitidas ou subscritas, não raro, pelo trabalhador («nada mais tenho a exigir da entidade empregadora», «recebi todas as importâncias que me eram devidas», «considero-me pago de tudo quanto me era devido», etc.), *vd.* João Leal Amado, «Declarações liberatórias e renúncia a créditos laborais», *RLJ*, n.º 3958, Set.-Out. 2009, pp. 55-64, e, para maiores desenvolvimentos, Joana Vasconcelos, *A Revogação do Contrato de Trabalho*, Almedina, Coimbra, 2011, pp. 253-332.

CONTRATO DE TRABALHO

Estamos, é certo, perante uma norma supletiva, o que não deixa de ser pouco usual no Direito do Trabalho. Não menos certo é, porém, que, ainda assim, os interesses do trabalhador não são descurados pela lei, pois esta não se desinteressa totalmente da situação na hipótese de as partes estipularem um outro local para o pagamento do salário: é que o nº 2 do art. 277º logo prescreve que, «caso a retribuição deva ser paga em lugar diverso do local de trabalho, o tempo que o trabalhador gastar para receber a retribuição considera-se tempo de trabalho».

Quanto à matéria do *tempo* do cumprimento, regulada no art. 278º do CT, é sabido que o contrato de trabalho apresenta como uma das suas características mais relevantes a de ser um contrato de execução sucessiva. A obrigação retributiva, em particular, enquanto principal obrigação a cargo do empregador, insere-se na categoria das chamadas obrigações duradouras, mais concretamente na sua modalidade das obrigações periódicas ou reiteradas. Significa isto que o tempo se revela um fator de extrema importância no tocante à conformação global da prestação do empregador, influenciando decisivamente o respetivo conteúdo. Influência que, pode dizer-se, se faz sentir a dois níveis: por um lado, de acordo com o disposto no art. 261º do CT, o tempo traduz-se na unidade de cálculo da retribuição certa; por outro lado, nos termos do nº 1 do art. 278º, o tempo funciona também como unidade de vencimento da retribuição. Como é lógico, em sede de cumprimento da obrigação retributiva é este último (o tempo como unidade de vencimento) o aspeto que mais nos interessa. E, tal como sucede em matéria de lugar do cumprimento, também aqui a lei demonstra grande flexibilidade, admitindo diversa estipulação das partes e a relevância dos usos, bem como indicando como possíveis unidades de vencimento tanto a semana, como a quinzena, como ainda o mês – o que, em todo o caso, não prejudica a tendência crescente no sentido da mensualização, regra cada vez mais hegemónica.

A referida maleabilidade legal tem, contudo, limites, não afetando esta asserção básica: a obrigação retributiva há-de vencer-se sempre «por períodos certos e iguais», exigência esta ineliminável, intimamente relacionada como está com a função alimentar do correspondente direito. Ou seja, carecendo o trabalhador do salário para satisfazer necessidades essenciais (como a alimentação, o vestuário, a habitação...), necessidades certas e regulares, bem se compreenderá, então, que ele deva também receber a retribuição certa e regularmente (e, acrescente-se, em lapsos de tempo não demasiado espaçados)[292].

A obrigação retributiva vence-se automaticamente, isto é, sem necessidade de prévia interpelação por parte do credor-trabalhador, solução que, de resto, decorre logicamente da existência de uma data predeterminada para o respetivo cumprimento (veja-se o disposto no art. 805º, nºs 1 e 2, al. *a*), do CCivil). Nos termos do nº 4 do art. 278º do CT, o montante da retribuição deve estar à disposição do trabalhador na data do vencimento ou em dia útil anterior[293], pelo que o empregador ficará constituído em mora se o trabalhador, por facto que não lhe seja imputável, não puder dispor do montante da retribuição na data do vencimento (nº 5 do mesmo preceito)[294].

Como se vê, toda a disciplina jurídica do tempo do cumprimento da obrigação retributiva se estrutura com base na ideia da *pós-numeração*: o salário deve ser pago posteriormente à correlativa prestação de trabalho, não antecipadamente. Ora, como é óbvio, isto não deixa de se traduzir numa posição de certo privilégio para a entidade empregadora, pois, nas palavras de MONTEIRO FERNANDES, «esta pode eximir-se ao cumprimento total ou parcial da retribuição se, no período correspondente, tiver faltado ou sido incompleta a disponibilidade da força de trabalho; mas o trabalhador já terá cumprido a sua parte quando, porventura, se verifique o não--pagamento da retribuição correspondente»[295]. Sucede, porém, que a postergação desta regra não se apresenta nem fácil nem, possivelmente, desejável. E, de resto, dir-se-ia que, consistindo o contrato de trabalho num contrato de execução sucessiva, cujo cumprimento se encontra escalonado e encadeado no tempo, sucedendo-se as respetivas prestações (de trabalho e de retribuição) umas às outras, o alcance da regra da pós-numeração acaba por resultar de algum modo desvalorizado, afirmando-se antes, em seu lugar, a ideia-chave da periodicidade.

---

[292] Com isto mesmo se preocupa o nº 3 deste artigo, ao conceder ao trabalhador a faculdade de exigir que o cumprimento se faça em prestações quinzenais, quando a retribuição for variável e a duração da unidade que serve de base ao cálculo exceder quinze dias.

[293] De acordo com o nº 2 do art. 278º, «a retribuição deve ser paga em dia útil, durante o período de trabalho ou imediatamente a seguir a este».

[294] Sobre os juros de mora devidos pelo empregador que falte culposamente ao cumprimento de prestações pecuniárias, *vd.* o art. 323º, nº 2, do CT.

[295] *Direito do Trabalho*, cit., p. 335.

CONTRATO DE TRABALHO

20.7. A especial tutela da retribuição

Atendendo à função alimentar desempenhada pela retribuição, compreende-se (mais do que isso: exige-se) que o ordenamento jurídico conceda uma particular proteção a este direito. De resto, o próprio art. 59º da CRP estabelece que incumbe ao Estado assegurar a retribuição a que os trabalhadores têm direito (nº 2), sendo que o seu nº 3 acrescenta que «os salários gozam de garantias especiais, nos termos da lei». Vejamos, pois, algumas soluções regimentais reveladoras daquela especial proteção.

20.7.1. Compensação da obrigação retributiva

São conhecidos os traços caracterizadores do instituto da compensação, enquanto causa extintiva das obrigações. Traduz-se tal figura, no fundo, num simples encontro de contas, recomendado pelo bom senso e pela própria economia de esforços, através do qual as partes ficam dispensadas de efetuar um duplo e recíproco ato de cumprimento. Como escrevem PIRES DE LIMA e ANTUNES VARELA, «a compensação é uma forma de extinção das obrigações em que, no lugar do cumprimento, como sub-rogado dele, o devedor opõe o crédito que tem sobre o credor. Ao mesmo tempo que se exonera da sua dívida, cobrando-se do seu crédito, o compensante realiza o seu crédito liberando-se do seu débito, por uma espécie de ação directa»[296].

O nosso CCivil traça os contornos fundamentais deste instituto nos seus arts. 847º e 848º Na primeira destas normas, o legislador estabelece os pressupostos tidos como indispensáveis para que a compensação possa ter lugar, isto é, prevê a chamada «situação de compensação». Assim, de acordo com o nº 1 do art. 847º, «quando duas pessoas sejam reciprocamente credor e devedor, qualquer delas pode livrar-se da sua obrigação por meio de compensação com a obrigação do seu credor, verificados os seguintes requisitos: *a)* ser o seu crédito exigível judicialmente e não proceder contra ele exceção, peremptória ou dilatória, de direito material; *b)* terem as duas obrigações por objeto coisas fungíveis da mesma espécie e qualidade»[297]. No art. 848º, o CCivil regula o *modus operandi* da compensação, a qual apenas se tornará efetiva «mediante declaração de uma das partes à outra», rejeitando-se assim a verificação automática, *ipso jure*, da compensação, pois

---

[296] *Código Civil Anotado*, Coimbra Editora, Coimbra, vol. II, 1986, p. 135.
[297] No nº 2 do mesmo artigo admite-se a compensação parcial, caso as duas dívidas não sejam de igual montante, afirmando ainda o nº 3 que a iliquidez da dívida não impede a compensação.

esta carece de ser declarada por um dos credores-devedores – declaração unilateral que consubstancia o exercício de um autêntico direito potestativo, tendo natureza recetícia e podendo ser efetuada tanto por via judicial como extrajudicial.

Note-se, porém, que os contornos delineados nestes artigos apenas valem no domínio da chamada *compensação legal* – isto é, no domínio da compensação unilateral, imposta por uma das partes à outra, sem ou contra a sua vontade. Estas exigências falecem na hipótese de se registar uma *compensação voluntária ou convencional* (ou seja, querida por ambas as partes), setor em que a autonomia dos sujeitos se afirma com grande vigor, conquanto, como veremos, não de forma ilimitada.

Em sede de compensação da obrigação retributiva, revela inteira pertinência a lúcida observação há muito feita por Heck, segundo a qual «a liberação oferecida ao credor com a compensação não equivale plenamente à realização da prestação devida. Recebendo a prestação, o credor pode dar-lhe qualquer aplicação que deseje, ao passo que, com a compensação, o seu crédito é aplicado à libertação de uma dívida»[298]. Ora, consistindo o salário num crédito cuja especial natureza exige o pagamento efetivo, bem se compreendem as preocupações restritivas neste domínio evidenciadas pelas leis do trabalho, as quais encontram expressão no art. 279º do CT: a função alimentar do salário e a correspondente necessidade de assegurar o seu pagamento conduziram a limitar aqui o jogo da compensação.

A leitura deste art. 279º permite-nos concluir que, nesta matéria, o sistema legal estrutura-se, a traço grosso, da seguinte forma: *i)* em princípio, incompensabilidade absoluta do crédito salarial, nos termos do nº 1 («o empregador não pode compensar a retribuição em dívida com crédito que tenha sobre o trabalhador»); *ii)* existência, no entanto, de várias exceções à referida incompensabilidade, taxativamente enumeradas nas alíneas do nº 2; *iii)* afirmação, mesmo nestes casos, de limites à compensabilidade do crédito salarial, pois em princípio a compensação só poderá afetar, no máximo, um sexto da retribuição (nº 3).

Traçadas que estão as linhas de força respeitantes à compensação do crédito salarial, uma advertência carece, contudo, de ser feita, a propósito do campo de aplicação deste preceito codicístico. Como vimos, o nº 1 deste

---

[298] *Apud* Antunes Varela, *Das Obrigações em Geral,* vol. II, Almedina, Coimbra, 1990, p. 186, n. 2.

CONTRATO DE TRABALHO

artigo enuncia a regra segundo a qual «o empregador não pode compensar a retribuição em dívida com crédito que tenha sobre o trabalhador». Repare-se que a previsão da lei se refere, apenas, ao empregador. Com efeito, o art. 279º não afirma, de modo genérico, que o crédito salarial é insuscetível de se extinguir por compensação. O seu teor é, digamos assim, mais subjetivado, limitando-se a proclamar que *o empregador* não pode compensar a sua dívida retributiva com créditos que tenha sobre o trabalhador. E o alcance desta «subjetivação» não é pequeno, nem deve ser menosprezado.

Já acima se disse que o compensante, ao emitir a declaração de compensação, atua como que através de ação directa, inutilizando o crédito da contraparte. Ora, o que se afigura lícito deduzir do disposto no presente artigo é que esta norma visa impedir que o empregador – e apenas ele – recorra a esta espécie de ação directa, frustrando ou sacrificando o crédito retributivo do trabalhador. O artigo em análise já não constitui qualquer espécie de obstáculo à utilização do crédito salarial *pelo trabalhador*, com o objetivo de saldar dívidas suas para com o empregador. Vale dizer, *o art. 279º não permite que a entidade patronal atue como compensante, mas não proíbe que o trabalhador atue como tal* – ou, por outras palavras, o crédito retributivo não poderá funcionar, à luz desta norma, como «crédito principal», mas nada impede que ele funcione como «contra-crédito»[299]. Fora da previsão deste artigo ficam também, naturalmente, as hipóteses de compensação voluntária, bilateral, em que as duas partes estejam de acordo em compensar os recíprocos créditos e débitos. *Significa isto, em suma, que a proibição contida no art. 279º se restringe às hipóteses de compensação legal (unilateral) e, dentro destas, às hipóteses de compensação unilateral por parte do empregador.* Diferente será o caso na eventualidade de a declaração de compensação ser feita pelo trabalhador, bem como na hipótese de compensação convencional ou voluntária. Estas são situações que exorbitam da respetiva previsão normativa, pelo que a operatividade da compensação não encontra qualquer entrave neste preceito.

Aqui chegados, uma conclusão resulta óbvia: a de que, ao fim e ao cabo, a tutela conferida ao direito ao salário pelo art. 279º se revela muito menos abrangente e atuante do que aparentava *prima facie*. Acresce que o preceito ressalva, em termos expressos, que a proibição de compensações e descontos nele prescrita só vigora enquanto subsiste a relação juslaboral («na

---

[299] Entendendo-se por «crédito principal» aquele que o compensante visa extinguir, por ter nele a posição de devedor, e por «contra-crédito» o que ele invoca contra a outra parte, como instrumento jurídico-económico da compensação.

TRABALHAR A TROCO DE QUÊ? A RETRIBUIÇÃO

pendência de contrato de trabalho»). Assim sendo, este preceito não obsta a que o empregador proceda à compensação da obrigação retributiva, contanto que o faça após a extinção do contrato de trabalho. E caso a compensação seja desencadeada pelo trabalhador, ou assente no acordo de ambas as partes, o art. 279º revela-se outrossim claudicante.

Acontece, porém, que, se a proteção conferida pela presente norma não parece funcionar neste tipo de casos, já o mesmo não sucede com a que é oferecida pelo art. 853º, nº 1, al. *b)*, do CCivil – preceito que estabelece o princípio segundo o qual os créditos impenhoráveis não podem extinguir-se por compensação –, o que certamente limitará em muito o risco de abusos patronais neste domínio. Com efeito, *sendo o direito ao salário parcialmente impenhorável (ex vi do art. 738º do CPCivil), ele será também, nessa mesma medida, insuscetível de se extinguir por compensação, ainda que esta assente na vontade do trabalhador ou seja efetuada após a cessação do vínculo contratual.* Deste ponto de vista, *o art. 279º do CT limita-se a criar uma proteção suplementar para o salário, restringindo ainda mais fortemente – isto é, para além dos limites aplicáveis à penhora – a compensação quando esta seja unilateralmente desencadeada pelo empregador durante a vigência do contrato de trabalho*[300].

Distintos da figura da compensação, embora com esta mantendo alguma afinidade, apresentam-se os *descontos* que o empregador efetua na retribuição. Nestes casos, a dedução no salário não se funda num crédito do empregador, como sucede na compensação, mas sim num crédito de um terceiro sobre o trabalhador, pelo que a entidade patronal retém o respetivo montante (deduzindo-o no salário) e com este satisfaz o terceiro credor.

Como facilmente se compreende, o nosso ordenamento jurídico mostra-se, também neste domínio, bastante restritivo, consagrando mesmo o princípio segundo o qual o empregador não pode fazer quaisquer descontos ou deduções no montante da retribuição (nº 1). Contudo, o nº 2 deste artigo logo vem temperar a rigidez desta regra, estabelecendo-lhe algumas exceções, principalmente nos casos previstos na al. *a)* – descontos a favor

---

[300] Quanto às diversas exceções estabelecidas no nº 2 deste artigo, merece especial atenção o disposto na al. *f)*, decerto uma das suas alíneas mais importantes do ponto de vista prático. De facto, o regime previsto nesta alínea (e no nº 3) para o «abono ou adiantamento por conta da retribuição» levanta questões interessantes, não deixando mesmo de suscitar alguma perplexidade. Sobre o ponto, permito-me remeter para João Leal Amado, «Crédito salarial, compensação e cessão», *Temas Laborais 2*, Coimbra Editora, Coimbra, 2007, pp. 47-58 [51-53].

CONTRATO DE TRABALHO

do Estado (pense-se, desde logo, no IRS), da segurança social ou de outras entidades (as associações sindicais, por exemplo, quando exista um sistema de cobrança e entrega de quotas sindicais nos termos do art. 458º do CT). Recorde-se ainda que, de acordo com o art. 276º, nº 3, do CT, todos os descontos e deduções efetuados na retribuição devem constar do respetivo *boletim de pagamento*[301].

20.7.2. Cessão do crédito retributivo

Como assinala ANTUNES VARELA, «além de relação pessoal entre dois sujeitos, adstrita à satisfação de certa necessidade do titular ativo, o crédito é um valor patrimonial realizável pelo interessado, antes mesmo de atingir o seu vencimento»[302]. O crédito, enquanto elemento do património do respetivo titular (e o crédito salarial assume, não raro, um peso extremamente significativo no património do trabalhador), é também, portanto, um objeto do comércio jurídico. Neste contexto, natural se torna que a cessão de créditos seja uma das formas de transmissão das obrigações previstas no nosso CCivil (arts. 577º a 588º).

No domínio juslaboral, contudo, a cessão do direito ao salário encontra-se restritivamente disciplinada no art. 280º do CT, nos termos do qual «o trabalhador só pode ceder crédito a retribuição, a título gratuito ou oneroso, na medida em que o mesmo seja penhorável». Ao remeter para o regime da penhora – constante do art. 738º do CPCivil, segundo o qual, em princípio, dois terços da parte líquida do salário são impenhoráveis (nº 1), sendo que a referida impenhorabilidade tem como limite máximo o montante equivalente a três salários mínimos nacionais e como limite mínimo, quando o executado não tenha outro rendimento, o montante equivalente a um salário mínimo nacional (nº 3) –, o nosso legislador veio estabelecer a *parcial insuscetibilidade de cessão do crédito salarial*. Que dizer desta solução?

Em primeiro lugar, deve frisar-se que a incessibilidade parcial do direito ao salário se mostra inteiramente conforme com as normas do CCivil sobre a matéria. De facto, se a regra é a da livre transmissibilidade dos créditos – o poder de disposição é algo que normalmente acompanha os direitos de caráter patrimonial –, esta regra não deixa de sofrer exceções, o que é desde logo sublinhado pelo próprio art. 577º, nº 1, do CCivil, segundo o qual «o

---

[301] Com interesse para a temática objeto deste art. 279º, *vd.* ainda o disposto no art. 247º, nº 3, do CT (exercício de outra atividade remunerada pelo trabalhador durante as férias).
[302] *Das Obrigações em Geral*, cit., vol. II, p. 276.

TRABALHAR A TROCO DE QUÊ? A RETRIBUIÇÃO

credor pode ceder a terceiro uma parte ou a totalidade do crédito, independentemente do consentimento do devedor, contanto que a cessão não seja interdita por determinação da lei ou convenção das partes e o crédito não esteja, pela própria natureza da prestação, ligado à pessoa do credor». Desta norma resultam, portanto, várias formas de possível incessibilidade, total ou parcial, de um crédito – incessibilidade legal, negocial ou natural –, interessando-nos aqui sobretudo a incessibilidade legal, derivada da conjugação deste art. 280º com o art. 738º do CPCivil. Um pouco à imagem do que se passa com a obrigação de alimentos, poder-se-á dizer que o direito ao salário se encontra de tal modo ligado, quase funcionalizado à satisfação de necessidades eminentemente pessoais do trabalhador e seus familiares, que se revelaria verdadeiramente incongruente admitir de forma ilimitada a respetiva negociabilidade, a sua livre transmissibilidade para um qualquer terceiro.

Em segundo lugar, deve observar-se que a interdição parcial de cessão do crédito salarial «a título gratuito ou oneroso» se prende com o caráter policausal da cessão, isto é, com a circunstância de esta possuir uma causa variável, tanto podendo ter na sua base uma venda como uma doação, uma dação em cumprimento como uma dação *pro solvendo* ou uma constituição de garantia – aspeto que levou o legislador a determinar que «os requisitos e efeitos da cessão entre as partes definem-se em função do tipo de negócio que lhe serve de base» (art. 578º, nº 1, do CCivil). Em todo o caso, no que respeita à cessão do direito à retribuição, assente esta num negócio gratuito ou mesmo num negócio oneroso, a regra é idêntica: incessibilidade parcial, na medida da respetiva impenhorabilidade.

Em terceiro lugar, deve dizer-se que a cessão pode ter por objeto não só créditos já existentes, mas igualmente créditos ainda não surgidos, futuros (tal como o direito a salários relativos a um trabalho ainda não prestado, a executar nos próximos meses ou anos). Este ponto, se por um lado faz crescer o interesse prático da questão da (in)cessibilidade do crédito retributivo, não deixa outrossim de revelar agudamente a importância da tutela do credor-trabalhador nesta sede, pois quanto mais temporalmente longínquos se apresentarem os créditos, mais facilmente (e porventura mais irrefletidamente) o trabalhador será tentado a cedê-los.

A parcial insuscetibilidade de cessão do crédito retributivo vigora, como se disse, quer relativamente a *créditos salariais já vencidos* e ainda não satisfeitos, quer relativamente a *créditos futuros*. E a referida insuscetibilidade de

CONTRATO DE TRABALHO

cessão vigora também, quer *na pendência do contrato de trabalho,* quer mesmo *após a extinção do vínculo juslaboral.* Com efeito, e ao invés do que sucede em matéria de compensações e deduções (art. 279º, nº 1), o CT não circunscreve as limitações à cessão do crédito retributivo ao período de vigência do contrato, ou seja, a norma em apreço não baixa a guarda ao direito ao salário pelo simples facto de a relação laboral ter terminado.

Esta opção do legislador é compreensível e merece aplauso, visto que a função alimentar desempenhada pela retribuição não se desvanece com a cessação do contrato, pelo que não se vislumbram razões válidas para desvitalizar a tutela deste direito pela mera circunstância de o contrato ter cessado. E, acrescente-se, o que se diz relativamente à cessão vale também, por identidade ou até por maioria de razão, no tocante à *insuscetibilidade de renúncia ao crédito salarial*[303] pelo trabalhador. Na verdade, sendo o crédito salarial parcialmente insuscetível de cessão a terceiro, como se poderia compreender que o trabalhador fosse livre de a ele renunciar integralmente, em óbvio benefício do respetivo empregador? É que, em sede de cessão, a tutela do salário, assente no seu caráter alimentar, sempre deverá ser de alguma forma contrabalançada pela tutela dos legítimos interesses de terceiros, estranhos à relação laboral (razão pela qual o crédito não é totalmente incedível); já em sede de renúncia, pelo contrário, ao caráter alimentar do salário vem ainda adicionar-se a situação de dependência do credor-trabalhador relativamente ao devedor-empregador, o que contribui para reforçar a tese da irrenunciabilidade. Deste modo, creio, *constituiria rematado absurdo que o nosso sistema se revelasse, a um tempo, altamente restritivo no que toca à possibilidade de cessão do crédito retributivo e marcadamente liberal no que diz respeito à respetiva renunciabilidade – isto é, que a restrição daquela houvesse de conviver com a incondicionada admissão desta.*

Ou seja, as razões que presidem ao sistema restritivo contido no art. 280º valem ainda em mais forte medida para a hipótese de renúncia, pelo que haverá de entender-se que a lei que proíbe o menos (o menos gravoso para o trabalhador, a cessão do crédito a um terceiro) também proíbe o mais (o mais gravoso, a renúncia perante aquele e em proveito daquele a quem se deve obediência). *Isto sob pena de o ordenamento jurídico, tendo-se preocupado com a defesa da integridade do crédito salarial relativamente a terceiros (limi-*

---

[303] *Rectius,* à remissão da dívida retributiva, nos termos do art. 863º do CCivil, segundo o qual «o credor pode remitir a dívida por contrato com o devedor».

tando a possibilidade da respetiva cessão), ter afinal deixado tal defesa inteiramente desguarnecida relativamente àquele de quem, à partida, se poderão esperar maiores e mais perigosos ataques à consistência do direito ao salário – o empregador, que assim teria o caminho livre para pressionar o trabalhador a remitir a dívida, ou parte dela. O legislador como que teria barricado as janelas, deixando, porém, a porta aberta... pois, repete-se, parece evidente que a necessidade de tutela do salário se faz sentir com muito maior intensidade nas relações com o empregador do que face a terceiros.

Em síntese: *o crédito salarial deve considerar-se irrenunciável, no mínimo, em medida igual àquela em que é insuscetível de cessão – e isto, note-se bem, mesmo após a cessação do contrato de trabalho, pois as limitações àquela cessão sobrevivem à extinção do vínculo.* Este último ponto era discutido à luz da legislação pré--codicística (com muitas e autorizadas vozes a defenderem a possibilidade de renúncia ao salário, desde que efetuada após a rutura do vínculo juslaboral), mas hoje, com a distinta redação dada aos arts. 279º e 280º do CT, afigura-se que só a proibição de compensações e deduções – mas não já a insuscetibilidade de cessão e, consequentemente, a irrenunciabilidade – vê a sua operatividade limitada às situações de pendência do contrato de trabalho[304].

Na verdade, parece defluir da jurisprudência até hoje dominante entre nós que a *ratio* da irrenunciabilidade dos créditos salariais residiria na natureza própria da relação juslaboral, enquanto relação marcada pela subordinação – a qual tornaria o trabalhador subjetivamente incapaz defronte do empregador (e os respetivos créditos relativamente indisponíveis). Ora, a meu ver este é um entendimento redutor, dir-se-ia mesmo que infundadamente unidimensional, da questão. Com efeito, a irrenunciabilidade é outrossim reclamada pela natureza do próprio direito ao salário, enquanto direito marcado por uma nota fortemente alimentar, sendo evidente que a função alimentar da retribuição não se altera com a cessação do contrato, pelo que, como se disse, não se vislumbram razões válidas para baixar a guarda ao direito ao salário após a extinção do vínculo laboral.

Urge, pois, superar a perspetiva tradicional – unidimensional – sobre esta questão, substituindo-a por uma perspetiva bidimensional que funde a tendencial irrenunciabilidade dos créditos salariais, não apenas no caráter

---

[304] Isto sem esquecer que, mesmo em sede de compensação, a admissibilidade desta após a rutura do contrato de trabalho não poderá beliscar os créditos impenhoráveis, por força do disposto no art. 853º do CCivil.

CONTRATO DE TRABALHO

hierarquizado ou subordinado da relação de trabalho, mas também na função alimentar desempenhada por estes créditos, função que subsiste mesmo após a dissolução do contrato de trabalho.

20.7.3. Prescrição dos créditos laborais
20.7.3.1. A prescrição de créditos

Nos termos do disposto no art. 337º, nº 1, do CT, «o crédito de empregador ou de trabalhador emergente de contrato de trabalho, da sua violação ou cessação prescreve decorrido um ano a partir do dia seguinte àquele em que cessou o contrato de trabalho». Segundo a lição de ORLANDO DE CARVALHO, «a prescrição é uma forma de extinção de direitos de crédito, na área dos direitos das obrigações, direitos que deixam de ser judicialmente exigíveis, passando a obrigação civil a obrigação natural»[305]. Na verdade, o decurso do tempo é um facto jurídico não negocial, é um acontecimento natural juridicamente relevante, ou seja, produtor de efeitos jurídicos. E um dos seus efeitos mais importantes consiste, precisamente, em fazer cessar a exercitabilidade dos direitos subjetivos – depois de decorrido o prazo da prescrição e de esta ser invocada pelo devedor, o crédito não fica propriamente extinto, mas a obrigação passa de civil a natural.

Quer dizer: invocada a prescrição – note-se que o tribunal não pode suprir, de ofício, a prescrição, carecendo esta de ser invocada por aquele a quem aproveita (art. 303º do CCivil), pelo que, se o devedor vier a pagar depois de completado o prazo prescricional, mas antes de invocar a prescrição, a sua prestação corresponde ao cumprimento de uma obrigação civil –, o vínculo não se extingue, mas a sua juridicidade resulta algo reduzida, imperfeita, pois a respetiva garantia limita-se à *soluti retentio*, a não poder o obrigado repetir o que haja prestado, não valendo a prestação como liberalidade, mas sim como pagamento (art. 304º do CCivil). O *verdadeiro alcance do instituto prescricional reside, pois, em tornar o cumprimento da obrigação inexigível ou incoercível*. A transformação da obrigação civil em obrigação natural equivale, afinal, à extinção da obrigação civil – e a outra, a obrigação natural, só procede caso o devedor a queira satisfazer...

Quanto aos *fundamentos* em que assenta a prescrição, deve dizer-se que eles são múltiplos e variados. Embora a doutrina dominante tenda a apontar como seu fundamento específico a (punição da) negligência do titular

---

[305] *Sumários desenvolvidos de Teoria Geral do Direito Civil*, Centelha, Coimbra, 1981, p. 153.

do direito em exercê-lo durante o período de tempo indicado na lei, convirá não ter, a este respeito, conceções redutoras. A este propósito, escreveu, há muito, Vaz Serra: «Sem querer entrar na discussão de qual seja exatamente o fundamento da prescrição – que uns vêem na probabilidade de ter sido feito o pagamento, outros na presunção de renúncia do credor, ou na sanção da sua negligência, ou na consolidação das situações de facto, ou na proteção do devedor contra a dificuldade de prova do pagamento ou sossegado quanto à não exigência da dívida, ou na necessidade social da segurança jurídica e certeza de direitos praticamente caducos, ou na de promover o exercício oportuno dos direitos – pode dizer-se que a prescrição se baseia, mais ou menos, em todas estas considerações, sem que possa afirmar-se só uma delas ser decisiva e relevante»[306]. Diga-se, em todo o caso, que o instituto da prescrição se filia sobretudo em razões de conveniência ou oportunidade, não sendo, em rigor, uma derivação da ideia de justiça (por isso os antigos a qualificaram de *impium remedium*).

No que concerne ao *curso da prescrição*, cabe dizer que, regra geral, o seu início dá-se quando o direito puder ser exercido, conforme determina o art. 306º, nº 1, do CCivil. Em princípio, para que o prazo da prescrição comece a correr torna-se necessário, mas também suficiente, que a dívida seja exigível, que a obrigação se vença. O respetivo início pode, no entanto, ser impedido por determinados motivos, isto é, pelas chamadas causas suspensivas da prescrição. De facto, o CCivil prevê, nos seus arts. 318º a 322º, diversas causas de suspensão da prescrição, causas essas que, dir-se-ia, «adormecem» esta última. Consiste tal suspensão em não se contar para o efeito da prescrição o tempo decorrido enquanto durarem certos factos ou situações. Fala-se *em suspensão do curso* quando ela impede o início ou o curso da prescrição (que a prescrição comece a correr ou que prossiga) e em *suspensão do termo* quando ela impede que o tempo da prescrição se complete[307].

---

[306] «Prescrição e caducidade», *BMJ*, nº 105, p. 32.

[307] De acordo com Manuel de Andrade, todas as causas suspensivas, não obstante a sua variedade, obedecem a uma mesma ideia geral: tornarem impossível, ou em todo o caso dificultarem, o exercício do direito prescribendo (*Teoria Geral da Relação Jurídica*, cit., vol. II, p. 457). Distinta da suspensão é a figura da interrupção da prescrição, também disciplinada no CCivil (arts. 323º a 327º), a qual tem como efeito inutilizar para a prescrição todo o tempo decorrido anteriormente (art. 326º). De entre as causas interruptivas da prescrição destaca-se, naturalmente, a citação ou notificação judicial de qualquer ato que exprima a intenção de exercer o direito por parte do respetivo titular, nos termos do art. 323º, nº 1, do CCivil.

CONTRATO DE TRABALHO

20.7.3.2. A *ratio* do art. 337º, nº 1, do CT

Munidos que estamos destas ideias sumárias sobre o instituto da prescrição, cumpre analisar o disposto no art. 337º do CT. E a leitura do nº 1 deste preceito logo nos revela que:

i) Não existe um regime específico de prescrição para os créditos do trabalhador (salariais ou não), pois o artigo estabelece um tratamento uniforme para todos os créditos oriundos da relação de trabalho, independentemente de o seu titular ser o trabalhador ou o empregador;

ii) A nota alimentar possuída pelo direito ao salário não implica a respetiva imprescritibilidade, visto que a lei não declara o crédito salarial isento de prescrição (*vd.* o art. 298º, nº 1, do CCivil);

iii) Os créditos laborais são, porém, imprescritíveis na vigência da relação de trabalho, dado que o prazo prescricional só começa a correr «a partir do dia seguinte àquele em que cessou o contrato de trabalho».

É este último, sem dúvida, o núcleo essencial do preceito em análise. Com efeito, depara-se-nos aqui uma verdadeira *suspensão do curso da prescrição enquanto vigorar o contrato de trabalho*[308]. E a solução de suspender o curso da prescrição na constância da relação laboral logra fácil explicação, se atendermos à desigualdade das forças em presença nesta relação. Com efeito, à normal superioridade económica e social do empregador acrescenta-se, ao celebrar-se o contrato de trabalho, a subordinação jurídica do trabalhador (o qual, como se sabe, presta a sua atividade em moldes heterodeterminados), o que tudo vai ter importantes reflexos a nível psicológico, originando – e, o que é mais, justificando – fenómenos de inibição e receio do trabalhador face ao empregador.

Dir-se-ia, pois, que, constituindo fundamento específico da prescrição a penalização da inércia negligente do titular do direito, *a lei entendeu não ser exigível ao trabalhador-credor que promova a efetivação do seu direito na vigência do contrato, demandando judicialmente o empregador*. Neste caso, o não exercício expedito do direito por parte do seu titular não faz presumir que este a ele

---

[308] Suspensão que, de resto, já era acolhida no CCivil em matéria de trabalho doméstico, dado que, de acordo com o seu art. 318º, al. *e)*, a prescrição não começa nem corre entre quem presta o trabalho doméstico e o respetivo patrão, enquanto o contrato durar.

TRABALHAR A TROCO DE QUÊ? A RETRIBUIÇÃO

tenha querido renunciar, nem torna o credor indigno de proteção jurídica *(dormientibus non sucurrit ius)*. Sucede, tão-só, tomando de empréstimo as palavras de MANUEL DE ANDRADE, que a relação de trabalho subordinado é uma daquelas que, se não torna impossível o exercício do direito prescribendo, torna-o, em todo o caso, particularmente oneroso[309].

Ora, como é evidente, as ponderosas razões que solicitam uma disciplina especial para a prescrição dos créditos do trabalhador não estão presentes na hipótese de o titular dos créditos resultantes do contrato de trabalho ser o empregador. Não se vislumbra, por isso, fundamento válido para submeter a tratamento uniforme todos os créditos oriundos da relação laboral, independentemente de pertencerem ao trabalhador ou ao empregador, como faz o presente artigo. Tratar-se-á, porventura, de uma questão de «mera simetria», como há muito observou MENEZES CORDEIRO.

20.7.3.3. A crítica ao art. 337º, nº 1, do CT

O que fica escrito é, segundo se pensa, mais do que suficiente para sustentar a bondade da ideia central vertida no art. 337º do CT – qual seja, a de suspender a prescrição enquanto vigorar o contrato de trabalho. Tal não significa, contudo, que esta disposição legal seja insuscetível de reparos. Um, que já fiz, relaciona-se com o caráter infundadamente simétrico do preceito. Mas outros são cabidos. É que, a meu ver, a matéria da prescrição dos créditos laborais há-de ser modelada pelo legislador tendo em conta, basicamente, dois fatores: por um lado, a situação de dependência em que o credor-trabalhador se encontra relativamente ao devedor-empregador, a qual aponta para a necessidade de não permitir que a prescrição se consume na vigência da relação de trabalho – aspeto a que este preceito dá resposta plenamente satisfatória; por outro lado, o tão decantado caráter alimentar da retribuição, isto é, a eminente função social por esta desempenhada, que aponta para a conveniência de o prazo prescricional não ser demasiado curto – aspeto este a que a presente norma já dá uma resposta pouco satisfatória.

---

[309] Sobre a prescrição dos juros moratórios dos créditos laborais, sustentando a sujeição daqueles ao regime previsto no art. 337º do CT (e não ao previsto no art. 310º, al. *d*), do CCiv), *vd.* MILENA SILVA ROUXINOL, «O regime de prescrição dos juros laborais – comentário ao Acórdão do Tribunal da Relação de Coimbra, de 2 de Março de 2011», *Revista da Faculdade de Direito da Universidade Lusófona do Porto,* nº 2, 2013, pp. 230-246.

CONTRATO DE TRABALHO

Com efeito, convém não ignorar que o prazo de prescrição dos créditos laborais é de apenas *um ano*[310]. Pelo que, se é certo que o regime legal permite que, em determinados casos, sejam reclamados créditos vencidos há dez, quinze ou mais anos, é igualmente verdade que, noutros casos, ele faz decair os referidos créditos num prazo curtíssimo, o que se mostra pouco recomendável. Assume aqui particular acuidade o problema dos trabalhadores contratados a termo. Com efeito, um trabalhador contratado, por hipótese, pelo prazo de seis meses, vê prescrever os créditos de que é titular um ano após o termo deste contrato (ou seja, um ano, ou pouco mais, após o vencimento desses créditos). Ora, isto revela-se iníquo, até porque, na maioria dos casos, são estes os trabalhadores menos conscientes dos seus direitos e mais carentes de proteção legal.

Um prazo prescricional mais dilatado (p. ex. de cinco anos, à imagem do estabelecido no art. 310º do CCivil), conjugado com uma suspensão do termo (mediante a qual a prescrição apenas se pudesse completar, por hipótese, um ano após a cessação do contrato), eis o regime que, do meu ponto de vista, melhor se adequaria aos interesses em presença. É que, em rigor, a tutela dos créditos laborais não requer a suspensão do curso da prescrição na vigência do contrato de trabalho: realmente, *nada se opõe a que a prescrição corra enquanto o contrato vigorar; tudo reclama, isso sim, é que ela só se possa completar depois de extinto o vínculo.* De igual modo, não se compreende a razão pela qual os créditos laborais prescrevem num prazo muito mais curto do que o das já de si chamadas prescrições de curto prazo, previstas no art. 310º do CCivil.

Nesta ótica, mais adequado seria, então, estabelecer uma *prescrição quinquenal*, com a *suspensão do termo anual* que acima mencionei. A ser assim, os créditos antigos (vencidos há mais de cinco anos) continuariam a prescrever um ano após a cessação do contrato de trabalho; mas os créditos recentes (vencidos, p. ex., há dois anos) passariam a dispor de um prazo

---

[310] No nº 2 do art. 337º lê-se que «o crédito correspondente a compensação por violação do direito a férias, indemnização por aplicação de sanção abusiva ou pagamento de trabalho suplementar, vencido há mais de cinco anos, só pode ser provado por documento idóneo». Apesar da sua localização sistemática, esta norma nada tem a ver com a matéria da prescrição, limitando-se a estatuir um regime probatório especial para os créditos do trabalhador que enuncia. Assim, esta disposição não modifica o prazo prescricional do nº 1. Ela prende-se apenas com a prova dos factos constitutivos de determinados créditos, para tal prova exigindo documento idóneo (afasta-se, por conseguinte, a prova testemunhal), normalmente com origem na própria entidade empregadora, revelando a sua posição de devedora. Mas a palavra final sobre a idoneidade do documento caberá sempre, naturalmente, ao juiz.

TRABALHAR A TROCO DE QUÊ? A RETRIBUIÇÃO

prescricional razoável, menos curto do que o fixado pelo n.º 1 do art. 337.º (neste caso, prescreveriam três anos após a cessação do contrato, caso este terminasse agora). Com um tal sistema, lograr-se-ia, julgo, uma tutela mais intensa dos créditos laborais, sem, contudo, olvidar os interesses atendíveis do empregador-devedor ou o interesse geral da certeza do direito e da segurança do comércio jurídico (pois, frise-se, os créditos laborais não seriam imprescritíveis e também não estariam sujeitos à prescrição ordinária, de vinte anos, prevista no art. 309.º do CCivil)[311].

20.7.4. Privilégios creditórios

O privilégio creditório consiste numa garantia real das obrigações («é a faculdade que a lei, em atenção à causa do crédito, concede a certos credores, independentemente do registo, de serem pagos com preferência a outros», conforme dispõe o art. 733.º do CCivil), nele havendo que distinguir duas espécies, de acordo com o respetivo objeto – privilégios mobiliários e imobiliários (art. 735.º, n.º 1, do mesmo diploma) –, podendo ainda os primeiros ser gerais ou especiais: «Os privilégios mobiliários são gerais, se abrangem o valor de todos os bens móveis existentes no património do devedor à data da penhora ou de ato equivalente; são especiais, quando compreendem só o valor de determinados bens móveis» (art. 735.º, n.º 2); de acordo com o n.º 3 do mesmo artigo, «os privilégios imobiliários estabelecidos neste Código são sempre especiais».

Nos termos do n.º 1, al. *a)*, do art. 333.º do CT, os créditos laborais pertencentes ao trabalhador (possuam eles caráter retributivo ou não) gozam de *privilégio mobiliário geral*, sendo graduados antes de todos os créditos referidos no art. 747.º, n.º 1, do CCivil, conforme indica o n.º 2-*a)* daquele art. 333.º Vale isto por dizer que os créditos laborais prevalecerão, não só sobre os demais créditos com privilégio mobiliário geral, mas também sobre os créditos com privilégio mobiliário especial elencados naquela disposição do CCivil. Destarte, este privilégio dos créditos laborais apenas cederá perante os privilégios por despesas de justiça, por força do art. 746.º do CCivil.

Nos termos do n.º 1, al. *b)*, do art. 333.º do CT, os créditos laborais gozam ainda de um *privilégio imobiliário especial* «sobre bem imóvel do empregador

---

[311] Para maiores desenvolvimentos, João Leal Amado, «Prescrição dos créditos laborais: quando e porquê? (uma reflexão em tons luso-brasileiros)», in *O mundo do trabalho em movimento e as recentes alterações legislativas*, cit.

CONTRATO DE TRABALHO

no qual o trabalhador presta a sua atividade», sendo aqueles créditos graduados antes dos créditos referidos no art. 748º do CCivil e dos créditos de contribuições devidas à segurança social (nº 2, al. *b)*, da norma em apreço). Tratando-se de um privilégio imobiliário especial, este não deixará de prevalecer sobre direitos reais de gozo e de garantia de terceiros, em conformidade com o estabelecido no art. 751º do CCivil. Note-se, em todo o caso, que, recaindo os privilégios apenas sobre o bem imóvel «no qual o trabalhador presta a sua atividade», sempre terá de tratar-se de situações em que tal bem imóvel seja «do empregador», pelo que esta norma não encontrará aplicação nos casos em que o imóvel onde o trabalhador presta a sua atividade, embora explorado pelo empregador, não lhe pertence (suponha-se, p. ex., que o prédio é arrendado). Ademais, a letra da lei sugere que o privilégio incide apenas sobre o concreto bem imóvel do empregador no qual o trabalhador presta a sua atividade, com exclusão de quaisquer outros imóveis que eventualmente sejam propriedade do empregador – o que, naturalmente, em nada contribui para melhorar a situação dos créditos do trabalhador[312].

20.7.5. Fundo de garantia salarial

Segundo o art. 336º do CT, «o pagamento de créditos de trabalhador emergentes de contrato de trabalho, ou da sua violação ou cessação, que não possam ser pagos pelo empregador por motivo de insolvência ou de situação económica difícil, é assegurado pelo Fundo de Garantia Salarial, nos termos previstos em legislação específica» (esta legislação específica consiste hoje no DL nº 59/2015, de 21-4).

A instituição de um Fundo de Garantia Salarial tem as suas raízes no direito comunitário e representa um passo muito importante no domínio da tutela dos créditos laborais, *maxime* do direito ao salário. Com efeito, a criação daquele Fundo traduz uma alteração qualitativa na forma de apreender o direito ao salário e o papel desempenhado pelo Estado no tocante à respetiva satisfação, acabando este por funcionar, em determinadas situações, como uma espécie de fiador *ope legis* das obrigações emergentes do contrato

---

[312] Mas o elemento literal não é decisivo. Sobre o ponto, CATARINA GOMES SANTOS, «Os trabalhadores das PME's e a reforma do direito da insolvência», *As PME's perante o (novo) Direito da Insolvência*, Instituto Jurídico da Faculdade de Direito da Universidade de Coimbra (no prelo).

de trabalho. Dir-se-ia, assim, que uma ulterior garantia especial se perfila, reforçando os créditos laborais: para além da garantia real em que consiste o privilégio creditório (art. 333º), o direito ao salário encontra-se ainda munido de uma espécie de garantia pessoal, através da qual uma instituição pública responde também, em certos termos e dentro de certos limites, pelo cumprimento da obrigação. Ou seja, além de beneficiarem de cobrança privilegiada, face a outros credores, sobre o património do devedor comum, os créditos laborais poderão ser assegurados através do pagamento por um terceiro (o Fundo de Garantia Salarial) se o devedor-empregador não os satisfizer por motivo de insolvência ou de situação económica difícil. Tudo isto, repete-se, em consonância com a CRP, cujo art. 59º, nº 3, estabelece que «os salários gozam de garantias especiais, nos termos da lei»[313].

---

[313] Em matéria de garantias de créditos laborais, *vd.* ainda os arts. 334º (responsabilidade solidária de sociedade em relação de participações recíprocas, de domínio ou de grupo) e 335º (responsabilidade de sócio, gerente, administrador ou diretor) do CT.

§ 21º
A suspensão do contrato de trabalho: o vínculo relaxado

21.1. Noção, fundamento e efeitos gerais da suspensão

Sendo um contrato duradouro, o contrato de trabalho pode sofrer modificações de diversa índole, algumas subjetivas (pense-se, p. ex., nas situações de transmissão da empresa ou estabelecimento, com a inerente sub-rogação legal do transmissário na posição contratual do transmitente) outras objetivas (pense-se, desde logo, no caso da mobilidade geográfica, com a inerente transferência do trabalhador para outro local), outras mais híbridas (assim, desde logo, o fenómeno da cedência ocasional de trabalhador, através do qual este vai prestar trabalho a entidade distinta da empregadora, mas mantendo o vínculo contratual com esta). Mas o vínculo jurídico-laboral pode ainda conhecer outras vicissitudes, de tipo suspensivo. Com efeito, o contrato de trabalho pode ficar transitoriamente suspenso, isto é, o contrato pode não se extinguir, não terminar, não morrer, mas manter-se como que em estado latente, vivo mas adormecido (em «hibernação jurídica»).

A *suspensão do contrato de trabalho* consiste precisamente, nas palavras de JORGE LEITE, na «coexistência temporária da subsistência do vínculo contratual com a paralisação de algum ou alguns dos principais direitos e deveres dele emergentes»[314]. Trata-se de um instituto que se filia no princípio

---

[314] *Direito do Trabalho*, vol. II, cit., p. 170. Sobre este instituto, desenvolvidamente, RITA CANAS DA SILVA, *Suspensão Laboral – Ausência Temporária da Prestação de Trabalho*, Almedina, Coimbra, 2017.

CONTRATO DE TRABALHO

da conservação do contrato, traduzindo-se numa manifestação do direito à estabilidade no emprego e, em certos casos, num mecanismo de proteção do devedor transitoriamente impossibilitado de cumprir, através da garantia do chamado «direito ao lugar».

Quanto aos *efeitos* da suspensão do contrato, o art. 295º do CT determina que:

i) Durante a suspensão, mantêm-se os direitos, deveres e garantias das partes que não pressuponham a efetiva prestação de trabalho (nº 1). Assim sendo, deveres como os de assiduidade, obediência ou diligência ficam paralisados durante a suspensão contratual, mas já o dever de lealdade, nas suas diversas manifestações (não concorrência, sigilo, etc.), se mantém atuante. Por outro lado, se o poder de direção patronal fica suspenso, já o poder disciplinar permanece, intocado, ao dispor do empregador. Quanto à retribuição, saber se o empregador continua adstrito a pagá-la (no todo ou em parte) durante o período de paralisação vai depender do tipo de suspensão contratual em causa, como veremos *infra*;

ii) O tempo de suspensão conta-se para efeitos de antiguidade (nº 2) e a suspensão não tem efeitos no decurso do prazo de caducidade, nem obsta a que qualquer das partes faça cessar o contrato nos termos gerais (nº 3). Como se disse, o vínculo jurídico-laboral relaxa-se mas não se dissolve, o contrato permanece vivo, conquanto adormecido, pelo que o relógio não pára (cômputo da antiguidade, caducidade do contrato a termo) e qualquer dos sujeitos poderá, nos termos gerais, extinguir esse contrato (despedimento, revogação, demissão, etc.);

iii) Terminado o período de suspensão, são restabelecidos os direitos, deveres e garantias das partes decorrentes da efetiva prestação de trabalho (nº 4). Com efeito, uma vez terminado aquele período de latência ou de letargia, todas as funções vitais do contrato voltam à normalidade, pelo que o trabalhador deverá retomar a sua atividade[315] e o empregador irá reassumir a totalidade dos seus poderes e deveres.

---

[315] *Vd.*, a este propósito, os arts. 297º e 310º do CT: aquele, respeitante à chamada «suspensão individual», determina que, «no dia imediato à cessação do impedimento, o trabalhador deve apresentar-se ao empregador para retomar a atividade»; este, relativo à «suspensão

Importa, porém, distinguir as várias *modalidades* de suspensão do contrato previstas pelo CT. Ora, a este respeito, decorre do art. 294º que a suspensão do contrato de trabalho poderá fundamentar-se na impossibilidade temporária de prestação de trabalho por facto relativo ao trabalhador (suspensão individual) ou por facto relativo ao empregador (suspensão coletiva). Também o acordo entre as partes poderá originar a suspensão do vínculo (suspensão consensual). E o CT prevê ainda uma hipótese, algo atípica, de suspensão do contrato por iniciativa do trabalhador, fundada na falta de pagamento pontual da respetiva retribuição. Vejamos.

21.2. Suspensão individual, por facto respeitante ao trabalhador

«Determina a suspensão do contrato de trabalho o impedimento temporário por facto respeitante ao trabalhador que não lhe seja imputável e se prolongue por mais de um mês, nomeadamente doença, acidente ou facto decorrente da aplicação da lei do serviço militar» (nº 1 do art. 296º do CT). Trata-se das hipóteses clássicas de suspensão do contrato, exigindo a lei, para que tal suspensão se verifique:

i) Que o trabalhador se veja *impossibilitado* de prestar trabalho, contanto que esse seu impedimento tenha um caráter *transitório* (se e quando for definitivo, o contrato caducará, nos termos do nº 4) e se prolongue por *mais de um mês* (se o impedimento durar menos de um mês, terá aplicação o regime das faltas ao trabalho, *maxime* o disposto no art. 249º, nº 2, al. *d*), do CT)[316].

ii) O facto gerador do impedimento não deverá ser imputável ao trabalhador. Terá de ser, nas palavras da lei, um «facto respeitante ao trabalhador que não lhe seja imputável». Resta saber como deverá ser entendido, na prática, este requisito de *não imputabilidade*. Dir-se-ia que o trabalhador que se veja impossibilitado de trabalhar em virtude de doença ou acidente, p. ex., preencheria tranquilamente este requisito. Mas bem sabemos que a doença ou o acidente podem ter resultado de uma atuação culposa do trabalhador (o fumador

---

coletiva», estabelece que «o empregador deve informar os trabalhadores cuja atividade está suspensa da cessação do encerramento ou da diminuição de atividade, devendo estes retomar a prestação de trabalho».

[316] Isto sem prejuízo de o contrato se suspender antes desse prazo, caso seja previsível que o impedimento irá ter duração superior a um mês (nº 3 do art. 296º).

CONTRATO DE TRABALHO

inveterado a quem é diagnosticado um cancro pulmonar, o bebedor imoderado que contrai uma cirrose, o condutor alucinado que desrespeita as normas rodoviárias e sofre um acidente...). Será que, nestes e noutros casos semelhantes, o contrato se suspende? Ou deveremos rejeitar a suspensão, entendendo que o facto impeditivo é imputável ao trabalhador? Trata-se de uma questão a que a doutrina maioritária vem respondendo, de forma pacífica, que o contrato, ainda assim, se suspenderá. Naqueles casos, o impedimento resulta, é certo, de uma conduta censurável e negligente do trabalhador, mas o impedimento de prestar trabalho surge como uma consequência não desejada, não querida por este, involuntária. E, no fim de contas, é este elemento de voluntariedade ou não do impedimento que tem sido considerado decisivo para este efeito.

O contrato suspender-se-á, portanto, se o impedimento satisfizer este triplo teste: ser temporário (não definitivo), ser prolongado (superior a um mês) e ser involuntário (contrário à vontade do trabalhador). A meu ver, esta leitura da *não imputabilidade* como equivalendo a *não voluntariedade* permitir-nos-á responder coerentemente a algumas questões que se têm suscitado nesta matéria – é o caso do cumprimento do serviço militar pelo trabalhador ou a verdadeira *vexata questio* dos reflexos da prisão do trabalhador no respetivo contrato de trabalho. Sinteticamente:

i) *O cumprimento do serviço militar* pelo trabalhador implicará a suspensão do contrato de trabalho de que este seja titular? Numa primeira leitura, o CT parece inclinar-se nesse sentido («facto decorrente da aplicação da lei do serviço militar»), mas a verdade é que, para que o contrato se suspenda ao abrigo do n.º 1 do art. 296.º, é necessário, como vimos, que o impedimento do trabalhador seja involuntário. Ora, se tal requisito se mostrava satisfeito quando o serviço militar era obrigatório (a incorporação do trabalhador não carecia então da sua vontade concordante, podendo efetuar-se sem ou mesmo contra essa vontade), esse requisito já não se mostra preenchido na hipótese de o serviço militar ser voluntário. Neste caso, a prestação do serviço militar constitui uma opção para o trabalhador, pelo que, se do livre exercício de tal opção pelo trabalhador resultar uma impossibilidade transitória de prestar trabalho, tal impossibilidade ser-lhe-á imputável, *hoc sensu*. E, aqui chegados, uma de duas: ou a lei do serviço militar prevê que, nessa hipótese, o contrato de trabalho se suspenderá (mas então essa suspensão operará, nos termos do CT, ao abrigo do nº 5 do art. 296º, e não por força do seu nº 1); ou a lei do serviço militar nada diz a esse respeito, caso em que o contrato de trabalho não se suspenderá, dada a voluntariedade do impedimento[317]. Pelo exposto, pensa-se que a referência à lei do serviço militar, contida na parte final do nº 1 do art. 296º, tem mero caráter cautelar, prevenindo a hipótese de reintrodução, no nosso sistema, do serviço militar obrigatório, ou a de mobilização militar de um trabalhador que esteja na reserva (em caso de guerra, p. ex.).

ii) A *prisão do trabalhador* determinará a suspensão do seu contrato de trabalho? No tocante a esta controvertida questão, que tanta celeuma doutrinal e jurisprudencial tem suscitado, pensa-se que, tratando-se de prisão preventiva, o contrato não poderá deixar de se considerar suspenso, quanto mais não seja por força da presunção de inocência de que goza o trabalhador-arguido nesse período (ponto que, a nível doutrinal, parece hoje ser pacífico). Já em relação ao cumprimento de pena de prisão, aí as opiniões dividem-se bastante. Há quem entenda que, ainda assim, o contrato se suspenderá. Há quem entenda que, neste caso, havendo já uma sentença transitada em julgado a firmar um juízo de censura sobre a conduta do trabalhador, então o impedimento resultante de tal prisão será imputável ao trabalhador, pelo que o contrato não se suspenderá. Há quem defenda posições mais matizadas nesta matéria, consoante o tipo de crime cometido, a duração da pena, etc. Pela minha parte, e em consonância com a leitura do requisito da não imputabilidade que fiz *supra* (não imputabilidade laboral, não voluntariedade), julgo que o cumprimento de pena de prisão se traduz num impedimento involuntário de prestar trabalho (o trabalhador pode ter cometido o crime dolosamente, voluntariamente, mas decerto não o praticou em ordem a criar uma situação de impossibilidade de prestar trabalho...)[318], pelo que, desde que se encontrem preenchidos os demais

---

[317] Não se suspenderá, bem entendido, ao abrigo do art. 296º Mas é óbvio que nada impede as partes de acordarem esse efeito suspensivo, desde logo através da figura da licença sem retribuição.

[318] Tal como sucede, recorrendo a um exemplo fornecido por MENEZES CORDEIRO, com o trabalhador que tenta suicidar-se mas falha, sendo, contudo, hospitalizado. Ele quis praticar

CONTRATO DE TRABALHO

requisitos do art. 296º, nº 1, do CT, a prisão determinará a suspensão do vínculo jurídico-laboral. Naturalmente, o que vem de ser dito não obsta a que o trabalhador possa ser despedido com justa causa, nos termos gerais, caso a conduta criminosa se analise, outrossim, numa infração disciplinar por si praticada.

Reconheço, em todo o caso, que o ponto é duvidoso, sendo conveniente que venha a ser esclarecido pelo legislador. Mas julgo que, entendendo-se que o contrato se suspende naquela hipótese, nada justifica que logo se «retire o tapete» ao trabalhador, alegando que o empregador poderá recorrer à figura da caducidade, invocando a perda de interesse na execução futura da prestação laboral. É que, como ensina JORGE LEITE, a finalidade do instituto juslaboral da suspensão do contrato não pode ser lida numa ótica civilista. Com a suspensão visa-se, pelo contrário, proteger o emprego do trabalhador, garantindo a subsistência do vínculo mesmo quando o empregador mostre não ter interesse na sua realização futura. Neste sentido, a suspensão consiste numa autêntica «prerrogativa do devedor inadimplente», analisando-se num direito potestativo cujo exercício se impõe ao credor/empregador, independentemente do interesse deste[319]. Daí que não se possa concordar, neste ponto, com os autores que, por um lado, sustentam que o contrato se suspenderá em caso de pena de prisão do trabalhador, mas que em seguida, escudando-se na eventual perda do interesse do empregador, logo aceitam a caducidade do mesmo[320].

---

o ato (p. ex., dar um tiro na própria cabeça), mas não quis criar uma situação em que se visse temporariamente impedido de prestar trabalho. *Hoc sensu*, este impedimento transitório é-lhe inimputável, tal como o do trabalhador sujeito a uma pena de prisão.

[319] «Notas para uma teoria da suspensão do contrato de trabalho», *QL*, nº 20, 2002, pp. 121-138 [127-128].

[320] É certo que, para haver suspensão, o impedimento terá de revestir natureza temporária. E a distinção entre temporário e definitivo é algo contingente, não devendo ter-se por definitivo, apenas, o impedimento que seja eterno e irreversível. A avaliação sobre a natureza temporária ou definitiva do impedimento é, pois, jurídica e não naturalística. Mas essa avaliação implica a definição de critérios delimitadores rigorosos, sem conceder desmedido relevo ao eventual desejo do empregador de extinguir o vínculo, a pretexto de uma alegada perda de interesse deste na prossecução do mesmo.

Uma indicação sistemática relevante, nesta matéria, pode retirar-se do regime jurídico do contrato a termo, que, como vimos, fixa em seis anos o limite máximo de duração do con-

Segundo o nº 5 do art. 296º do CT, «o impedimento temporário por facto imputável ao trabalhador determina a suspensão do contrato de trabalho nos casos previstos na lei». Trata-se, nesta hipótese, da suspensão do contrato em virtude de um impedimento voluntário do trabalhador, através da qual se visa proteger outros direitos fundamentais cujo exercício se mostra incompatível com a normal execução da prestação de trabalho. Se o contrato não ficasse suspenso, com a inerente garantia do «direito ao lugar», tais direitos fundamentais só muito dificilmente poderiam ser exercidos pelo trabalhador – pense-se, desde logo, no desempenho de certos cargos públicos (como o de deputado, governante, autarca), mas também, p. ex., no desempenho de funções em associações sindicais (art. 468º, nº 8, do CT). É também o caso da licença parental, inicial ou complementar, em qualquer das suas modalidades, bem como das demais licenças previstas na lei em sede de proteção da parentalidade (arts. 33º e segs. do CT). Nestes casos, note-se, o contrato não se suspende em virtude do art. 296º, nº 5, do CT (ao invés do que sucede nas situações do nº 1); o contrato suspender-se-á, ao abrigo do nº 5, porque (e só porque) tal vicissitude se encontra prevista nas disposições legais pertinentes[321].

21.3. Suspensão coletiva, por facto respeitante ao empregador

Como se disse, o contrato de trabalho pode também suspender-se por facto relativo ao empregador, seja porque se verifique uma impossibilidade temporária de este receber a prestação de trabalho (nº 1 do art. 294º), seja porque tal se mostre necessário para assegurar a viabilidade da empresa e a manutenção de postos de trabalho, em situação de crise empresarial (nº 2, al. *a*), do mesmo artigo). Comecemos por esta última hipótese.

---

trato a termo incerto celebrado para substituição de trabalhador temporariamente ausente (art. 148º, nº 4, do CT). Se, após seis anos, a necessidade de trabalho deixa de ser tida como temporária, para efeitos de contratação a termo, talvez possa dizer-se que o mesmo sucederá, tendencialmente, com um impedimento de prestar trabalho que exceda esse limite temporal de seis anos.

[321] Uma outra hipótese suspensiva decorre do exercício do *direito à greve*. Com efeito, a adesão do trabalhador a uma greve determina, no plano individual, a suspensão do respetivo contrato de trabalho (art. 536º do CT). Mas não assim, note-se, em caso de greve ilícita, hipótese em que a ausência do trabalhador será tida como falta injustificada (art. 541º).

CONTRATO DE TRABALHO

21.3.1. Situações de crise empresarial

Nos termos do nº 1 do art. 298º do CT, o empregador poderá suspender os contratos de trabalho «por motivos de mercado, estruturais ou tecnológicos, catástrofes ou outras ocorrências que tenham afetado gravemente a atividade normal da empresa, desde que tal medida seja indispensável para assegurar a viabilidade da empresa e a manutenção dos postos de trabalho».

Quando tal suceda, o empregador deverá comunicar a sua intenção de suspender a prestação do trabalho à estrutura representativa dos trabalhadores ou, na sua falta, a cada trabalhador a abranger, disponibilizando, para consulta, os documentos em que suporta a alegação de situação de crise empresarial, designadamente de natureza contabilística e financeira (art. 299º), após o que se abre uma fase de informações e de negociação entre as partes, com vista à obtenção de um acordo sobre a matéria (art. 300º). A suspensão do contrato, resultante de acordo com a estrutura representativa dos trabalhadores ou unilateralmente decidida pelo empregador, deve ter uma duração previamente definida, não superior a seis meses (o prazo de suspensão pode ser de um ano, em caso de catástrofe ou outra ocorrência que tenha afetado gravemente a atividade normal da empresa), prazo que poderá ser prorrogado por mais seis meses, mediante decisão escrita e fundamentada do empregador (art. 301º). O empregador só poderá recorrer novamente à aplicação da medida de suspensão depois de decorrido um período de tempo equivalente a metade do período anteriormente utilizado, salvo se houver acordo entre o empregador e os trabalhadores abrangidos ou as suas estruturas representativas (art. 298º-A).

Quanto aos direitos e deveres das partes durante o período de suspensão, a lei estabelece que o trabalhador terá direito «a auferir mensalmente um montante mínimo igual a dois terços da sua retribuição normal ilíquida, ou o valor da retribuição mínima mensal garantida correspondente ao seu período normal de trabalho, consoante o que for mais elevado» (art. 305º, nº 1, al. *a*)), bem como a exercer outra atividade remunerada (art. 305º, nº 1, al. *c*))[322]. Em contrapartida, o trabalhador encontra-se adstrito a frequentar

---

[322] Mas, sobre a compensação retributiva, *vd.* ainda o disposto no nº 3 do art. 305º, do qual parece resultar que o montante da compensação fica sujeito a um outro limite máximo: o triplo da retribuição mínima mensal garantida. Caso exerça atividade remunerada fora da empresa, o trabalhador deverá comunicar esse facto ao empregador, sob pena de perder o direito à compensação retributiva e de cometer uma infração disciplinar grave (art. 304º, nº 1, al. *b*), e nº 2). O montante da compensação é, pois, variável, podendo até reduzir-se a

as ações de formação profissional previstas no plano de formação elaborado pelo empregador (arts. 302º e 304º, nº 1, al. *c*)). Sobre o empregador recaem diversas obrigações, elencadas no art. 303º, entre estas avultando a de efetuar pontualmente o pagamento da compensação retributiva e a de não distribuir lucros[323].

A decisão de suspender os contratos de trabalho, com a inerente redução dos custos salariais, emana do empregador (ainda que, idealmente, a fase de informações e negociação com a estrutura representativa dos trabalhadores vise a obtenção de um acordo) e não depende de qualquer autorização administrativa. Para aquele, os custos salariais reduzem-se por uma dupla via: por um lado, porque a compensação retributiva a pagar ao trabalhador será de montante inferior à sua retribuição normal; por outro, porque a segurança social comparticipa nessa compensação retributiva suportando 70% da mesma, cabendo os restantes 30% ao empregador (art. 305º, nº 4).

É o empregador, repete-se, que profere o *lay-off*, ainda que esta seja uma decisão vinculada, pois só poderá ser tomada, nos termos da lei, quando seja «indispensável para assegurar a viabilidade da empresa e a manutenção dos postos de trabalho». Não basta, pois, que ocorra uma crise grave na empresa, é ainda necessário que o *lay-off* seja o instrumento adequado para assegurar a recuperação da mesma. Compreende-se, até por isso, que tal medida deva ser acompanhada e fiscalizada pelo serviço com competência inspetiva do ministério responsável pela área laboral. E este serviço poderá pôr termo à suspensão dos contratos (por iniciativa própria ou a requerimento de qualquer interessado), caso se registe alguma das hipóteses previstas nas alíneas do nº 2 do art. 307º, desde logo por inexistência ou insubsistência do fundamento invocado[324].

---

nada, em função daquilo que o trabalhador suspenso receba por trabalho prestado a outra entidade empregadora.

[323] Registe-se que a suspensão do contrato não afeta os direitos do trabalhador em matéria de férias e de subsídio de Natal (art. 306º), ao invés do que acontece, como vimos, nos casos de suspensão individual.

[324] Em ordem a facilitar o acompanhamento da situação, a lei estabelece ainda que o empregador deverá informar trimestralmente os trabalhadores da evolução das razões que justificam o recurso à suspensão da prestação de trabalho (nº 1 do art. 307º).

CONTRATO DE TRABALHO

21.3.2. Encerramento temporário do estabelecimento

Fora do círculo de situações de grave crise empresarial, a suspensão do contrato de trabalho pode resultar do encerramento temporário da empresa ou do estabelecimento. Neste caso de suspensão contratual, por facto relativo ao empregador, o trabalhador conserva direitos em matéria retributiva (art. 309º do CT): terá direito a receber 75% da retribuição, se o encerramento temporário se ficar a dever a caso fortuito/imprevisível ou de força maior/ /inevitável (casos em que o encerramento é consequência direta da destruição das instalações ou equipamentos motivada por um terramoto ou por um incêndio, p. ex., da falta de combustível, de energia, de matérias-primas, etc.)[325]; terá direito a receber 100% da retribuição, se o encerramento se ficar a dever a facto imputável ao empregador ou a motivo do interesse deste (encerramento para obras de remodelação, para substituição ou reparação do equipamento, por delitos contra a saúde pública ou por violação de normas sobre segurança no trabalho, etc.)[326].

De qualquer modo, o nº 2 do art. 309º manda deduzir ao valor da retribuição «o que o trabalhador receba no período em causa por outra atividade que tenha passado a exercer por efeito do encerramento». Diga-se que esta dedução do *aliunde perceptum*, a mais de suscitar algumas dificuldades interpretativas, não deixa de desincentivar fortemente o trabalhador suspenso de se dedicar a uma outra atividade produtiva. Para quê trabalhar, dirá ele, se depois lhe vão descontar o que esforçadamente ganha, acabando o seu labor por beneficiar o titular do estabelecimento encerrado?

21.4. Suspensão consensual, por mútuo acordo

Nos casos até agora analisados, a suspensão do contrato radica num facto respeitante a um dos sujeitos da relação laboral, ora o trabalhador (suspensão individual), ora o empregador (suspensão coletiva). Mas o relaxamento do vínculo contratual pode também basear-se no mútuo acordo das partes.

---

[325] Se tais ocorrências originarem uma crise empresarial grave, ameaçando a viabilidade da empresa e a manutenção dos postos de trabalho, aplicar-se-á o regime constante dos arts. 298º a 308º do CT.

[326] Sobre o encerramento temporário por facto imputável ao empregador, *vd.* os arts. 311º a 314º do CT, regime este que se aplica, com as devidas adaptações, em caso de encerramento definitivo, nos termos do art. 315º Sobre a responsabilidade penal do empregador, decorrente do incumprimento destas normas, *vd.* o art. 316º do CT.

A SUSPENSÃO DO CONTRATO DE TRABALHO: O VÍNCULO RELAXADO

Será o caso, em princípio, da licença sem retribuição, bem como da chamada «pré-reforma». Vejamos:

i) Como se lê no art. 317º, nº 1, do CT, «o empregador pode conceder ao trabalhador, a pedido deste, *licença sem retribuição*», a qual determinará a suspensão do contrato de trabalho, com os efeitos previstos no art. 295º (nº 4 do art. 317º). Trata-se de uma faculdade discricionária das partes, isto é, qualquer que seja o motivo subjacente ao pedido, as partes poderão determinar a suspensão do vínculo jurídico-laboral, para tanto sendo necessário, mas também suficiente, que nisso acordem[327];

ii) As partes poderão celebrar um *acordo de pré-reforma*, suspendendo o contrato de um trabalhador com idade igual ou superior a 55 anos e passando este a receber do empregador uma prestação pecuniária mensal (art. 318º do CT). O acordo de pré-reforma está sujeito a forma escrita, devendo conter, entre outras indicações, a do montante da prestação de pré-reforma (art. 319º), que não poderá ser inferior a 25% da retribuição do trabalhador na data do acordo (art. 320º). Se o empregador não pagar pontualmente a prestação de pré-reforma, o trabalhador terá o direito de retomar o pleno exercício de funções ou, em alternativa, o de resolver o contrato, com direito a indemnização (art. 321º). As hipóteses de cessação da pré-reforma encontram-se previstas no art. 322º do CT, entre elas se destacando, naturalmente, a da reforma do trabalhador, por velhice ou invalidez[328].

21.5. Suspensão por decisão do trabalhador[329]

A *falta de pagamento pontual da retribuição* confere ao trabalhador a faculdade de suspender o contrato (art. 323º, nº 3, do CT). Segundo o nº 1 do art.

---

[327] Casos há, no entanto, em que o trabalhador terá direito a licença sem retribuição para formação (art. 317º, nº 2), sendo certo que a lei não deixa de conceder ao empregador a faculdade de recusar a licença quando se verifique o disposto em alguma das alíneas do nº 3 do mesmo artigo.

[328] A pré-reforma pode cessar, portanto, porque o vínculo jurídico-laboral termina (por caducidade ou por qualquer das outras formas de extinção contratual contempladas na lei), mas também sem que tal vínculo se extinga, pois o pré-reformado poderá regressar ao pleno exercício de funções, seja por acordo com o empregador, seja ao abrigo do nº 3 do art. 321º

[329] Sobre a suspensão do contrato por decisão da trabalhadora vítima de violência doméstica, prevista no nº 2 do art. 296º, *vd., supra*, § 16.6.

CONTRATO DE TRABALHO

325º, «no caso de falta de pagamento pontual da retribuição por período de 15 dias sobre a data do vencimento, o trabalhador pode suspender o contrato de trabalho, mediante comunicação por escrito ao empregador e ao serviço com competência inspetiva do ministério responsável pela área laboral, com a antecedência mínima de oito dias em relação à data de início da suspensão».

Esta suspensão da prestação de trabalho por iniciativa do trabalhador, com base na falta de pagamento da retribuição[330], consiste numa modalidade atípica de suspensão contratual. Na verdade, topamos aqui, inequivocamente, com uma adaptação da figura civilística da *exceção de não cumprimento do contrato*[331] ao âmbito juslaboral: ao contrário do que sucede com a típica suspensão do contrato de trabalho – que, como vimos, se configura como um mecanismo de proteção do devedor impossibilitado de cumprir (pense-se, designadamente, nas hipóteses clássicas de suspensão do contrato devido a um impedimento temporário do trabalhador, por doença ou acidente) –, este é um meio reativo-defensivo à disposição do credor insatisfeito, consistindo numa figura que não pode deixar de ser acolhida pelo Direito do Trabalho, até por força da supramencionada «regra da pós--numeração» em matéria retributiva.

A faculdade de o trabalhador suspender a prestação de trabalho consiste, por conseguinte, num regime especial de exceção de não cumprimento do contrato, a invocar pelo trabalhador no caso de falta de pagamento da retribuição. E a exceção de não cumprimento do contrato é uma figura clássica e bem conhecida pelos juristas, traduzindo-se num meca-

---

[330] Note-se que o trabalhador poderá optar pela suspensão da prestação laboral quando a mora patronal se prolongue por período de 15 dias, mas a suspensão não poderá operar de imediato, visto que a lei exige que seja feita uma comunicação ao empregador e ao serviço com competência inspetiva do ministério responsável pela área laboral, com a antecedência mínima de 8 dias em relação à data do início da suspensão. Por outro lado, porém, a faculdade de suspender o contrato poderá ser exercida antes de esgotado o mencionado período de 15 dias, contanto que o empregador declare por escrito a previsão de não pagamento, até ao termo daquele prazo, do montante da retribuição em falta (nº 2 do art. 325º).

[331] Nos termos do art. 428º, nº 1, do CCivil, «se nos contratos bilaterais não houver prazos diferentes para o cumprimento das prestações, cada um dos contraentes tem a faculdade de recusar a sua prestação enquanto o outro não efetuar a que lhe cabe ou não oferecer o seu cumprimento simultâneo». A este propósito, por último, José João ABRANTES, «Contrato de trabalho e exceção de não cumprimento», *Jornadas Regionais de Direito do Trabalho – Memórias*, cit., pp. 155-159.

A SUSPENSÃO DO CONTRATO DE TRABALHO: O VÍNCULO RELAXADO

nismo que encontra o seu campo de eleição nos contratos bilaterais, com prestações correspetivas ou correlativas – a interdependência entre as respetivas obrigações significa justamente que, não sendo uma delas cumprida, a outra também o não será. Estamos perante um meio defensivo e provisório (o credor limita-se a não cumprir a sua obrigação em ordem a garantir aquela que lhe é devida pela contraparte), que no fundo constitui, na lição de Antunes Varela, «um simples corolário do pensamento básico do sinalagma funcional»[332].

Ou seja, a *exceptio* traduz-se numa resposta legítima do trabalhador--credor à falta de cumprimento do empregador: é este quem está em mora, recusando-se apenas aquele a cumprir porque o empregador está em mora e enquanto tal mora subsistir (o trabalhador está disposto a laborar, para tal bastando que o empregador cumpra), recorrendo, portanto, a um meio puramente defensivo. Durante a suspensão, mantêm-se os direitos, deveres e garantias das partes na medida em que não pressuponham a efetiva prestação do trabalho, podendo o trabalhador exercer outra atividade remunerada, contanto que não viole o dever de lealdade para com o empregador originário (art. 326º)[333].

A suspensão da prestação de trabalho poderá cessar por qualquer das vias estabelecidas no art. 327º do CT. Prevê este preceito que a suspensão cesse em virtude de uma atuação patronal (o pagamento integral das retribuições em dívida e juros de mora), devido a um acordo entre as partes (tendente à regularização das retribuições em dívida e juros de mora) ou por vontade do trabalhador (comunicando este ao empregador e ao serviço com competência inspetiva que põe termo à suspensão a partir de determinada data). Acresce, contudo, que a vontade de o trabalhador terminar com a suspensão do contrato tanto poderá redundar no seu regresso ao trabalho como, pelo contrário, traduzir-se na dissolução do vínculo mediante resolução, ao abrigo do disposto no art. 394º do CT. Na verdade, e em tese, nada impede a utilização sucessiva destes dois meios reativos por parte do trabalhador lesado, modulando a resposta em função da gravidade/duração da mora patronal. Assim, o trabalhador poderá, primeiro, limitar-se a *adormecer* o contrato e, mais tarde, mantendo-se a falta de pagamento (isto é,

---

[332] *Das Obrigações em Geral,* cit., vol. I, p. 398.

[333] A circunstância de o vínculo laboral subsistir durante a suspensão não impede que, nesse período, o trabalhador receba da segurança social as prestações de desemprego. A este propósito, *vd.* os arts. 25º e 31º da LRCT.

CONTRATO DE TRABALHO

avolumando-se a mora patronal), ele poderá *matar* o vínculo laboral, resolvendo o contrato com justa causa. Esta reação a dois tempos é, aliás, inteiramente lógica e compreensível, sendo expressamente admitida pelo CT de 2003 e respetiva regulamentação. Mas o certo é que o atual CT, se não vem impedir, vem pelo menos dificultar ao trabalhador a utilização sucessiva destes dois meios, pois o prazo para resolução do contrato esgotar-se-á rapidamente – ao que parece, após 90 dias de mora patronal, como resulta da conjugação do disposto nos nºs 1 e 2 do art. 395º[334]

---

[334] Sobre o ponto, JOÃO LEAL AMADO, «Falta de pagamento da retribuição, suspensão e resolução do contrato pelo trabalhador: a questão do *timing*», *Jornadas Regionais de Direito do Trabalho – Memórias*, cit., pp. 51-59.

§ 22º
A cessação do contrato de trabalho:
o vínculo dissolvido

22.1. Significado e alcance do regime da cessação do contrato de trabalho

O contrato de trabalho, diz-se, é como o amor: eterno enquanto dura! A verdade é que, como tantas outras, cedo ou tarde a relação jurídico-laboral acaba por se extinguir, produzindo-se então a rutura definitiva do vínculo contratual. E o tema é, como se sabe, de enorme importância, tanto do ponto de vista teórico como prático, até porque muitas das questões relacionadas com a situação jurídico-laboral apenas são discutidas no momento da sua extinção (ou após a sua extinção), pois, não raro, só então o trabalhador se sente em condições de questionar judicialmente o comportamento do empregador – recorde-se o que, a este respeito, se escreve *supra*, quanto ao regime de prescrição dos créditos laborais.

Acontece que o tema da cessação do contrato de trabalho é também um tema particularmente sensível, nele se entrecruzando aspetos sociais, humanos e económicos da maior relevância. A extinção do contrato significa, para o trabalhador, perder o emprego. E é sabido que, quando a perda do emprego ocorre sem ou contra a vontade do trabalhador, as consequências dessa perda, a nível social e humano, podem ser devastadoras, sobretudo quando se trate de trabalhadores pouco qualificados e já não muito jovens. É que, seja ou não um meio de realização pessoal, o emprego representa, tipicamente, a fonte de sustento do trabalhador. A perda daquele implica, portanto, a privação desta.

CONTRATO DE TRABALHO

É certo que, no atual contexto de *flexigurança*, se procura desdramatizar essa perda do emprego. A tónica é colocada na ideia de transição, o trabalhador que é despedido não fica propriamente desempregado, fica como que num «intervalo entre empregos»... Vistas as coisas sob este prisma, tanto o emprego como o desemprego são, por definição, situações transitórias, devendo a aposta residir no empoderamento (*empowerment*) das pessoas, no reforço da sua posição no mercado de trabalho, na promoção da sua empregabilidade, em ordem a que elas possam dar resposta aos desafios emergentes, sem ansiedades existenciais. Nesta linha, escreve, exemplarmente, ROBERT REICH: «Na geração anterior, ser despedido correspondia a um insucesso moral, uma falha pessoal, uma ferida profunda. O despedimento significava que a pessoa não conseguira fazer o que se esperava dela, ou que já não era capaz de o fazer. Assim, um despedimento arrastava uma perda profunda de auto-estima»[335].

Resta saber se correspondia ou se corresponde. Se arrastava ou se ainda arrasta[336]. Certo é que a era da nova economia globalizada, dinâmica, inovadora e ferozmente competitiva obedece à lógica do efémero, do volátil e do imprevisível, sendo incompatível com o ideal do «emprego para toda a vida» que, de algum modo, imperou no século passado. O *job for life* desapareceu (se é que alguma vez existiu). Daí, porém, não se segue inexoravelmente que o ordenamento jurídico tenha de contemporizar com despe-

---

[335] *O Futuro do Sucesso*, cit., p. 133.

[336] «A perda do emprego implica para o trabalhador a perda da sua principal ou exclusiva fonte de rendimentos e transporta consigo consequências de natureza psíquica, familiar e social que a política de assistência material no desemprego dificilmente compensa e seguramente não apaga, por mais generosa que seja. Estudos de vária ordem, designadamente sociológica, permitem estabelecer, com um mínimo de rigor, uma tipologia das consequências do desemprego, consequências naturalmente variáveis, quantitativa e qualitativamente, em função de fatores vários, nomeadamente de natureza psicológica, familiar e social e da própria causa da perda do emprego. O trauma provocado pela perda do emprego afeta profundamente a própria personalidade do trabalhador, implicando, com frequência, perturbações fisiológicas e psíquicas: sente-se humilhado, inútil, atingido no seu brio profissional, vítima de uma medida injusta, objeto da piedade pública ou particular. Altera-se o seu quotidiano, o tempo e o ritmo da sua vida, restringe-se, ou modifica-se, o círculo da sua convivialidade. Ele sente-se, frequentemente, culpado perante os membros do seu agregado familiar, deteriorando-se, nalguns casos, as respetivas relações. Em situações de desemprego, sobretudo quando prolongado, acentua-se a tendência para a marginalidade e mesmo para o suicídio». Estas palavras são de JORGE LEITE e datam já de há cerca de três décadas (*Coletânea de Leis do Trabalho*, cit., p. 239). Mas alguém ousará dizer que elas perderam atualidade?

A CESSAÇÃO DO CONTRATO DE TRABALHO: O VÍNCULO DISSOLVIDO

dimentos arbitrários, dispensando o empregador de justificar a sua decisão extintiva e isentando esta última do escrutínio judicial. Não parece, pois, que se deva remeter a estabilidade no emprego para a arca das velharias inúteis, optando por consagrar o princípio do despedimento livre ou *ad nutum*, segundo o qual, *free to hire, free to fire*, permitindo-se que o empregador despeça o trabalhador por qualquer razão, ou mesmo sem razão[337].

A doutrina do *employment-at-will* representa, sem dúvida, o grau máximo de flexibilidade laboral (flexibilidade contratual «de saída»). Tem, porém, o sério inconveniente de abrir as portas ao arbítrio patronal, instituindo a precariedade como traço indelével de toda e qualquer relação de trabalho – e assim legitimando o chamado «precariado». Com efeito, admitir o despedimento por livre decisão do empregador, sem um qualquer motivo ponderoso e comprovável a justificá-lo, seria, em retas contas, sujeitar os trabalhadores à arbitrariedade ou à perseguição individual. Acresce que aquela doutrina do *employment-at-will* é claramente violadora da Convenção nº 158 da OIT, ratificada pelo nosso país nos anos noventa[338], bem como da Carta dos Direitos Fundamentais da União Europeia, cujo art. 30º estabelece que todos os trabalhadores têm direito a proteção contra os despedimentos sem justa causa.

O despedimento consiste, decerto, numa das formas de cessação do contrato, numa rutura do vínculo jurídico-laboral por iniciativa unilateral

---

[337] Exemplar, na defesa deste princípio, RICHARD A. EPSTEIN, «In Defense of the Contract at Will», *University of Chicago Law Review*, vol. 51, 1984, pp. 947 e ss. Citando uma famosa decisão judicial de fins do séc. XIX (*Payne v. Western & Atlantic Railroad*, de 1884), o Autor afirma: «Men must be left, without interference to buy and sell where they please, and to discharge or retain employees at will for good cause or for no cause, or even for bad cause without thereby being guilty of an unlawful act *per se*» (p. 947). Em crítica, GUY DAVIDOV, «In Defence of (Efficiently Administered) 'Just Cause' Dismissal Laws», *The International Journal of Comparative Labour Law and Industrial Relations*, Spring 2007, pp. 117-138. O Autor conclui, a meu ver com inteira razão: «If employers want to control others at the very least they must avoid arbitrary and opportunistic dismissals. This minimal standard of fairness is instituted by 'just cause' regulations. Employers retain the freedom to dismiss employees for any reasonably justified cause. Employees do not get absolute security; far from it. But they know that as long as they perform and behave adequately, and assuming that their job is still needed, this job will remain available for them» (p. 128).

[338] A exigência de motivação do despedimento patronal encontra guarida no art. 4º da Convenção nº 158 da OIT, de 1982 (cessação da relação de trabalho por iniciativa do empregador), aprovada para ratificação pela Resolução da Assembleia da República nº 55/94, de 27 de agosto.

CONTRATO DE TRABALHO

da entidade empregadora. O despedimento é isso, mas é muito mais do que isso. O despedimento, como bem assinalam Baylos Grau e Pérez Rey, é também um ato de violência do poder privado[339]. Justamente porque o despedimento se traduz – também se traduz – num ato de violência do poder patronal/empresarial, saber em que condições tal ato poderá ser legitimamente praticado pela entidade empregadora e determinar as consequências do respetivo exercício na esfera do trabalhador atingido constituem dois aspetos de suma relevância para o ordenamento jurídico-laboral. Como sublinham os autores acima citados, a violência do despedimento constitui um facto que não deixou de ser submetido a um processo de «civilização democrática» por parte do Direito do Trabalho – esse poder foi racionalizado, foi condicionado, foi procedimentalizado, foi formalizado, foi limitado.

Em suma, pode dizer-se que no regime jurídico da cessação do negócio duradouro que é o contrato de trabalho se verifica uma tensão permanente entre dois princípios antinómicos: o *princípio da liberdade de desvinculação contratual* e o *princípio da estabilidade do vínculo laboral*. Ora, a este propósito, o nosso marco constitucional fornece indicações incontornáveis, pois os arts. 47º e 53º da CRP consagram, respetivamente, os princípios estruturantes da *liberdade de trabalho e profissão* e da *segurança no emprego*. Os princípios constitucionais em apreço apontam, assim, para uma nítida diferenciação de regimes, consoante a iniciativa da rutura contratual provenha do empregador (despedimento) ou do trabalhador (demissão). Ainda que, insisto, não haja aqui valores absolutos, pois a estabilidade não significa inamovibilidade (o trabalhador pode perder o emprego contra a sua vontade), assim como a liberdade não implica luz verde para uma rutura contratual inopinada por banda do trabalhador (este pode ter de aguardar para se desvincular licitamente).

---

[339] «A empresa, através da privação do trabalho a uma pessoa, procede à expulsão dessa pessoa de uma esfera social e culturalmente decisiva, vale dizer, de uma situação complexa em que, através do trabalho, esta obtém direitos de integração e de participação na sociedade, na cultura, na educação e na família. Cria uma pessoa sem qualidade social, porque a qualidade da mesma e os referentes que lhe dão segurança na sua vida social dependem do trabalho» – *El Despido o la Violencia del Poder Privado*, Editorial Trotta, Madrid, 2009, p. 44. Daí que, num filme norte-americano relativamente recente (*Up in the air*, de 2009, dirigido por Jason Reitman), um trabalhador despedido confesse: «Em termos de *stress*, ouvi dizer que perder o emprego é como ter uma morte na família. Mas, pessoalmente, sinto mais que as pessoas com quem eu trabalhava aqui eram a minha família e que eu é que morri».

A CESSAÇÃO DO CONTRATO DE TRABALHO: O VÍNCULO DISSOLVIDO

Seguro parece, em qualquer caso, que o clássico dito de DUPEYROUX não perdeu validade: toda a legislação do trabalho – como um grande pião bojudo – gira à volta do bico fino e aguçado que são as normas sobre os despedimentos. A nossa lei rejeita o despedimento *ad nutum*, não reconhece ao empregador o direito de despedir arbitrariamente, sem explicações, sem justificação, sem indicação de motivo. Entre nós, o despedimento é uma *declaração vinculada*, porque a validade do ato extintivo está condicionada à verificação de determinados motivos que a lei considera justificativos da cessação da relação de trabalho. Quando esses motivos existirem – e só quando existirem – o empregador terá então o direito de proceder ao despedimento do trabalhador, direito este que consiste, estruturalmente, num *direito potestativo extintivo da relação jurídico-laboral* (e não num qualquer direito subjetivo em sentido estrito)[340].

22.2. Formas de cessação do contrato de trabalho

Na dinâmica da relação jurídica de que nos vimos ocupando, a cessação do contrato de trabalho equivale ao derradeiro momento do respetivo ciclo vital[341]. Pergunta-se: quais são, afinal, as causas de extinção deste contrato? Por que vias poderá este contrato terminar e a relação laboral dissolver-se?

Reduzindo as coisas à sua expressão mais simples, dir-se-ia serem quatro as formas de cessação do contrato de trabalho. Com efeito, este extinguir-se-á: *i)* por vontade do empregador (despedimento); *ii)* por vontade do trabalhador (demissão); *iii)* por vontade de ambos os sujeitos (revogação); *iv)* pela verificação de certo evento superveniente a que a lei atribui esse efeito (caducidade). A lei refere-se a esta matéria no art. 340º do CT, nos seguintes termos: «Para além de outras modalidades legalmente previstas, o contrato de trabalho pode cessar por: *a)* Caducidade; *b)* Revogação; *c)* Despedimento por facto imputável ao trabalhador; *d)* Despedimento cole-

---

[340] A este propósito, há que não confundir o *direito potestativo de despedir* com o *direito de despedir arbitrariamente*, visto que mesmo em ordenamentos jurídico-laborais como o português, que rejeitam o despedimento imotivado ou *ad nutum*, o direito de despedir, quando existe e nos moldes em que existe, traduz-se sempre num direito potestativo do empregador. Para maiores desenvolvimentos sobre o ponto, em diálogo com a doutrina brasileira, JOÃO LEAL AMADO, «O despedimento entre o direito potestativo e o ato *contra legem*: um olhar português», in *Trabalho, Castigo e Escravidão: Passado ou Futuro?*, BENIZETE RAMOS DE MEDEIROS e ELLEN HAZAN (org.), JUTRA, Ltr, São Paulo, 2017, pp. 99-108.

[341] Sobre toda esta matéria, por último, PEDRO FURTADO MARTINS, *Cessação do Contrato de Trabalho*, 4ª ed., cit.

CONTRATO DE TRABALHO

tivo; *e)* Despedimento por extinção de posto de trabalho; *f)* Despedimento por inadaptação; *g)* Resolução pelo trabalhador; *h)* Denúncia pelo trabalhador».

No catálogo legal das formas de cessação do contrato de trabalho encontramos, pois, a caducidade, a revogação bilateral, as várias modalidades de despedimento patronal e as hipóteses de extinção por iniciativa do trabalhador – resolução e denúncia [342]. A lei ressalva, é certo, «outras modalidades legalmente previstas» (pense-se, desde logo, na denúncia por qualquer das partes durante o período experimental, contemplada no art. 114º do CT), mas é igualmente certo que as formas de extinção do contrato são apenas as previstas na lei (no CT ou em outro diploma legal), atenta a *imperatividade absoluta* de que, em regra, goza esta matéria. Com efeito, o terreno normativo da extinção contratual encontra-se, em princípio, vedado à contratação coletiva, por força do disposto no art. 339º, nº 1, do CT: «O regime estabelecido no presente capítulo não pode ser afastado por instrumento de regulamentação coletiva de trabalho ou por contrato de trabalho, salvo o disposto nos números seguintes ou em outra disposição legal»[343].

Seguindo a sistematização do CT, vamos então sobrevoar as diversas formas de cessação do contrato de trabalho, começando por aquela que menos depende da vontade das partes: a caducidade.

[342] Que a lei, todavia, não individualiza/laboraliza sob o termo «demissão». Diga-se, aliás, que o CT parece ignorar a (ou, pelo menos, não conceder a devida atenção à) sábia advertência há muito feita por RAÚL VENTURA a este propósito. Num conhecido artigo dedicado à extinção das relações jurídicas de trabalho, publicado em 1950, este Autor assinalava já, a meu ver com inteira razão, que o principal problema suscitado pela terminologia neste campo consistia na «necessidade de destrinçar conveniente e comodamente as hipóteses em que a denúncia é feita pelo patrão e aquelas em que parte do trabalhador». Nesta ordem de ideias, RAÚL VENTURA propunha que se utilizasse a palavra *despedimento* para aludir à rescisão devida à entidade patronal, e o termo *demissão* para identificar a rescisão promovida pelo trabalhador («Extinção das relações jurídicas de trabalho», *ROA*, nºs 1-2, 1950, p. 247). Mais recentemente, JORGE LEITE sublinhou também a vantagem de «laboralizar» a terminologia neste campo, distinguindo o despedimento da demissão (*A Extinção do Contrato de Trabalho por Vontade do Trabalhador*, FDUC, 1990, vol. 2, n. 11). O CT, porém, dá nome à cessação do contrato promovida pelo empregador (despedimento), mas abstém-se de fazer o mesmo quando a rutura é promovida pelo trabalhador. Pela minha parte, e na exposição subsequente, empregarei os termos «despedimento» e «demissão» consoante a rutura contratual seja desencadeada pelo empregador ou pelo trabalhador.

[343] Os nºs 2 e 3 do art. 339º referem-se a matérias como, p. ex., a dos critérios de definição de indemnizações, ou a dos prazos de procedimento e de aviso prévio, as quais poderão ser reguladas por IRCT.

22.3. Extinção por caducidade

Na lição de CARLOS MOTA PINTO, a caducidade abrange «uma série numerosa de situações em que as relações jurídicas duradouras de tipo obrigacional criadas pelo contrato ou pelo negócio (formando no seu conjunto a relação contratual) se extinguem para futuro por força do decurso do prazo estipulado, da consecução do fim visado ou de qualquer outro facto ou evento superveniente (p. ex., morte de uma pessoa) a que a lei atribui o efeito extintivo, *ex nunc*, da relação contratual»[344]. Segundo o art. 343º do CT, «o contrato de trabalho caduca nos termos gerais, nomeadamente: *a)* verificando-se o seu termo; *b)* por impossibilidade superveniente, absoluta e definitiva, de o trabalhador prestar o seu trabalho ou de o empregador o receber; *c)* com a reforma do trabalhador, por velhice ou invalidez».

O *contrato a termo*, dir-se-ia, «nasce para caducar»: se tudo correr de acordo com o previsto aquando da celebração do contrato, este caducará quando se verificar o respetivo termo final ou resolutivo. Já tivemos ocasião de analisar o regime jurídico da caducidade do contrato a termo, certo ou incerto, constante dos arts. 344º e 345º do CT (a este propósito, *vd.*, *supra*, § 6.1). Mas, como é óbvio, a caducidade não é uma figura privativa dos contratos a termo. Um contrato sem termo, de duração indeterminada, também se poderá extinguir por via da caducidade. E, de resto, o próprio contrato a prazo também poderá caducar antes da verificação do respetivo termo resolutivo. Com efeito, a lei estabelece que o contrato de trabalho (qualquer contrato de trabalho) caducará «por impossibilidade superveniente, absoluta e definitiva», seja de o trabalhador prestar o seu trabalho, seja de o empregador o receber. Terá de se tratar, pois, de uma situação de *impossibilidade* que preencha, cumulativamente, estes três requisitos: ser *superveniente* (se a impossibilidade for originária o contrato será nulo, nos termos do art. 401º do CCivil)[345]; ser *definitiva* (se a impossibilidade for temporária, isso poderá implicar a aplicação do regime da suspensão do

---

[344] *Teoria Geral do Direito Civil*, cit., p. 630.

[345] No mesmo sentido, caso o exercício de determinada atividade se encontre legalmente condicionado à posse de *título profissional*, designadamente carteira profissional, a sua falta determinará a nulidade do contrato. Na hipótese de o trabalhador possuir esse título aquando da contratação, mas o mesmo vier a ser-lhe posteriormente retirado, por decisão irrecorrível, o contrato caduca logo que as partes sejam notificadas da decisão (art. 117º do CT). Também a perda ou o cancelamento do título que habilite o trabalhador estrangeiro a exercer a sua atividade em Portugal implicará, em princípio, a caducidade do respetivo contrato de trabalho.

CONTRATO DE TRABALHO

contrato, nos termos já expostos); ser *absoluta* (requisito algo redundante, visto que se a impossibilidade não for absoluta, mas relativa... é porque, em bom rigor, não se tratará de uma impossibilidade, mas de mera dificuldade ou onerosidade da prestação).

*
*   *

A situação que melhor ilustra o disposto na al. *b)* do art. 343º do CT será, porventura, a da morte do trabalhador. Mas não já, note-se, a da morte do empregador, pois nesta eventualidade nem sempre o contrato caducará. Com efeito, se a *morte do trabalhador* determina a caducidade do respetivo contrato de trabalho, em virtude do caráter eminentemente pessoal da obrigação assumida por aquele, já a morte do empregador não implicará, em princípio, semelhante efeito extintivo. Assim, se o empregador em nome individual falecer, mas se os seus sucessores continuarem a atividade para que o trabalhador se encontra contratado, ou caso se verifique a transmissão da empresa ou estabelecimento, o contrato manter-se-á em vigor, registando-se apenas uma mudança subjetiva no mesmo (art. 346º, nº 1, do CT). E também assim será no caso de extinção de pessoa coletiva empregadora, como refere o nº 2 do mesmo preceito. Na ótica do CT, o facto operativo da caducidade do vínculo jurídico-laboral reside, não naquela morte ou nesta extinção, mas sim no encerramento da empresa. Assim, nos termos do nº 3 do art. 346º, «o encerramento total e definitivo da empresa determina a caducidade do contrato de trabalho, devendo seguir-se o procedimento previsto nos artigos 360º e seguintes, com as necessárias adaptações». Em qualquer destes casos, e porque o contrato caducará em virtude de um facto não imputável ao trabalhador (o encerramento da empresa, haja ou não morte ou extinção da entidade empregadora), este terá direito à compensação devida em caso de despedimento coletivo, pela qual responde o património da empresa (art. 346º, nº 5).

Registe-se que, em caso de *encerramento total e definitivo de empresa*, a lei estabelece que o contrato de trabalho caducará, mas a mesma lei exige a observância do procedimento previsto em sede de despedimento coletivo. Aliás, a delimitação de fronteiras entre estas duas figuras (a caducidade e o despedimento coletivo), quando esteja em causa o encerramento da empresa, constitui um tema altamente controvertido entre nós, para cuja dilu-

A CESSAÇÃO DO CONTRATO DE TRABALHO: O VÍNCULO DISSOLVIDO

cidação não poderá deixar de se atender às exigências formuladas pelo direito comunitário nesta matéria, *maxime* ao disposto na Diretiva 98/59/CE do Conselho, de 20 de julho de 1998. Seguro é, em qualquer caso, que a noção de despedimento coletivo, para efeitos da diretiva, é consideravelmente mais ampla do que a noção vertida no CT, pois este inclui na caducidade muitas situações que, na ótica daquela, constituem despedimento coletivo. Acresce que, no caso das microempresas, as exigências procedimentais são dispensadas pela nossa lei, requerendo-se apenas que o trabalhador seja informado do respetivo encerramento com uma determinada antecedência (nº 4 do art. 346º).

Ao que parece, segundo a nossa lei, o encerramento total e definitivo da empresa (com ou sem fundamentos válidos, com ou sem respeito pelas exigências procedimentais, e com ou sem aviso prévio) determinará a caducidade dos contratos de trabalho – o que, em retas contas, significa que o princípio da livre iniciativa económica não estabelece aqui uma relação de «concordância prática», mas sim, dir-se-ia, de «compressão cilíndrica», com a garantia da segurança no emprego, esmagando-a...[346] Importa, porém, não olvidar que: *i)* podendo uma empresa ter diversos estabelecimentos, o encerramento de um deles não determinará a caducidade dos contratos de trabalho, pois a caducidade exige o encerramento *total* da empresa[347]; *ii)* o encerramento definitivo de empresa ou estabelecimento que ocorra sem respeito pelas exigências procedimentais ou sem respeito pelo competente aviso prévio sujeitará o empregador a responsabilidade penal, nos termos do disposto nos arts. 315º e 316º do CT.

Para além da morte do trabalhador, outras situações poderão determinar a caducidade do contrato de trabalho, ao abrigo da al. *b)* do art. 343º do CT. Pense-se, p. ex., nas situações em que o trabalhador sofre um grave

---

[346] Registe-se, em todo o caso, que o ponto não é líquido. Sobre o efeito do incumprimento, pelo empregador, das formalidades necessárias para a caducidade dos contratos por encerramento total e definitivo da empresa, *vd.* JÚLIO GOMES, «Da inobservância dos procedimentos na caducidade por encerramento total e definitivo da empresa», *Direito do Trabalho + Crise = Crise do Direito do Trabalho?*, cit., pp. 421-440. O Autor conclui que, nesta hipótese, o incumprimento do procedimento deverá ter as mesmas consequências previstas para um despedimento coletivo ilícito.

[347] Recorde-se, de resto, que o art. 194º, nº 1, al. *a)*, do CT prevê a extinção do estabelecimento como circunstância que habilita o empregador a transferir o trabalhador para outro local de trabalho (transferência coletiva). E, neste caso, o empregador poderá também lançar mão, nos termos gerais, da figura do despedimento coletivo.

CONTRATO DE TRABALHO

acidente e fica definitivamente incapacitado de trabalhar. Ou nas situações em que essa impossibilidade resulta de doença[348], trate-se ou não de uma impossibilidade *física* de cumprimento da prestação (pense-se, p. ex., na hipótese do trabalhador seropositivo, cujo contrato se poderá extinguir por caducidade, apesar de ele, fisicamente, reunir condições para continuar a desempenhar a correspondente atividade)[349]. Ou ainda, p. ex., na impossibilidade resultante do facto de o objeto sobre o qual recaía a atividade laboral ter perecido (caso do trabalhador que havia sido contratado para reparar determinados instrumentos de trabalho que vêm a ser consumidos por um incêndio). Ponto é, repete-se, que se trate de uma impossibilidade que reúna os três atributos acima referidos.

*

*   *

Quanto aos efeitos da declaração judicial de *insolvência* do empregador, rege o art. 347º do CT, do qual decorre que, por si só, a declaração de insolvência não faz cessar o contrato de trabalho. Não há, pois, qualquer efeito extintivo automático da declaração de insolvência sobre o contrato de trabalho[350]. Em larga medida, após a declaração judicial de insolvência do

---

[348] Sobre o ponto, MILENA SILVA ROUXINOL, «Revisitando a caducidade do contrato de trabalho devida a impossibilidade superveniente, absoluta e definitiva de o trabalhador prestar trabalho (máxime, por doença)», *PDT*, 2016-II, pp. 131-152.

[349] Note-se, porém, que a condição de portador assintomático de VIH positivo só poderá determinar a caducidade do vínculo caso o trabalhador desenvolva a sua atividade na área das chamadas «profissões de risco qualificado» (conceito, aliás, muito controvertido), nas quais o contacto com fluidos orgânicos, nomeadamente sangue, se inscreve no quadro normal do respetivo exercício, com o inerente perigo de contágio (profissões médicas e paramédicas, p. ex.). Fora dessa área de «profissões de risco qualificado», quer a tutela da segurança no emprego quer o respeito devido ao mandato antidiscriminatório impõem que o trabalhador seropositivo seja tratado como qualquer outro trabalhador, devendo o respetivo contrato de trabalho continuar a ser normalmente executado. Sobre o ponto, JOÃO LEAL AMADO, «VIH/SIDA e proibição de discriminação dos trabalhadores», cit., bem como, desenvolvidamente, JOANA NUNES VICENTE e MILENA SILVA ROUXINOL, «VIH/SIDA e contrato de trabalho», *Nos 20 Anos do Código das Sociedades Comerciais*, cit., pp. 789-847.

[350] Como sublinha LEONOR PIZARRO MONTEIRO, «os contratos vigentes não se suspendem, nem cessam automaticamente. Aliás, constataremos que, mesmo nas hipóteses em que acaba por verificar-se a extinção dos contratos de trabalho, não será a insolvência o facto extintivo destes, mas sim um outro facto, autónomo e posterior, relacionado com aquela mas dela

empregador o destino dos contratos de trabalho estará sujeito às vicissitudes da empresa (liquidação ou recuperação?), dependendo das opções que vierem a ser tomadas no âmbito do processo de insolvência, a saber:

i) *Recuperação/manutenção na pessoa do devedor* – a qual, ainda assim, poderá implicar a cessação dos contratos de trabalho de alguns dos trabalhadores da empresa, considerados dispensáveis, por decisão do administrador da insolvência, nos termos do n.º 2 do art. 347.º do CT (uma hipótese especial de despedimento, o despedimento no contexto da insolvência com base na dispensabilidade dos trabalhadores para o funcionamento da empresa, muito próxima da figura do despedimento coletivo);

ii) *Liquidação/encerramento definitivo* – este sim determinará a caducidade dos contratos de trabalho, devendo seguir-se o procedimento previsto para o despedimento coletivo, com as necessárias adaptações, nos termos do n.º 3 do art. 347.º do CT;

iii) *Recuperação/transmissão para terceiro* – caso em que a posição jurídica de empregador nos contratos de trabalho transita para o adquirente da empresa insolvente, nos termos do art. 285.º do CT (norma segundo a qual em caso de transmissão, por qualquer título, da titularidade de empresa ou estabelecimento, transmite-se para o adquirente a posição do empregador nos contratos de trabalho dos respetivos trabalhadores).

Trata-se, em todo o caso, de matéria especialmente complexa, que obriga a uma cuidada articulação entre as regras jurídico-laborais e as disposições constantes do Código da Insolvência e Recuperação de Empresas[351].

---

distinto» (*O Trabalhador e a Insolvência da Entidade Empregadora*, Almedina, Coimbra, 2016, p. 32). Esse outro facto consistirá, em princípio, no encerramento definitivo do estabelecimento, por decisão da Assembleia de Credores, ou, antes e independentemente disso, na decisão de despedimento dos trabalhadores dispensáveis, proferida pelo administrador da insolvência.

[351] A este propósito, JOANA COSTEIRA, *Os Efeitos da Declaração de Insolvência no Contrato de Trabalho: a tutela dos créditos laborais*, Almedina, Coimbra, 2013, em especial pp. 39-70, LEONOR PIZARRO MONTEIRO, *O Trabalhador e a Insolvência da Entidade Empregadora*, cit., em especial pp. 17-99, e CATARINA GOMES SANTOS, «Os trabalhadores das PME's e a reforma do direito da insolvência», cit.

CONTRATO DE TRABALHO

*

*   *

Nos termos da al. *c)* do art. 343º, o contrato de trabalho caduca «com a reforma do trabalhador, por velhice ou invalidez». A *reforma* surge, pois, como uma das causas de caducidade do contrato de trabalho. Pergunta-se: poderá o trabalhador, reformado mas não incapacitado, continuar a desempenhar a sua atividade, permanecendo ao serviço mesmo após o conhecimento da respetiva reforma? Razões de política de emprego, ligadas à conveniência de libertar postos de trabalho para os mais jovens, depõem no sentido de uma resposta negativa. Mas razões sociais e humanas, ligadas à salvaguarda dos interesses do trabalhador reformado, cuja pensão de reforma é amiúde muito escassa e cujo capital de conhecimentos e de experiência profissional pode ser valioso, militam no sentido de uma resposta positiva. Neste contexto, a nossa lei estabeleceu um sistema de tipo compromissório nesta matéria, lendo-se no nº 1 do art. 348º do CT: «Considera-se a termo o contrato de trabalho de trabalhador que permaneça ao serviço decorridos 30 dias sobre o conhecimento, por ambas as partes, da sua reforma por velhice». Ou seja, e de um golpe, a lei *i)* autoriza que o trabalhador reformado por velhice permaneça ao serviço (contanto, claro está, que o empregador nisso convenha), *ii)* converte o respetivo contrato de trabalho num contrato a termo, assim tornando precária a relação laboral em causa e assim facilitando a desvinculação ao empregador, quando este entender que a presença do trabalhador reformado no seu posto deixa de ser útil. Trata-se, como a doutrina tem assinalado, de um caso de *termo impróprio*, resultante da lei e não de estipulação contratual. Segundo o nº 2 do art. 348º, esse contrato ficará sujeito ao regime codicístico do contrato a termo resolutivo, mas «com as necessárias adaptações e as seguintes especificidades: *a)* é dispensada a redução do contrato a escrito; *b)* o contrato vigora pelo prazo de seis meses, renovando-se por períodos iguais e sucessivos, sem sujeição a limites máximos; *c)* a caducidade do contrato fica sujeita a aviso prévio de 60 ou 15 dias, consoante a iniciativa pertença ao empregador ou ao trabalhador; *d)* a caducidade não determina o pagamento de qualquer compensação ao trabalhador».

Quid juris se o trabalhador envelhece sem desencadear o seu processo de reforma? A lei, como vimos, estabelece uma idade mínima para se ser titular de um contrato de trabalho (em regra, 16 anos). Não haverá, sime-

A CESSAÇÃO DO CONTRATO DE TRABALHO: O VÍNCULO DISSOLVIDO

tricamente, uma idade máxima, um qualquer limite etário a partir do qual o contrato de trabalho caduca? A resposta colhe-se do disposto no nº 3 do art. 348º do CT, segundo o qual o regime dos nºs 1 e 2, dirigido para o trabalhador que se reforma por velhice e permanece ao serviço, é também aplicável «a contrato de trabalho de trabalhador que atinja 70 anos de idade sem ter havido reforma». Tenha ou não disso consciência, o trabalhador é como que atingido por um raio quando perfaz 70 anos de idade; atingido, mas, note-se, não fulminado, visto que o seu contrato de trabalho não caduca, «apenas» se transforma num contrato a prazo. Forma, também aqui, de o legislador permitir que um trabalhador, idoso mas quiçá valioso, continue a desempenhar a sua atividade laboral, concedendo ao empregador os mecanismos necessários para pôr fim àquela ligação contratual se e quando entender que a respetiva manutenção deixou de corresponder ao seu interesse[352].

---

[352] Importa, a este propósito, não confundir as duas situações em apreço (a da reforma e a dos 70 anos de idade), no que diz respeito aos seus efeitos sobre o contrato de trabalho. Assim, e em princípio, a reforma do trabalhador, por velhice ou invalidez, implicará a caducidade do respetivo contrato, tal como estabelece o art. 343º, al. *c*), do CT. Pelo contrário, a lei em lugar algum afirma que o facto de o trabalhador completar 70 anos de idade, sem ter havido reforma, implica semelhante efeito extintivo do contrato. É certo que a enumeração constante das alíneas do art. 343º é meramente exemplificativa, mas não se afigura menos certo que sempre terá de tratar-se, em qualquer caso, de situações que determinem a caducidade do contrato de trabalho «nos termos gerais», como exige o proémio do artigo.
O facto de o trabalhador perfazer 70 anos de idade não implica, por isso, a caducidade do seu contrato de trabalho. Aliás, se o legislador assim o pretendesse, ser-lhe-ia muito fácil tê-lo previsto expressamente, numa das alíneas do art. 343º E não foi por mero acaso, decerto, que o não previu. Recorde-se que, com a reforma, o contrato caduca mas o trabalhador passa a receber uma pensão, substitutiva dos rendimentos do trabalho. Ora, nada disso ocorre quando ele perfaz 70 anos – aqui, ele converte-se em septuagenário, mas não tem direito a auferir, por esse facto, qualquer sucedâneo dos rendimentos do trabalho, pelo que se compreende que os 70 anos não determinem a caducidade do contrato.
Daqui decorre, segundo creio, que, a despeito de alguma ambiguidade da lei, convirá não confundir as situações, inclusive no que ao art. 348º diz respeito. Destarte, nas hipóteses de reforma, o contrato de trabalho não caducará, antes converter-se-á num contrato a termo, mas só se o trabalhador permanecer ao serviço decorridos 30 dias sobre o conhecimento, por ambas as partes, da sua reforma; caso contrário, repete-se, o contrato caducará com a reforma, ao abrigo do art. 343º Já a circunstância de o trabalhador completar 70 anos de idade não implica a caducidade do vínculo contratual; o que acontece, nesse dia, é que o trabalhador, continuando ao serviço, passa a ser titular de um contrato a termo, com a duração de seis meses, cuja caducidade poderá, decerto, ser acionada pela entidade empregadora, mas apenas para o final desse período de seis meses.

CONTRATO DE TRABALHO

A disciplina jurídica constante deste art. 348º suscita uma outra questão. Com efeito, esta norma converte o vínculo jurídico-laboral num contrato a termo, caso o trabalhador permaneça ao serviço após a sua reforma por velhice ou após atingir os 70 anos de idade. Pergunta-se: e se o trabalhador, já reformado ou com 70 anos ou mais, celebrar um contrato de trabalho com outro empregador? Será este contrato, forçosamente, um contrato a termo, sujeito às especificidades constantes do nº 2 do art. 348º? O ponto suscita dúvidas, mas, a meu ver, nem a letra nem a *ratio* do preceito legal permitem aplicar a respetiva estatuição à contratação *ab initio* de um trabalhador reformado ou com mais de 70 anos de idade, pois as situações, até na ótica do risco empresarial, não são idênticas nos dois casos. Diga-se, de todo o modo, que a correta interpretação deste preceito implica a mobilização do direito comunitário, designadamente no que toca ao alcance do princípio da não discriminação em razão da idade.

22.4. Extinção por mútuo acordo (revogação)
22.4.1. A cessação por acordo

«O empregador e o trabalhador podem fazer cessar o contrato de trabalho por acordo», lê-se no art. 349º, nº 1, do CT. Com efeito, *a qualquer momento, em qualquer modalidade de contrato de trabalho, por qualquer razão e sem necessidade de apresentação de qualquer motivo para a rutura, o empregador e o trabalhador podem proceder à revogação bilateral do vínculo jurídico-laboral* (distrate, mútuo dissenso). O acordo de vontades que deu vida ao contrato de trabalho pode,

---

Assim sendo, e salvo o devido respeito por opinião contrária, não parece que o empregador possa invocar o facto de o trabalhador completar 70 anos para, por isso e só por isso, pretender fazer operar a caducidade do vínculo contratual no próprio dia em que o trabalhador se converte em septuagenário – aos 70 o contrato não caduca, apenas se converte, *ex vi legis*, num contrato a termo. Repete-se: a legislação laboral não fixa qualquer limite de idade para a subsistência do contrato de trabalho, limite que, uma vez atingido, o empregador possa invocar para fazer caducar o contrato. Diferentemente, e como bem escreve Pedro Furtado Martins, «embora não se defina um limite máximo de idade, determina-se que, logo que o trabalhador atinja os 70 anos de idade sem se reformar, o seu contrato passa a ser considerado como um contrato a termo» (*Cessação do Contrato de Trabalho*, cit., p. 117). A remissão contida no nº 3 do art. 348º para o «disposto nos números anteriores» deve, por isso, ser entendida em termos hábeis, sem esquecer a norma matricial nesta matéria, que é, sem dúvida, o art. 343º do CT.

Para desenvolvimentos a este respeito, João Leal Amado e Joana Nunes Vicente, «*How terribly strange to be seventy*: anotação ao Acórdão do Supremo Tribunal de Justiça, de 21 de Setembro de 2017», *RLJ* (no prelo).

A CESSAÇÃO DO CONTRATO DE TRABALHO: O VÍNCULO DISSOLVIDO

pois, renovar-se, agora com o fito de pôr fim a este contrato. O ponto é pacífico e, aliás, não faria qualquer espécie de sentido pretender manter em vigor um contrato de trabalho contra a vontade de ambos os contraentes.

A cabal compreensão do papel desempenhado pelo acordo revogatório, enquanto mecanismo extintivo da relação jurídico-laboral, requer, contudo, que se tenha uma visão de conjunto sobre as diversas formas de cessação do contrato de trabalho admitidas pelo nosso ordenamento e reguladas pelo CT. Ora, a este propósito, é necessário não esquecer que, como se disse, toda esta matéria é fundamentalmente enformada por dois princípios constitucionais de extrema relevância – o princípio da segurança no emprego e o princípio da liberdade de trabalho e profissão. Aquele princípio significa, desde logo, que a doutrina do *employment-at-will* não vigora no nosso país: o empregador não pode despedir o trabalhador quando entender e pelas razões que entender, existem significativas limitações, de índole substantiva e adjetiva, à rutura contratual desencadeada pelo empregador, sendo ainda certo que, em caso de violação daqueles requisitos de ordem substantiva ou adjetiva, o tribunal poderá ordenar a reintegração do trabalhador ilicitamente despedido, repondo o contrato em vigor mesmo contra a vontade do empregador («princípio da coercibilidade do vínculo contratual», nas palavras de JORGE LEITE). Já o princípio da liberdade de trabalho e profissão tem como corolário lógico que o trabalhador, até pela nota eminentemente pessoal que caracteriza a sua prestação, deverá usufruir de uma apreciável margem de liberdade no tocante à extinção unilateral do contrato de trabalho. Em suma, o despedimento patronal terá de ser justificado (rejeição do despedimento *ad nutum*) e poderá ser considerado inválido, a demissão do trabalhador poderá ser imotivada (aceitação da demissão *ad nutum*) e será, quando muito, irregular.

O que se escreve *supra* implica que na análise da revogação bilateral do contrato de trabalho deva ser ultrapassada uma perspetiva puramente civilista da figura. Mais do que a um mero distrate, assistimos aqui a um autêntico *despedimento negociado*, significando isto que, no nosso ordenamento, a revogação do contrato tende a funcionar como verdadeira válvula de escape ao serviço do empregador. Com efeito, se o empregador não é livre de, por sua iniciativa unilateral e com base em razões insindicáveis, despedir o trabalhador, mas se isso mesmo já poderá suceder caso a iniciativa da rutura provenha do trabalhador, então é lógico que a revogação por acordo surja como um expediente técnico-jurídico altamente atrativo

CONTRATO DE TRABALHO

para aquele, permitindo-lhe, a um tempo, superar as dificuldades materiais e tornear as incomodidades procedimentais ligadas ao despedimento, de forma expedita.

Tudo isto explica que, na prática, a proposta de acordo revogatório provenha, sistematicamente, do empregador, o interesse em alcançar tal acordo seja, quase invariavelmente, do empregador, as pressões nesse sentido recaiam, não raro, sobre o trabalhador, etc. Repete-se: *de um ponto de vista substancial, na economia da relação juslaboral, a revogação do contrato (cessação por acordo) surge, mais do que como um anódino distrate, como um genuíno despedimento negociado.* E este é um dado decisivo, que de modo algum poderá ser desatendido pelo legislador ao estabelecer o regime jurídico da revogação do contrato de trabalho.

22.4.2. A exigência de forma escrita

De resto, a exigência de forma escrita formulada pelo nº 2 do art. 349º do CT («o acordo de revogação deve constar de documento assinado por ambas as partes, ficando cada uma com um exemplar»), a mais de facilitar a prova do acordo de cessação, constitui uma eloquente expressão daquele que é o principal objetivo prosseguido pela disciplina jurídica da revogação do contrato de trabalho: a tutela do trabalhador e da própria estabilidade do vínculo laboral, procurando assegurar que a sua vontade se forma de modo *livre, esclarecido e ponderado.* Por isso a lei exige que o acordo revogatório conste de um *documento escrito,* ou seja, o acordo extintivo do contrato requer uma solenidade superior àquela que, em regra, é exigida para a própria celebração do contrato de trabalho (matéria em que, como é sabido, vigora o princípio do consensualismo, por força do art. 110º do CT) – ou não estivéssemos aqui perante o «despedimento negociado» a que *supra* se aludiu. A inobservância da forma escrita implicará a nulidade do acordo revogatório, nos termos gerais do art. 220º do CCivil.

Os efeitos extintivos do acordo revogatório poderão ser imediatos, isto é, coincidir com a data da celebração do distrate, mas também poderão ser diferidos para momento ulterior, caso em que ao acordo revogatório será aposto um *termo suspensivo.* Na verdade, o nº 3 do art. 349º distingue com clareza ambos os momentos, exigindo que o documento mencione expressamente a data da celebração do acordo (p. ex., 15 de janeiro) e a de início de produção dos respetivos efeitos (p. ex., 31 de março).

No documento escrito que, obrigatoriamente, titula o acordo revogatório poderão ser previstos *outros efeitos,* para além daquele que é o efeito caracteristico do acordo – o de extinguir o vínculo juslaboral. As partes poderão, p. ex., estabelecer um pacto de não concorrência (veja-se, a este propósito, a expressa referência ao assunto feita pelo art. 136º, nº 2, al. *a)*, do CT), assim como poderão – é o que normalmente sucede – prever o pagamento ao trabalhador de uma compensação pecuniária, pelo fim do contrato ou pela perda do emprego, bem como os termos em que essa compensação deverá ser paga (pagamento em prestações, p. ex.). Ponto é, em qualquer caso, que os efeitos previstos pelas partes não contrariem o disposto na lei, conforme ressalva o nº 4 do art. 349º

22.4.3. A compensação pecuniária global

O nº 5 do preceito *sub judice* refere-se, precisamente, à chamada *compensação de fim de contrato*, tantas vezes acordada entre as partes aquando da revogação do mesmo. Não sendo esta uma compensação devida *ex vi legis*, a grande frequência com que, na prática, é estipulada deve-se ao facto de ela surgir como uma espécie de «preço do despedimento negociado». Com efeito, se o acordo revogatório é, como já tivemos oportunidade de verificar, um autêntico despedimento negociado, então pode dizer-se que a compensação pecuniária será o preço a pagar pelo empregador ao trabalhador para que as negociações cheguem a bom porto[353].

Sucede que este nº 5 se refere à compensação de fim de contrato em termos cuja bondade é muito discutível. Na verdade, aí se pode ler que, sendo estabelecida uma compensação pecuniária global para o trabalhador, «presume-se que esta inclui os créditos vencidos à data da cessação do contrato ou exigíveis em virtude desta». Trata-se, pois, inequivocamente, de uma *presunção legal*, e de uma presunção legal que opera em benefício do empregador[354]. Na ausência desta disposição legal, o estabelecimento de uma compensação pecuniária para o trabalhador em nada interferiria com o pagamento dos restantes créditos que lhe fossem devidos por força do con-

---

[353] Relevo decisivo, nesta matéria, assume também a questão de saber se, em caso de revogação, o trabalhador terá ou não direito à perceção do subsídio de desemprego: se o regime de acesso a este subsídio for restritivo, tal funcionará como um elemento fortemente desincentivador da revogação.

[354] Em bom rigor esta presunção tem alcance bilateral, abarcando também quaisquer créditos do empregador, vencidos ou tornados exigíveis por força da extinção do contrato. Porém, do que se tratará, em 99,99% dos casos, será de presumir a liquidação de créditos do trabalhador, pelo que os 0,01% de casos em que sucede o inverso são, dir-se-ia, prática e estatisticamente desprezíveis.

CONTRATO DE TRABALHO

trato (salários em atraso, pagamento de horas suplementares ou noturnas, etc.) ou da sua cessação (retribuição e subsídio de férias, subsídio de Natal, etc.). A compensação pecuniária seria um *plus*, algo que acresceria àquilo que, repete-se, o trabalhador sempre teria direito em função do contrato e/ou da respetiva cessação.

Ora, sucede que o estabelecimento desta presunção legal vem modificar os dados do problema, pois ao ser estipulada uma compensação pecuniária de natureza global para o trabalhador (facto conhecido) a lei retira a ilação de que no respetivo montante já vão incluídos e liquidados os restantes créditos do trabalhador (facto desconhecido). Ao imputar estes créditos na compensação a lei fragiliza-os e, diga-se, potencia surpresas sobremaneira desagradáveis para o trabalhador. Com efeito, enquanto declaratário normal e pouco versado em subtilezas jurídicas, o trabalhador a quem seja proposta uma compensação pecuniária de x em caso de revogação do contrato tenderá a pensar que, aceitando a proposta patronal, terá direito a receber x (valor da compensação) mais y (salários em atraso) e z (montante relativo a créditos de formação sucessiva, como férias ou subsídio de Natal). A lei, porém, presume que x já engloba y e z, o que, até tendo em atenção a função alimentar desempenhada pelo salário, parece dificilmente sustentável.

É certo que: *i)* a presunção legal só opera caso as partes estabeleçam uma compensação pecuniária de natureza global, pelo que nada as impede de esclarecer que a compensação será de x, sem prejuízo dos créditos y e z; *ii)* a própria natureza global da compensação não se presume, pelo que, se as partes especificarem o título ao abrigo do qual o montante acordado será pago (indicando, p. ex., que este será devido a título de «indemnização pela cessação do contrato»), já à referida compensação não poderá ser atribuída uma natureza global; *iii)* por outro lado, o trabalhador apanhado de surpresa pela presunção legal pode lançar mão do direito potestativo previsto no art. 350º do CT (cessação do acordo de revogação), desfazendo o negócio extintivo do contrato de trabalho. Ainda assim, porém, atendendo aos valores juslaborais em presença, esta presunção não deixa de suscitar alguma perplexidade.

A referida presunção legal encontra-se, todavia, firmemente ancorada no nº 5 deste preceito. Assim sendo, a pergunta seguinte adivinha-se: tratar-se-á de uma presunção relativa ou absoluta, *juris tantum* ou *juris et de jure?* A presunção legal inverte o *onus probandi*, admitindo-se, contudo, que o trabalhador a venha ilidir mediante prova em contrário? Ou a presunção

A CESSAÇÃO DO CONTRATO DE TRABALHO: O VÍNCULO DISSOLVIDO

é irrefragável, nada podendo o trabalhador fazer contra ela? Estou convicto de que, se a própria presunção *juris tantum* já constitui uma relativa maldade para com o trabalhador, a presunção *juris et de jure* constituiria uma maldade absoluta, ou, se se preferir, uma dupla maldade, não justificada pelos valores juslaborais em jogo (proteção do trabalhador enquanto contraente débil, proteção do salário atenta a sua nota alimentar...) nem pelos princípios civilísticos sobre o caráter das presunções legais (recorde-se que, conforme indica o art. 350º, nº 2, do CCivil, as presunções legais podem ser ilididas mediante prova em contrário, exceto nos casos em que a lei o proibir). Neste caso, é manifesto que a lei não proíbe tal ilisão, pelo que ao trabalhador deverá ser admitida a prova de que, apesar de ter sido estabelecida uma compensação pecuniária de natureza global, as partes não pretenderam incluir nesta os demais créditos emergentes do contrato de trabalho ou da sua cessação.

Seja como for, o certo é que a presunção legal existe, beneficia o empregador-devedor e, mesmo quando seja considerada uma presunção relativa, as dificuldades probatórias experimentadas pelo trabalhador revelar-se-ão, em boa parte dos casos, insuperáveis.

22.4.4. A cessação do acordo de revogação

O art. 350º do CT concede ao trabalhador o direito potestativo de fazer cessar os efeitos do acordo revogatório. A atribuição deste direito ao trabalhador (uma faculdade, algo excecional, de «dar o dito por não dito», de revogar unilateralmente a revogação bilateral) parece filiar-se numa dupla ordem de razões: em primeiro lugar, tenta garantir que o trabalhador não se precipite, isto é, que ele pondere devidamente sobre as consequências do acordo revogatório, gozando de um prazo razoável dentro do qual poderá arrepender-se e desfazer o acordo de cessação do contrato de trabalho; em segundo lugar, trata-se de uma resposta legislativa ao fenómeno do chamado «despedimento dissimulado», vale dizer, com este direito potestativo reconhecido ao trabalhador procura evitar-se a prática da dissimulação do despedimento sob a aparência de um distrate extorquido ao trabalhador através da obrigatoriedade de assinatura por este (como condição de celebração do contrato) de um documento sem data, com o conteúdo de um acordo revogatório – documento que, naturalmente, ficaria na posse da entidade empregadora. *Combate à fraude do empregador* e *garantia de ponderação para o trabalhador*, eis, pois, em princípio, o duplo móbil do nº 1 do art. 350º do CT.

CONTRATO DE TRABALHO

Que prazo concede a lei ao trabalhador para exercer o seu «direito de arrependimento»? Nos termos da lei, os efeitos do acordo revogatório poderão cessar por iniciativa do trabalhador «até ao sétimo dia seguinte à data da respetiva celebração», mediante comunicação escrita dirigida à entidade empregadora; porém, caso não seja possível assegurar a receção desta comunicação dentro daquele prazo, o trabalhador deverá remetê-la ao empregador, por carta registada com aviso de recepão, no dia útil subsequente ao fim desse prazo (n.ºs 1 e 2 do art. 350º). Ou seja, o CT concede ao trabalhador sete dias consecutivos, mais um dia útil, para fazer valer aquele direito de arrependimento.

Pergunta-se: a partir de que momento se conta o prazo para exercer este direito? A partir da data de produção dos efeitos do acordo revogatório ou a partir da data da celebração do acordo? É que, como se disse, as duas datas poderão coincidir ou não. Ora, se a letra do CT parece inequívoca («até ao sétimo dia seguinte à data da respetiva celebração»), o certo é que a *ratio* do preceito não deixa de militar fortemente contra uma interpretação literal do mesmo: por um lado, o objetivo de garantir uma adequada ponderação por parte do trabalhador exige a distanciação deste relativamente ao ambiente de trabalho e a sua subtração à presença, não raro intimidante, do empregador; o objetivo de combater o «despedimento dissimulado» seria, por seu turno, facilmente frustrado por semelhante interpretação literal (assim, bastaria ao empregador «produzir» um documento a fazer cessar o contrato, por acordo, em 1 de outubro, datando-o de 15 de setembro...).

Tudo isto me leva a admitir que, aqui, o legislador talvez não tenha dito o que pretendia dizer. Ao estabelecer que o trabalhador poderá exercer o seu «direito de arrependimento» até ao sétimo dia seguinte à data da celebração do acordo revogatório, a lei terá, porventura, tomado a (maior) parte pelo todo, isto é, terá suposto que a data da celebração do acordo revogatório coincide com a data de produção dos respetivos efeitos. Aliás, a simultaneidade da celebração e da produção de efeitos do acordo extintivo é, de algum modo, pressuposta pelo n.º 3 do art. 350º, ao obrigar o trabalhador, em caso de exercício do «direito de arrependimento», a devolver ao empregador a totalidade das importâncias pagas em cumprimento do acordo revogatório (se o trabalhador devolve é porque o empregador já pagou; e, se este já pagou, é porque o acordo revogatório já produziu efeitos). Em suma, e pelas razões expostas, julga-se que o prazo para o trabalhador exercer o seu «direito de arrependimento» deveria ser contado a partir do dia

A CESSAÇÃO DO CONTRATO DE TRABALHO: O VÍNCULO DISSOLVIDO

seguinte à data de produção de efeitos do acordo revogatório, independentemente da data em que este acordo fosse celebrado. Só assim, repete-se, este prazo desempenharia efetivamente a função de *cooling-off period* pretendida pela lei. A letra da lei, todavia, não favorece este entendimento[355].

A cessação dos efeitos do acordo revogatório implica a reposição em vigor do contrato de trabalho, pelo que se compreende que o trabalhador deva, ao exercer o seu direito, restituir ao empregador aquilo que este lhe tenha pago em virtude da extinção do contrato (compensação pecuniária, créditos cujo vencimento foi precipitado pela extinção do vínculo, etc.). A devolução de tais quantias, prevista no nº 3 do art. 350º como condição de eficácia da cessação dos efeitos do acordo revogatório, poderá ser efetuada, p. ex., fazendo acompanhar a comunicação de um cheque do montante em causa emitido a favor do empregador, ou mesmo procedendo ao depósito dessa importância na conta bancária deste.

Segundo o nº 4 deste artigo, o trabalhador não gozará do direito de fazer cessar os efeitos do acordo revogatório caso este seja devidamente datado e as respetivas assinaturas sejam objeto de reconhecimento notarial presencial. Ao introduzir esta ressalva, o CT denuncia que, mais ainda do que garantir uma adequada ponderação do trabalhador sobre as consequências do acordo revogatório, a *ratio* do nº 1 consiste, sobretudo, na tentativa de garantir a genuinidade de tal acordo, combatendo o fenómeno do «despedimento dissimulado». Mas é claro que a própria intervenção notarial também não deixa de constituir uma outra instância, suplementar relativamente à mera exigência de forma escrita, tendente a evitar comportamentos precipitados por banda do trabalhador.

---

[355] A nova redação do nº 3 do art. 349º do CT, resultante da Lei nº 73/2017, de 16-8, ao obrigar as partes a indicarem, no documento escrito que titula o acordo revogatório, «o prazo legal para o exercício do direito de fazer cessar o acordo de revogação», acaba por fazer com que este ponto deva ser, também ele, objeto de acordo por ambos os sujeitos. Assim, do próprio documento escrito deve constar a indicação do prazo dentro do qual o trabalhador poderá exercer o seu "direito de arrependimento", pelo que, caso ao acordo revogatório seja aposto um termo suspensivo, às próprias partes caberá esclarecer se aquele prazo começa a correr a partir da data da celebração do acordo ou, ao invés, a partir da data em que o mesmo vier a produzir efeitos.

CONTRATO DE TRABALHO

22.5. Extinção por despedimento com justa causa
22.5.1. Noção de justa causa de despedimento

«É proibido o despedimento sem justa causa ou por motivos políticos ou ideológicos», lê-se no art. 338º do CT, na sequência do disposto no art. 53º da CRP. E o que é a *justa causa*? Em termos simples, dir-se-á que o despedimento com justa causa se traduz na sanção disciplinar máxima suscetível de ser aplicada ao trabalhador. «Constitui justa causa de despedimento o comportamento culposo do trabalhador que, pela sua gravidade e consequências, torne imediata e praticamente impossível a subsistência da relação de trabalho», estabelece o art. 351º, nº 1, do CT. A justa causa de despedimento assume, portanto, um caráter de *infração disciplinar*, de incumprimento contratual particularmente grave, de tal modo grave que determine uma perturbação relacional insuperável, isto é, insuscetível de ser sanada com recurso a medidas disciplinares não extintivas. No dizer de ANTÓNIO MONTEIRO FERNANDES, «a cessação do contrato, imputada a falta disciplinar, só é legítima quando tal falta gere uma situação de imediata impossibilidade de subsistência da relação laboral, ou seja, quando a crise disciplinar determine uma crise contratual irremediável, não havendo espaço para o uso de providência de índole conservatória»[356].

As diversas condutas descritas nas várias alíneas do nº 2 do art. 351º possibilitam uma certa concretização ou densificação da justa causa de despedimento, muito embora deva sublinhar-se que a verificação de alguma dessas condutas não é *condição necessária* (dado que a enumeração é meramente exemplificativa), nem é *condição suficiente* (visto que tais alíneas constituem «proposições jurídicas incompletas», contendo uma referência implícita à cláusula geral do nº 1) para a existência de justa causa. Esta traduz-se, afinal, num *comportamento censurável do trabalhador, numa qualquer ação ou omissão que lhe seja imputável a título de culpa* (não se exige o dolo, ainda que, parece, a negligência deva ser grosseira) *e que viole deveres de natureza laboral, quando esse comportamento seja de tal modo grave, em si mesmo e nos seus efeitos, que torne a situação insustentável, sendo inexigível ao empregador* (a um empregador normal, razoável)[357] *que lhe responda de modo menos drástico.*

---

[356] *Direito do Trabalho*, cit., p. 586.

[357] Em matéria de justa causa para despedimento, estamos perante um *conceito objetivo-normativo,* como há muito ensina JORGE LEITE: «A gravidade do comportamento [do trabalhador] deve entender-se como um conceito *objetivo-normativo* e não subjetivo-normativo, isto é, a resposta à questão de saber se um determinado comportamento é ou não grave em si e

Neste domínio, ganham particular relevo os deveres que impendem sobre o trabalhador, cuja violação, caso assuma a gravidade acima referida, poderá constituir justa causa para o respetivo despedimento. De todo o modo, o juízo sempre será casuístico, guiado por uma ideia de proporcionalidade e de justiça individualizante, como resulta do nº 3 do art. 351º: «Na apreciação da justa causa, deve atender-se, no quadro de gestão da empresa, ao grau de lesão dos interesses do empregador, ao caráter das relações entre as partes ou entre o trabalhador e os seus companheiros e às demais circunstâncias que no caso sejam relevantes»[358].

22.5.2. Os deveres do trabalhador

A doutrina ensina que a relação de trabalho é uma relação complexa, na qual direitos e deveres de natureza vária gravitam em torno das duas obrigações recíprocas que dão a esta relação uma estrutura essencialmente obrigacional. Assim, cabe distinguir o dever principal do trabalhador – a obrigação de prestar trabalho – de outros deveres secundários meramente acessórios, integrantes da prestação principal, e de deveres laterais, autónomos da prestação principal. Vejamos, sinteticamente, alguns desses deveres.

---

nas suas consequências não pode obter-se através do recurso a critérios de valoração subjetiva do empregador, mas a *critérios de razoabilidade* (ingrediente objetivo), tendo em conta a natureza da relação de trabalho, as circunstâncias do caso e os interesses em presença». O mesmo vale, aliás, quanto ao requisito legal da impossibilidade prática de subsistência da relação de trabalho: «Uma vez mais, não é pelo critério do empregador, com a sua particular sensibilidade ou a sua ordem de valores própria, que se deve pautar o aplicador do direito na apreciação deste elemento, mas pelo critério do empregador razoável» (*Coletânea de Leis do Trabalho*, cit., p. 250).

Para aplicações desta ideia de justa causa como conceito «objetivo-normativo», *vd.* João Leal Amado, «Pornografia, informática e despedimento (a propósito de um acórdão da relação de Lisboa)», *QL*, nº 2, 1994, pp. 109-116, e «O pontapé a a disciplina», *Desporto & Direito – Revista Jurídica do Desporto*, nº 16, 2008, pp. 99-103.

[358] Para uma interessante e curiosa aplicação jurisprudencial destes critérios, *vd.* João Leal Amado, «O gato (persa?), a caixa dele e as toalhas turcas», *QL*, nº 32, 2008, pp. 259-262. O *caráter das relações entre as partes*, isto é, o tipo de relacionamento e de convivência que se estabelece entre trabalhador e empregador (em certos casos, até em função da dimensão da empresa, pode registar-se uma convivência intensa, estreita e quotidiana entre eles, ao passo que noutros o relacionamento pessoal pode ser ténue, quiçá inexistente), pode assumir bastante relevância nesta sede – a este propósito, *vd.* João Leal Amado, «A empregada, a patroa, o seu marido e o despedimento», *RLJ*, nº 4005, jul.-ago 2017, pp. 408-415.

CONTRATO DE TRABALHO

Dever de obediência. Segundo a al. *e)* do nº 1 do art. 128º do CT, o trabalhador deve «cumprir as ordens e instruções do empregador respeitantes à execução ou disciplina do trabalho, bem como a segurança e saúde no trabalho, que não sejam contrárias aos seus direitos ou garantias»; e o nº 2 desse art. 128º esclarece que o dever de obediência respeita tanto a ordens ou instruções do empregador como de superior hierárquico do trabalhador, dentro dos poderes que por aquele lhe forem atribuídos. Trata-se do dever que mais fielmente caracteriza o particular modo de cumprimento do contrato de trabalho, representando o lado passivo da subordinação jurídica. Como alguém disse, para o trabalhador, «cumprir é, essencialmente, obedecer». Não espanta, por isso, que a «desobediência ilegítima às ordens dadas por responsáveis hierarquicamente superiores» surja na al. *a)* do nº 2 do art. 351º, liderando o catálogo de situações eventualmente[359] constitutivas de justa causa de despedimento.

Dever de diligência. Nos termos do nº 1, al. *c)*, do art. 128º do CT, o trabalhador deve «realizar o trabalho com zelo e diligência». Trata-se de um dever que se prende com o modo de cumprimento da prestação principal, significando que o trabalhador deverá realizar a prestação com a atenção, com o esforço, com o empenhamento da vontade e com o cuidado exigíveis a um trabalhador normal, colocado na sua situação. Assim sendo, o «desinteresse repetido pelo cumprimento, com a diligência devida, de obrigações inerentes ao exercício do cargo ou posto de trabalho a que está afeto», figura também na lista aberta de condutas passíveis de justificar o despedimento do trabalhador (al. *d)* do nº 2 do art. 351º).

Dever de assiduidade e pontualidade (consagrado na al. *b)* do nº 1 do art. 128º). Trata-se de deveres que recortam, em termos geográficos e temporais, a situação de heterodisponibilidade do trabalhador, sendo certo que, como foi oportunamente referido, a mera ausência do trabalhador não significa, por si só, a violação do dever de assiduidade (poderá tratar-se, p. ex., de falta justificada). As faltas injustificadas, bem como as falsas declarações relativas à justificação de faltas, poderão constituir justa causa de despedimento (als. *f)* e *g)* do art. 351º).

---

[359] «Eventualmente» porque, como sublinhado *supra*, tal desobediência apenas constituirá justa causa se estiverem preenchidas as exigências constantes da cláusula geral do nº 1 do mesmo preceito.

A CESSAÇÃO DO CONTRATO DE TRABALHO: O VÍNCULO DISSOLVIDO

Dever de lealdade. «O trabalhador – assevera o nº 1, al. *f)*, do art. 128º do CT – deve guardar lealdade ao empregador, nomeadamente não negociando por conta própria ou alheia em concorrência com ele, nem divulgando informações referentes à sua organização, métodos de produção ou negócios». Dever de conteúdo bastante ambíguo, o dever de lealdade manifesta-se hoje, basicamente, nos deveres de não concorrência e de sigilo profissional, sendo expressão da boa fé contratual e significando que o trabalhador não deverá aproveitar-se da posição funcional que ocupa na empresa em detrimento do empregador (desviando a sua clientela, revelando segredos à concorrência, etc.). A violação de tais deveres poderá, nos termos gerais, justificar o despedimento do trabalhador em causa (aliás, em muitos desses casos verificar-se-á uma «lesão de interesses patrimoniais sérios da empresa», situação prevista na al. *e)* do nº 2 do art. 351º).

Importa não confundir o *dever de não concorrência* com o *pacto de não concorrência*. Aquele é um dever que decorre da lei, vigorando na pendência do contrato de trabalho. Este, pelo contrário, é um pacto que poderá ser celebrado entre as partes, em ordem a limitar a atividade do trabalhador durante um certo período de tempo subsequente à cessação do contrato. Tratando-se de um pacto que limita a liberdade de trabalho (valor estruturante do nosso ordenamento jurídico), compreende-se que a lei, conquanto admita a respetiva licitude, estabeleça condições apertadas a que os mesmos deverão obedecer (exigência de acordo escrito, tratar-se de atividade prejudicial para o empregador, pagamento de uma compensação ao trabalhador durante o período de limitação da atividade, fixação de um limite temporal máximo para o período de limitação da atividade concorrencial) – a este propósito, *vd.* o disposto no art. 136º do CT.

Por outro lado, o dever de não concorrência não representa qualquer obstáculo ao *pluriemprego* do trabalhador. O pluriemprego é admitido, ainda que as normas jurídico-laborais estejam manifestamente pensadas para uma situação de monoatividade do trabalhador[360], revelando dificuldades de adaptação face aos chamados «pluriativos» (pense-se, p. ex., nas férias gozadas em períodos desencontrados, nas consequências da modificação do horário de trabalho por decisão patronal ou da exigência de prestação de trabalho suplementar, etc.). Tal obstáculo ao pluriemprego já existirá,

---

[360] Mas há exceções. *Vd.*, p. ex., o disposto no art. 80º do CT, relativo ao descanso semanal e aos períodos de trabalho de menores em caso de pluriemprego.

CONTRATO DE TRABALHO

contudo, se for clausulado o chamado *pacto de exclusividade,* proibindo o trabalhador de exercer qualquer outra atividade remunerada na vigência da relação de trabalho. Trata-se aqui de um pacto que se perfila como um *plus* face ao dever de não concorrência (dado que este apenas proíbe o exercício de atividade concorrente), o qual, não encontrando guarida no CT e analisando-se numa séria limitação da liberdade de trabalho, não pode deixar de suscitar muitas cautelas quanto aos termos da sua admissibilidade[361].

Dever de respeito, urbanidade e probidade. Estabelece o nº 1, al. *a),* do art. 128º que o trabalhador deve «respeitar e tratar o empregador, os superiores hierárquicos, os companheiros de trabalho e as pessoas que se relacionem com a empresa, com urbanidade e probidade». Trata-se, como se vê, de um dever que opera em múltiplas direções (empregador, colegas e terceiros), o que, em certos casos, pode suscitar problemas de conflito de deveres, sendo certo que a sua violação pode convocar a aplicação de diversas alíneas do nº 2 do art. 351º (violação de direitos e garantias de trabalhadores da empresa, provocação repetida de conflitos com estes, prática, no âmbito da empresa, de violências físicas, injúrias ou outras ofensas, etc.).

Dever de custódia. Dever consagrado na al. *g)* do art. 128º, traduz-se na obrigação de velar pela guarda, conservação e boa utilização dos instrumentos de trabalho (ou outros bens relacionados com o trabalho) que lhe foram fornecidos ou confiados pelo empregador. Note-se que, cessando o contrato de trabalho, o trabalhador deverá devolver imediatamente ao empregador os instrumentos de trabalho e quaisquer outros objetos pertencentes a este, sob pena de incorrer em responsabilidade civil pelos danos causados (art. 342º do CT).

Dever de produtividade? Recai ainda sobre o trabalhador o dever de «promover ou executar os atos tendentes à melhoria da produtividade da empresa» (al. *h)* do art. 128º). E a al. *m)* do art. 351º não deixa de mencionar as «reduções anormais de produtividade» como constitutivas de justa causa de despedimento. Também aqui, no entanto, se exige cautela, visto que as reduções de produtividade só poderão ser alvo de censura se, precisamente,

---

[361] Sobre toda esta matéria, em especial, JOÃO ZENHA MARTINS, *Dos Pactos de Limitação à Liberdade de Trabalho,* Almedina, Coimbra, 2016.

330

A CESSAÇÃO DO CONTRATO DE TRABALHO: O VÍNCULO DISSOLVIDO

provierem de uma conduta culposa do trabalhador. Caso tal baixa de produtividade se fique a dever, p. ex., a uma perda de capacidade física ou técnico-profissional derivada do avanço da idade, é óbvio que essa diminuição não será suscetível de uma qualquer punição disciplinar, menos ainda a que consistiria no despedimento-sanção [362].

A produtividade do trabalhador depende, aliás, de múltiplos fatores, encontrando-se o empregador adstrito a contribuir para a respetiva elevação, «nomeadamente proporcionando-lhe formação profissional adequada a desenvolver a sua qualificação» (art. 127º, nº 1, al. *d)*, do CT). Em matéria de *formação profissional*, estamos, pois, perante um *direito-dever*, visto que o CT a concebe como objeto de uma obrigação a cargo de ambos os sujeitos deste contrato: ao empregador cabe proporcionar à contraparte as devidas ações de formação profissional (o trabalhador a isso tem direito, pois por aí passará muita da sua empregabilidade, da sua valorização e da sua progressão na carreira profissional); ao trabalhador cabe, por seu turno, participar de modo diligente em tais ações de formação, nos termos do nº 1, al. *d)*, do art. 128º (o empregador também a isso terá direito, visto que por aí passará muita da produtividade, da competitividade e, quiçá, da própria viabilidade da empresa). A violação de qualquer destes deveres representará, pois, um incumprimento contratual, com as consequências inerentes, *maxime* em sede de eventual resolução do vínculo pelo contraente lesado. Esta perspetivação da formação profissional como objeto de um direito-dever acaba, aliás, por se filiar no disposto no art. 126º, nº 2, do CT, nos termos do qual, «na execução do contrato de trabalho, as partes devem colaborar na obtenção da maior produtividade, bem como na promoção humana, profissional e social do trabalhador».

Longe vão os tempos, portanto, em que a formação e o trabalho se excluíam mutuamente, terminando aquela quando este começava. Hoje em dia, pelo contrário, atendendo às rápidas transformações da estrutura produtiva e ao elevado ritmo das inovações tecnológicas, exige-se um esforço permanente de atualização (formação contínua), em ordem a dotar o trabalhador da necessária polivalência e a promover a sua empregabilidade. Trata-se, como se disse, de uma matéria em que se verifica uma inegável convergência de interesses das duas partes do contrato, ainda que, note-se,

---

[362] Mas já a possibilidade de ocorrer um despedimento por inadaptação, na nova configuração dada a este mecanismo pela Lei nº 23/2012, não está excluída, como veremos *infra*.

CONTRATO DE TRABALHO

tal convergência só exista até certo ponto. Com efeito, o empregador tende a encarar a formação profissional como um investimento no trabalhador, do qual espera obter retorno (primeiro semear, depois colher); mas um trabalhador qualificado e polivalente torna-se um alvo apetecível no mercado ferozmente concorrencial dos nossos dias, podendo ser tentado a mudar de empregador...[363].

22.5.3. As condutas extra-laborais do trabalhador: candidatas positivas a constituir justa causa de despedimento?

A questão acima formulada mostra-se, *prima facie*, algo paradoxal, isto se aceitarmos o dogma da *separação radical entre vida profissional e vida pessoal do trabalhador*: nesta ótica, o espaço-tempo profissional surge como espaço-tempo de heterodisponibilidade, como espaço-tempo de autoridade patronal, ao passo que o espaço-tempo extraprofissional surge como espaço-tempo de autodisponibilidade, como espaço-tempo de liberdade pessoal; assim sendo, entre estas duas vidas do trabalhador existiria como que um muro intransponível, pelo que as condutas adotadas pelo trabalhador no espaço-tempo extraprofissional seriam, por definição, totalmente irrelevantes em sede jurídico-laboral.

O dogma da separação radical entre vida profissional e vida pessoal não pode, contudo, ser aceite, pois o homem não é um conglomerado de ilhas (a «ilha vida pessoal», a «ilha vida conjugal», a «ilha vida profissional», etc.), não existem muros intransponíveis nesta matéria, pelo que o supramencionado corte absoluto entre vida pessoal e vida profissional é simplista, não resistindo ao confronto com a realidade (basta pensar, p. ex., no dever de lealdade que recai sobre o trabalhador, cuja violação se verifica, amiúde, fora do espaço-tempo de heterodisponibilidade laboral).

Insinua-se, então, um outro dogma, o da *absorção integral da esfera pessoal do trabalhador pela sua esfera profissional*: nesta perspetiva, o trabalhador surge como um ser humano absolutamente laboralizado e a autoridade patronal confunde-se, não raro, com a autoridade paternal[364]. Ora, uma tal perspetiva paternalista converteria a subordinação jurídica característica do

---

[363] Sobre formação profissional, *vd.* os arts. 58º, nº 2, al. *c)*, e 70º, nº 1, al. *a)*, da CRP, bem como o disposto nos arts. 130º a 134º do CT. Sobre o chamado "pacto de permanência", *vd.* o art. 137º do CT.

[364] Registe-se, a este propósito, que a própria etimologia do termo «patrão» (*patronus/pater*) nos remete para uma visão acentuadamente paternalista das relações de trabalho.

contrato de trabalho numa dependência de cunho excessivamente pessoal, revelando-se a todas as luzes inaceitável para o Direito do Trabalho, ramo do ordenamento jurídico que, desde o seu nascimento, tem procurado controlar e circunscrever o exercício dos poderes patronais sobre a pessoa do trabalhador. Parafraseando JORGE LEITE, dir-se-ia mesmo ser na delimitação contratual do âmbito da sujeição que reside o essencial da distinção entre o trabalhador e o antigo servo: este devia obediência para além daquilo a que o obrigava a sua profissão, ao passo que aquele apenas deve obediência no âmbito daquilo a que ele próprio se obrigou contratualmente[365].

Em jeito de síntese, conclui-se que não há, nesta delicada matéria, fórmulas simples e mágicas que logrem resolver todos os problemas: a verdade é que, por um lado, *o trabalhador não deixa de ser pessoa-cidadão no espaço-tempo laboral* (relembre-se, a este respeito, o expresso reconhecimento de um conjunto de direitos de personalidade do trabalhador, efetuado pelo CT, bem como a chamada "cidadania na empresa"), mas é outrossim certo, por outro lado, que a *pessoa-cidadão também não deixa de ser trabalhador fora do espaço-tempo laboral*[366].

Em qualquer caso, sempre haverá que rejeitar orientações extremadas nesta matéria, quer aquela que sustenta existir um *corte radical e absoluto entre a vida pessoal e a profissional*, sem qualquer interferência possível entre ambas, quer aquela que conduz a uma espécie de *militarização da relação laboral*, reduzindo o trabalhador à condição unidimensional de agente produtivo e laborioso, em estado de subordinação jurídica 24 sobre 24 horas,

---

[365] *Direito do Trabalho*, vol. II, cit., p. 52.

[366] No caso, paradigmático, dos chamados «excessos noturnos» do trabalhador, o entendimento dominante é o de que a liberdade pessoal do trabalhador, a reserva da sua vida privada e o seu direito a não ser controlado impõem a consagração da chamada *teoria dos efeitos reflexos* nesta matéria. Destarte, o empregador poderá sancionar o trabalhador pelos reflexos negativos que os seus «excessos nocturnos» comprovadamente produzam na execução da prestação laboral (violação do dever de assiduidade ou pontualidade, quebras de rendimento motivadas pela ausência de descanso reparador na noite anterior, etc.), mas já não poderá sancioná-lo no caso de esses excessos não causarem (ou no caso de não se comprovar que causaram) tais reflexos negativos. De acordo com esta doutrina, a vida extraprofissional do trabalhador não tem, pois, *relevo autónomo* na relação entre o trabalhador e o empregador, o modo como aquele ocupa o seu tempo de repouso é uma questão a que este deve considerar-se alheio, pelo que o princípio geral não poderá deixar de ser o da irrelevância disciplinar do comportamento extraprofissional do trabalhador. Apenas no caso de os excessos extra-laborais se refletirem negativamente na vida de trabalho poderá este reflexo, e não aqueles excessos, ser objeto de valoração e eventual sanção.

CONTRATO DE TRABALHO

sujeito a constante fiscalização, quando não a apertada vigilância, por parte da respetiva entidade empregadora – caso em que, como bem observa JÚ-LIO GOMES, «teremos substituído a Inquisição medieval pelo empregador moderno e permitiremos, em homenagem ao interesse da empresa, o con-trolo por uma entidade privada dos vícios e das virtudes de boa parte dos cidadãos que são maioritariamente trabalhadores subordinados»[367]. É ne-cessário, com efeito, fazer apelo às ideias de equilíbrio, de razoabilidade, de justa medida, de proporcionalidade, na resolução deste tipo de questões: na *dialética autoridade/liberdade*, haverá que compatibilizar a consideração de-vida às características próprias da relação laboral (relação envolvente e de subordinação) com a salvaguarda do «núcleo duro» dos direitos e liberda-des do trabalhador enquanto pessoa e enquanto cidadão. Nesta matéria, o princípio básico não pode deixar de ser o da *não ingerência do empregador na vida extraprofissional do trabalhador*, sem prejuízo, como se disse, da existên-cia de certas limitações à liberdade pessoal deste que resultam dos compro-missos contratuais por si assumidos.

22.5.4. O procedimento disciplinar
É sabido que, em sede de regime jurídico do despedimento, o nosso sis-tema de tutela da segurança no emprego vem assentando, há vários anos, num bem conhecido tripé: *i)* em primeiro lugar, na exigência de *motivação* do despedimento, sendo desde logo proibidos os despedimentos sem jus-ta causa ou por motivos políticos ou ideológicos; *ii)* em segundo lugar, na *processualização* ou *procedimentalização* do despedimento, sendo que a inexis-tência ou a nulidade do processo/procedimento disciplinar determinam a ilicitude do despedimento que, apesar disso, tenha sido proferido pela en-tidade empregadora; *iii)* em terceiro lugar, na técnica sancionatória do des-pedimento *contra legem*, designadamente através da aquisição da ideia de *invalidade* do despedimento, implicando, entre outras consequências, o di-reito à reintegração do trabalhador ilicitamente despedido.

Assim, o Direito do Trabalho contempla, em primeiro lugar, o que se passa a montante do despedimento, impondo o respeito por determinadas regras procedimentais. Ora, no plano procedimental, trata-se, afinal, de dar adequada expressão ao *princípio do contraditório*, autêntica trave-mestra do direito disciplinar. «A sanção disciplinar não pode ser aplicada sem audiência

---

[367] *Direito do Trabalho*, cit., p. 972.

A CESSAÇÃO DO CONTRATO DE TRABALHO: O VÍNCULO DISSOLVIDO

prévia do trabalhador», como se lê no nº 6 do art. 329º do CT. Tratando-se da sanção disciplinar máxima, expulsiva, compreende-se que a lei regule com especial minúcia este pressuposto de índole adjetiva, exigindo que decorra um procedimento disciplinar (isto é, um conjunto encadeado de atos dirigidos ao apuramento da verdade dos factos) em ordem a habilitar o empregador a tomar a decisão final. Quais são, nas suas grandes linhas, as fases deste procedimento disciplinar?[368]

Acusação. O empregador desencadeia o procedimento disciplinar, entregando ao trabalhador a chamada «nota de culpa», documento escrito do qual deverá constar «a descrição circunstanciada dos factos que lhe são imputados» (art. 353º, nº 1, *in fine*)[369]. A nota de culpa deverá ser entregue ao trabalhador dentro dos prazos estabelecidos nos nºs 1 e 2 do art. 329º (em princípio, dentro do ano subsequente à prática da infração disciplinar e nos 60 dias subsequentes à tomada de conhecimento de tal infração), devendo conter a descrição, tão concreta quanto possível, do comportamento infracional do trabalhador, incluindo as condições de modo, tempo e lugar em que este terá ocorrido.

Juntamente com a nota de culpa, o empregador deverá comunicar ao trabalhador, por escrito, «a intenção de proceder ao seu despedimento» (nº 1 do art. 353º). Manifestamente, a lei pretende evitar que o trabalhador venha a ser surpreendido, a final, por uma decisão patronal extintiva com a qual não contava. Daí que a lei obrigue o empregador, logo no início do procedimento, a «abrir o jogo», dizendo se tenciona ou não despedir o trabalhador. É claro que, se o empregador realmente manifestar essa intenção extintiva, nem por isso fica obrigado a despedir o trabalhador, no termo do processo (afinal, o procedimento serve, precisamente, para o apuramento da verdade...). Mas a inversa já não é verdadeira, pois, como veremos, a falta de comunicação da intenção de despedimento, junta à nota de culpa, torna ilícito o despedimento que venha a ser proferido, por invalidade do respetivo procedimento disciplinar (art. 382º, nº 2, al. *b*), do CT)[370].

---

[368] Sobre a matéria, por todos e por último, PEDRO FERREIRA DE SOUSA, *O Procedimento Disciplinar Laboral*, 2ª ed., Almedina, Coimbra, 2017.

[369] Em certos casos poderá ser necessário instaurar um procedimento prévio de inquérito, para fundamentar a nota de culpa. A este propósito, *vd.* o art. 352º do CT.

[370] O empregador deverá remeter cópia desta comunicação e da nota de culpa à comissão de trabalhadores e, caso o trabalhador seja representante sindical, à respetiva associação

CONTRATO DE TRABALHO

Alguma doutrina tem contestado que a lei exija do empregador esta declaração de intenções, logo no início do procedimento, quando, porventura, só no final do mesmo o empregador disporá de elementos bastantes para optar pela sanção mais adequada às circunstâncias do caso. Deste ponto de vista, a exigência legal em apreço acaba, na prática, por introduzir um elemento de tensão no procedimento, visto que o empregador será tentado a «jogar pelo seguro», comunicando a referida intenção ao trabalhador mesmo quando, em rigor, essa intenção não esteja amadurecida. *Se o não fizer, o empregador ficará impedido de despedir, mas, se o fizer, ele não terá de despedir, podendo reavaliar a situação e graduar a sanção em conformidade.* Aqueles são argumentos de peso, mas o legislador tem considerado que, não obstante isso, é mais importante advertir o trabalhador para o que está em jogo – o seu emprego –, de modo a que este não «facilite» na sua defesa.

Defesa. Tendo sido acusado pelo empregador de ter cometido esta ou aquela infração disciplinar, é lógico que ao trabalhador seja reconhecida a faculdade de se defender [371]. Nos termos do nº 1 do art. 355º, «o trabalhador dispõe de 10 dias úteis para consultar o processo e responder à nota de culpa, deduzindo por escrito os elementos que considera relevantes para esclarecer os factos e a sua participação nos mesmos, podendo juntar documentos e solicitar as diligências probatórias que se mostrem pertinentes para o esclarecimento da verdade». Trata-se, note-se, de um *direito* do trabalhador, não de um ónus jurídico que sobre si recaia, nada impedindo aquele de reservar a sua defesa para as instâncias judiciais.

Instrução. O trabalhador pode, sem dúvida, «solicitar as diligências probatórias que se mostrem pertinentes para o esclarecimento da verdade». Mas o certo é que, segundo a redação inicial do art. 356º, nº 1, do CT, o empregador não estava obrigado a corresponder a essa solicitação e a efetuar

---

sindical (art. 353º, nº 2). Sobre a hipótese de suspensão preventiva do trabalhador, *vd.* o art. 354º do CT: a lei admite a suspensão do trabalhador cuja presença na empresa se mostre inconveniente, sendo certo que se mantém o dever de pagar a retribuição pelo período correspondente.

[371] O titular do poder disciplinar é o empregador, mas nada impede que o procedimento seja desencadeado por um superior hierárquico do trabalhador, com competência disciplinar, ou até por uma entidade externa (p. ex., um advogado), em representação do empregador. Por outro lado, embora o procedimento disciplinar tenha um caráter extrajudicial, nada obsta a que o trabalhador mandate um advogado para o assistir.

essas diligências. Como se lia naquele inovador preceito, «cabe ao empregador decidir a realização das diligências probatórias requeridas na resposta à nota de culpa». A instrução do processo era, pois, *facultativa*[372].

Acontece que esse nº 1 do art. 356º do CT veio a ser declarado inconstitucional, com força obrigatória geral, pelo Acórdão do TC nº 338/2010, por violar as garantias de defesa aplicáveis a qualquer processo sancionatório, nos termos do art. 32º, nº 10, da CRP. Com efeito, esta norma assegura ao arguido «os direitos de audiência e defesa», sendo certo que, em sede disciplinar, o direito de o trabalhador responder à nota de culpa consubstancia o exercício do direito de audiência, mas já não consome o direito de defesa. Tendo em conta a redação exigente do nº 10 do art. 32º da CRP, que não reduz o direito de defesa ao direito de audiência, a decisão do TC não surpreende, afigurando-se que o primevo art. 356º, nº 1, do CT, em nome do combate à «hipertrofia procedimental», terá acabado por atrofiar o direito de defesa do arguido/trabalhador.

Em suma, após a prolação do Acórdão nº 338/2010 a instrução deixou de ser facultativa, isto é, o empregador sempre deverá proceder às diligências probatórias requeridas pelo trabalhador na resposta à nota de culpa, a menos que as considere patentemente dilatórias ou impertinentes, devendo, nesse caso, alegá-lo fundamentadamente por escrito. Isso mesmo nos diz, hoje, o nº 1 do art. 356º do CT, na nova redação que lhe foi conferida pela Lei nº 23/2012. Havendo lugar à instrução, a prova testemunhal obedecerá ao disposto nos nºs 3 e 4 do art. 356º

Parecer da estrutura representativa dos trabalhadores. Após a conclusão das diligências probatórias, o empregador apresenta cópia integral do processo à comissão de trabalhadores, que pode, no prazo de cinco dias úteis, fazer juntar ao processo o seu parecer fundamentado (art. 356º, nº 5)[373]. Trata-se,

---

[372] Salvo no tocante a trabalhadora grávida, puérpera ou lactante, ou ainda a trabalhador no gozo de licença parental, nos termos do nº 2 do art. 356º, hipóteses em que o empregador já deveria realizar as diligências probatórias requeridas pelo trabalhador, «a menos que as considere patentemente dilatórias ou impertinentes, devendo neste caso alegá-lo fundamentadamente por escrito».

[373] Caso o trabalhador seja representante sindical, o empregador deverá igualmente enviar cópia do processo à respetiva associação sindical, para emissão de parecer. Aliás, o trabalhador que não seja representante sindical sempre poderá comunicar ao empregador, nos três dias úteis posteriores à receção da nota de culpa, que o parecer será emitido por determinada associação sindical, não havendo neste caso lugar à apresentação de cópia do processo

CONTRATO DE TRABALHO

pois, de um parecer cuja emissão não é obrigatória para a estrutura representativa dos trabalhadores, nem o seu conteúdo será vinculativo para o empregador.

Decisão do empregador. Recebido(s) o(s) parecer(es) da(s) estrutura(s) de representação coletiva dos trabalhadores (ou decorrido o prazo para esse efeito), «o empregador dispõe de 30 dias para proferir a decisão de despedimento, sob pena de caducidade do direito de aplicar a sanção» (nº 1 do art. 357º). O empregador dispõe, assim, de um período de tempo razoável, não muito dilatado, para tomar a decisão (30 dias).

A decisão do empregador deve ser fundamentada e constar de documento escrito (nº 5 do art. 357º), nela devendo ser ponderadas as circunstâncias do caso, a adequação do despedimento à culpabilidade do trabalhador e os pareceres dos representantes dos trabalhadores, «não podendo ser invocados factos não constantes da nota de culpa ou da resposta do trabalhador, salvo se atenuarem a responsabilidade» (nº 4 do mesmo preceito). Trata-se aqui de mais uma manifestação do princípio do contraditório, o qual seria manifestamente violado se o trabalhador, tendo sido acusado dos factos *x* e *y*, e tendo exercido a sua defesa em relação a esses mesmos factos, acabasse por ser despedido com base nos factos *z* ou *w*, em relação aos quais não se pôde defender. Neste sentido, diz-se que *a nota de culpa fixa o objeto do procedimento disciplinar*.

Outra, porém, já será a solução no caso de este trabalhador vir a ser despedido com base nos factos *x, y, z* e *w* – isto é, na hipótese de o despedimento se fundar em mais factos do que os constantes da nota de culpa. Esta ampliação do libelo acusatório não se mostra, por si só, bastante para acarretar a invalidade do procedimento disciplinar, determinando apenas a inatendibilidade desses novos factos para aferir da justeza do despedimento, isto é, a impossibilidade de tais factos serem tomados em consideração em ordem a justificar a decisão do empregador.

A decisão determina a cessação do contrato logo que chega ao poder do trabalhador ou é dele conhecida ou, ainda, quando só por culpa do trabalhador não foi por ele oportunamente recebida – solução esta, consagrada no nº 7 do art. 357º, que se situa na linha do disposto no art. 224º do CCivil.

à comissão de trabalhadores (nº 6 do art. 356º). Solução que se aplaude, tendo em conta que, em muitas empresas (na larga maioria), não existe a referida comissão de trabalhadores.

Microempresas. Quando se trate de uma microempresa (a que emprega menos de 10 trabalhadores), a lei simplifica o procedimento disciplinar, desde logo deixando de neste fazer intervir as estruturas de representação coletiva dos trabalhadores (nº 1 do art. 358º). Para além disso, os critérios orientadores da decisão da entidade empregadora são os que valem nas restantes empresas (nº 2), dispondo esta dos seguintes prazos para proferir a decisão: *i)* se o trabalhador não responder à nota de culpa, 30 dias a contar do termo do prazo para resposta à mesma; *ii)* 30 dias a contar da conclusão da última diligência probatória realizada (nº 3 do art. 358º). Se o empregador não proferir a decisão até ao termo dos supramencionados 30 dias, o direito de aplicar a sanção caduca (nº 4 do art. 358º). A decisão deve ser comunicada, por cópia ou transcrição, ao trabalhador (mas não já, ao invés do que sucede nas restantes empresas, às estruturas de representação coletiva dos trabalhadores), como decorre do nº 5 do mesmo preceito.

22.6. Causas objetivas de despedimento

A proibição – legal e constitucional – do despedimento sem justa causa não significa que o nosso ordenamento jurídico-laboral apenas considere lícito o despedimento com justa causa. Com efeito, a par do despedimento com justa causa (causa subjetiva, baseada em factos imputáveis ao trabalhador), a lei admite e regula várias modalidades de *despedimento por causas objetivas*, isto é, por motivos da esfera da empresa, por razões económicas, de índole gestionária. Essas modalidades de despedimento por causas objetivas são três: o *despedimento coletivo*, o *despedimento por extinção do posto de trabalho* e o *despedimento por inadaptação* (este último já com alguns ingredientes de ordem subjetiva). Como vamos ver, a lógica subjacente a esta trilogia de despedimentos é marcadamente distinta da lógica disciplinar da justa causa, pelo que o respetivo regime jurídico também se diferencia nitidamente deste (ao nível dos procedimentos a observar, dos efeitos produzidos, etc.).

22.6.1. Despedimento coletivo

Nos termos do art. 359º, nº 1, do CT, «considera-se despedimento coletivo a cessação de contratos de trabalho promovida pelo empregador e operada simultânea ou sucessivamente no período de três meses, abrangendo, pelo menos, dois ou cinco trabalhadores, conforme se trate, respetivamente, de microempresa ou de pequena empresa, por um lado, ou de média ou grande empresa, por outro, sempre que aquela ocorrência dê lugar a encerramento

CONTRATO DE TRABALHO

de uma ou várias secções ou estrutura equivalente ou a redução do número de trabalhadores e seja determinada por motivos de mercado, estruturais ou tecnológicos».

Sobre o que deva entender-se por «motivos de mercado, estruturais ou tecnológicos», *vd.* o nº 2 do mesmo artigo. Trata-se de motivos definidos em moldes bastante amplos e indeterminados, que revelam a especial vocação do despedimento coletivo para fazer face a situações de crise da empresa que impliquem a reestruturação ou o redimensionamento desta, bem como a respetiva reorientação estratégica no mercado. O despedimento coletivo surge, pois, como um mecanismo de resposta a situações de crise empresarial, em ordem a assegurar a viabilidade da empresa ("despedimento-expediente", nas palavras de BERNARDO LOBO XAVIER), ou como um mecanismo destinado a prevenir a crise empresarial, em ordem a assegurar que a empresa permanece saudável e vivaz ("despedimento-eficiente")[374].

A *noção* legal de despedimento coletivo revela-nos que o elemento fundamental de distinção deste despedimento face ao despedimento com justa causa não reside propriamente no aspeto quantitativo, no número de trabalhadores a abranger, mas sim na natureza dos motivos subjacentes a cada um deles: motivos disciplinares neste caso, motivos económicos, *lato sensu* («de mercado, estruturais ou tecnológicos»), naquele.

O *procedimento* a observar é, também por isso, muito distinto. Assim, o empregador que pretenda promover um despedimento coletivo deve comunicar essa intenção à estrutura representativa dos trabalhadores, nos termos do art. 360º, seguindo-se uma fase de informações e negociação «com vista a um acordo sobre a dimensão e efeitos das medidas a aplicar e, bem assim, de outras medidas que reduzam o número de trabalhadores a despedir» (art. 361º), negociação esta em que participará o serviço competente do ministério responsável pela área laboral (art. 362º). Caso o despedimento se consume, este deverá ser comunicado, por escrito, a cada trabalhador abrangido, com a antecedência mínima, relativamente à data da cessação, de 15, 30, 60 ou 75 dias, consoante a antiguidade do trabalhador (art. 363º). Caso o empregador não observe o prazo mínimo de aviso prévio, o contrato só cessará uma vez decorrido o período de aviso prévio em falta, devendo o empregador pagar a retribuição correspondente a esse

---

[374] Sobre o controlo judicial da motivação gestionária do despedimento coletivo, *vd., infra*, § 22.8.1.

período (nº 4 do art. 363º). Segundo o art. 364º, durante o prazo de aviso prévio, o trabalhador tem direito a um crédito de horas correspondente a dois dias de trabalho por semana, sem prejuízo da retribuição (um tempo dedicado, em princípio, à busca de um novo emprego), mas o trabalhador também poderá denunciar o contrato durante esse prazo de aviso prévio, mediante declaração com a antecedência mínima de três dias úteis (faculdade esta que lhe permite dar resposta às situações em que ele encontre um novo emprego no qual tenha de apresentar-se rapidamente), mantendo o direito à compensação prevista no art. 366º (art. 365º).

O despedimento coletivo carece, pois, de aviso prévio. E também confere aos trabalhadores abrangidos (*rectius*, atingidos) o direito a uma *compensação pela perda do emprego*, calculada nos termos do disposto no art. 366º do CT[375]. Ora, como é sabido, segundo a redação inicial do art. 366º, em caso de despedimento coletivo o trabalhador tinha direito a receber uma compensação pecuniária cujo montante correspondia a um mês de retribuição base e diuturnidades por cada ano completo de antiguidade. A lei acrescentava que, em caso de fração de ano, a compensação seria calculada proporcionalmente, bem como que essa compensação nunca poderia ser inferior a três meses de retribuição base e diuturnidades. Nos últimos tempos, porém, esta norma foi objeto de sucessivas intervenções cirúrgicas por parte do legislador, *maxime* através da Lei nº 23/2012, a qual, a traço grosso, passou a estabelecer que o trabalhador despedido teria direito a uma compensação correspondente a 20 dias de retribuição base e diuturnidades por cada ano completo de antiguidade, e, por último, através da Lei nº 69/2013, de 30-8, que emagreceu ainda mais esse direito do trabalhador, fazendo-o corresponder a 12 dias de retribuição base e diuturnidades por cada ano completo de antiguidade (atual redação do nº 1 do art. 366º). Segundo o

---

[375] Para além de uma função reparatória, ressarcindo o trabalhador pela privação do emprego, é claro que, como bem nota BERNARDO LOBO XAVIER, esta compensação desempenha ainda uma função de carácter moderador. Nas palavras do Autor, «não será de desprezar o facto de a compensação envolver um desembolso considerável do empregador, a liquidar por ocasião da extinção do vínculo, e tal impele sempre a uma melhor ponderação na decisão do despedimento, pelo ónus que representa o respetivo exercício. Se o despedimento patronal fosse pouco dispendioso, como era há meio século, sem dúvida que seria mais usado...» («Compensação por despedimento», *RDES*, 2012, nº 1-2, pp. 65-100 [70]. Quanto a isto, dir-se-á que a evolução recente do nosso ordenamento, diminuindo drasticamente o montante da referida compensação, implica, como é óbvio, que esta função moderadora resulta comprometida.

CONTRATO DE TRABALHO

nº 2 do mesmo artigo, a compensação prevista no número anterior será determinada do seguinte modo: *i)* o valor da retribuição base mensal e diuturnidades a considerar, para efeitos de cálculo da compensação, não pode ser superior a 20 vezes a retribuição mínima mensal garantida; *ii)* o montante global da compensação não pode ser superior a 12 vezes a retribuição base mensal e diuturnidades do trabalhador (ou a 240 vezes a retribuição mínima mensal garantida); *iii)* o valor diário de retribuição base e diuturnidades é o resultante da divisão por 30 da retribuição base mensal e diuturnidades; *iv)* em caso de fração de ano, o montante da compensação é calculado proporcionalmente[376].

Ou seja, num período temporal inferior a dois anos (desde a publicação do primeiro diploma sobre esta matéria, a Lei nº 53/2011, de 14-10, até à publicação da Lei nº 69/2013, de 30-8), o critério de cálculo da compensação devida aos trabalhadores abrangidos por despedimento coletivo modificou-se (leia-se: estreitou-se) drasticamente: de 30 para 20, primeiro, de 20 para 12, depois; suprime-se o tradicional limite mínimo, criam-se, em substituição, limites máximos... Estas são, julgo, alterações muito significativas e bem sintomáticas da mudança de rumo operada: enquanto a lei anterior se preocupava com a consistência mínima do direito do trabalhador, a nova lei perspetiva este direito, sobretudo, como um custo empresarial – e procura conter esse custo, embaratecendo o despedimento. Mais uma vez, competitividade empresarial *oblige*...[377]

Importa saber, entretanto, *para que contratos valerão estas novas regras.* Serão as mesmas, como é usual no Direito do Trabalho, aplicáveis aos efeitos futuros de relações laborais criadas no passado, mas ainda existentes (retrospetividade)? Como facilmente se compreende, a aplicação imediata

---

[376] Nos termos do nº 3 do art. 366º, «o empregador é responsável pelo pagamento da totalidade da compensação, sem prejuízo do direito ao reembolso, por aquele, junto do fundo de compensação do trabalho ou de mecanismo equivalente e do direito do trabalhador a acionar o fundo de garantia de compensação do trabalho, nos termos previstos em legislação específica». Essa legislação específica consta da Lei nº 70/2013, de 30-8.
Sobre a matéria, por todos, CATARINA GOMES SANTOS, «Breve análise (e algumas interrogações) em torno dos regimes jurídicos do Fundo de Compensação do Trabalho (ou Mecanismo Equivalente) e do Fundo de Garantia de Compensação do Trabalho, criados pela Lei nº 70/2013, de 30 de agosto», QL, nº 51, 2017.
[377] Nada impede, em todo o caso, que o empregador pague, voluntariamente, uma compensação de montante superior ao resultante destes critérios legais, como decorre do disposto no nº 2, al. *f)*, do art. 360º

A CESSAÇÃO DO CONTRATO DE TRABALHO: O VÍNCULO DISSOLVIDO

destas novas regras (novo critério de cálculo da compensação, novos limites máximos desta, etc.) aos contratos de trabalho celebrados antes da entrada em vigor da revisão do CT seria suscetível de defraudar as expetativas dos trabalhadores, sobretudo as daqueles com maior antiguidade na respetiva empresa. O próprio Memorando da *troika*, aliás, não deixou de ser sensível a esta questão, ao sublinhar que as alterações a introduzir nesta matéria deveriam sê-lo, «sem redução dos direitos adquiridos». Como é que, na prática, o legislador procedeu à salvaguarda de tais legítimas expetativas ou "direitos adquiridos"? A resposta, nada linear, colhe-se hoje do disposto no art. 5º da Lei nº 69/2013, norma que, dir-se-ia, procede ao fatiamento temporal dos contratos de trabalho anteriormente celebrados[378].

*

*   *

A oferta desta compensação pecuniária ao trabalhador constitui, aliás, uma condição *indispensável* à licitude do despedimento, nos termos da al. *c)* do art. 383º do CT [379]. Resta saber se a receção da mesma pelo trabalhador não se analisa numa condição *suficiente* para legitimar o respetivo despedimento. Isto porque, segundo o nº 4 do art. 366º, «presume-se que o trabalhador aceita o despedimento quando recebe do empregador a totalidade da compensação prevista neste artigo». Norma estranha! É certo que se trata de uma presunção ilidível, lendo-se no nº 5 do mesmo artigo que «a presunção referida no número anterior pode ser ilidida desde que, em simultâneo, o trabalhador entregue ou ponha, por qualquer forma, a totalidade da compensação paga pelo empregador à disposição deste último». Norma estranha e perturbadora, ainda assim. Vejamos.

Antes de mais, colocam-se dúvidas interpretativas. Afinal, o que é que o trabalhador terá de fazer para ilidir a presunção? Bastará, para esse efeito, que o trabalhador devolva ao empregador a totalidade da compensação recebida? Não parece. Mas, ainda que assim se entenda, não se descor-

---

[378] A propósito, MARIA IRENE GOMES, «Compensação a três tempos ou... talvez não», e LUÍSA ANDIAS GONÇALVES, «Compensação por extinção do contrato de trabalho», QL, nº 43, 2013, pp. 233-249 e 251-278.

[379] Isto sem prejuízo do disposto na parte final do nº 5 do art. 363º, relativo a situações de empresas declaradas insolventes ou reguladas em legislação especial sobre recuperação de empresas e reestruturação de setores económicos.

CONTRATO DE TRABALHO

tina fundamento bastante para tal devolução. É que, note-se, o trabalhador sempre receberá esta compensação, caso o despedimento coletivo seja lícito. Se o não for, o trabalhador receberá, em princípio, um montante pecuniário superior ao desta compensação, por força do disposto nos arts. 389º a 392º do CT. Assim sendo, tenho alguma dificuldade em entender a *ratio* dos nºs 4 e 5 do art. 366º

De todo o modo, parece que o desiderato legislativo é outro, ainda mais gravoso para o trabalhador. O que o nº 5 parece querer dizer é que, para ilidir a presunção, o trabalhador terá de devolver a totalidade da compensação ao empregador (o que, na prática, pode revelar-se impossível, desde logo se o trabalhador já tiver gasto uma parte dessa importância para fazer face às suas necessidades quotidianas) e, além disso, arranjar maneira de persuadir o tribunal de que, ao recebê-la, não aceitou o respetivo despedimento. Prova esta, julga-se, bastante difícil de fazer – salvo, é claro, se o trabalhador, ao receber a compensação, logo declarar expressamente (por escrito?) que tal não significa qualquer aceitação do despedimento. E qual o sentido útil a atribuir àquela presunção de aceitação do despedimento? Não vislumbro outro que não seja o de impedir o trabalhador de impugnar judicialmente o despedimento. Se o trabalhador receber a compensação, isso significa, segundo o CT, que ele aceita o despedimento. E, se ele aceita o despedimento, então não poderá, mais tarde, contestá-lo em tribunal – a proibição de *venire contra factum proprium* a tanto obstaria. Ou seja, parece poder depreender-se que, ao menos em via de princípio, se a colocação da «compensação de antiguidade» à disposição do trabalhador despedido constitui um requisito indispensável, uma *condição necessária* para a licitude do despedimento, o recebimento de tal compensação pelo trabalhador perfila-se como *condição suficiente* para a respetiva licitude, como que sanando quaisquer vícios, procedimentais ou substanciais, de que este enferme.

Ora, a meu ver, nada justifica esta presunção legal de aceitação do despedimento. Ao criar esta presunção, o CT parece, pura e simplesmente, ignorar ou desprezar a circunstância de estar a regular uma relação laboral, para mais numa fase particularmente delicada da respetiva existência. Sendo esta uma *relação laboral*, isso significa que o trabalhador se encontra juridicamente subordinado ao empregador e, na maior parte dos casos, economicamente dependente dos rendimentos do trabalho para satisfazer as suas necessidades mais elementares (bem como, não raro, as do respetivo agregado familiar). Sendo esta uma relação laboral *em fase terminal*, a po-

344

A CESSAÇÃO DO CONTRATO DE TRABALHO: O VÍNCULO DISSOLVIDO

sição de fragilidade do trabalhador despedido resulta, como é óbvio, exponencialmente acrescida. Neste contexto, criar este dilema ao trabalhador, quase que forçando-o a recusar a oferta da compensação de antiguidade a fim de conservar intacta a faculdade de contestar judicialmente a licitude do seu despedimento, mostra-se claramente irrazoável. Mais: ao privar os trabalhadores que aceitem a referida compensação de adequada tutela jurisdicional, esta norma revela-se de muito duvidosa conformidade constitucional. É que a aceitação da compensação pecuniária pelo trabalhador não transforma o despedimento numa espécie de revogação do contrato por mútuo acordo. Julga-se que nem o trabalhador pode renunciar, validamente, ao direito de impugnar judicialmente esse despedimento, nem o legislador pode, legitimamente, organizar semelhante renúncia – ou não estivessem aqui em jogo direitos tão fundamentais como o direito a não ser despedido sem causa juridicamente bastante e o direito de acesso aos tribunais[380].

22.6.2. Despedimento por extinção de posto de trabalho

«Considera-se despedimento por extinção de posto de trabalho a cessação de contrato de trabalho promovida pelo empregador e fundamentada nessa extinção, quando esta seja devida a motivos de mercado, estruturais ou tecnológicos, relativos à empresa» (art. 367º do CT). Dir-se-ia, em termos simples, que o despedimento por extinção de posto de trabalho se perfila como uma espécie de variante individual do despedimento coletivo – *rectius*, como uma variante do despedimento coletivo que se utilizará quando o número de trabalhadores a despedir não atinja o limiar fixado para este, vale dizer, quando se trate de despedir apenas um trabalhador, nas microempresas e nas pequenas empresas, ou quando os trabalhadores afetados forem menos de cinco, nas médias e nas grandes empresas. Compreende-se, por isso, que alguma doutrina reconduza o despedimento coletivo e o despedimento por extinção de posto de trabalho a uma figura comum, o "despedimento por eliminação de emprego"[381].

Para que este despedimento possa ter lugar, o nº 1 do art. 368º exige que se verifiquem os seguintes *requisitos: i)* os motivos indicados não sejam devi-

---

[380] Para maiores desenvolvimentos a este respeito, João Leal Amado, «Receber e aceitar: em torno de presunções legais, orientações jurisprudenciais e convicções doutrinais», *PDT*, 2016-II, pp. 85-102.

[381] Assim, Pedro Furtado Martins, *Cessação do Contrato de Trabalho*, cit., pp. 247 e ss.

CONTRATO DE TRABALHO

dos a conduta culposa de qualquer das partes (se houver culpa do trabalhador, isso legitimará, possivelmente, um despedimento com justa causa; se houver culpa do empregador, isso inibi-lo-á de desencadear um despedimento por extinção do posto de trabalho que, em última análise, resultaria de uma conduta censurável do respetivo autor); *ii)* seja praticamente impossível a subsistência da relação de trabalho (nos termos do nº 4, a subsistência da relação laboral será praticamente impossível quando o empregador não disponha de outro posto de trabalho compatível com a categoria profissional do trabalhador); *iii)* não existam, na empresa, contratos a termo para tarefas correspondentes às do posto de trabalho extinto; *iv)* não seja aplicável o despedimento coletivo.

Verificando-se, *in casu*, estes requisitos, mas havendo na secção ou estrutura equivalente uma pluralidade de postos de trabalho de conteúdo funcional idêntico, a lei estabelece uma *ordem de prioridades* a observar pelo empregador, para concretização do posto de trabalho a extinguir (nº 2 do art. 368º). Trata-se de uma regra que procura garantir que o despedimento por extinção do posto de trabalho radica, realmente, numa causa objetiva, não sendo esta figura utilizada como expediente para que o empregador se «desembarace» de um certo e determinado trabalhador. Tradicionalmente, esta garantia de impessoalidade do despedimento por extinção do posto de trabalho era prosseguida através da tutela da antiguidade do trabalhador. Porém, nesta matéria registaram-se inovações profundas nos últimos anos, tendo sido praticamente eliminado o critério de antiguidade antes consagrado. Assim, em caso de pluralidade de postos de trabalho de conteúdo funcional idêntico, a ordem de critérios a observar, para determinação do posto de trabalho a extinguir, passou a ser a seguinte: a) pior avaliação de desempenho, com parâmetros previamente conhecidos pelo trabalhador; b) menores habilitações académicas e profissionais; c) maior onerosidade pela manutenção do vínculo laboral do trabalhador para a empresa; d) menor experiência na função; e) menor antiguidade na empresa. Ou seja, o fator prioritário consiste, agora, na avaliação de desempenho, o que, sem dúvida, reforça a margem de manobra seletiva concedida ao empregador nesta matéria[382].

---

[382] A este propósito, ANTÓNIO NUNES DE CARVALHO, «Esboço de uma abordagem juslaboral da avaliação de desempenho», *Estudos de Direito do Trabalho em Homenagem ao Professor António Monteiro Fernandes*, Parte 1, Nova Causa – Edições Jurídicas, 2017, pp. 175-209, e, na

A CESSAÇÃO DO CONTRATO DE TRABALHO: O VÍNCULO DISSOLVIDO

Na mesma linha antifraudulenta, note-se ainda que se, nos três meses anteriores ao início do procedimento para despedimento, o trabalhador tiver sido transferido para posto de trabalho que venha a ser extinto, ele terá direito a ser reafetado ao posto de trabalho anterior, caso o mesmo ainda exista (nº 3 do art. 368º).

Depois de ter procedido às comunicações previstas no art. 369º, e após ter decorrido a fase de informação e consulta, regulada no art. 370º, o empregador poderá proferir a *decisão* de despedimento, por escrito, nos termos do art. 371º, nºs 1 e 2. À imagem do que sucede com o despedimento coletivo, este despedimento carece de aviso prévio (nº 3 do art. 371º), gozando o trabalhador dos mesmos direitos que são concedidos àqueles que sejam abrangidos por um despedimento coletivo: crédito de horas e faculdade de denúncia contratual durante o prazo de aviso prévio, direito a uma compensação pecuniária calculada em função da respetiva retribuição e antiguidade (art. 372º).

22.6.3. Despedimento por inadaptação

«Considera-se despedimento por inadaptação a cessação do contrato de trabalho promovida pelo empregador e fundamentada em inadaptação superveniente do trabalhador ao posto de trabalho» (art. 373º do CT). Quais são os *sintomas* dessa inadaptação? Os previstos no art. 374º: redução continuada de produtividade ou de qualidade; avarias repetidas nos meios afetos ao posto de trabalho; riscos para a segurança e saúde do trabalhador, de outros trabalhadores ou de terceiros. Quando alguma destas situações for determinada pelo modo de exercício de funções do trabalhador e torne praticamente impossível a subsistência da relação de trabalho, verificar-se-á a inadaptação do trabalhador (nº 1 do art. 374º)[383].

Aqui chegados, importa sublinhar que, à luz da redação original do CT, o despedimento por inadaptação só poderia ter lugar desde que se verificassem, cumulativamente, os seguintes *requisitos*, previstos no "velho" art. 375º, nº 1: *i)* tivessem sido introduzidas, nos seis meses anteriores, modifica-

---

mesma obra, GLÓRIA REBELO, «Das alterações ao regime do despedimento por extinção de posto de trabalho», pp. 433-465.

[383] Para os trabalhadores afetos a cargos de complexidade técnica ou de direção, a lei prevê um regime próprio em sede de inadaptação (*vd.*, a este propósito, os arts. 374º, nº 2, e 375º, nº 3, do CT).

CONTRATO DE TRABALHO

ções no posto de trabalho; *ii)* tivesse sido ministrada formação profissional adequada às modificações do posto de trabalho; *iii)* tivesse sido facultado ao trabalhador, após a formação, um período de adaptação de, pelo menos, 30 dias; *iv)* não existisse na empresa outro posto de trabalho disponível e compatível com a categoria profissional do trabalhador; *v)* a inadaptação não decorresse de falta de condições de segurança e saúde no trabalho imputável ao empregador[384].

Tal como se encontrava recortada na lei, a inadaptação do trabalhador não se reconduzia, pois, a qualquer situação de *inaptidão* superveniente do trabalhador, resultante da perda de faculdades profissionais deste. Pelo contrário: no caso da inadaptação, o trabalhador permanecia apto (porventura tão apto como sempre) para o desempenho das suas funções habituais; ele não deixava de ser capaz de as realizar, de forma segura e competente; acontecia, apenas, que as funções inerentes ao seu posto de trabalho haviam sido modificadas, *maxime* através da introdução de novas tecnologias ou de equipamentos baseados em diferente tecnologia; e, neste novo e alterado contexto produtivo, o trabalhador não lograva adaptar-se (reduzia a produtividade, baixava a qualidade da sua prestação, provocava avarias, criava riscos para si e para os outros); ele não conseguia responder, com êxito, ao desafio colocado pelas inovações tecnológicas; ele, repete-se, não perdera faculdades, mas as exigências produtivas tinham mudado e tinham aumentado – e ele, aí, sucumbira. É sabido: quem não acompanha as mudanças fica, inapelavelmente, para trás. E as mudanças, nos dias que correm, sucedem-se a um ritmo vertiginoso. Em suma: quem não se adapta, morre!

De todo o modo, como a inadaptação, nos termos descritos, não radicava num qualquer comportamento culposo do trabalhador, sendo resultante, em última análise, de um fator que lhe era externo – as modificações introduzidas pelo empregador no posto de trabalho –, compreende-se que esta figura sempre tenha sido concebida como mais uma modalidade de despedimento baseado em causas objetivas ("despedimento tecnológico"), com traços regimentais similares aos do despedimento coletivo e por extin-

---

[384] Tal como vimos suceder em matéria de despedimento por extinção de posto de trabalho, também aqui o trabalhador que, nos três meses anteriores ao início do procedimento para despedimento, tenha sido transferido para posto de trabalho em relação ao qual se verifique a inadaptação, terá direito a ser reafetado ao posto de trabalho anterior, caso não esteja ocupado definitivamente (atual nº 6 do art. 375º).

A CESSAÇÃO DO CONTRATO DE TRABALHO: O VÍNCULO DISSOLVIDO

ção de posto de trabalho. Assim, também aqui, depois de ter procedido às comunicações previstas no art. 376º, e após ter decorrido a fase de consultas, regulada no art. 377º, o empregador poderá proferir a *decisão* de despedimento, por escrito, nos termos do art. 378º, nº 1. E, à imagem do que sucede com o despedimento coletivo, este despedimento carece de aviso prévio (nº 2 do art. 378º), gozando o trabalhador despedido por inadaptação dos mesmos direitos que são concedidos àqueles que sejam abrangidos por um despedimento coletivo: crédito de horas e faculdade de denúncia contratual durante o prazo de aviso prévio, direito a uma compensação pecuniária calculada em função da respetiva retribuição e antiguidade (art. 379º)[385].

*
*   *

Vale a pena, a este propósito, atentar nas palavras e no seu significado, nos conceitos e no seu conteúdo. Se consultarmos um dicionário, verificamos que a palavra *inadaptação* significa isso mesmo: incapacidade para se modificar de acordo com uma situação ou ambiente novo, diferente. Diz-se que é *inadaptada*, por seu turno, uma pessoa que não se modificou de acordo com uma nova situação ou ambiente. Com este sentido, a inadaptação consiste numa modalidade de despedimento introduzida no nosso ordenamento jurídico nos anos 90 do século passado, apresentando um radical duplamente objetivo: prescinde da culpa do trabalhador; requer (*rectius*, requeria) a introdução de modificações no posto de trabalho ("despedimento tecnológico"). Tratava-se, repete-se, de uma modalidade de despedimento que não abrangia as situações de inaptidão profissional do trabalhador. Mais uma vez, impõe-se uma consulta ao dicionário. Que significam estas palavras? Inaptidão? Inapto? Por *inaptidão* entende-se a falta de capacidade, de predisposição para determinada forma de atividade. *Inapta*, por sua vez, é uma pessoa que não tem propensão ou capacidade para fazer alguma coisa. Estamos aqui, portanto, perante uma figura distinta da inadaptação, com um radical subjetivo – não no sentido de pressupor a culpa do trabalhador, mas no sentido de estar exclusivamente ligada ao trabalhador.

---

[385] Ainda assim, a inadaptação não se confunde com a extinção de posto de trabalho. Neste caso haverá, em princípio, redução do nível de emprego na empresa. Mas naquele já não, o que explica a obrigação de manutenção do nível de emprego estabelecida no art. 380º do CT.

CONTRATO DE TRABALHO

Ora, com a reforma introduzida pela Lei nº 23/2012, sucede que a inadaptação se dilatou e se metamorfoseou, passando a respetiva noção a recobrir as hipóteses de *verdadeira e própria inadaptação* (na sequência da introdução de modificações no posto de trabalho, criadoras de um novo quadro de prestação da atividade laboral, ao qual o trabalhador não consegue adaptar-se), bem como os casos, qualitativamente distintos, de *autêntica inaptidão profissional* (em que não existem modificações no posto de trabalho, mas em que se regista uma alteração substancial da prestação realizada pelo trabalhador, *maxime* com redução continuada de produtividade/qualidade, com caráter definitivo).

Destarte, os requisitos do *despedimento por inadaptação proprio sensu* encontram-se hoje previstos no art. 375º, nº 1, do CT: introdução de modificações no posto de trabalho, formação profissional, período de adaptação, etc. Já os requisitos daquilo que, pelos motivos expostos, talvez possamos designar por *despedimento por "inadaptidão"* encontram-se estabelecidos no novo nº 2 do mesmo preceito: *i)* modificação/degradação substancial da prestação realizada pelo trabalhador, com caráter presumivelmente definitivo; *ii)* informação ou advertência escrita do trabalhador, demonstrativa da modificação substancial da sua prestação; *iii)* prazo para resposta do trabalhador; *iv)* emissão de ordens e instruções corretivas por parte do empregador; *v)* frequência de formação profissional adequada; *vi)* concessão de um período de adaptação de, pelo menos, 30 dias após a formação.

Que dizer? Seja-me permitido tomar de empréstimo o expressivo termo de Mia Couto e dizer que estamos aqui, sem dúvida, perante um legislador "artimanhoso". Aquilo de que se trata, em boa verdade, é de criar uma nova causa lícita de despedimento por decisão do empregador. Porém, o legislador, talvez para tentar contornar as previsíveis dificuldades de ordem constitucional, apresenta a nova figura como se ela fosse uma simples variante do despedimento por inadaptação. Operação semântica esta que, desde logo, força o sentido próprio da palavra *inadaptação*. Com efeito, pergunta-se: neste caso, a que é que o trabalhador terá, afinal, de se adaptar, se nada de novo surge no seu horizonte laboral? Repare-se que, neste contexto, é logicamente impossível qualquer inadaptação do trabalhador, pois nada há de novo, na empresa e no trabalho por si prestado, a que ele tenha de se adaptar e a que, portanto, possa vir a revelar-se inadaptado. Prefiro, por isso, cunhar esta hipótese, que o legislador apresenta como de inadaptação mas que é de inaptidão, com um outro termo: "inadaptidão". Se o legislador inventa, nós talvez também possamos fazê-lo...

Operação semântica que, ademais, corresponde, em retas contas, a uma transmutação da figura, redundando, a meu ver, numa autêntica operação de "prostituição conceitual". Aquilo de que se trata, repete-se, é de transitar de um verdadeiro e próprio despedimento por inadaptação, baseado em causas objetivas e radicado na prévia introdução de modificações no posto de trabalho (*maxime* resultantes de modificações tecnológicas ao nível dos equipamentos utilizados), para um despedimento por *inaptidão profissional* (incompetência, desempenho insuficiente ou insatisfatório, baixa produtividade ou deficiente qualidade da prestação, fraca *performance...*), baseado em causas subjetivas e desligado da referida introdução de modificações no posto de trabalho. Nem por isso, contudo, as dúvidas sobre a eventual inconstitucionalidade da nova figura da "inadaptidão" foram automaticamente superadas. Com efeito, era pacífico que o art. 53º da CRP tolerava despedimentos baseados em causas objetivas, ligadas à empresa (como é, no limite, o chamado "despedimento tecnológico"), mas já era muito discutível que aquele preceito tolerasse despedimentos baseados em causas subjetivas de caráter não infracional/disciplinar (como é, precisamente, o caso do "despedimento por inadaptidão")[386]. Porém, no seu Ac. nº 602/2013, o TC analisou e discutiu esta questão, tendo concluído, por maioria, pela não inconstitucionalidade da nova figura da "inadaptidão".

Merece ainda registo que, para os trabalhadores afetos a *cargos de complexidade técnica ou de direção*, continua a aplicar-se o velho art. 374º, nº 2, do CT (verificar-se-á inadaptação quando não se cumpram os objetivos previamente acordados, por escrito, em consequência do modo de exercício de funções do trabalhador e seja praticamente impossível a subsistência da relação de trabalho), sendo que o novo art. 375º, nº 3, esclarece que a contratualização de objetivos individuais tanto poderá levar a um despedimento por inadaptação *proprio sensu* (al. *a*) como a um despedimento por "inadaptidão" (al. *b*), caso os mesmos não sejam alcançados. A inserção de uma *cláusula de objetivos* de carácter extintivo da relação laboral no âmbito de um contrato de trabalho suscita numerosos problemas práticos e dogmáticos, desde logo por tender a converter uma obrigação de meios (de atividade), típica deste contrato, numa obrigação de resultado, transferindo o

---

[386] Recorde-se que na hipótese de a redução de produtividade derivar de uma conduta culposa do trabalhador, tal poderá constituir motivo para despedimento com justa causa, «por facto imputável ao trabalhador», nos termos gerais (*vd.*, a este propósito, o disposto no art. 351º do CT, em particular na al. *m*) do seu nº 2).

CONTRATO DE TRABALHO

risco empresarial para o trabalhador. Diga-se, em todo o caso, que uma tal cláusula nunca poderá funcionar como uma cláusula automática de despedimento (ao jeito de uma condição resolutiva), visto que, segundo os termos do próprio Memorando da *troika*, o despedimento apenas poderá ocorrer caso o incumprimento dos objetivos acordados se deva a "razões que sejam da exclusiva responsabilidade do trabalhador" – o que pressupõe a razoabilidade dos objetivos acordados e a demonstração, pelo empregador, de que o incumprimento dos mesmos se deve a uma qualquer falta/falha do trabalhador.

Deve reconhecer-se que, do ponto de vista *procedimental*, o regime jurídico do despedimento por inadaptação continua a ser algo exigente para a entidade empregadora, inclusive no que toca ao novo "despedimento por inadaptidão". Com efeito, o pertinente *iter* procedimental é bastante complexo: requisitos (art. 375º), comunicações (art. 376º), consultas (art. 377º), decisão (art. 378º), direitos do trabalhador despedido (art. 379º)... Mas o certo é que o nosso legislador, engenhosamente, criou aqui uma espécie de "via verde", através do novo art. 379º, nº 2, do CT. Com efeito, este preceito concede ao trabalhador a faculdade de denunciar o contrato, mantendo o direito a compensação, mal receba das mãos do empregador a comunicação prevista na al. *b)* do nº 2 do art. 375º – informação escrita da apreciação da atividade antes prestada, com descrição circunstanciada dos factos, demonstrativa de modificação substancial da prestação do trabalhador. Ainda não há aqui, note-se, qualquer decisão patronal de despedimento, nem sequer qualquer declaração da intenção patronal de proceder ao despedimento. O trabalhador em causa, em risco de "inadaptidão", apenas recebe uma espécie de "cartão amarelo" do empregador (comunicação escrita contendo a acusação/advertência de modificação substancial da sua prestação)... e tanto basta, segundo a lei, para que o mesmo logo possa denunciar o contrato, com direito à compensação devida em caso de despedimento coletivo (prevista no *supra* analisado art. 366º do CT). Trata-se de uma solução sem paralelo no nosso ordenamento jurídico-laboral, dado que o CT concede essa faculdade de denúncia ao trabalhador, mantendo o direito a compensação, mas só durante o prazo de aviso prévio, isto é, só depois de o empregador ter comunicado ao trabalhador a decisão de despedimento e antes que a mesma produza efeitos – é assim em matéria de despedimento coletivo (art. 365º), é assim em matéria de despedimento por extinção do posto de trabalho (art. 372º) e é também assim, note-se, em

A CESSAÇÃO DO CONTRATO DE TRABALHO: O VÍNCULO DISSOLVIDO

caso de despedimento por inadaptação *proprio sensu* (art. 379º, nº 1). Só assim não é em caso de despedimento por "inadaptidão". O que dá que pensar. A meu ver, esta inventiva solução poderá contribuir em muito para o êxito do novel instituto da "inadaptidão" no plano prático e estatístico, pois admito que amiúde o trabalhador, ao receber o mencionado "cartão amarelo" e ao antever a abertura de um processo longo e desgastante para si, que provavelmente terminará no seu despedimento, será tentado a denunciar ele mesmo, de imediato, o contrato, furtando-se a esse período conturbado de agonia contratual e mantendo o direito à compensação que teria caso viesse a ser alvo de despedimento[387].

22.7. Meios de reação contra o despedimento

O que *supra* se escreve refere-se aos requisitos, de ordem substantiva e adjetiva, material e procedimental, que a lei impõe para que um qualquer despedimento seja lícito. Importa, então, saber: se um trabalhador que tenha sido despedido entender (com ou sem razão, é ponto que, neste momento, não releva) que foi despedido ilegalmente (sem justa causa, sem motivos objetivos, com preterição de regras procedimentais, etc.), como poderá ele reagir? Como poderá ele contrariar essa decisão patronal, salvaguardar o seu emprego e ser ressarcido dos danos causados? O CT responde a estas questões nos seus arts. 386º a 388º, nos seguintes moldes:

i) Desde logo, o trabalhador poderá requerer a *suspensão preventiva do despedimento*, no prazo de cinco dias úteis, mediante providência cautelar regulada no CPT (art. 386º)[388]. Nas palavras de JORGE LEITE,

---

[387] Uma referência final, em matéria de despedimento por inadaptação, para a meritória norma introduzida no novo nº 3 do art. 374º do CT, segundo a qual as situações de inadaptação descritas nesse artigo não prejudicam a proteção conferida aos trabalhadores com capacidade de trabalho reduzida, deficiência ou doença crónica. Dir-se-ia que como nestes casos existe, por força da lei (arts. 84º e ss. do CT), um especial dever de adaptação do posto de trabalho ao trabalhador, isso poderá inviabilizar o despedimento deste por inadaptação superveniente àquele. Registe-se que o incumprimento do disposto neste nº 3 do art. 374º determinará a ilicitude do despedimento, nos termos da nova redação do art. 385º-*a)* do CT.
[388] Quanto ao *dies a quo* deste prazo de cinco dias úteis, a lei diz que o mesmo se conta «da data da receção da comunicação de despedimento». Note-se, porém, que esta providência cautelar é um mecanismo do qual o trabalhador pode lançar mão, quer para combater um despedimento com justa causa, quer quando seja confrontado com um despedimento coletivo, por extinção do posto de trabalho ou por inadaptação. Ora, como vimos, se em sede de despedimento disciplinar a decisão extintiva do empregador produz efeitos logo que chega

CONTRATO DE TRABALHO

a suspensão judicial do despedimento consiste «[n]uma providência cautelar que participa das características próprias deste tipo de medidas: visa proteger a aparência do direito invocado, no caso o direito à segurança do emprego e à perceção regular dos rendimentos do trabalho (*fumus boni juris*); tem como razão determinante evitar, ao menos provisoriamente, os efeitos da mudança operada com o despedimento, fim que a ação principal não é adequada a preservar por ser de resolução mais lenta (*periculum in mora*); é célere, bastando-se, por isso, com uma averiguação sumária do processo (*summaria cognitio*); e é instrumental ou dependente da ação principal, neste caso da ação de impugnação de despedimento, de que a providência constitui uma espécie de antecipação previsional» [389];

ao poder do trabalhador ou é dele conhecida (art. 357º, nº 7), já na hipótese de despedimento baseado em causas objetivas tal decisão não produz efeitos imediatos, estando sujeita a um prazo mínimo de aviso prévio de duração variável, entre 15 e 75 dias (arts. 363º, nº 1, 371º, nº 3, e 378º, nº 2, todos do CT).

Significa isto que, neste último grupo de situações, o respeito pelo prazo estabelecido no art. 386º do CT implicará que o trabalhador tenha de requerer a suspensão preventiva do despedimento antes de este último produzir os respetivos efeitos extintivos. Nestes casos, o trabalhador ainda não perdeu o emprego, pois estará a decorrer o prazo de aviso prévio concedido pelo empregador. Porém, a decisão patronal extintiva já foi tomada e já lhe foi comunicada, pelo que se compreende, até em função da celeridade própria deste procedimento cautelar, que a lei obrigue o trabalhador a reagir rapidamente, caso queira lançar mão de tal faculdade. De resto, basta ler o artigo subsequente do CT, relativo à apreciação judicial do despedimento, para vermos como o legislador, quando quer, sabe distinguir o *dies a quo* dos prazos de reação contra o despedimento: assim é que a lei diz que o trabalhador poderá opor-se ao despedimento «no prazo de 60 dias, contados a partir da receção da comunicação de despedimento ou da data de cessação do contrato, se posterior» (art. 387º).

Tudo, pois, a depor no sentido de o prazo de cinco dias úteis, relativo à suspensão preventiva do despedimento, dever ser contado a partir da data da receção da comunicação de despedimento, independentemente da data em que esta comunicação venha a produzir os respetivos efeitos. Diga-se, no entanto, que a bondade desta solução é discutível, até porque há circunstâncias que poderão determinar a ilicitude do despedimento ainda desconhecidas do trabalhador na data em que lhe é comunicada a decisão extintiva – pense-se, desde logo, na «compensação de antiguidade» e nos demais créditos laborais, cujo pagamento, nos termos legais, poderá ser efetuado «até ao termo do prazo de aviso prévio» (arts. 383º/c), 384º/d) e 385º/c)). Ora, como é óbvio, cinco dias após a receção da comunicação de despedimento, o trabalhador ainda não sabe se o empregador irá ou não proceder a tais pagamentos...

[389] JORGE LEITE e COUTINHO DE ALMEIDA, *Coletânea de Leis do Trabalho*, cit., p. 257.

A CESSAÇÃO DO CONTRATO DE TRABALHO: O VÍNCULO DISSOLVIDO

ii) Tenha ou não utilizado a via da providência cautelar, o trabalhador que pretenda combater um despedimento que considere ilícito terá de intentar a correspondente *ação judicial* (arts. 387º, nº 1, e 388º, nº 1);

iii) Para esse efeito, o trabalhador dispõe do *prazo* de 60 dias (nº 2 do art. 387º), salvo tratando-se de um despedimento coletivo, cuja ação de impugnação poderá ser intentada no prazo de seis meses (nº 2 do art. 388º). Note-se, entretanto, que a *ação de impugnação judicial da regularidade e licitude do despedimento* se encontra prevista nos arts. 98º-B a 98º-P do CPT revisto. Trata-se de uma ação declarativa de condenação com processo especial e de natureza urgente, cujo âmbito de aplicação se circunscreve, contudo, aos casos «em que seja comunicada por escrito ao trabalhador a decisão de despedimento individual, seja por facto imputável ao trabalhador, seja por extinção do posto de trabalho, seja por inadaptação» (art. 98º-C). Exige-se, pois, para que o trabalhador lance mão desta ação, que tenha havido uma decisão patronal de despedimento, inequívoca e formalizada. Destarte, se o que se verificou foi, por exemplo, uma decisão de despedimento meramente verbal, ou se a ligação contratual entre os sujeitos cessou, alegadamente, por outra via que não o despedimento (pense-se, desde logo, na hipótese de um contrato que o empregador considera ser um contrato a termo, acionando a respectiva caducidade, mas que o trabalhador considera ser um contrato sem termo, ilicitamente dissolvido pelo empregador; ou na hipótese de contrato cuja qualificação jurídica é discutida, entendendo o beneficiário dos serviços que se trata de um contrato de prestação de serviço, ao passo que o prestador entende tratar-se de um verdadeiro contrato de trabalho, feito cessar sem justa causa pelo empregador), parece que neste tipo de casos o trabalhador terá de recorrer a uma ação com processo comum, dispondo de um ano para intentar a correspondente ação (seja porque esse é o prazo geral de arguição das anulabilidades, seja porque esse é o prazo de prescrição dos créditos laborais). À luz do CPT revisto, não existe, portanto, unicidade em matéria de reação do trabalhador ao despedimento. Nuns casos, a ação apropriada deverá ser a especial (ação de impugnação judicial da regularidade e licitude do despedimento), noutros terá de ser a ação comum. Dir-se-ia, em suma, que o nº 2 do art. 387º do CT não diz toda a verdade nesta matéria, dado que os meios adjetivos

CONTRATO DE TRABALHO

de reação do trabalhador ao despedimento não se limitam àquela ação especial de impugnação judicial, a desencadear no prazo de 60 dias.

iv) Na ação de apreciação judicial do despedimento, assim como na ação de impugnação do despedimento coletivo, o empregador apenas poderá invocar *factos e fundamentos constantes da decisão de despedimento* comunicada ao trabalhador (n.º 3 do art. 387.º e n.º 3 do art. 388.º);

v) Em casos de apreciação judicial de despedimento com alegação de justa causa (isto é, por facto imputável ao trabalhador), e sem prejuízo da apreciação de vícios formais, o tribunal deverá sempre pronunciar-se sobre a verificação e procedência dos *fundamentos* invocados para o despedimento (art. 387.º, n.º 4). Este dever de o tribunal apreciar as questões de fundo, não se ficando pela forma, compreende-se à luz da nova figura do «despedimento irregular», contida no n.º 2 do art. 389.º do CT. Casos há, todavia, em que as falhas procedimentais implicam a invalidade/ilicitude do despedimento (e não a mera irregularidade deste). Pense-se, desde logo, na própria inexistência de procedimento (al. *c)* do art. 381.º), bem como nas hipóteses de invalidade do procedimento disciplinar (n.º 2 do art. 382.º). Para quê, nestas situações, obrigar o tribunal a pronunciar-se sobre a verificação e procedência dos fundamentos invocados para o despedimento? Como quer que seja, o despedimento é ilícito/inválido... Talvez se possa dizer que, ainda assim, apreciar o fundo da questão pode ser relevante, em ordem a apurar o grau de ilicitude do despedimento e, por via disso, o montante da «indemnização de antiguidade» devida ao trabalhador (arts. 391.º, n.º 1, e 392.º, n.º 3), bem como para fixar uma eventual indemnização por danos não patrimoniais (art. 381.º, n.º 1, al. *a), in fine*).

22.8. Ilicitude do despedimento: causas e efeitos da ilicitude
22.8.1. As causas de ilicitude do despedimento

O CT enuncia as causas de ilicitude do despedimento nos seus arts. 381.º a 385.º, em termos que podem ser sintetizados como segue:

A) Qualquer despedimento (baseie-se ele em causas subjetivas ou objetivas) será ilícito, no caso de:

A CESSAÇÃO DO CONTRATO DE TRABALHO: O VÍNCULO DISSOLVIDO

i) Ser devido a *motivos políticos, ideológicos, étnicos ou religiosos*. São os chamados «despedimentos discriminatórios», particularmente reprováveis, afigurando-se que o catálogo legal deverá ser integrado pelos restantes fatores de discriminação mencionados no art. 24º, nº 1, do CT, dado que um despedimento baseado, p. ex., na nacionalidade, raça, idade, estado civil, sexo ou orientação sexual do trabalhador não parece que seja menos censurável do que aquele que se baseie em motivos políticos, ideológicos ou religiosos[390];

ii) O respetivo *motivo justificativo ser declarado improcedente* – inexistência de justa causa ou ausência de razões legitimadoras de um despedimento por extinção do posto de trabalho ou por inadaptação. E o mesmo vale, é claro, em relação ao despedimento coletivo. Sendo defensável que este não tenha de consistir numa condição *sine qua non* para a sobrevivência da empresa, a verdade é que ele também não poderá ser perspetivado como um acto de gestão virtualmente insindicável pelo tribunal, a coberto da liberdade de iniciativa económica do empresário[391]. A liberdade económica e a propriedade privada, sendo valores constitucionalmente consagrados, têm de se concatenar com outros valores e direitos fundamentais, entre os quais a garantia da segurança no emprego. O respeito devido pelo tribunal às decisões de gestão tomadas pelo empresário/empregador não deve, pois,

---

[390] Excecionalmente, quanto a trabalhadores das chamadas *empresas ideológicas ou de tendência* (partidos políticos, associações sindicais, instituições religiosas), o despedimento poderá basear-se num destes fatores. *Vd.*, p. ex., o disposto no art. 39º, nº 2, da Lei dos Partidos Políticos (Lei Orgânica nº 2/2003, de 22 de agosto), o qual considera como justa causa de despedimento de um trabalhador subordinado de um partido político «o facto de um funcionário se desfiliar ou fazer propaganda contra o partido que o emprega ou a favor de uma candidatura sua concorrente».

[391] A este propósito, *vd.* as importantes considerações tecidas por JÚLIO GOMES, Autor que sustenta, a meu ver com inteira razão, que nesta matéria o controlo judicial não poderá deixar de ser substantivo, incidindo na racionalidade e na proporcionalidade da medida adotada pelo empregador (*Direito do Trabalho*, cit., pp. 991-996). Por isso mesmo, aliás, o CPT prevê a nomeação de assessores técnicos qualificados na matéria, cujo relatório auxiliará o juiz na decisão sobre a procedência ou não dos fundamentos invocados para o despedimento (arts. 157º a 159º). Sobre a questão, por último, MONTEIRO FERNANDES, «Alguns aspetos da análise causal do despedimento coletivo nos ordenamentos português e espanhol», *QL*, nº 46, 2015, pp. 5-28.

confundir-se com, ou resvalar para, qualquer espécie de temor reverencial relativamente a tais decisões, até porque estas, para serem lícitas, não poderão fazer descaso do importante bem jurídico representado pela manutenção do emprego dos respetivos trabalhadores. Diga-se, aliás, que, em certo sentido, o Direito do Trabalho não é outra coisa senão um vasto sistema de controlo das decisões gestionárias do empregador, não se percebendo por que razão deveria deixar de sê-lo em face de uma decisão tão importante (tão destruidora de emprego e tão criadora de desespero) como é a de proceder a um despedimento coletivo. E bom será não ter ilusões a este respeito. Apesar de toda a retórica discursiva amiúde desenvolvida em torno da empresa (a «empresa-comunidade», a «responsabilidade social da empresa», a «empresa criadora de emprego», etc.), o certo é que o objetivo magno da empresa privada capitalista não consiste em criar emprego para os trabalhadores, nem sequer em assegurar a manutenção daquele para estes, mas sim em gerar lucros para os respetivos sócios/acionistas. Ao Direito do Trabalho compete, justamente, evitar que a prossecução deste desígnio lucrativo sacrifique em demasia os interesses dos trabalhadores. Parece-me, por isso, excessivo sustentar a legitimidade do recurso ao despedimento coletivo por parte de empresas prósperas e lucrativas, com uma situação económico-financeira plenamente equilibrada, apenas em ordem ao incremento dos lucros[392]. Julga-se que a tutela constitucional da segurança no emprego impõe – tem de impor – um outro tipo de ponderação, que não menospreze o valor da manutenção do emprego, quer ao empregador quando toma a decisão, quer ao julgador quando chamado a sindicar os motivos da decisão daquele.

iii) Não ser precedido do respetivo procedimento (inexistência de procedimento disciplinar ou do procedimento de informação e consulta exigido nos casos de despedimento baseado em causas objetivas);

iv) Não ser solicitado o *parecer prévio da entidade competente*, em caso de trabalhadora grávida, puérpera ou lactante, ou de trabalha-

---

[392] Assim, porém, Pedro Furtado Martins, *Cessação do Contrato de Trabalho*, cit., pp. 276-279.

dor durante o gozo de licença parental inicial (a este propósito, veja-se o art. 63º do CT).

B) Para além destes fundamentos gerais de ilicitude do despedimento, a lei prevê *causas específicas de ilicitude*, consoante o tipo de despedimento em questão. Nos casos de despedimento com alegação de justa causa, a respetiva ilicitude poderá ainda resultar da circunstância de já terem decorrido os prazos estabelecidos no art. 329º[393], ou de o respetivo procedimento disciplinar ser inválido (art. 382º). Registe-se que as falhas procedimentais que determinam a ilicitude do despedimento (vícios invalidantes) são as contempladas nas diversas alíneas do nº 2 do art. 382º: falta de nota de culpa escrita, falta de descrição circunstanciada dos factos imputados ao trabalhador, falta da comunicação da intenção de despedimento, desrespeito dos direitos de defesa do trabalhador, falta de comunicação escrita da decisão fundamentada de despedimento, invocação de factos não constantes da nota de culpa para justificar o despedimento. Outras falhas, menos graves (vícios não invalidantes), poderão gerar a mera irregularidade do despedimento, como resulta do disposto no nº 2 do art. 389º

As causas específicas de ilicitude do despedimento coletivo, por extinção de posto de trabalho e por inadaptação encontram-se catalogadas nos arts. 383º, 384º e 385º, respetivamente, consistindo, no essencial, em falhas procedimentais ou na falta de colocação da compensação pecuniária devida à disposição do trabalhador despedido.

22.8.2. Os efeitos da ilicitude do despedimento
22.8.2.1. A ilicitude/invalidade do despedimento

Os arts. 389º a 393º do CT constituem um bloco normativo regulador dos efeitos da declaração judicial da ilicitude do despedimento, tendo como antecedente próximo o disposto nos arts. 436º a 440º do CT de 2003. Assim,

---

[393] A lei refere-se apenas ao decurso dos «prazos estabelecidos nos nºs 1 ou 2 do artigo 329º», isto é, ao prazo de prescrição da infração disciplinar e ao prazo de caducidade do direito de ação disciplinar. Mas parece que outra não poderá ser a consequência em caso de decurso do novo prazo previsto no nº 3 do art. 329º (prazo de prescrição do procedimento disciplinar).

CONTRATO DE TRABALHO

nas suas grandes linhas, o atual CT continua a configurar o despedimento *contra legem* como um despedimento *ilícito* e *inválido*: porque pratica um ato *ilícito*, o empregador terá de indemnizar o trabalhador por todos os danos causados, patrimoniais e não patrimoniais (art. 389º, nº 1, al. *a)*); porque o ato extintivo é *inválido*, o empregador será, em princípio, condenado a reintegrar o trabalhador no mesmo estabelecimento da empresa, sem prejuízo da sua categoria e antiguidade (art. 389º, nº 1, al. *b)*).

Em matéria indemnizatória, dois pontos merecem particular destaque na supramencionada norma codicística, dizendo o primeiro deles respeito à controvertida questão da *ressarcibilidade dos danos não patrimoniais eventualmente causados ao trabalhador pelo despedimento ilícito*. Na ausência de uma resposta inequívoca a esta questão por parte da legislação laboral anterior ao CT de 2003, a nossa jurisprudência dividiu-se, tendo começado por prevalecer uma orientação negativista, a qual, lentamente, foi perdendo força com o passar dos anos. Já a doutrina revelava menos dúvidas. Com efeito, e nas certeiras palavras de MENEZES CORDEIRO, «o despedimento ilícito pode causar danos morais da maior gravidade, ao trabalhador e à sua família. No limite, o despedimento ilícito pode mesmo ter sido perpetrado com a exclusiva finalidade de atingir a esfera pessoal do trabalhador. Quando se demonstrem danos morais razoáveis, eles devem ser indemnizados, por força do artigo 496º/1 do Código Civil»[394]. Em todo o caso, se podia haver dúvidas à luz da legislação anterior, o CT de 2003 encarregou-se de as esclarecer, numa solução confirmada pelo art. 389º, nº 1, al. *a)*, do atual Código: enquanto atuação patronal ilícita, o despedimento *contra legem* pode ocasionar danos sérios da mais variada índole, inclusive de ordem não patrimonial, ao trabalhador; conseguindo este provar a existência e a gravidade de tais danos não patrimoniais resultantes do despedimento ilícito, nada justificaria a inadmissibilidade de ressarcimento dos mesmos[395].

De acordo com este preceito do CT, também os *danos patrimoniais* causados pelo despedimento ilícito deverão ser indemnizados, devendo notar-se que o legislador não se refere aqui aos chamados «salários intercalares», isto é, às retribuições devidas ao trabalhador desde a data do despedimento até ao trânsito em julgado da decisão judicial que o declara ilícito.

---

[394] *Manual de Direito do Trabalho*, cit., p. 846.

[395] A este propósito, por todos e por último, MARIA JOSÉ COSTA PINTO, «Os danos não patrimoniais nos processos laborais: alegação, prova e quantificação da indemnização», *PDT*, 2016-II, pp. 265-295.

A CESSAÇÃO DO CONTRATO DE TRABALHO: O VÍNCULO DISSOLVIDO

Com efeito, estes salários intercalares, devidos ao trabalhador em virtude da eliminação retroativa do despedimento enquanto mecanismo extintivo da relação laboral, deverão ser pagos ao trabalhador por força do art. 390º do CT. No nº 1, al. *a)*, do art. 389º, o legislador prevê a hipótese de o despedimento causar outros danos patrimoniais ao trabalhador (pense-se, p. ex., nas gorjetas que o trabalhador tenha deixado de receber em virtude do despedimento ilícito), os quais, uma vez provados por este, deverão ser indemnizados nos termos gerais[396]. Poderá tratar-se, inclusive, de danos patrimoniais indiretos: pense-se na hipótese de um despedimento «injurioso», em que o trabalhador é falsa e publicamente acusado de ser ladrão ou mentiroso, o qual, além dos danos não patrimoniais resultantes do vexame sofrido e da ofensa à sua honra ou reputação, pode ainda causar danos patrimoniais ao trabalhador (p. ex., dificuldades acrescidas para arranjar um novo emprego ou para conseguir um empréstimo bancário).

Mas, via de regra, o despedimento *contra legem* não se limita a ser um ato *irregular*, desencadeador de uma obrigação indemnizatória a cargo do empregador. O despedimento *contra legem* é concebido como um verdadeiro e próprio despedimento *inválido*[397], assim se compreendendo a tutela reintegratória estabelecida na al. *b)* do nº 1 do art. 389º do CT. Destarte, o trabalhador que seja objeto de um despedimento ilícito goza, não apenas do direito de ser indemnizado por todos os danos causados, mas também do direito a ser reintegrado na empresa, sem prejuízo da sua categoria e antiguidade. O princípio geral consagrado no CT continua, pois, a ser aquele que foi acolhido no nosso país após a Revolução de Abril e a Constituição da República de 1976: ao declarar o despedimento ilícito, o tribunal priva este último do seu efeito extintivo da relação laboral, pelo que, tendencialmente, tudo se vai passar como se o despedimento jamais tivesse sido proferido pela entidade empregadora. Em conformidade com esta lógica de fundo, e para além do direito aos «salários intercalares», o trabalhador tem

---

[396] A este propósito, *vd.* o disposto no art. 564º do CCivil, segundo o qual o dever de indemnizar compreende não só o prejuízo causado, como os benefícios que o lesado deixou de obter em consequência da lesão.

[397] Sobre a distinção entre a invalidade e a simples irregularidade, *vd.*, por todos, CARLOS MOTA PINTO, *Teoria Geral do Direito Civil*, p. 627: «Enquanto a invalidade importa a destruição dos efeitos negociais, a irregularidade, embora provenha de um vício interno negocial, tem consequências menos graves, não afetando a eficácia do negócio, mas dando apenas lugar a sanções especiais». Trata-se, como veremos *infra*, de uma distinção cuja importância se acentuou, em sede de despedimento *contra legem*, após a aprovação do atual CT.

CONTRATO DE TRABALHO

o direito de retomar a sua atividade profissional ao abrigo de um contrato de trabalho que, afinal, ao invés daquilo que o empregador pretendia, não foi dissolvido pelo despedimento («princípio da coercibilidade do vínculo jurídico-laboral»).

A consagração de uma *tutela de tipo reintegratório ou restitutório* entende-se e é, julga-se, a única que, ao menos como solução-regra, se mostra compatível com a garantia constitucional da segurança no emprego, consagrada no art. 53º da CRP. Qualquer outro sistema, em que a tutela da estabilidade do emprego fosse como que amolecida, assentando em mecanismos puramente indemnizatórios (sistema do «despedimento pago»), ficaria, decerto, aquém das exigências constitucionais. Como lapidarmente escrevem GOMES CANOTILHO e JORGE LEITE, «se o ato que extingue o contrato vem, afinal, a revelar-se anti-jurídico, a única reação adequada do ordenamento jurídico compatível com o sistema da estabilidade é a de privar aquele ato da sua consequência normal, determinando a sua invalidade e consequente subsistência do vínculo contratual. A "monetarização" do despedimento como alternativa à reintegração permitiria, afinal, à entidade empregadora aquilo que a CRP quer, manifestamente, proibir – "desembaraçar-se" do trabalhador apesar de não haver causa legítima de despedimento»[398].

Em todo o caso, *importa não confundir invalidade do despedimento com direito à reintegração do trabalhador despedido*. Este último pressupõe aquela, mas aquela pode viver desacompanhada deste. Ora, se o princípio da invalidade do despedimento ilícito se encontra solidamente ancorado no CT, já o pilar reintegratório da segurança no emprego, não tendo sido destruído, foi seriamente abalado pelo CT, visto que, em certos casos (não tão contados como isso...) o CT faculta ao empregador aquilo que, até ao período da codificação, lhe era vedado – a oposição à reintegração do trabalhador ilicitamente despedido (art. 392º). O tema será analisado *infra*.

22.8.2.2. Os «salários intercalares»

Como se disse, além do dever de indemnizar o trabalhador por todos os danos, patrimoniais e não patrimoniais, causados pelo despedimento ilícito (art. 389º, nº 1, al. *a*)), o empregador deverá ainda compensar o trabalhador pagando-lhe os chamados «salários intercalares» ou «salários de trami-

---

[398] «A inconstitucionalidade da lei dos despedimentos», sep. do número especial do *Boletim da Faculdade de Direito de Coimbra*, «Estudos em Homenagem ao Prof. Doutor António de Arruda Ferrer Correia», 1988, pp. 51-52.

A CESSAÇÃO DO CONTRATO DE TRABALHO: O VÍNCULO DISSOLVIDO

tação», visto que a declaração judicial de ilicitude/invalidade do despedimento produz efeitos retroativos, repondo em vigor o contrato de trabalho que o empregador havia tentado, sem êxito, dissolver. Em sede de salários intercalares, estamos, pois, perante o cumprimento diferido da obrigação retributiva a cargo do empregador. O pagamento de salários intercalares pelo empregador reconduz-se assim à realização, *a posteriori*, da prestação retributiva a que estava obrigado por efeito do contrato de trabalho e que, indevidamente, não cumpriu durante o espaço de tempo que decorreu entre a rutura ilícita de tal contrato e a sentença que, decretando a invalidade da decisão patronal, reafirmou simultaneamente a continuidade, no plano jurídico, do vínculo contratual.

Em princípio, os salários intercalares serão devidos *desde a data do despedimento até ao trânsito em julgado da decisão do tribunal* que declare a ilicitude do despedimento (art. 390º, nº 1, *in fine*). A solução situa-se na linha do disposto no CT de 2003, o qual veio resolver uma querela jurisprudencial que se arrastou por largos anos entre nós, querela resultante da circunstância de a regulamentação anterior da matéria aludir à «data da sentença» (e não à data da decisão ou do acórdão) como termo final do direito aos salários intercalares. Com base no elemento literal, formou-se então uma orientação jurisprudencial segundo a qual o termo final do direito a salários intercalares resultantes da declaração judicial de ilicitude do despedimento coincidiria, sempre, com a data da sentença da 1ª instância, mesmo que desta tivesse sido interposto recurso e mesmo que tal sentença não houvesse declarado a ilicitude do despedimento. O STJ acabou, no entanto, por corrigir a referida orientação jurisprudencial, concluindo que, em caso de ilicitude do despedimento declarada ou confirmada em sede de recurso, os salários intercalares seriam devidos, não até à data da sentença da 1ª instância, mas até à data da decisão final da ação de impugnação do despedimento.

Com a redação dada ao nº 1 do art. 390º (semelhante à do nº 1 do art. 437º do CT de 2003), o atual CT veio aderir, sem reservas, ao entendimento segundo o qual o referido limite temporal final é, não necessariamente a data da sentença da 1ª instância, mas a data da decisão final, sentença ou acórdão, que haja declarado ou confirmado aquela ilicitude – solução que não pode senão ser aplaudida. Os salários intercalares (e os correspondentes juros de mora) serão devidos, portanto, «até ao trânsito em julgado da decisão do tribunal» e não apenas até à data da sentença da primeira instância – e isto, note-se, quer o trabalhador tenha optado pela reintegração

CONTRATO DE TRABALHO

na empresa, quer ele tenha optado pela chamada «indemnização de antiguidade».

É claro que os salários intercalares serão devidos até ao trânsito em julgado da decisão do tribunal nas situações-padrão, isto é, naquelas em que a declaração de invalidade do despedimento implica a reconstituição do vínculo jurídico-laboral até à data da referida decisão judicial. Ora, nada impede que o contrato de trabalho se extinga antes desta última data, em virtude da ocorrência de outros factos extintivos do mesmo (pense-se nos casos, paradigmáticos, do falecimento ou da reforma do trabalhador despedido). Quando tal suceda, os salários intercalares serão devidos, logicamente, não até à data da decisão judicial, mas sim até à data em que o contrato se extinguiu (naqueles casos, por caducidade).

Há, porém, deduções a fazer. Assim, ao montante dos salários intercalares, calculado nos termos indicados *supra*, deduzem-se «as importâncias que o trabalhador aufira com a cessação do contrato e que não receberia se não fosse o despedimento» (n° 2, al. *a)*, do art. 390° do CT). Este preceito situa-se na linha do disposto no art. 437°, n° 2, do CT de 2003, e este, por sua vez, na do art. 13°, n° 2, al. *b)*, da LCCT (o qual mandava deduzir ao valor dos salários intercalares, o «montante das importâncias relativas a rendimentos de trabalho auferidos pelo trabalhador em atividades iniciadas posteriormente ao despedimento»), mas não deixa de apresentar profundas diferenças de redação relativamente a este último, alimentando, por isso, algumas dúvidas em torno do seu exato sentido e alcance.

Quanto ao revogado art. 13°, n° 2, al. *b)*, da LCCT, pode dizer-se que, ao menos nas suas grandes linhas, o preceito era inequívoco: se o trabalhador, após o despedimento, iniciasse uma nova atividade laboral, por conta própria ou alheia, os rendimentos provenientes dessa nova atividade laboral deveriam ser descontados na importância a pagar pelo empregador que havia procedido ao despedimento ilícito. Tendo embora uma certa justificação e não deixando de contar com alguns defensores (a norma traduzir-se-ia numa concretização, para o campo juslaboral, da regra geral estabelecida no art. 795°, n° 2, do CCivil)[399], a verdade é que esta disposi-

---

[399] Segundo este preceito, «se a prestação se tornar impossível por causa imputável ao credor [neste caso, o empregador, autor do despedimento ilícito], não fica este desobrigado da contraprestação; mas, se o devedor [neste caso, o trabalhador vitimado por esse despedimento] tiver algum benefício com a exoneração, será o valor do benefício descontado na contraprestação».

A CESSAÇÃO DO CONTRATO DE TRABALHO: O VÍNCULO DISSOLVIDO

ção legal não escapou a um juízo crítico bastante severo por parte de um significativo setor da doutrina[400]. Ora, uma das mais pertinentes críticas dirigidas ao art. 13º, nº 2, al. *b)*, da LCCT consistia, precisamente, na circunstância de este artigo parecer pressupor a existência de um estreito nexo causal entre o despedimento ilícito e os novos rendimentos do trabalho, como se estes últimos brotassem, direta e inexoravelmente, daquele. Sabe-se, porém, que não é assim. Recorrendo à conhecida e sugestiva imagem de GAROFALO, entre o despedimento e os rendimentos existe aqui um «insuperável diafragma», a saber, o novo contrato de trabalho – note-se bem: um contrato oneroso, que implica sacrifícios para o trabalhador em troca do salário, que supõe o dispêndio de energias físicas e psíquicas, bem como a colocação da própria pessoa do trabalhador numa situação de heterodisponibilidade – celebrado com outro empregador, do qual esses rendimentos promanam.

O que vem de ser dito permitirá, julga-se, lançar alguma luz sobre o disposto no nº 2, al. *a)*, deste art. 390º do CT. Com efeito, o legislador opta agora por uma formulação mais genérica e, quiçá, mais prudente: em lugar de mandar deduzir o «montante das importâncias relativas a rendimentos de trabalho auferidos pelo trabalhador em atividades iniciadas posteriormente ao despedimento», o CT limita-se a ordenar a dedução das «importâncias que o trabalhador aufira com a cessação do contrato e que não receberia se não fosse o despedimento». Tratar-se-á, apenas, de um modo diferente de dizer a mesma coisa? De utilizar outras palavras para, afinal, veicular o mesmo comando normativo?

Tendo em conta a doutrina e a jurisprudência maioritárias, a resposta parece ser afirmativa. Confesso (man)ter dúvidas de que assim seja. Isto porque, nesta matéria, o CT parece mostrar-se mais exigente do que o era a LCCT, no que diz respeito ao nexo causal entre o despedimento e as importâncias obtidas pelo trabalhador. Com efeito, nos termos do nº 2, al. *a)*, do art. 390º, afigura-se que o despedimento tem de ser condição *ne-*

---

[400] A propósito, *vd.*, por todos, JOÃO LEAL AMADO, «Despedimento ilícito e salários intercalares: a dedução do *aliunde perceptum* – uma boa solução?», *QL*, nº 1, 1994, pp. 43-52. Como aí se escreve, a disposição em apreço dava azo a situações de manifesta injustiça relativa, estimulando a inércia do trabalhador despedido e penalizando o esforço do trabalhador ativo, além de premiar indevidamente o autor do despedimento ilícito (o qual, em última análise, era o grande beneficiário do labor do trabalhador que ele mesmo havia despedido, situação esta a todos os títulos chocante).

CONTRATO DE TRABALHO

cessária e *suficiente* dos rendimentos a deduzir: as importâncias suscetíveis de dedução serão aquelas «que [o trabalhador] não receberia se não fosse o despedimento» (despedimento-condição necessária da obtenção dos rendimentos); e que «o trabalhador aufira com a cessação do contrato» (despedimento-condição suficiente da obtenção dos rendimentos). Ora, sucede que esta dupla condição não se preenche no tocante aos rendimentos oriundos de um novo contrato de trabalho entretanto celebrado pelo trabalhador despedido – neste caso, o despedimento será condição necessária para a obtenção daqueles rendimentos, mas não condição suficiente dos mesmos. Afigura-se assim legítima a conclusão de que, em sede de dedução do *aliunde perceptum*, o CT terá sido sensível às críticas formuladas ao preceito correspondente da LCCT, tendo endurecido as exigências para que tal dedução deva efetuar-se.

A ser correta a interpretação do n.º 2, al. *a)*, do art. 390.º que acima se propugna, então a conclusão mostra-se inevitável: o campo de aplicação desta norma é muito mais limitado do que o da sua antecessora longínqua, o art. 13.º, n.º 2, al. *b)*, da LCCT. A respetiva estatuição aplicar-se-á, apenas, nos casos em que exista um forte nexo causal, uma conexão intrínseca entre o despedimento e as importâncias recebidas pelo trabalhador (pense-se, p. ex., na hipótese de tais importâncias provirem de um qualquer seguro que o trabalhador tenha efetuado para cobrir o risco de perda involuntária do emprego), sendo que, creio, tal conexão intrínseca não existe quando as importâncias são recebidas pelo trabalhador despedido à custa e como contrapartida do esforço laborativo reclamado pelo cumprimento de um outro contrato de trabalho por ele celebrado[401].

---

[401] Registe-se que, a meu ver, também a «compensação de inatividade» paga ao trabalhador despedido em cumprimento de um *pacto de não concorrência* não poderá deixar de ser deduzida ao montante dos «salários intercalares». Com efeito, o despedimento proferido pelo empregador fará cessar o contrato, implicando que, daí em diante e pelo período previamente acordado, o empregador deva pagar ao trabalhador, a troco da limitação da sua atividade concorrencial, a compensação prevista no art. 136.º, n.º 2, al. *c)*, do CT. Trata-se, pois, *in casu*, de uma importância que este aufere com a cessação do contrato e que não receberia se não fosse o despedimento. Ora, se, mais tarde, o despedimento vem a ser declarado ilícito pelo tribunal, é lógico que o trabalhador, tendo direito a receber do empregador os «salários intercalares», deva restituir-lhe as importâncias correspondentes à aludida «compensação de inatividade».

Neste quadro, confesso ter alguma dificuldade de entender o disposto nos n.ºs 3 e 4 do art. 136.º, cuja conjugação com o regime estabelecido no art. 390.º se afigura tudo menos harmo-

A CESSAÇÃO DO CONTRATO DE TRABALHO: O VÍNCULO DISSOLVIDO

Entretanto, aquela conexão intrínseca já se verifica no caso do *subsídio de desemprego* auferido pelo trabalhador em consequência do despedimento, o qual, nos termos do nº 2, al. *c)*, do art. 390º, será deduzido na compensação, devendo o empregador entregar essa quantia à segurança social. Trata-se de uma solução que merece aplauso. Assim, os rendimentos de um não-trabalho, resultantes da inatividade involuntária subsequente ao despedimento, serão deduzidos ao montante dos salários intercalares, sem que, contudo, o empregador que despede ilicitamente se locuplete com tal dedução, pois incumbir-lhe-á entregar essa quantia à segurança social. Evita-se, desta forma, o locupletamento injusto do trabalhador despedido (que ocorreria caso o subsídio de desemprego não fosse deduzido ao montante dos salários intercalares) ou do empregador que o despediu (que ocorreria caso a dedução do subsídio revertesse em seu benefício), ficando salvaguardada a posição da segurança social. Em todo o caso, a aplicação deste nº 2, al. *c)*, do art. 390º poderá suscitar algumas dificuldades de ordem prática, afigurando-se que o tribunal deverá notificar a segurança social das decisões em que houver quantias a entregar-lhe pelo empregador, isto sob pena de a segurança social nem sequer chegar a ter conhecimento do facto, até porque o trabalhador não terá, pela sua parte, qualquer interesse em proceder a tal comunicação[402].

Já o nº 2, al. *b)*, do art. 390º do CT reproduz, sem qualquer alteração relevante, o disposto no art. 437º, nº 4, do CT de 2003. Trata-se, como é comummente referido, de uma norma que, sem privar o trabalhador da faculdade de impugnar o despedimento dentro de um prazo mais dilatado, funciona como um meio de pressão no sentido de que ele seja lesto na propositura da ação. Com efeito, sendo o trabalhador objeto de um despedimento, ele disporá, como vimos, do prazo de 60 dias para intentar a correspondente ação de impugnação (exceto no caso de despedimento coletivo,

---

niosa. Assim, em caso de despedimento declarado ilícito, a lei eleva o valor da «compensação de inatividade» a pagar ao trabalhador despedido (nº 3 do art. 136º), mas, de outra parte, a lei parece indicar que tais importâncias deverão ser deduzidas em sede de «salários intercalares» (nº 2, al. *a)*, do art. 390º). Acresce que, nos termos do nº 4 do art. 136º, ao montante daquela «compensação de inatividade» deverão ainda ser deduzidas as importâncias auferidas pelo trabalhador no exercício de outra atividade profissional, iniciada após a cessação do contrato de trabalho. Em suma, e se bem leio estes preceitos, estabelece-se nos mesmos uma espiral de deduções que os torna quase ininteligíveis...

[402] Consagrando expressamente a obrigatoriedade de comunicação da referida decisão judicial ao serviço competente da segurança social, *vd.*, entretanto, o nº 2 do art. 75º do CPT.

CONTRATO DE TRABALHO

em que a ação poderá ser intentada no prazo de seis meses), conforme resulta dos arts. 387º, nº 2, e 388º, nº 2, do CT [403]. Sobre o trabalhador despedido impende, pois, o ónus jurídico de propor tempestivamente a ação de impugnação, em ordem a fazer valer o seu direito à segurança no emprego e a não ser despedido sem causa juridicamente bastante. Vistas as coisas a esta luz, o nº 2, al. *b)*, do art. 390º configura uma espécie de ónus jurídico de segundo grau: além do ónus de impugnar tempestivamente o despedimento, para que o tribunal possa sindicar a respetiva conformidade legal, sobre o trabalhador recai o ónus suplementar de propor a ação no prazo de 30 dias para não ficar sujeito a qualquer dedução no montante dos salários intercalares, caso o tribunal venha a declarar ilícito tal despedimento.

O termo inicial do direito a salários intercalares coincidirá, portanto, com a data do despedimento, caso o trabalhador o impugne no prazo máximo de 30 dias, ou, no caso contrário, com o 30º dia anterior à data da propositura da ação. Relativamente a esta matéria, a jurisprudência tem precisado que: *i)* terminando o referido prazo de 30 dias em período de férias judiciais, tal prazo transfere-se para o 1º dia útil após o fim das mesmas, por aplicação do disposto no art. 279º, al. *e)*, do CCivil; *ii)* as retribuições a deduzir serão todas as retribuições (remuneração base e prestações complementares) regularmente recebidas com a periodicidade normal, em regra mensal, não cabendo naquele conceito os abonos que, tendo fundamentos específicos, se vencem uma vez em cada ano, como os subsídios de férias ou de Natal[404].

---

[403] Recorde-se que, conforme se assinala *supra*, resulta do CPT que, em alguns casos (desde logo, em caso de despedimento verbal), o trabalhador despedido terá de lançar mão de uma ação com processo comum, a intentar no prazo de um ano.

[404] Uma nota final, em matéria de «salários intercalares». Como se disse, o pagamento destes corre por conta do empregador, autor do despedimento ilícito. A verdade, porém, é que, aquando do processo de concertação social que acompanhou a elaboração do CT, foi celebrado um acordo entre o Governo e os parceiros sociais («Acordo tripartido para um novo sistema de regulação das relações laborais, das políticas de emprego e da proteção social em Portugal») em cujo ponto 3.16 se previa que a legislação laboral fosse revista no sentido de «fazer o Estado suportar o custo dos salários intercalares quando a ação judicial se prolongar por mais de um ano».

Fará sentido responsabilizar o Estado, em lugar do empregador, pelo pagamento dos «salários intercalares»? Dir-se-á, não sem razão, que o empregador deve suportar os custos do despedimento ilícito, mas não já os custos derivados da excessiva morosidade dos tribunais, pelo que em certos casos de «justiça tardia», anómalos, patológicos, o Estado deve assumir esses custos. O argumento, em si, parece aceitável, mas... 12 meses? O Estado suporta

22.8.2.3. A reintegração do trabalhador

Na ação de apreciação judicial do despedimento, o trabalhador poderá optar pela reintegração na empresa ou pela chamada «indemnização de antiguidade». Essa opção pode, aliás, ser feita até ao termo da discussão em audiência final de julgamento, como indica o nº 1 do art. 391º Mas julga-se que a *opção*, uma vez exercida, é irrevogável: assim, se optar pela reintegração, o trabalhador não poderá, mais tarde, mudar de ideias e optar pela indemnização; do mesmo modo, se optar pela indemnização, o trabalhador não poderá, mais tarde, escolher a reintegração. De resto, o mais lógico será mesmo que o trabalhador não opte prematuramente, visto que, quando ele enceta uma batalha judicial contra o despedimento (decorridos, porven-

aqueles custos sempre e quando a ação judicial se prolongar por mais de um ano? É razoável pretender que, nesta matéria, a decisão judicial transite em julgado em menos de um ano? Creio que não. O que significa que, subscrevendo esta proposta, o Estado dispõe-se a assumir, efetivamente, os custos do despedimento ilícito, fazendo suas as dores do empregador, muito para além do que seria razoável.

Disso mesmo talvez o legislador se tenha apercebido, quando, em sede de revisão do CPT, procurou converter aquele acordo tripartido em letra de lei. Fê-lo, no art. 98º-N daquele diploma, nos seguintes termos: «Sem prejuízo do disposto no nº 2 do artigo 390º do Código do Trabalho, o tribunal determina, na decisão em 1ª instância que declare a ilicitude do despedimento, que o pagamento das retribuições devidas ao trabalhador após o decurso de 12 meses desde a apresentação do formulário referido no artigo 98º-C até à notificação da decisão de 1ª instância seja efetuado pela entidade competente da área da segurança social» (nº 1); e o nº 3 acrescenta que «a entidade competente da área da segurança social efetua o pagamento ao trabalhador das retribuições referidas no nº 1 até 30 dias após o trânsito em julgado da decisão que declare a ilicitude do despedimento».

Já acima se disse, sem tergiversações, que o compromisso nesta matéria assumido pelo Governo em sede de concertação social assume contornos muito discutíveis. Mas importa acrescentar que os termos em que tal compromisso foi transposto para o CPT suscitam diversos reparos. É que, manifestamente, o Estado fez marcha-atrás, em três planos: *i)* em primeiro lugar, o pagamento de retribuições intercalares só é assumido pelo Estado no âmbito da ação especial de impugnação judicial da regularidade e licitude do despedimento, não já no âmbito da ação com processo comum (e já vimos que, por vezes, a reação do trabalhador ao despedimento terá de fazer-se por esta via, não por aquela); *ii)* em segundo lugar, no período de 12 meses após o qual o Estado responde pelos «salários intercalares» não se inclui o período correspondente à mediação, tentativa de conciliação e ao aperfeiçoamento dos articulados, bem como os períodos de suspensão da instância e de férias judiciais (art. 98º-O); *iii) last but not least*, o Estado apenas responde até à decisão em primeira instância, o que significa que a morosidade subsequente a esta data (podem decorrer anos até ao trânsito em julgado...) volta a correr por conta do empregador, solução esta cuja lógica intrínseca me escapa. Em suma: em matéria de salários intercalares, e tomando como referência o mencionado acordo tripartido, a responsabilidade do Estado começa tarde e acaba cedo.

CONTRATO DE TRABALHO

tura, poucos dias sobre o mesmo), ser-lhe-á amiúde difícil ter ideias claras quanto àquilo que desejará quando a sentença do tribunal vier a ser proferida. Quando impugna, aquilo que o trabalhador deseja é, sobretudo, que o tribunal declare a ilicitude do despedimento, e só mais tarde (dir-se-ia: só depois de muita água correr debaixo da ponte) o trabalhador estará em condições de decidir se pretende a reintegração ou a indemnização – isto porque, entretanto, o trabalhador pode conseguir um novo emprego, pode mudar de domicílio, as suas relações com o empregador podem deteriorar-se, etc. O trabalhador poderá, pois, optar pela reintegração (ou pela indemnização substitutiva) até ao termo da discussão em audiência final de julgamento. Mas, repete-se, a norma codicística diz que o trabalhador pode optar, não diz que ele pode mudar de opção[405].

De todo o modo, e em termos lógico-jurídicos, a reintegração detém a primazia, constituindo a *solução-regra* quando um despedimento é declarado ilícito: por isso mesmo, o art. 389º, nº 1, al. *b*), estabelece que, em princípio, sendo o despedimento declarado ilícito, o empregador será condenado a reintegrar o trabalhador no mesmo estabelecimento da empresa, sem prejuízo da sua categoria e antiguidade. Nesta medida, a reintegração constitui também a *solução legal supletiva*, vale dizer, na ausência de escolha por parte do trabalhador, o tribunal condenará o empregador na reintegração (ou, dito por outras palavras, a ausência de escolha expressa é tida, pelo legislador, como uma opção tácita do trabalhador no sentido da reintegração). Trata-se, aliás, da solução que melhor se compagina com a ideia de invalidade do despedimento e com a própria tutela da segurança no emprego.

O direito à reintegração do trabalhador ilicitamente despedido – de qualquer trabalhador ilicitamente despedido – tem constituído um dos eixos do nosso ordenamento jurídico-laboral subsequente à Revolução de Abril[406]. É certo que esta regra sempre conheceu uma exceção, aliás plena-

---

[405] A irrevogabilidade da escolha resulta, de resto, da aplicação das disposições civilísticas relativas às obrigações alternativas (art. 549º do CCivil), sendo certo que, se assim não fosse, dificilmente se conseguiria obstar a uma estratégia ziguezagueante por parte do trabalhador, o qual, até ao termo da discussão em audiência final de julgamento, poderia mudar de opção quantas vezes quisesse.

[406] Comentando o disposto no art. 53º da CRP, escrevem GOMES CANOTILHO e VITAL MOREIRA: «A proibição constitucional implica, desde logo, ilegalidade e a consequente nulidade dos actos de despedimento sem justa causa e o direito do trabalhador a manter o seu posto de trabalho e a ser nele reintegrado» (*Constituição da República Portuguesa Anotada*, vol. I, cit., p. 707).

A CESSAÇÃO DO CONTRATO DE TRABALHO: O VÍNCULO DISSOLVIDO

mente justificada, em sede de contrato de trabalho doméstico, mas esta era mesmo a exceção que se limitava a confirmar a regra. Neste ponto, porém, o CT de 2003 introduziu novidades muito significativas, alargando substancialmente o leque de possíveis exceções à tutela reintegratória – numa orientação, diga-se, que não veio a ser infletida pelo CT em vigor. Com efeito, tendo o trabalhador optado pela reintegração na empresa, em determinadas hipóteses o CT admite que o empregador venha opor-se a tal reintegração, requerendo ao tribunal que a exclua, «com fundamento em factos e circunstâncias que tornem o regresso do trabalhador gravemente prejudicial e perturbador do funcionamento da empresa» (nº 1 do art. 392º). Esta faculdade concedida à entidade empregadora (a *faculdade de oposição à reintegração do trabalhador ilicitamente despedido*, requerendo ao tribunal que a exclua), ainda que não chegue para destruir a regra do direito à reintegração, não deixa, em todo o caso, de corroer o pilar reintegratório da garantia constitucional da segurança no emprego e de implicar alguma perda de pujança do princípio da invalidade do despedimento *contra legem*[407].

O CT revela, ainda assim, uma razoável prudência nesta matéria, dado que *i)* a referida faculdade de oposição patronal à reintegração só existe relativamente a certos trabalhadores, *ii)* os seus fundamentos são necessariamente apreciados pelo tribunal, e *iii)* aquela faculdade decai em diversas hipóteses – ou seja, estamos a falar de exceções à regra, de uma faculdade que não se analisa num direito potestativo do empregador e da existência de várias exceções às exceções. Vejamos.

i) O *universo subjetivo das exceções à regra da reintegração* compreende dois grupos de casos: o dos trabalhadores que laboram em microempresas (as que empregam menos de 10 trabalhadores, de acordo com o art. 100º do CT) e o dos trabalhadores que ocupam cargos de administração ou de direção (nº 1 do art. 392º). Contudo, o CT não esclarece o que se deva entender por estes cargos, pelo que não é arriscado prognosticar que esta questão virá a ser objeto de discussão acesa nos tribunais. Estamos perante conceitos indeterminados, cuja concretização terá de ser feita em moldes casuísticos e em face das particulares formas organizativas adotadas por cada empresa,

---

[407] A este propósito, por último, DAVID CARVALHO MARTINS e DUARTE ABRUNHOSA E SOUSA, «O direito à reintegração do trabalhador e o poder de oposição do empregador: em busca de equilíbrios», *PDT*, 2017-I, pp. 269-291.

tendo sempre em consideração as funções correspondentes ao cargo em questão e a posição hierárquica ocupada pelo respetivo titular na estrutura empresarial, *maxime* no que tange ao grau de autonomia e de responsabilidade inerente ao desempenho desse cargo (naturalmente, e sob pena de o ordenamento juslaboral ficar refém de puras manobras de manipulação semântica, o rótulo conferido ao cargo pelo empregador não é decisivo para este efeito).

Nas restantes hipóteses (isto é, perante trabalhadores que não exerçam funções dirigentes e que laborem em pequenas, médias ou grandes empresas), a faculdade de oposição patronal à reintegração encontra-se, *ab initio*, excluída. Naqueles casos, porém, em que serão mais estreitos os laços pessoais entre as partes e em que a relação juslaboral poderá apresentar uma nota fiduciária, à opção reintegratória tomada pelo trabalhador poderá o empregador retorquir manifestando a sua oposição à mesma e requerendo ao tribunal que exclua a reintegração.

ii) A palavra final competirá, então, ao *tribunal,* sendo certo que o *onus probandi* recai, nesta matéria, sobre o empregador. Aliás, o preceito legal em apreço não esclarece se, em abono da sua declaração de oposição, o empregador apenas poderá invocar factos posteriores ao despedimento, ou se, pelo contrário, também factos anteriores ao despedimento ilícito poderão ser mobilizados pelo empregador em ordem a convencer o tribunal de que o regresso do trabalhador teria efeitos muito perniciosos para a prossecução da atividade empresarial. Em qualquer caso, parece claro que os factos a invocar pelo empregador terão de incidir naquilo que justifica esta exceção à tutela reintegratória, persuadindo o tribunal de que, em virtude dos laços pessoais e da nota fiduciária que caracteriza estas relações de trabalho, não subsistem condições relacionais e intersubjectivas para reatar a prestação laboral. Assim, julga-se que o empregador não poderá alegar, triunfantemente, que o regresso do trabalhador despedido seria gravemente prejudicial e perturbador do funcionamento da empresa porque, entretanto, ele já procedeu à contratação de outro trabalhador para o substituir, ou porque razões ligadas à conjuntura económica desaconselham fortemente tal reintegração.

O fundamento invocado pelo empregador terá, por conseguinte, de ser apreciado pelo tribunal, o qual será chamado a fazer um delicado juízo de prognose, avaliando se o regresso do trabalhador despedido seria ou não «gravemente prejudicial e perturbador do funcionamento da empresa». Significa isto que estaremos aqui, como por vezes se diz[408], perante casos de *resolução judicial do contrato de trabalho?* Ainda que com dúvidas, inclino-me para uma resposta negativa. Com efeito, há que não olvidar que, nesta hipótese, a declaração patronal de oposição à reintegração (ou, se se preferir, o requerimento de exclusão da reintegração) representa uma condição absolutamente indispensável para a cessação do contrato de trabalho. É certo que a referida declaração de oposição não constitui condição bastante para a dissolução do contrato, visto que o fundamento invocado pelo empregador terá de ser apreciado pelo tribunal e só se for julgado procedente o contrato terminará. Isto, porém, não chega, a meu ver, para descaracterizar a rutura contratual enquanto expressão da vontade patronal de pôr cobro à relação de trabalho. Na verdade, o contrato termina em virtude da declaração patronal de oposição à reintegração, declaração cujo fundamento justificativo será apreciado pelo tribunal e, sendo julgada procedente, determinará a rutura do contrato, não obstante o trabalhador despedido se tenha manifestado no sentido da reintegração. O tribunal limita-se, pois, a deferir o requerimento apresentado pelo empregador.

Deste ponto de vista, o que parece separar a oposição à reintegração das restantes hipóteses (dir-se-ia: das hipóteses normais) de despedimento patronal é: *i)* nos casos típicos/normais, o controlo judicial dos fundamentos invocados pelo empregador é meramente eventual (só existirá na hipótese de o trabalhador despedido recorrer aos tribunais) e é feito *a posteriori* (a entidade empregadora despede primeiro, o tribunal debruçar-se-á sobre a situação mais tarde, já depois de o despedimento se ter consumado); *ii)* neste caso particular, a apreciação judicial dos fundamentos invocados pelo empregador tem sempre lugar (a oposição à reintegração manifesta-se ao longo de um processo judicial) e é efetuada previamente, antes de a rutura do contrato se verificar.

---

[408] Assim, em especial, PEDRO FURTADO MARTINS, *Cessação do Contrato de Trabalho*, cit., pp. 542-544.

CONTRATO DE TRABALHO

A declaração de oposição patronal à reintegração traduzir-se-á, portanto, numa espécie de despedimento *sui generis*, como que sujeito a uma dupla condição suspensiva: nestes termos, a declaração extintiva proferida pelo empregador produzirá os seus efeitos, se e quando *i)* o tribunal vier a considerar o despedimento ilícito, e *ii)* o tribunal vier a julgar procedente a oposição à reintegração, assim deferindo o requerimento patronal. Não se tratará, portanto, em rigor, de um caso de resolução judicial do contrato de trabalho, mas sim de um caso de *resolução patronal, ainda que por via judicial*, do mesmo. Verdadeiramente, não é o tribunal que dissolve o contrato de trabalho. É o empregador que o quer dissolver e que acaba por conseguir dissolvê-lo, contando embora, é certo, com o indispensável beneplácito judicial.

Repare-se, aliás, que algo não muito diferente sucede quando o trabalhador é alvo de um despedimento ilícito e impugna judicialmente esse despedimento, mas opta ele mesmo pela «indemnização de antiguidade», em detrimento da reintegração no posto de trabalho. Também nesta hipótese o contrato termina na sequência da decisão judicial que declara o despedimento ilícito, mas tem-se entendido – a meu ver bem – que a causa de extinção contratual aqui em jogo é a resolução por iniciativa do trabalhador. Esquematicamente, dir-se-á então, estabelecendo um paralelismo entre a opção indemnizatória exercida pelo trabalhador e a oposição à reintegração manifestada pelo empregador:

A) Impugnação do despedimento + opção indemnizatória por parte do trabalhador + declaração judicial da ilicitude do despedimento = resolução do contrato por iniciativa do trabalhador;

B) Impugnação do despedimento + opção reintegratória por parte do trabalhador + declaração/requerimento patronal de oposição à reintegração + declaração judicial de ilicitude do despedimento e de procedência da oposição à reintegração = resolução do contrato por iniciativa do empregador.

A diferença fundamental entre estas duas hipóteses radica no facto de além (opção indemnizatória) estarmos perante um direito potestativo do trabalhador, enquanto que aqui (oposição à reintegração) já a mera declaração ou requerimento patronal não basta,

A CESSAÇÃO DO CONTRATO DE TRABALHO: O VÍNCULO DISSOLVIDO

carecendo ainda os seus fundamentos de ser apreciados e confirmados pelo tribunal.

Neste caso, o contrato cessa, em suma, não porque o tribunal assim o declare *ex officio* e à revelia da vontade das partes, mas porque o tribunal endossa a oposição patronal à reintegração, julgando procedente o seu fundamento justificativo e deferindo o respetivo requerimento. O facto operativo da dinâmica jurídica reside aqui, pois, mais do que na decisão judicial, na oposição à reintegração, no requerimento de exclusão desta – aquela decisão é, sem dúvida, uma condição de eficácia desta, mas sem esta o problema nem sequer se coloca... A meu ver, teria pleno sentido falar numa resolução judicial do contrato de trabalho se o tribunal pudesse, oficiosamente (isto é, sem necessidade de qualquer manifestação de vontade das partes nesse sentido), declarar a extinção do contrato na sequência de um despedimento ilícito, em virtude de, p. ex., considerar inviável ou contraproducente a manutenção daquela relação laboral. Não é esse, porém, o modelo desenhado pelo CT, pelo que, nesta hipótese de oposição à reintegração julgada procedente, melhor se falará, julgo, em resolução patronal do contrato de trabalho – uma *resolução patronal de exercício judicial*[409].

iii) Se, como vimos, a regra da tutela reintegratória do trabalhador ilicitamente despedido conhece exceções (trabalhadores de microempresas ou que ocupem cargos de administração ou de direção), o certo é que o n.º 2 do art. 392.º do CT não deixa de introduzir *exceções às exceções*, isto é, mesmo naqueles casos, o direito do trabalhador à reintegração prevalecerá sempre que a ilicitude do despedimento se fundar em motivos políticos, ideológicos, étnicos ou religiosos, ainda que com invocação de motivo diverso (estaremos então em face de um despedimento discriminatório, um despedimento ilícito «qualificado»), bem como quando o juiz considere que o fundamento

---

[409] Regista-se, é certo, uma alteração semântica nesta matéria, pois ao passo que o CT de 2003 aludia à «oposição à reintegração», o atual CT adota uma formulação mais melíflua, preferindo dizer que o empregador poderá «requerer ao tribunal que exclua a reintegração». Não parece, contudo, que a nova redação mude o que quer que seja neste domínio: ontem como hoje, o tribunal é que profere a palavra final nesta matéria; e, ontem como hoje, o trabalhador ilicitamente despedido que deseje ser reintegrado só não o será se o empregador manifestar a sua vontade contrária.

da oposição à reintegração foi culposamente criado pelo empregador – procurando assim evitar-se que a faculdade de oposição patronal à reintegração, estabelecida no nº 1 deste preceito, funcione em inadmissível benefício do infrator, pois o empregador, autor do despedimento ilícito, poderia ele mesmo criar (através, p. ex., de uma postura belicosa adotada na pendência da ação) as condições objetivas que inviabilizariam o regresso do trabalhador, comportamento este manifestamente abusivo. Como escreve PEDRO ROMANO MARTINEZ, «se o empregador criar essas condições objetivas, ainda que verdadeiras, poder-se-ia invocar o *tu quoque*; a culpa do empregador na criação da causa de justificação para não reintegrar o trabalhador faz decair a pretensão daquele»[410].

Em termos gerais, pode dizer-se que o art. 392º do CT estabelece um quadro normativo bastante complexo e exigente para todos os operadores judiciários, em particular para os magistrados. Com efeito, e ao invés do que ao longo de muitos anos sucedeu entre nós, o tribunal não se irá limitar a analisar a (i)licitude do despedimento, respeitando a opção reintegratória ou indemnizatória tomada pelo trabalhador. Na hipótese de o despedimento ser declarado ilícito, o tribunal poderá ser confrontado com um requerimento patronal de oposição à reintegração do trabalhador, tendo de se debruçar sobre questões como *i)* a de saber se o trabalhador labora numa microempresa ou se ocupa um cargo de administração ou de direção, *ii)* a de prognosticar se o eventual regresso do trabalhador seria ou não gravemente prejudicial e perturbador do funcionamento da empresa, *iii)* a de ajuizar se, *in casu*, se trata de um simples despedimento ilícito ou de um despedimento baseado em motivos políticos, ideológicos, étnicos ou religiosos, *iv)* a de avaliar se não terá sido o empregador a criar, culposamente, as condições justificativas

---

[410] «Considerações gerais sobre o Código do Trabalho», *RDES*, nºs 1-2, 2003, p. 26. De resto, a meu ver este nº 2 do art. 392º poder-se-á outrossim aplicar naqueles casos em que o tribunal conclua que o despedimento foi *dolosamente* promovido pelo empregador, tendo este plena consciência de que, ao despedir, estava a atuar *contra legem*. Com efeito, uma coisa é um qualquer despedimento ser declarado ilícito pelo tribunal; outra, diferente e muito mais grave, será um despedimento que o empregador profere sabendo perfeitamente que está a violar um direito fundamental do trabalhador. Na minha ótica, perante um despedimento doloso não faria qualquer sentido admitir que o empregador pudesse, mais tarde, invocar a ausência de confiança intersubjetiva e opor-se à reintegração do trabalhador em causa.

A CESSAÇÃO DO CONTRATO DE TRABALHO: O VÍNCULO DISSOLVIDO

da sua oposição à reintegração do trabalhador... Boa ou má, feliz ou infeliz, líquido é, portanto, que esta é uma norma legal bastante trabalhosa para os operadores judiciários. Não se trata, de resto, de um caso único neste Código, como logo se prova pela análise do tema seguinte, relativo à indemnização substitutiva da reintegração.

Acrescente-se, a finalizar, que o direito à reintegração é expressamente ressalvado no CT quando se trate de um despedimento ilícito de *trabalhadora grávida, puérpera ou lactante* ou de *trabalhador no gozo de licença parental* (nº 8 do art. 63º). E, ainda que o CT não constitua propriamente um modelo de clareza a este respeito, julga-se que também não poderá verificar-se qualquer oposição patronal à reintegração do trabalhador ilicitamente despedido quando este seja um *representante dos trabalhadores* (representante sindical, membro de comissão de trabalhadores ou membro de conselho de empresa europeu), nos termos do nº 6 do art. 410º do CT[411].

22.8.2.4. A «indemnização de antiguidade»

A declaração judicial de ilicitude/invalidade do despedimento, operando retroativamente, tem como efeito normal, como já se disse, a reintegração do trabalhador no mesmo estabelecimento da empresa, sem prejuízo da sua categoria e antiguidade. Os efeitos *ex tunc* da declaração de invalidade não significam, porém, que o despedimento seja juridicamente inexistente, nem eliminam a sua configuração como acto ilícito cometido pelo empregador. Proferido o despedimento patronal e desencadeada a respectiva ação de apreciação judicial pelo trabalhador, a vida continua, o tempo não pára, as circunstâncias alteram-se e as relações entre as partes tornam-se, não raro, ainda mais azedas do que o eram aquando do despedimento.

---

[411] Trata-se de ponto controvertido. Tendo em conta o disposto no art. 55º, nº 6, da CRP (direito a uma proteção legal adequada dos representantes dos trabalhadores), o art. 410º do CT rodeia o despedimento destes trabalhadores de algumas regras particulares, designadamente as seguintes: *i)* o nº 3 estabelece uma presunção legal de ausência de justa causa (norma, julga-se, desprovida de conteúdo útil); *ii)* o nº 4 facilita a concessão da providência cautelar de suspensão do despedimento; *iii)* o nº 5 atribui natureza urgente à ação de apreciação da licitude do despedimento; *iv)* o nº 6 concede ao representante a opção pela reintegração na empresa ou pela perceção de uma «indemnização de antiguidade» majorada. Para desenvolvimentos sobre a matéria, ainda que à luz do CT de 2003, *vd.* JOÃO LEAL AMADO, «O estatuto dos representantes dos trabalhadores em matéria de transferência e despedimento», *RLJ*, nº 3948, jan.-fev. 2008, pp. 151-165.

CONTRATO DE TRABALHO

A prática vem demonstrando à saciedade que, na larga maioria dos casos, o próprio trabalhador despedido acaba por não pretender o seu reingresso na empresa da qual foi ilicitamente afastado. Compreende-se, por isso, que a lei preveja uma alternativa à reintegração, estabelecendo que, em lugar desta, o trabalhador poderá *optar* por uma indemnização, cujo montante será fixado pelo tribunal (n° 1 do art. 391° do CT).

Quanto ao *critério de cálculo* desta indemnização (correntemente designada por «indemnização de antiguidade»), o CT de 2003 veio introduzir algumas novidades relativamente ao regime contido na LCCT, numa orientação que, nas suas linhas gerais, acaba por ser mantida pelo atual CT. Assim, enquanto o art. 13°, n° 3, daquele diploma pré-codicístico estabelecia que a indemnização deveria corresponder a «um mês de remuneração de base por cada ano de antiguidade ou fração», o n° 1 do art. 391° do CT prescreve que o montante da indemnização será fixado pelo tribunal «entre 15 e 45 dias de retribuição base e diuturnidades por cada ano completo ou fração de antiguidade». Ou seja, no tocante ao critério de cálculo da indemnização, a remuneração de base dá lugar à retribuição base e diuturnidades, a tabela rígida (um mês por cada ano de antiguidade ou fração) é substituída por parâmetros flexíveis (15 a 45 dias de retribuição por cada ano completo ou fração).

Entre o mínimo e o máximo anuais (15 e 45 dias de retribuição, respetivamente), *como deverá o tribunal graduar a indemnização?* O n° 1 do art. 391° estabelece dois fatores de ponderação, isto é, dois elementos a que o tribunal deverá atender, combinando-os, na definição do *quantum* indemnizatório: por um lado, deverá ser levado em conta o valor da retribuição do trabalhador, enquanto fator de variação inversa (assim, para um trabalhador que aufira uma remuneração elevada, o tribunal tenderá a graduar a indemnização «em baixa», para um trabalhador que aufira um salário modesto, o tribunal tenderá a modulá-la «em alta»); por outro lado, o tribunal deverá avaliar o grau de ilicitude do despedimento, decorrente da ordenação estabelecida no art. 381°[412], enquanto fator de variação direta, pois, sendo todos

---

[412] Recorde-se que, nos termos do art. 381° do CT, qualquer tipo de despedimento é ilícito: «Se for devido a motivos políticos, ideológicos, étnicos ou religiosos, ainda que com invocação de motivo diverso» (al. *a*)); «Se o motivo justificativo do despedimento for declarado improcedente» (al. *b*)); «Se não for precedido do respetivo procedimento» (al. *c*)); «Em caso de trabalhadora grávida, puérpera ou lactante ou de trabalhador durante o gozo de licença parental inicial, em qualquer das suas modalidades, se não for solicitado o

A CESSAÇÃO DO CONTRATO DE TRABALHO: O VÍNCULO DISSOLVIDO

estes despedimentos ilícitos, alguns são-no mais do que outros – pense-se, p. ex., no caso de um despedimento que é declarado ilícito por violação do princípio da proporcionalidade, em virtude de o tribunal entender que a infração disciplinar praticada pelo trabalhador existiu mas não era suficientemente grave, em si e nas suas consequências, para legitimar a rutura contratual, face a um caso de despedimento patentemente discriminatório, fundado em motivos políticos, ideológicos, étnicos ou religiosos. Daqui decorre, portanto, que, ao contrário do que sucedia antes do período da codificação, os nossos tribunais dispõem hoje de uma margem de manobra bastante dilatada no tocante à fixação, em concreto, do *quantum* indemnizatório devido ao trabalhador, ao abrigo do art. 391º do CT.

Tal como preceitua o nº 2 do art. 391º, para calcular a antiguidade do trabalhador o tribunal deverá atender «ao tempo decorrido desde o despedimento até ao trânsito em julgado da decisão judicial». E esta é, aliás, uma solução inteiramente lógica, dado que, por força do efeito retroativo associado à declaração de invalidade do despedimento, o contrato apenas termina com o trânsito em julgado da decisão judicial. O contrato não se extingue através do despedimento, visto que este foi privado de eficácia extintiva da relação juslaboral pela decisão do tribunal. O contrato cessa, sim, por iniciativa do trabalhador, o qual opta por não retomar a sua prestação laborativa apesar de os efeitos do despedimento terem sido neutralizados pelo tribunal. Nesta perspetiva, e como já foi sublinhado, a opção indemnizatória traduz-se num caso particular de resolução contratual por iniciativa do trabalhador, uma resolução, dir-se-ia, sob condição suspensiva, cujos efeitos extintivos só se produzirão se e quando o tribunal vier a declarar a invalidade do despedimento. Verificada a condição, o contrato extingue-se, mas o certo é que ele foi reposto em vigor até essa data, pelo que esse período temporal – até ao trânsito em julgado da decisão – deve relevar para a antiguidade do trabalhador.

Entretanto, e ainda que, como foi referido, o tribunal disponha de uma margem de manobra apreciável nesta sede, em função dos parâmetros maleáveis estabelecidos no nº 1, sempre o limite mínimo do nº 3 do art. 391º terá de ser respeitado: independentemente da antiguidade do trabalhador, a indemnização a que ele terá direito não poderá ser inferior a três meses de retribuição base e diuturnidades.

---

parecer prévio da entidade competente na área da igualdade de oportunidades entre homens e mulheres» (al. *d*)).

CONTRATO DE TRABALHO

Questão bastante interessante, com a qual os nossos tribunais já foram várias vezes confrontados, consiste em saber que efeitos resultam, em sede de «indemnização de antiguidade», da ocorrência de outros factos extintivos da relação jurídico-laboral na pendência da ação de apreciação judicial do despedimento. Suponhamos, p. ex., que um trabalhador falece *medio tempore*, isto é, após o despedimento mas antes de ser proferida a decisão judicial que o declara ilícito. *Quid juris?* Sendo a reintegração impossível, deverá o empregador ser condenado a pagar ao trabalhador (*rectius*, aos seus herdeiros) aquela indemnização? Julga-se que não. Com efeito, a opção indemnizatória é, justamente, isso: uma *opção*, vale dizer, uma faculdade de escolha entre duas possibilidades. A «indemnização de antiguidade» analisa-se numa alternativa conferida pela lei a um trabalhador cujo contrato esteja em vigor (*rectius*, a um trabalhador que tenha visto o seu vínculo contratual ser reconstituído ou restaurado por força da decisão judicial que declarou a invalidade do despedimento), facultando-lhe a imediata extinção deste contrato, com direito a indemnização. Ora, com a morte do trabalhador, o contrato extingue-se. Cessa, imediata e inapelavelmente, por caducidade, em virtude do disposto no art. 343º, al. *b)*, do CT. A declaração de ilicitude do despedimento que mais tarde venha a ser proferida pelo tribunal implicará, tão-só, a reposição do vínculo contratual até à data da morte do trabalhador. Nesta data, repete-se, o contrato caduca. Caducando o contrato *medio tempore*, deixa de fazer sentido falar na reintegração do trabalhador como consequência da anulação do respetivo despedimento – por isso mesmo que essa reintegração postula, logicamente, o revigoramento do contrato até à data da sentença. Mas, se assim é, deixa igualmente de fazer sentido falar numa *opção pela indemnização*. Neste caso não há opção, não há escolha, não há alternativa: à data da sentença o contrato já caducou, pelo que o trabalhador (ou os seus herdeiros) não pode pretender extingui-lo «optando» pela indemnização. A opção indemnizatória supõe a possibilidade reintegratória. Se esta não existir, outro tanto sucederá com aquela. E o que se diz em relação à morte do trabalhador vale também, *mutatis mutandis*, para os outros factos extintivos da relação laboral (pense-se, para dar mais um exemplo, na hipótese de reforma do trabalhador despedido)[413].

---

[413] Para maiores desenvolvimentos a este respeito, *vd.* João Leal Amado, «Despedimento ilícito, opção indemnizatória e morte do trabalhador», *QL*, nº 19, 2002, pp. 116-120, «Despedimento ilícito e reforma superveniente do trabalhador: que efeitos?», *RLJ*, nº 3967, Março-

A CESSAÇÃO DO CONTRATO DE TRABALHO: O VÍNCULO DISSOLVIDO

A indemnização substitutiva da reintegração surge, porém, na economia do CT, como um *genus* composto por *duas espécies: i)* a espécie tradicional, bem conhecida do nosso ordenamento jurídico, em que a indemnização resulta de uma opção feita pelo trabalhador; *ii)* uma nova espécie, introduzida pelo CT de 2003, em que a indemnização é devida ao trabalhador despedido que, tendo optado pela reintegração na empresa, vê o empregador opor-se a essa reintegração, sendo esta oposição julgada procedente pelo tribunal, nos termos do art. 392º Quando tal suceda, o trabalhador ilicitamente despedido/não reintegrado terá direito a uma indemnização majorada relativamente ao disposto no art. 391º: com efeito, caso o tribunal exclua a reintegração, a indemnização será calculada entre 30 e 60 dias de retribuição base e diuturnidades por cada ano completo ou fração de antiguidade, tendo ainda como limite mínimo o valor correspondente a seis meses (art. 392º, nº 3).

A majoração indemnizatória estabelecida pelo nº 3 deste artigo compreende-se e é mesmo de uma lógica inatacável – afinal, aqui o trabalhador foi ilicitamente despedido e pretende ser reintegrado, sendo que, apesar disso, o tribunal acaba por sacrificar o seu emprego no altar das conveniências empresariais –, mas estas soluções legais não deixam de poder produzir alguns efeitos perversos. Na verdade, convirá não perder de vista que, até à entrada em vigor do CT de 2003, a opção indemnizatória tinha sido quase sistematicamente eleita pelo trabalhador despedido, raros sendo os casos em que este optava pela tutela reintegratória. Ora, um tanto paradoxalmente, o complexo normativo criado pelo CT nesta matéria ameaça inverter a situação, no plano estatístico, transformando a regra em exceção e a exceção em regra. Com efeito, é de temer que a norma em apreço redunde num estímulo à chicana processual, na medida em que este preceito convida o trabalhador, inclusive o trabalhador que não pretenda a reintegração, a optar por esta, de modo a forçar o empregador a opor-se à mesma e a requerer ao tribunal a respetiva exclusão, assim vindo a pagar uma indemnização majorada ao trabalhador. Acresce que, ao ser confrontado com este *bluff* do trabalhador, o empregador poderá preferir não ir a jogo,

---

-Abril 2011, pp. 258-264, e «Despedimento ilícito e 70 anos de idade: que efeitos?», *RLJ*, nº 3998, Maio-Junho 2016, pp. 296-303. Em sentido convergente, PEDRO FURTADO MARTINS, *Cessação do Contrato de Trabalho*, cit., pp. 544-549. Com perspetiva distinta, ANTÓNIO MONTEIRO FERNANDES, «Notas breves sobre o despedimento ilícito», *Jornadas Regionais de Direito do Trabalho*, cit., pp. 89-109 [106-107].

CONTRATO DE TRABALHO

retraindo-se de manifestar a sua oposição à reintegração dado o receio de vir a ter de pagar uma indemnização demasiado elevada, o que tudo poderá redundar, bem vistas as coisas, em manter em vigor uma relação laboral em cuja continuidade nenhuma das partes estava realmente interessada – nem o empregador, autor do despedimento, nem o trabalhador, que apenas optou pela reintegração como meio de tentar elevar a parada indemnizatória...

Uma palavra final para sublinhar que, tal como se viu relativamente ao disposto no art. 392º, também o art. 391º do CT se mostra bastante exigente para com o aplicador do direito. Ao substituir a *tabela* (um mês de retribuição por ano) pela *moldura* (15 a 45 dias de retribuição por ano), bem como ao introduzir fatores de ponderação do *quantum* indemnizatório que deverão ser criteriosamente combinados (*maxime* o respeitante à determinação do grau de ilicitude do despedimento), este sistema de cálculo da «indemnização de antiguidade» exige esforços acrescidos a todos os operadores judiciários, designadamente aos magistrados. Decerto mais trabalhosas, mas também mais enriquecedoras do papel dos magistrados, estas regras permitem, julga-se (porventura algo ingenuamente), uma melhor adaptação da decisão ao concreto circunstancialismo de cada caso, assim alcançando soluções menos previsíveis mas, quiçá, mais justas.

22.8.2.5. O despedimento irregular

Como estabelece o nº 1 do art. 387º do CT, o tribunal não se limita a apreciar a licitude do despedimento. Também aprecia a sua regularidade. Vale dizer, segundo o legislador, haverá despedimentos que, sendo lícitos/válidos, já não serão regulares. Em que tipo de situações? Responde o nº 2 do art. 389º: «No caso de mera irregularidade fundada em deficiência de procedimento por omissão das diligências probatórias referidas nos nºs 1 e 3 do artigo 356º, se forem declarados procedentes os motivos justificativos invocados para o despedimento, o trabalhador tem apenas direito a indemnização correspondente a metade do valor que resultaria da aplicação do nº 1 do artigo 391º». Analisemos este preceito, quer no atinente à *previsão* normativa, quer no que diz respeito à correspondente *estatuição*.

Assim, ponto de partida obrigatório para que estejamos perante um despedimento irregular é o de que se trate, *in casu*, de um *despedimento materialmente justificado, com justa causa*. Trata-se, portanto, de um despedimento lícito, em que os motivos justificativos invocados para a decisão foram apreciados e confirmados pelo tribunal (como se disse, segundo o

A CESSAÇÃO DO CONTRATO DE TRABALHO: O VÍNCULO DISSOLVIDO

nº 4 do art. 387º, o tribunal deve sempre pronunciar-se sobre a existência ou não de justa causa de despedimento, sem prejuízo da apreciação de vícios formais). Os vícios deste despedimento irregular situam-se, pois, não no plano substantivo mas no plano adjetivo, não no plano material mas no plano formal.

Repare-se, porém, que muitos *vícios procedimentais* implicam uma verdadeira e própria ilicitude do despedimento, sendo, neste sentido, vícios *invalidantes* (assim, desde logo, as diversas hipóteses referidas no nº 2 do art. 382º do CT). Destarte, podemos concluir que o despedimento irregular existe quando no mesmo se registam *vícios procedimentais de segunda linha*, não invalidantes, enumerados na norma em apreço[414]. Julga-se que tais vícios de segunda linha serão os seguintes:

i) *A omissão, sem apresentação de fundamento, das diligências probatórias requeridas pelo trabalhador na resposta à nota de culpa.* Conquanto a instrução seja obrigatória, em ordem a salvaguardar a defesa do trabalhador, as deficiências procedimentais relativas à instrução (falta de instrução, *tout court*, ou falta de audição de uma das testemunhas indicadas pelo trabalhador, p. ex.) analisam-se em deficiências procedimentais de segunda linha, que não bastam para invalidar o procedimento e determinar a ilicitude do despedimento, antes determinando a mera irregularidade do mesmo (contanto, é claro, que sejam declarados procedentes os motivos justificativos invocados para este último, nos termos do art. 389º/2 do CT).

ii) *A omissão, com apresentação de fundamento julgado improcedente, das diligências probatórias requeridas pelo trabalhador.* Caso o empregador não realize as diligências probatórias requeridas na resposta à nota de culpa, invocando, por escrito, que as mesmas seriam «patentemente dilatórias ou impertinentes», o trabalhador poderá contestar os fundamentos aduzidos pelo empregador para se furtar à realização de

---

[414] Aliás, nesta matéria, haverá ainda *vícios procedimentais de terceira linha*, vale dizer, vícios procedimentais que nem implicam a ilicitude nem a irregularidade do despedimento. Pense-se, p. ex., na falta de envio da nota de culpa à comissão de trabalhadores (art. 353º, nº 2) ou na falta de apresentação à mesma de cópia integral do processo, para eventual emissão de parecer (art. 356º, nº 5) – normas cuja inobservância apenas é sancionada em sede contra-ordenacional (arts. 353º, nº 4, e 356º, nº 7), não se repercutindo no plano contratual, nas relações empregador-trabalhador.

CONTRATO DE TRABALHO

tais diligências. E, se o tribunal entender que os fundamentos invocados pelo empregador não são convincentes, o despedimento será considerado irregular.

Delimitado que está o círculo das hipóteses abrangidas pela previsão normativa do art. 389º, nº 2, importa analisar a respetiva *estatuição*. Estabelece a norma que, em tais casos, «o trabalhador tem apenas direito a indemnização correspondente a metade do valor que resultaria da aplicação do nº 1 do artigo 391º». Ou seja, e desde logo, não haverá lugar ao pagamento de qualquer outra indemnização, ao pagamento de «salários intercalares», à eventual reintegração do trabalhador, etc. É que, repete-se, o despedimento não é inválido nem ilícito: é meramente irregular. Daí que o trabalhador apenas tenha direito a uma indemnização minguada (dir-se-ia: a uma semi-indemnização), correspondente a metade do valor previsto no art. 391º, nº 1.

Esta, como se sabe, é determinada pelo tribunal «entre 15 e 45 dias de retribuição base e diuturnidades por cada ano completo ou fração de antiguidade, atendendo ao valor da retribuição e ao grau de ilicitude decorrente da ordenação estabelecida no artigo 381º». Em caso de despedimento irregular, o trabalhador terá então direito a metade desse valor (dir-se-ia: entre 7,5 e 22,5 dias de retribuição por cada ano), parecendo que o tribunal deverá guiar-se, dentro da referida moldura legal, pelo valor da retribuição do trabalhador – isto porque o outro fator atendível, o referente ao grau de ilicitude do despedimento, se mostra de todo imprestável quando estamos a lidar com um despedimento irregular, mas lícito (não se pode medir a quantidade de ilicitude de um despedimento quando este, à partida, não apresenta a qualidade de ilícito...)[415].

Por isso mesmo, por se tratar de um despedimento irregular mas válido, a antiguidade do trabalhador deverá ser calculada até à data do despedimento e não até à data do trânsito em julgado da decisão judicial, à qual se refere o nº 2 do art. 391º (aliás, se bem virmos, o nº 2 do art. 389º remete para o nº 1 do art. 391º, não para o nº 2 deste preceito). Mais duvidosa é a questão de saber se o limite mínimo estabelecido no nº 3 desse artigo (três meses de retribuição base e diuturnidades) vale também, ainda que redu-

---

[415] Claro que, *mutatis mutandis*, poder-se-ia atender ao «grau de irregularidade» do despedimento. Mas isso existe? Haverá, à luz da lei, graus distintos de irregularidade de um despedimento lícito? Não parece.

zido a metade, no caso de despedimento irregular. É certo que a letra do nº 2 do art. 389º sugere que não, pois o legislador não remete para o nº 3 do art. 391º (e seria fácil fazê-lo). Porém, atendendo à *ratio* da norma e à estreita ligação entre os nºs 1 e 3 do art. 391º, talvez o argumento literal não seja decisivo[416].

22.8.2.6. Despedimento ilícito e contrato a termo

O contrato a termo é, consabidamente, um contrato nascido para caducar, vale dizer, é um negócio jurídico cuja causa normal de extinção consistirá na verificação do respetivo termo resolutivo, certo ou incerto, cessando então o contrato por caducidade. Nada obsta, no entanto, à operatividade das outras formas de cessação do contrato de trabalho (*maxime* o despedimento patronal) em sede de contrato a termo, caso em que terão aplicação as correspondentes regras gerais (art. 393º, nº 1).

Quanto aos *efeitos da ilicitude do despedimento*, muito embora o princípio também seja o da aplicação, neste campo, das regras gerais, o nº 2 do art. 393º do CT introduz algumas alterações de relevo, procurando adaptar aquelas regras às especificidades resultantes do aprazamento do contrato de trabalho.

Assim, por força da al. *a)*, em caso de despedimento ilícito o empregador será condenado no pagamento da indemnização pelos prejuízos causados, tal como já decorreria do disposto no art. 389º, nº 1, al. *a)*, tendo o *quantum* indemnizatório como limite mínimo o valor dos salários intercalares devidos ao trabalhador desde a data do despedimento até à verificação do termo do contrato ou até ao trânsito em julgado da decisão do tribunal, consoante o que ocorra primeiro. Os salários intercalares correspondentes ao período que medeia entre estas duas datas (data do despedimento e data da verificação do termo resolutivo ou do trânsito em julgado da decisão) representam, pois, o montante mínimo a pagar pelo empregador ao trabalhador, a título de indemnização compensatória dos danos patrimoniais e não patrimoniais causados pelo despedimento ilícito, não parecendo haver aqui espaço para que o tribunal proceda a qualquer das deduções previstas

---

[416] A figura do despedimento irregular, na medida em que exprime uma tutela frouxa perante vícios procedimentais que comprometem o direito de defesa do trabalhador-arguido (direito consagrado no art. 32º, nº 10, da CRP), é, em si mesma, discutível. Sobre o ponto, JÚLIO GOMES e RAQUEL CARVALHO, «Uma irregularidade irregular?», *PDT*, nº 93, 2012, pp. 157-172.

CONTRATO DE TRABALHO

nas alíneas do nº 2 do art. 390º Com efeito, importa não olvidar que nos contratos de duração indeterminada os salários intercalares, ainda que sujeitos àquelas deduções, acrescem à indemnização pelos danos causados (arts. 389º, nº 1, al. *a*), e 390º, nº 1, do CT), ao passo que no âmbito dos contratos a termo os salários intercalares, sem deduções, funcionam como padrão mínimo da indemnização[417].

Na linha do que em geral se encontra estabelecido no art. 389º, nº 1, al. *b*), o empregador que despeça ilicitamente um trabalhador contratado a prazo deverá também ser condenado a proceder à respetiva reintegração na empresa, sem prejuízo da sua categoria e antiguidade, mas isto apenas na hipótese de o termo do contrato ocorrer depois do trânsito em julgado da decisão judicial (nº 2, al. *b*), do art. 393º). Caso o termo ocorra depois da sentença, nada impede que o trabalhador opte, em substituição da reintegração a que teria direito, por receber a «indemnização de antiguidade» prevista no art. 391º, assim como nada impede que, tendo o trabalhador optado pela reintegração, o empregador venha a requerer a exclusão da mesma, nas hipóteses contempladas no art. 392º Estamos aqui perante regras gerais de cessação do contrato, para as quais o nº 1 do art. 393º faz expressa remissão. A meu ver, o sentido útil desta al. *b*) consiste, pois, não tanto em vincular o empregador e o trabalhador à reintegração (a uma espécie de «reintegração compulsiva», ficando excluída a via da indemnização de antiguidade), mas sim em esclarecer que tal reintegração só poderá verificar-se na hipótese, porventura rara, de o termo ocorrer depois do trânsito em julgado da decisão do tribunal.

E se o termo do contrato ocorrer antes da decisão do tribunal? Neste caso, decerto mais frequente na prática, não haverá lugar à reintegração do trabalhador despedido, sendo irrelevante a opção que este tenha tomado ao longo da ação de apreciação judicial do despedimento (opção reintegratória ou opção indemnizatória). A declaração de ilicitude/invalidade do despedimento reconstituirá a relação jurídico-laboral que o empregador tentou, sem êxito, dissolver, mas essa reconstituição apenas valerá até à verificação do evento resolutivo a que as partes haviam subordinado a extinção do contrato. O contrato cessará então aquando da verificação do termo, por caducidade, pelo que o empregador, exonerado embora da obri-

---

[417] Noutra leitura da lei, poder-se-á defender o jogo das deduções constantes do nº 2 do art. 390º em sede de contrato a termo, mas, nesse caso, tal jogo nunca poderá reduzir o *quantum* indemnizatório abaixo do limite mínimo traçado pelo nº 2, al. *a*), do art. 393º

A CESSAÇÃO DO CONTRATO DE TRABALHO: O VÍNCULO DISSOLVIDO

gação reintegratória e da alternativa obrigação indemnizatória, deverá, to-davia, ser condenado a pagar ao trabalhador uma compensação pela caduci-dade do contrato, por força dos arts. 344º, nº 2, e 345º, nº 4, do CT.

22.9. Extinção por iniciativa do trabalhador (demissão)
22.9.1. Demissão com aviso prévio (denúncia)
22.9.1.1. O princípio da livre demissão

De acordo com o nº 1 do art. 400º do CT, «o trabalhador pode denun-ciar o contrato independentemente de justa causa, mediante comunica-ção ao empregador, por escrito, com a antecedência mínima de 30 ou 60 dias, conforme tenha, respetivamente, até dois anos ou mais de dois anos de antiguidade». Consagra este preceito o princípio basilar da demissão *ad nutum*: num ordenamento jurídico em que a liberdade de trabalho e pro-fissão é constitucionalmente reconhecida (art. 47º da CRP) e perante um contrato em que o devedor-trabalhador compromete tão intensamente a sua própria pessoa na execução da respetiva prestação, compreende-se que ao trabalhador seja reconhecida a faculdade de fazer cessar o vínculo, por sua iniciativa unilateral, sem necessidade de para o efeito invocar qualquer causa ou motivo. E este *princípio da livre demissão* vigora, entre nós, quer rela-tivamente aos contratos de trabalho de duração indeterminada (onde não suscita quaisquer objeções), quer mesmo no tocante aos contratos a termo (onde a sua vigência poderia ser contestada, tendo em conta a velha regra segundo a qual *pacta sunt servanda*). Em qualquer dos casos, a lei assegura que o trabalhador não fique refém do contrato, prevalecendo, pois, o prin-cípio da demissão *ad nutum* – o que bem se percebe, tendo presente que, como alguém escreveu, o direito de o trabalhador se demitir constitui a antítese da escravatura, garantindo a sua dignidade como pessoa e a sua liberdade profissional[418]. Nas palavras de GOMES CANOTILHO e VITAL MO-REIRA, «é evidente que, não podendo o trabalhador ser despedido contra sua vontade, já nada impede que o trabalhador se despeça, havendo apenas de acautelar eventuais prejuízos à empresa (ou ao serviço) devidos à brusca rutura da relação laboral. O empregador não tem um direito à persistência

---

[418] «Porque era essa a minha grande alegria: sair dos empregos», confessava LUIZ PACHECO (*O Crocodilo que Voa, Entrevistas a Luiz Pacheco*, Tinta da China, Lisboa, 2008, p. 109). Esta é, decerto, uma alegria a que nem todos se podem dar, mas ela representa um inequívoco sinal de liberdade pessoal, a que o ordenamento jurídico não pode deixar de conceder o devido relevo.

CONTRATO DE TRABALHO

da relação de trabalho, pois tal chocaria, desde logo, com a liberdade do trabalhador, designadamente a liberdade de trabalho»[419].

De qualquer forma, convém notar que a liberdade de demissão do trabalhador não deixa, ainda assim, de estar submetida a uma certa compressão legal. Na verdade, se o princípio é, como se disse, o da demissão *ad nutum*, em homenagem à liberdade pessoal e à liberdade de trabalho do trabalhador[420], o certo é que este, conquanto não tenha de motivar a sua demissão, já deverá diferir a extinção do contrato para momento ulterior. Ou seja, o trabalhador pode, decerto, matar o vínculo contratual, em ordem a recuperar a sua liberdade pessoal e a obter um emprego melhor (mais bem remunerado ou localizado, com melhores condições ou ambiente de trabalho, etc.). A morte do vínculo, porém, não deve registar-se de imediato, antes carece de pré-aviso. A lei obriga o trabalhador a anunciar essa morte com uma certa antecedência, isto é, a lei procura garantir algum tempo de sobrevivência (dir-se-ia: de agonia) ao contrato de trabalho.

Ao obrigar o trabalhador à observância de semelhante compasso de espera, ao fazer mediar algum tempo entre a decisão extintiva do trabalhador e a produção dos respetivos efeitos, a lei como que entorpece a faculdade de auto-exoneração do trabalhador (a recuperação da liberdade pessoal deste é adiada, um outro e melhor emprego terá de esperar...), em nome da necessidade de acautelar os legítimos interesses da entidade empregadora, evitando que esta seja surpreendida e prejudicada por uma rutura contratual inopinada. Deste ponto de vista, a figura do *aviso prévio* surge, pois, como uma espécie de dispositivo retardador do óbito contratual, traduzindo-se num inequívoco entrave à liberdade de auto-exoneração do trabalhador, entrave tanto mais significativo quanto mais dilatado for o prazo de pré-aviso requerido pela lei.

O aviso prévio funciona, portanto, como um termo suspensivo aposto à denúncia do contrato, pelo que, enquanto decorrer o respetivo prazo, a relação laboral mantém-se em vigor, continuando o trabalhador obrigado a prestar o trabalho ajustado e o empregador vinculado a pagar a retribuição

---

[419] *Constituição da República Portuguesa Anotada*, vol. I, cit., pp. 707-708.

[420] Incide neste ponto aquela que é, porventura, a principal especificidade regimental do contrato de trabalho desportivo, pois neste contrato especial o princípio da livre demissão é negado (termo estabilizador, *pacta sunt servanda*). A propósito, João Leal Amado, «Ainda sobre as cláusulas de opção e de rescisão no contrato de trabalho desportivo», *Temas Laborais 2*, cit., pp. 153-233.

A CESSAÇÃO DO CONTRATO DE TRABALHO: O VÍNCULO DISSOLVIDO

correspondente[421]. Contudo, na prática é frequente as entidades empregadoras, depois de receberem a comunicação da denúncia pelo trabalhador, dispensarem-no do cumprimento do aviso prévio. Nestes casos, uma de duas: ou se trata de um ato unilateral do empregador, caso em que a dispensa não o eximirá de pagar ao trabalhador a retribuição correspondente ao período de aviso concedido (mas de cujo cumprimento o empregador isentou o trabalhador); ou existirá acordo das partes no sentido de não submeter a denúncia ao termo suspensivo previsto pela lei, caso em que o vínculo contratual terminará de imediato, não ficando o empregador obrigado a pagar salários para além dessa data. Tudo dependerá, pois, da vontade da(s) parte(s), sendo aconselhável, até para facilitar o respetivo apuramento, que a dispensa de cumprimento do aviso prévio seja reduzida a escrito.

A *duração do aviso prévio* poderá oscilar em função de diversos fatores: conforme se trate de um contrato por tempo indeterminado ou de um contrato a termo, consoante a própria duração do termo, de acordo com a antiguidade do trabalhador e com o tipo de tarefas desempenhadas, etc. Assim:

i) No contrato por tempo indeterminado (nº 1 do art. 400º), os prazos mínimos são de 30 dias se o trabalhador tiver até dois anos de antiguidade e de 60 dias se a respetiva antiguidade for superior (de acordo com um critério de normalidade, a lei presume que, em princípio, a substituição de um trabalhador mais antigo na empresa será mais problemática para o empregador, daí que o prazo de aviso prévio deva ser mais dilatado);

ii) Tratando-se de trabalhador que ocupe cargo de administração ou direção, bem como funções de representação ou de responsabilidade (nº 2 do mesmo preceito), a lei admite, contudo, que, quer através de IRCT, quer mesmo mediante contrato individual de trabalho, o prazo de aviso prévio seja alargado até ao limite de seis meses (solução esta, a meu ver, de constitucionalidade algo duvidosa, por possibilitar restrições excessivas à liberdade de demissão de um universo de trabalhadores delimitado, para mais, em termos pouco precisos);

iii) Nos contratos a termo certo (nº 3), o aviso prévio devido pelo trabalhador será de 30 dias, salvo se o contrato tiver duração inferior a seis meses, caso em que o aviso prévio será de 15 dias;

---

[421] Recorde-se que, nestes casos, o empregador poderá determinar que o gozo das férias do trabalhador tenha lugar imediatamente antes da cessação do contrato (arts. 241º, nº 5, e 243º, nº 3).

CONTRATO DE TRABALHO

iv) Nos contratos a termo incerto (nº 4), a regra é a mesma, só que, em lugar de se atender à duração do prazo estipulado (que aqui, por definição, não existe), atender-se-á à duração do contrato já decorrida[422].

E se o trabalhador denunciar o contrato sem respeitar o dever de pré-avisar o empregador? Em princípio, o *incumprimento*, por parte do trabalhador, do prazo de aviso prévio estabelecido no art. 400º do CT, terá como consequência o dever de pagar ao empregador uma indemnização de valor igual à retribuição base e diuturnidades correspondentes ao período de antecedência em falta (a lei prevê, assim, quer a possibilidade de uma total ausência de aviso prévio, quer a existência de um aviso prévio insuficiente), segundo o disposto no art. 401º do CT. A denúncia sem aviso prévio pelo trabalhador perfila-se, portanto, como uma denúncia contratual *válida e eficaz, mas irregular*: porque é válida e eficaz, produz o efeito extintivo pretendido pelo trabalhador (o contrato cessa aquando da denúncia, mesmo na falta de aviso prévio); porque é irregular, sujeita o seu autor à obrigação de indemnizar a contraparte (em montante que, regra geral, coincidirá com a retribuição base e diuturnidades correspondentes à duração do aviso prévio omitido).

A indemnização mencionada *supra* não obsta, no entanto, a que o trabalhador responda civilmente pelos danos causados ao empregador em virtude da inobservância do prazo de aviso prévio (art. 401º, *in fine*). Ponto é, em todo o caso, que esses danos existam e sejam consequência da rutura irregular do contrato efetuada pelo trabalhador. Vale dizer, o que se pretende ressarcir não são eventuais danos causados ao empregador pela dissolução do contrato desencadeada pelo trabalhador. O trabalhador poderá responder, isso sim, pelos *danos gerados pela rutura brusca e inopinada do contrato* – isto é, pelos danos que não se teriam verificado se o trabalhador houvesse emitido o aviso prévio legalmente prescrito. Com efeito, a demissão de um trabalhador poderá causar prejuízos de diversa ordem ao empregador (p. ex., quebra da qualidade dos produtos, com reflexos na respetiva procura, devida à demissão de um trabalhador particularmente competente), mas tais

---

[422] A denúncia do contrato, além de constituir uma declaração unilateral e recetícia, exprimindo uma vontade séria, inequívoca e formada de modo são, é também uma declaração *formal*. Mas a jurisprudência tem considerado que a comunicação escrita é uma formalidade *ad probationem*, não produzindo a sua falta a invalidade da denúncia.

prejuízos não serão indemnizáveis – pois aqui estaremos perante corolários normais da livre concorrência, do jogo da oferta e procura da força de trabalho. Assim, os prejuízos indemnizáveis, ao abrigo do art. 401º, serão apenas os causados pela demissão irregular do trabalhador, isto é, pela extinção prematura da relação laboral.

Registe-se, no entanto, que a liberdade de demissão do trabalhador poderá ser objeto de compressão contratual, através do chamado *pacto de permanência*. Sobre esta figura, veja-se o disposto no art. 137º do CT, cujo nº 1 preceitua que «as partes podem convencionar que o trabalhador se obriga a não denunciar o contrato de trabalho, por um período não superior a três anos, como compensação ao empregador por despesas avultadas feitas com a sua formação profissional». O nº 2 acrescenta que «o trabalhador pode desobrigar-se do cumprimento do acordo previsto no número anterior mediante pagamento do montante correspondente às despesas nele referidas».

O CT admite, portanto, a celebração destes pactos, assumidamente restritivos da liberdade de trabalho, mas a verdade é que não deixa, ainda assim, de acautelar a posição do trabalhador: quer no que diz respeito às circunstâncias em que os admite (só quando o empregador tenha suportado «despesas avultadas» com a sua formação profissional), quer no que tange ao plano temporal (o compromisso de permanência não pode ter duração superior a três anos), quer no tocante ao *quantum* indemnizatório a suportar pelo trabalhador em caso de inobservância desse pacto. Note-se, quanto a este ponto, que o incumprimento do pacto de permanência por parte do trabalhador poderá causar danos avultados à entidade empregadora, eventualmente de montante superior às despesas suportadas com a formação profissional daquele. Ainda que assim seja, porém, o trabalhador só responderá até este limite[423], o que se traduz, inequivocamente, numa forma de tutelar a sua liberdade de trabalho, assim comprimida mas não aniquilada pelo pacto de permanência.

Este pacto de permanência consiste, no fundo, num expediente contratual através do qual a lei procura conciliar as exigências da liberdade de trabalho com as legítimas expetativas patronais de colher os frutos do forte

---

[423] Este será o valor máximo do seu «resgate», na sugestiva expressão de JÚLIO GOMES (*Direito do Trabalho*, cit., p. 629, n. 1604). Isto, é claro, sem prejuízo de o trabalhador dever ainda indemnizar o empregador, nos termos do art. 401º, caso denuncie o contrato sem respeitar o prazo de aviso prévio.

CONTRATO DE TRABALHO

investimento formativo realizado naquele trabalhador – algo que, como se sabe, requer tempo. Note-se, por último, que a lei não exige a redução a escrito deste pacto, mas será de toda a conveniência celebrá-lo por escrito, seja para facilitar a prova da existência da cláusula, seja para evitar as dúvidas quanto ao respetivo conteúdo[424].

22.9.1.2. A revogação da denúncia

No art. 402º do CT, a lei concede ao trabalhador uma faculdade, *prima facie* algo anómala, de proceder à revogação unilateral da sua declaração demissória, a qual parece assentar numa dupla ordem de considerações: por um lado, visa-se garantir que o trabalhador pondere devidamente sobre as consequências da sua declaração, possibilitando-lhe o exercício do chamado *direito de arrependimento* caso conclua, dentro de um certo prazo, que aquela foi uma declaração precipitada e não ajustada aos seus reais interesses; por outro lado, tenta-se dar resposta ao fenómeno do chamado *despedimento dissimulado*, isto é, ao expediente (que a prática terá revelado ser bastante frequente entre nós) de o empregador, aquando da celebração do contrato, condicionar a admissão do trabalhador à assinatura, por este, de uma declaração demissória sem data, assim ficando o empregador com a possibilidade de, mais tarde, determinar livremente o momento da cessação do contrato, datando o documento em conformidade. Deste modo, o art. 402º, nº 1, do CT determina que o trabalhador poderá revogar a denúncia do contrato «até ao sétimo dia seguinte à data em que a mesma chegar ao poder do empregador, mediante comunicação escrita dirigida a este».

A referida revogação unilateral poderá verificar-se, aliás, tanto relativamente à denúncia como relativamente à própria resolução do contrato por iniciativa do trabalhador (art. 397º do CT). Porém, se a resolução faz cessar imediatamente o contrato (art. 394º, nº 1), já a denúncia se encontra sujeita a um aviso prévio, o qual, como se disse, funciona como um termo suspensivo aposto à declaração demissória do trabalhador. Ora, nesta última hipótese, o CT parece ter cometido um autêntico *hara-kiri*, deitando por terra

---

[424] Para uma outra hipótese de compressão da faculdade de demissão *ad nutum*, vd. o disposto no art. 71º do CT, relativo aos contratos de trabalho celebrados por certos menores, sem escolaridade obrigatória ou sem qualificações profissionais. Nestes casos, como o contrato possui uma importante dimensão formativa, a lei impõe que o menor que denuncie o contrato durante a formação, ou num período imediatamente subsequente de duração igual àquela, compense o empregador do custo direto com a formação que este tenha suportado.

A CESSAÇÃO DO CONTRATO DE TRABALHO: O VÍNCULO DISSOLVIDO

os esforços para combater o fenómeno do «despedimento dissimulado» a que acima se aludiu. Com efeito, *i)* se a denúncia do contrato pelo trabalhador carece de obedecer a um determinado aviso prévio (de 30 ou 60 dias, p. ex.) e *ii)* se o trabalhador apenas poderá revogar a denúncia «até ao sétimo dia seguinte à data em que a mesma chegar ao poder do empregador», então *iii)* isso significa que o empregador continua a ficar com o caminho livre para, aquando da admissão do trabalhador, lhe extorquir uma declaração demissória sem data. Ao empregador bastará, mais tarde, «completar» a referida declaração, datando-a em termos tais que impeçam o trabalhador de a revogar – assim, p. ex., o empregador produz/exibe no dia 20 de outubro uma declaração escrita, assinada pelo trabalhador e supostamente emitida/transmitida em 30 de setembro, nos termos da qual o contrato cessará em 31 de outubro, caso em que o trabalhador já não poderia revogar tal declaração, pois o prazo de sete dias sobre a data em que a declaração havia chegado ao poder do empregador já teria expirado...

O que vem de ser dito significa que, a meu ver, a solução adotada pela legislação pré-codicística, ao conceder ao trabalhador a faculdade de revogar a sua declaração demissória «até ao 2º dia útil seguinte à data de produção dos seus efeitos», era substancialmente mais feliz do que a acolhida no art. 402º do CT: quer a salvaguarda de condições propiciadoras de uma adequada ponderação por parte do trabalhador, quer, sobretudo, o combate ao «despedimento dissimulado», tudo aponta, julga-se, para que o trabalhador disponha de um certo lapso de tempo, *após a dissolução do contrato*, para exercer o seu direito de revogação. Caso contrário, se tal revogação tiver de ser efetuada na vigência da relação laboral (como decorrerá, em regra, do nº 1 deste art. 402º), não só a ponderação pelo trabalhador pode sair prejudicada como as práticas fraudulentas pelo empregador poderão resultar facilitadas. Uma faculdade armadilhada ou um direito pouco mais do que virtual, eis, pois, aquilo que o CT parece oferecer, nesta matéria, aos trabalhadores.

De acordo com este art. 402º, a revogação da declaração extintiva do contrato por iniciativa do trabalhador: *i)* deverá ser efetuada mediante declaração escrita dirigida ao empregador; *ii)* poderá ser efetuada, como se disse, até ao sétimo dia seguinte à data em que a denúncia chegar ao poder do empregador, sendo que, caso não seja possível assegurar a receção da comunicação dentro desse prazo, o trabalhador deverá remetê-la ao empregador, por carta registada com aviso de receção, no dia útil subsequente

CONTRATO DE TRABALHO

ao fim desse prazo (nº 2 do art. 402º, que remete para o nº 2 do art. 350º); *iii)* deverá ser acompanhada da entrega ou da colocação à disposição do empregador, por qualquer forma, da totalidade das compensações pecuniárias que lhe tenham sido pagas em consequência da cessação do contrato (nº 2 do art. 402º, que remete para o nº 3 do art. 350º) – efeito este inteiramente lógico, dado que o contrato vem a ser ressuscitado por força da revogação da denúncia efetuada pelo trabalhador.

A faculdade de revogação unilateral da declaração extintiva do trabalhador (isto é, o «direito de arrependimento») não existirá, em princípio, na hipótese de a assinatura do trabalhador ser objeto de reconhecimento notarial presencial, conforme estabelece o nº 1 do art. 402º do CT. Na ótica da lei, a realização da assinatura na presença do notário garante a genuinidade e a atualidade da declaração extintiva proferida pelo trabalhador, evitando práticas fraudulentas por parte do empregador e exigindo do trabalhador uma reflexão acrescida, pelo que, em tal situação, o trabalhador não gozará daquele direito potestativo de desfazer o declarado. Certo. Mas pergunta-se: em que tipo de situações poderá, na prática, verificar-se o reconhecimento notarial presencial da assinatura do trabalhador demissionário? Não, decerto, nos casos de «despedimento dissimulado», em que o empregador condiciona a contratação do trabalhador à assinatura de uma declaração demissória sem data. Sucede, porém, que o reconhecimento notarial também não ocorrerá nos outros casos, isto é, nos casos em que a declaração de extinção do contrato corresponde a uma real e atual vontade do trabalhador de dissolver a relação laboral. Na verdade, tratando-se aqui de uma declaração unilateral do trabalhador, o eventual reconhecimento presencial da sua assinatura representará, apenas, a criação de um encargo para si mesmo, cujo efeito prático consistirá em privá-lo do «direito de arrependimento» que de outro modo lhe assistiria. Nesta medida, a ida ao notário só se explicaria no quadro de uma algo masoquista autopunição por parte do trabalhador...

Nos seus arts. 400º, nº 5, e 395º, nº 4, o CT vem, todavia, atribuir ao empregador o poder de exigir que a assinatura do trabalhador, constante do documento que formaliza a sua declaração demissória, seja objeto de reconhecimento notarial presencial. Isto é, para que a declaração extintiva do trabalhador produza efeitos de modo irreversível, sem que sobre ela continue a pairar a ameaça do «direito de arrependimento», concede-se ao empregador a faculdade de exigir o reconhecimento notarial presencial da assinatura do trabalhador. Na perspetiva do legislador, *um tal reconheci-*

mento notarial, se protege o trabalhador do «despedimento dissimulado» promovido pelo empregador, também protegerá este último face ao «direito de arrependimento» exercido por aquele.

Pelo exposto, a simples emissão de uma declaração escrita por banda do trabalhador, comunicando ao empregador a resolução ou a denúncia do contrato, poderá não ser bastante para produzir o efeito extintivo da relação laboral visado por aquele. Na verdade, o trabalhador poderá ter de assinar o referido documento na presença do notário. Ponto é que o empregador o exija, conforme prescreve o nº 4 do art. 395º do CT, para o qual remete o nº 5 do art. 400º Estranhamente, porém, aquela norma nada diz sobre o prazo dentro do qual o empregador poderá reivindicar o reconhecimento notarial presencial da assinatura do trabalhador – omissão esta que, julga-se, poderá causar alguns problemas de ordem prática. A meu ver, a resposta/exigência do empregador, ao abrigo da referida norma, não poderá deixar de ser imediata, quase instantânea: ao receber a comunicação escrita da resolução ou da denúncia do contrato, o empregador deverá comunicar prontamente ao trabalhador que exige o reconhecimento notarial presencial da respetiva assinatura; caso contrário, a sua inércia só poderá ser entendida como exprimindo a dispensa de uma tal formalidade suplementar ao trabalhador (dir-se-ia que, aqui, o empregador que cala consente...).

Casos há, todavia, nos quais, mesmo que a assinatura do trabalhador seja realizada na presença do notário, nem por isso o seu «direito de arrependimento» desaparecerá. Trata-se das situações previstas na parte final do nº 4 do art. 395º, em que medeie um período superior a 60 dias entre a data do reconhecimento notarial e a data da cessação do contrato. A lei procura, assim, garantir que a declaração extintiva do trabalhador corresponde a uma vontade *atual* deste, impedindo que o reconhecimento notarial de uma declaração genuína mas já desatualizada prive o trabalhador da possibilidade de reconsiderar a sua decisão. Nas situações contempladas por este segmento normativo, a eventual exigência patronal de reconhecimento notarial da assinatura do trabalhador revela-se, pois, inócua ou supérflua, na medida em que, atendendo ao muito tempo que medeia entre a data daquele reconhecimento e a da cessação do contrato, o trabalhador conservará o seu «direito de arrependimento»... mas isto, note-se, apenas até ao sétimo dia seguinte à data em que a declaração chegue ao poder do empregador, conforme resulta do nº 1 dos arts. 397º e 402º do CT.

CONTRATO DE TRABALHO

A análise deste tortuoso regime legal revela-nos, pois, que pode haver várias datas a destacar no processo demissório do trabalhador: desde logo, *i)* a data do reconhecimento notarial presencial da assinatura do trabalhador, *ii)* a data em que a declaração extintiva chega ao poder do empregador, e *iii)* a data da cessação do contrato de trabalho. O *«direito de arrependimento» do trabalhador desaparecerá no caso de entre a primeira e a última destas datas mediar um período igual ou inferior a 60 dias, bem como no caso de já terem decorrido mais de 7 dias sobre a segunda daquelas datas*[425].

22.9.2. Demissão com justa causa (resolução)
22.9.2.1. A noção de justa causa

Segundo o nº 1 do art. 394º do CT, «ocorrendo justa causa, o trabalhador pode fazer cessar imediatamente o contrato». Assim, e ao contrário do que acontece em sede de despedimento promovido pelo empregador, a ocorrência de justa causa habilita o trabalhador, não tanto a dissolver *licitamente* o contrato, mas sim a dissolvê-lo *imediatamente.* No domínio da cessação do contrato por iniciativa do trabalhador, a justa causa desempenha, pois, uma função mais modesta, traduzindo-se apenas numa condição de licitude da rutura imediata do contrato e não numa condição de licitude da própria rutura, como sucede em matéria de despedimento patronal. Em termos substanciais, a ocorrência de justa causa exonera o trabalhador do dever de respeitar o prazo de aviso prévio previsto no art. 400º[426], podendo ainda conferir-lhe o direito a uma indemnização pelos danos sofridos, de acordo com o disposto no art. 396º

---

[425] Com a ressalva do disposto no nº 2 dos arts. 397º e 402º (que remetem, ambos, para o nº 2 do art. 350º), o qual concede mais um dia útil ao trabalhador para remeter a comunicação da revogação ao empregador.

[426] Poderá o trabalhador resolver o contrato, invocando justa causa (p. ex., baixa de categoria ou diminuição da retribuição), mas dando aviso prévio à entidade empregadora? Ou será isto tentar conciliar o inconciliável? Do ponto de vista do trabalhador, proceder deste modo faz sentido como estratégia cautelar, prevenindo a possibilidade de a justa causa não se provar e assim evitando uma subsequente condenação sua a indemnizar o empregador. Esta curiosa questão já chegou ao STJ, que, em Acórdão de 6-6-2007 (Sousa Peixoto), decidiu – a meu ver bem – que a lei não exige que o trabalhador, ao resolver o contrato com invocação de justa causa, atribua à resolução efeitos imediatos («a lei não diz que, ocorrendo justa causa, o trabalhador *tem* de fazer cessar de imediato o contrato; limita-se a dizer que, ocorrendo justa causa, *pode* o trabalhador fazer cessar imediatamente o contrato»). Para desenvolvimentos, JOÃO LEAL AMADO, «Extinção do contrato por iniciativa do trabalhador: resolução com aviso prévio?», *RMP*, nº 118, 2009, pp. 225-241.

O mesmo art. 394º do CT, nos seus nºs 2 e 3, procede à distinção entre as duas grandes espécies de justa causa de cessação do contrato por iniciativa do trabalhador – a justa causa subjetiva e a justa causa objetiva. A *justa causa subjetiva* de demissão, elencada nas diversas alíneas do nº 2 em termos meramente exemplificativos («nomeadamente»), refere-se a comportamentos ilícitos e culposos do empregador, analisando-se naquilo que muitas vezes se designa por «despedimento indireto», isto é, abrange casos em que a rutura contratual, conquanto seja desencadeada pelo trabalhador, tem como verdadeiro e último responsável o empregador, o qual viola culposamente os direitos e garantias daquele[427], impelindo-o a demitir-se. Já a *justa causa objetiva* de demissão, descrita em moldes aparentemente taxativos no nº 3 do preceito, poderá consistir na prática de um ato lícito pelo empregador (alteração substancial e duradoura das condições de trabalho no exercício de poderes patronais, tal como, p. ex., alterações em matéria de horário de trabalho), na prática de um ato ilícito mas não culposo deste (assim, a falta não culposa de pagamento pontual da retribuição) ou mesmo em circunstâncias alheias ao empregador e relacionadas com o próprio trabalhador (necessidade de cumprimento de obrigação legal incompatível com a continuação do contrato).

Destarte, a *falta de pagamento pontual da retribuição* perfila-se, na economia do art. 394º do CT, quer como justa causa subjetiva (nº 2, al. *a*)), quer como justa causa objetiva de demissão (nº 3, al. *c*)), consoante exista ou não culpa do empregador no incumprimento. A este propósito, importa, no entanto, não olvidar que: *i)* a culpa do empregador presume-se, ao abrigo do disposto no art. 799º, nº 1, do CCivil, nos termos do qual «incumbe ao devedor provar que a falta de cumprimento ou o cumprimento defeituoso da obrigação não procede de culpa sua»; *ii)* a mora patronal que se prolongue por período de sessenta dias implica que a falta de pagamento pontual da retribuição se considere culposa, o mesmo sucedendo quando o empregador, a pedido do trabalhador, declare por escrito a previsão de não pagamento da retribuição em falta, até ao termo daquele prazo (nº 5 do art. 394º); *iii)* neste tipo de casos, em que a mora do empregador excede estes marcos temporais, mais do que uma mera presunção *juris tantum* de culpa, estabelece-se uma presunção *juris et de jure*, ou, quiçá, uma ficção legal de

---

[427] A este propósito, *vd.*, em especial, o disposto nos arts. 127º (deveres do empregador) e 129º (garantias do trabalhador) do CT.

CONTRATO DE TRABALHO

culpa patronal na falta de pagamento da retribuição (a qual, portanto, não admite prova em contrário).

Segundo o nº 4 do art. 394º do CT, a *justa causa* de resolução do contrato por iniciativa do trabalhador «é apreciada nos termos do nº 3 do artigo 351º, com as necessárias adaptações», devendo pois atender-se, para efeitos de determinar a (in)existência de justa causa, ao grau de lesão dos interesses do trabalhador, ao caráter das relações entre as partes, etc. A remissão efetuada por aquele nº 4 carece, porém, de ser entendida com as devidas cautelas, pois a simples leitura do art. 394º logo nos revela que a justa causa a invocar pelo trabalhador é bastante mais ampla do que a invocável pelo empregador. De resto, toda a evolução do nosso direito laboral, não desmentida pelo CT, é testemunha da superação histórica de qualquer tipo de conceção bilateral e recíproca de justa causa, de acordo com a qual esta seria configurada como uma categoria genérica, aplicável, nos mesmos termos, para trabalhador e empregador. Convém, pois, não cair no engodo da simetria...

Com efeito, se a justa causa de despedimento se circunscreve hoje ao domínio disciplinar, já a justa causa de demissão abrange um espectro de situações bastante mais diversificado, incluindo até razões de todo em todo alheias ao empregador (recorde-se o disposto no nº 3, al. *a)*, do art. 394º), o que recomenda alguma prudência ao intérprete-aplicador do direito, evitando a adoção de conceções infundadamente «paritárias» ou «isométricas» nesta matéria. Mesmo no tocante à justa causa subjetiva, convém não esquecer que o despedimento constitui apenas uma – a última – das várias sanções disciplinares ao dispor do empregador (este, como vimos *supra,* possui uma diversificada gama de meios de autotutela em carteira), ao passo que o trabalhador não dispõe, em regra, de outros mecanismos de autotutela para além da resolução contratual. Ora, todas estas circunstâncias não poderão deixar de relevar em sede de apreciação, em concreto, da existência ou não de justa causa de resolução do contrato pelo trabalhador, aferida em termos de inexigibilidade de manutenção do vínculo laboral[428].

---

[428] A este propósito, por último, ANTÓNIO MONTEIRO FERNANDES, «Resolução do contrato de trabalho por mora da retribuição – prazos e presunções de culpa», *PDT*, 2017-I, pp. 59-73 [63-65].

22.9.2.2. Procedimento para resolução do contrato

Ocorrendo justa causa, como deverá o trabalhador proceder, caso pretenda resolver o contrato? Responde o nº 1 do art. 395º: «O trabalhador deve comunicar a resolução do contrato ao empregador, por escrito, com indicação sucinta dos factos que a justificam, nos 30 dias subsequentes ao conhecimento dos factos». Não é, pois, indispensável proceder a uma descrição circunstanciada dos factos, bastando uma indicação sucinta dos mesmos, de modo a permitir, se necessário, a apreciação judicial da justa causa invocada pelo trabalhador[429].

Quanto ao *prazo*, a lei determina que a comunicação da resolução (como é sabido, esta constitui uma declaração unilateral e recetícia do trabalhador) deverá ser feita nos 30 dias subsequentes ao conhecimento dos factos consubstanciadores da justa causa. Ou seja, à partida, perante um comportamento do empregador constitutivo de justa causa de resolução do contrato pelo trabalhador, este deverá atuar no prazo de 30 dias, sob pena de caducidade. Suscitam-se, porém, dificuldades de tomo relativamente à determinação do *dies a quo* de tal prazo, isto é, do exato momento a partir do qual tal prazo começará a correr, dada a multiplicidade e a heterogeneidade das condutas patronais suscetíveis de integrarem a referida justa causa de demissão. Com efeito, este prazo de caducidade poderá funcionar, sem dificuldades de maior, para as infrações de tipo instantâneo (aplicação de uma sanção abusiva ou ofensa à integridade física do trabalhador, p. ex.), caso em que a resolução deverá ser comunicada ao empregador no referido prazo de 30 dias. Há, porém, muitos casos de violações contratuais continuadas, as quais exprimem um incumprimento patronal que, por vezes, a passagem do tempo só torna ainda mais grave – pense-se, p. ex., na falta de condições de segurança e saúde no trabalho, na violação de garantias do trabalhador (como seja a garantia de ocupação efetiva), na falta de pagamento da retribuição (caso em que, à medida que o período de mora patronal se avoluma, é óbvio que a situação contratual tende a degradar-se do ponto de vista do trabalhador, podendo mesmo tornar-se insustentável).

Neste tipo de casos, dir-se-ia, enquanto persistir a violação, enquanto se mantiver o incumprimento patronal, não poderá correr o prazo de

---

[429] Isso mesmo resulta do nº 3 do art. 398º, norma relativa à impugnação da resolução pelo empregador, na qual se esclarece que em tal ação judicial (a qual poderá ser intentada no prazo de um ano) apenas serão atendíveis para justificar a resolução os factos constantes da comunicação escrita prevista no art. 395º, nº 1.

CONTRATO DE TRABALHO

caducidade da faculdade de o trabalhador resolver, com justa causa, o respetivo contrato. Contudo, em matéria de falta de pagamento da retribuição, o CT esclarece agora que, nas hipóteses contempladas no nº 5 do art. 394º (falta de pagamento que se prolongue por período de 60 dias, ou em que o empregador declare a previsão de não pagamento até ao termo desses 60 dias), «o prazo para resolução conta-se a partir do termo do período de 60 dias ou da declaração do empregador» (nº 2 do art. 395º). Ou seja, nestes casos parece que o trabalhador terá de resolver o contrato algures entre o 61º e o 90º dia de mora patronal, sob pena de esta faculdade de resolução caducar – solução esta cuja bondade material me suscita bastantes dúvidas, visto que aqui o decurso do tempo não minora, antes tende a agravar, a situação de carência do trabalhador[430].

Quando a justa causa de resolução contratual não se analisar num qualquer comportamento do empregador, mas sim numa circunstância atinente à esfera do próprio trabalhador (necessidade de cumprimento de obrigações legais incompatíveis com a continuação ao serviço), a lei determina que este deverá notificar aquele «logo que possível» (nº 3 do art. 395º). Vale dizer, nestas hipóteses e à luz deste preceito, se o trabalhador não se encontra adstrito a pré-avisar o empregador da resolução, deverá, em todo o caso, notificá-lo da mesma logo que possível, o que aponta para uma relativa proximidade temporal entre o início da ausência ao serviço e a emissão da declaração escrita por parte do trabalhador, resolvendo o contrato.

O desrespeito das exigências formuladas neste art. 395º (inobservância de forma escrita, indicação insuficiente dos factos justificativos da resolução, ultrapassagem do prazo de caducidade), determinará a ilicitude/irregularidade, que não a invalidade/ineficácia, da rutura contratual promovida pelo trabalhador. Note-se, contudo, que o trabalhador poderá ainda suprir algumas daquelas lacunas, ao abrigo do disposto no nº 4 do art. 398º

---

[430] De forma engenhosa (mas, *de jure condito*, muito discutível), jogando com o elemento da culpa e a distinção entre *presunção juris tantum* e presunção *juris et de jure*, a jurisprudência tem logrado fazer justiça nestes casos, rejeitando a caducidade do direito de o trabalhador com salários em atraso resolver o contrato – assim, Acs. da Relação de Coimbra, de 10/02/2011 e de 13/12/2012 (Azevedo Mendes). Sobre o ponto, JOÃO LEAL AMADO, «Falta de pagamento da retribuição e resolução do contrato pelo trabalhador: a questão do *timing*», *RLJ*, Nº 3996, Jan.-Fev. 2016, pp. 162-171, e ANTÓNIO MONTEIRO FERNANDES, «Resolução do contrato de trabalho por mora da retribuição, cit. pp. 70-72.

22.9.2.3. Indemnização devida ao trabalhador

Verificando-se a resolução do contrato por iniciativa do trabalhador, com base na chamada *justa causa subjetiva*, isto é, com fundamento em comportamentos culposos do empregador, aquele terá direito a uma indemnização, nos termos do art. 396º Em princípio, o *quantum* indemnizatório é balizado pela lei, visto que o respetivo montante deverá ser fixado entre 15 e 45 dias de retribuição base e diuturnidades por cada ano completo de antiguidade. O legislador consagra, portanto, uma *moldura indemnizatória*, com padrões mínimos e máximos de referência, devendo o tribunal atender ao valor da retribuição do trabalhador e ao grau de ilicitude do comportamento do empregador, em ordem a graduar a indemnização devida (nº 1 do art. 396º). De entre os parâmetros em função dos quais a indemnização será calculada, importa ainda frisar que: *i)* no caso de fração de ano de antiguidade, o valor de referência será calculado proporcionalmente (nº 2); *ii)* em qualquer caso, isto é, independentemente da antiguidade do trabalhador, a indemnização nunca poderá ser inferior a três meses de retribuição base e diuturnidades (nº 1, *in fine*).

O valor da indemnização poderá, porém, ser *superior* ao que resultaria da aplicação daquele nº 1, «sempre que o trabalhador sofra danos patrimoniais e não patrimoniais de montante mais elevado» (nº 3). O CT esclarece, assim, que também os danos não patrimoniais sofridos pelo trabalhador (pense-se, p. ex., na angústia ou no vexame resultantes de graves ofensas patronais à honra ou à reputação do trabalhador) são ressarcíveis, na linha, aliás, do disposto no art. 496º do CCivil e do art. 389º, nº 1, al. *a)*, do CT, em sede de despedimento ilícito.

O nº 4 do art. 396º estabelece que, «no caso de contrato a termo, a indemnização não pode ser inferior ao valor das retribuições vincendas», assim se criando um soalho, um limite mínimo abaixo do qual a indemnização não poderá descer. Ou seja, parece defluir deste preceito que em sede de *contrato a termo* valerão, em princípio, as regras gerais atinentes à determinação da indemnização (esta será fixada entre 15 e 45 dias de retribuição base e diuturnidades por cada ano completo de antiguidade, sendo o valor de referência calculado proporcionalmente no caso de fração de ano), mas o limite mínimo previsto para os contratos de duração indeterminada (indemnização correspondente a três meses de retribuição base e diuturnidades) vem aqui a ser substituído por um valor mais adequado à circunstância de estarmos perante um contrato a termo (a quantia correspondente às retribuições vincendas).

CONTRATO DE TRABALHO

Nada impede, portanto, que o *quantum* indemnizatório a pagar ao trabalhador contratado a termo supere as retribuições vincendas. Além de o nº 4 do art. 396º ser inequívoco quanto ao facto de estabelecer um mero limite mínimo (aliás, nem sequer é impossível, atenta a redação do preceito, sustentar que, no caso dos contratos a termo, o limite mínimo do nº 4 não se substitui ao limite mínimo da parte final do nº 1, antes encontrando ambos aplicação...), tal poderá até decorrer, forçosamente, da simples aplicação dos critérios gerais plasmados no nº 1, o qual determina que a indemnização deverá corresponder, no mínimo, a 15 dias de retribuição por cada ano de antiguidade, sendo que este padrão mínimo bem poderá conduzir, em concreto, à ultrapassagem das retribuições vincendas.

22.9.2.4. Indemnização a pagar pelo trabalhador

Em princípio, caberá ao trabalhador fazer a prova dos factos constitutivos da justa causa de resolução do contrato, em conformidade com o disposto no art. 342º do CCivil[431]. E, não se provando tal justa causa, a resolução contratual será considerada ilícita, conferindo ao empregador o direito a uma indemnização pelos prejuízos causados (art. 399º do CT). Diferentemente do que sucede em matéria de despedimento patronal, a justa causa de resolução por iniciativa do trabalhador não se analisa numa condição de validade da mesma, isto é, ainda que *irregular* a resolução do contrato pelo trabalhador não será inválida, pelo que não se coloca o problema da eventual reconstituição da relação laboral por força de uma qualquer decisão judicial que declare a ilicitude da resolução – solução esta, diga-se, reclamada pelo caráter pessoalíssimo das obrigações assumidas pelo trabalhador neste contrato e pelo próprio princípio constitucional da liberdade de trabalho e profissão.

Se o dever de indemnizar a contraparte, em caso de resolução contratual ilícita por iniciativa do trabalhador, não sofre contestação, já os termos da remissão efetuada pelo art. 399º para o disposto no art. 401º suscitam alguma perplexidade. Com efeito, afigura-se lógico proceder à equiparação das duas hipóteses, no que toca ao *quantum* da indemnização: se o trabalhador resolver o contrato, invocando justa causa, mas esta não se provar, ou se o trabalhador denunciar o contrato, independentemente de justa causa,

---

[431] Isto sem prejuízo de, como foi oportunamente referido *supra* (§ 20.6.1.), incumbir ao empregador a prova do cumprimento da obrigação retributiva, presumindo-se, ademais, que a sua eventual falta de cumprimento será culposa.

mas sem pré-avisar o empregador, em qualquer destas hipóteses estaremos perante uma rutura contratual ilícita/irregular, parecendo que a indemnização a pagar ao empregador deverá ser calculada nos mesmos moldes. Algo estranhamente, porém, a norma em apreço, em lugar de estabelecer que a indemnização devida ao empregador será calculada «nos termos previstos no artigo 401º» (ou conter qualquer fórmula similar), prescreve que o empregador terá direito a uma indemnização «*não inferior* ao montante calculado nos termos do artigo 401º». A lei sugere, pois, que a indemnização calculada ao abrigo do art. 399º poderá ser superior à calculada com base no art. 401º – solução, repete-se, algo estranha, tanto mais que esta última disposição, estabelecendo embora que o valor da indemnização deverá ascender, em princípio, à retribuição base e diuturnidades correspondentes ao período de aviso prévio em falta, não deixa de ressalvar, de forma expressa, a responsabilidade civil do trabalhador pelos danos eventualmente causados pela denúncia irregular do contrato. Será legítimo ir mais além do que isto, quando se trate de uma resolução ilícita? Julga-se que não.

22.9.3. O abandono do trabalho

O abandono do trabalho surge, na economia do CT, como uma hipótese de *rutura ilícita/irregular do contrato por iniciativa do trabalhador*. Na maioria dos casos, o abandono do trabalho traduz-se numa rescisão contratual tácita por banda do trabalhador, o qual promove a dissolução do vínculo, sem invocar qualquer justa causa para o efeito e sem respeitar o competente aviso prévio.

Nos termos do disposto no nº 1 do art. 403º, os *elementos constitutivos* do abandono do trabalho são dois: *i)* a ausência do trabalhador do serviço; *ii)* acompanhada de factos reveladores da intenção de o não retomar. Significa isto que, como é óbvio, nem toda a ausência do trabalhador, mesmo se injustificada, equivale a um abandono do trabalho. A ausência ao serviço corresponde, tão-só, ao elemento objetivo do abandono, ao qual, porém, terá de unir-se o elemento subjetivo, o *animus* extintivo[432] por parte do trabalhador. E, por seu turno, este *animus* extrair-se-á de factos concludentes, de factos que, com toda a probabilidade, revelem a vontade de o trabalhador dissolver o contrato. Será o caso, p. ex., de o trabalhador deixar

---

[432] A expressão é de JORGE LEITE, «A figura do abandono do trabalho», *PLT*, CEJ, nº 33, 1990.

CONTRATO DE TRABALHO

de comparecer ao serviço, tendo entretanto celebrado e começado a executar um contrato de trabalho com outra entidade empregadora, incompatível com o cumprimento do primeiro, ou ainda de o trabalhador se ausentar para o estrangeiro, após obter a necessária licença de residência e de trabalho nesse país.

O abandono do trabalho analisa-se, portanto, numa *ausência qualificada do trabalhador*, numa demissão deste último, exteriorizada através de factos concludentes. Pode até, na opinião de JÚLIO GOMES, não se tratar de uma rescisão tácita do contrato, visto que o abandono poderá ocorrer mediante uma declaração verbal expressa do trabalhador («nunca mais cá ponho os pés!», «demito-me!»), seguida de uma conduta inequívoca da sua parte (o trabalhador deixa de comparecer ao serviço, despede-se dos colegas, esvazia o seu cacifo, leva todos os seus pertences, etc.)[433]. Essencial é, em todo o caso, a presença do aludido elemento subjetivo, do *animus* extintivo, sem o qual jamais se poderá reconduzir a situação à figura do abandono do trabalho, tal como se encontra prevista no nº 1 do art. 403º («trabalhador desertor»).

Para os casos de ausência prolongada e sem notícias («trabalhador desaparecido em combate»), o nº 2 deste preceito estabelece uma presunção *juris tantum* de abandono do trabalho. Tal *presunção legal* verificar-se-á quando a ausência do trabalhador se prolongue durante, pelo menos, 10 dias úteis seguidos, «sem que o empregador seja informado do motivo da ausência». A este propósito, cumpre fazer duas observações: *i)* a ilação de abandono extrai-se de uma ausência mínima de 10 dias úteis consecutivos, pelo que os dias de descanso semanal intercorrentes, os dias de férias ou os feriados não relevam para este efeito; *ii)* mais do que do *motivo* da ausência, basta, para evitar a referida presunção, que o trabalhador comunique a ausência[434].

---

[433] *Direito do Trabalho*, cit., p. 1072, n. 2569. Contra, considerando que o abandono se traduz sempre numa declaração tácita, pelo que, havendo uma declaração expressa do trabalhador, seremos remetidos para a denúncia, ROSÁRIO PALMA RAMALHO, *Tratado de Direito do Trabalho*, II, cit., p. 959.

[434] Como bem observa JORGE LEITE, se um trabalhador, após as suas férias, comunica à empresa que só retomará o trabalho 20 ou 30 dias depois, sem indicação de qualquer motivo, não se poderá presumir o abandono, se bem que o trabalhador possa incorrer em faltas injustificadas, com as inerentes consequências disciplinares («A figura do abandono do trabalho», cit., p. 126). O mesmo vale, a meu ver, na hipótese de o trabalhador não comparecer no novo local de trabalho indicado pelo empregador, recusando obediência a uma ordem

A presunção de abandono poderá ser *ilidida* pelo trabalhador, segundo o nº 4, «mediante prova da ocorrência de motivo de força maior impeditivo da comunicação ao empregador da causa da ausência». Ou seja, não se trata aqui, propriamente, de tentar justificar a ausência ao serviço (invocando, p. ex., que esta se deveu a doença), mas sim de provar que a comunicação da ausência só não foi expedida, ou só não foi conhecida ou cognoscível do empregador, porque um qualquer acontecimento natural e/ou uma qualquer ação alheia o impediram. Em ordem a ilidir a presunção, será necessário que o trabalhador alegue e prove que, no caso concreto, agiu com a diligência própria de uma pessoa normal, medianamente prudente, avisada e cuidadosa, e que só por razões que lhe não foram imputáveis se viu impedido de cumprir o seu dever de comunicar a ausência.

Note-se que, a meu ver, preenchidos que se mostrem estes requisitos, nada impede que o trabalhador venha ilidir a presunção, seja antes seja mesmo *depois* do envio, pelo empregador, da comunicação de abandono prevista no nº 3 do art. 403º Esta última será, decerto, uma hipótese rara, mas não inverosímil. Relembre-se, a este propósito, que a causa de cessação do contrato reside no abandono do trabalho e não na comunicação do mesmo ao trabalhador, pelo que se tal abandono não se verificar (porque o trabalhador logra ilidir a presunção legal) o contrato jamais poderá cessar por esta via. Neste caso, a ilisão da presunção neutralizará os efeitos extintivos da comunicação de abandono entretanto enviada pelo empregador.

Valendo o abandono do trabalho como cessação irregular (sem justa causa e sem aviso prévio) do contrato por iniciativa do trabalhador, compreende-se que este deva *indemnizar* o empregador pelos prejuízos causados, conforme indica o nº 5 do art. 403º Logicamente, a lei remete, neste ponto, para a norma referente à indemnização devida em caso de falta de cumprimento do prazo de aviso prévio por parte do trabalhador (art. 401º).

O abandono vale, como se disse, como denúncia do contrato por iniciativa do trabalhador, mas só o empregador poderá invocar tal abandono e, ademais, só após ter satisfeito as exigências estabelecidas no nº 3 do art.

---

de transferência dada pelo empregador. Este trabalhador poderá ser considerado um "refratário" ou "rebelde", mas não um trabalhador "desertor" (que tenha abandonado o trabalho) ou "desaparecido em combate" (que se presuma ter abandonado o trabalho) – a este propósito, permito-me remeter para João Leal Amado, «Abandono do trabalho: um instituto jurídico em remodelação?», *Direito do Trabalho + Crise = Crise do Direito do Trabalho?*, cit., pp. 13-27.

403º: *comunicação* ao trabalhador dos factos constitutivos do abandono ou da presunção do mesmo, por carta registada com aviso de receção, para a última morada conhecida deste. Esta comunicação, note-se, não se traduz numa declaração de vontade extintiva proferida pelo empregador, mas sim numa condição de eficácia da dissolução contratual por abandono, isto é, numa condição de eficácia da extinção do vínculo imputável ao trabalhador – pois a verdade é que, sem tal comunicação, o efeito extintivo do contrato não se produz. Por isso mesmo, se o trabalhador regressar ao serviço ou comunicar a ausência antes do envio da comunicação pelo empregador, então o contrato deixará de poder cessar por via do abandono do trabalho – se bem que nada impeça o empregador de reagir disciplinarmente contra as faltas injustificadas dadas pelo trabalhador, eventualmente promovendo até o respetivo despedimento com justa causa, ao abrigo do disposto no art. 351º, nº 2, al. *g)*, do CT.

Questão não isenta de dificuldades é a de saber em que *momento* se verifica a extinção do contrato, nestes casos de abandono. O contrato considera-se extinto na data em que a ausência do trabalhador teve início? Considera-se dissolvido no termo do prazo de 10 dias úteis, nas hipóteses de abandono presumido? Ou o contrato considera-se extinto após, e só após, a comunicação patronal a que se refere o nº 3 do art. 403º? Dir-se-ia que, se só o empregador pode invocar a cessação por abandono do trabalho, e se essa invocação apenas pode ser feita uma vez cumpridas as formalidades requeridas pelo nº 3, então parece que, em rigor, o efeito extintivo do abandono só se verifica *se* e *quando* o empregador constatar o mesmo, isto é, se e quando ele comunicar ao trabalhador a cessação, por carta registada com aviso de receção. Ou terá esta comunicação eficácia retroativa? O ponto carece de uma reflexão aprofundada, não assumindo, porventura, importância prática significativa.

ÍNDICE

Nota Prévia	7
Abreviaturas	9

§ 1º DIREITO DO TRABALHO: O QUÊ, PORQUÊ E PARA QUÊ?   11

§ 2º NOÇÃO, OBJETO E CARACTERÍSTICAS GERAIS DO DIREITO DO TRABALHO   25

§ 3º FONTES DO DIREITO DO TRABALHO (BREVE REFERÊNCIA)   31

    3.1. Fontes específicas: a convenção coletiva de trabalho   31

    3.2. A Organização Internacional do Trabalho e a União Europeia   39

    3.3. A Constituição da República   41

§ 4º CONTRATO DE TRABALHO: NOÇÃO E ELEMENTOS ESSENCIAIS   47

§ 5º ALGUMAS CARACTERÍSTICAS DO CONTRATO DE TRABALHO   53

    5.1. Contrato sinalagmático e oneroso   53

    5.2. Contrato patrimonial e obrigacional   54

    5.3. Contrato de adesão   54

    5.4. Contrato duradouro   54

    5.5. Contrato *intuitu personae?*   55

§ 6º CONTRATO DE TRABALHO VERSUS CONTRATO DE PRESTAÇÃO DE SERVIÇO   57

    6.1. Os arts. 1152º e 1154º do CCivil   57

    6.2. Contrato de trabalho, Direito do Trabalho, reação patronal   59

    6.3. O *nomen iuris* e o «princípio da primazia da realidade»   61

    6.4. A qualificação contratual e a prova   62

        6.4.1. Situação anterior ao CT de 2003   63

        6.4.2. O art. 12º do CT de 2003 (redação originária)   64

        6.4.3. A ulterior redação do art. 12º do CT de 2003   65

        6.4.4. O art. 12º do atual CT   66

CONTRATO DE TRABALHO

§ 7º MODALIDADES DE CONTRATO DE TRABALHO: OS MÚLTIPLOS DESVIOS AO MODELO TÍPICO ... 71

7.1. O contrato de trabalho a prazo ou a termo ... 73

    7.1.1. Liberdade contratual *versus* segurança no emprego ... 73

    7.1.2. Termo resolutivo: requisitos materiais e requisitos formais ... 75

        A) Requisitos materiais ... 76

        B) Requisitos formais ... 80

    7.1.3. Termo certo ... 82

    7.1.4. Termo incerto ... 91

    7.1.5. Condição resolutiva ... 94

7.2. O trabalho temporário ... 103

7.3. O trabalho a tempo parcial ... 106

7.4. O trabalho intermitente ... 110

    7.4.1. Noção. O *genus* e as espécies ... 110

    7.4.2. Trabalho intermitente e trabalho a tempo parcial ... 111

    7.4.3. Requisitos de admissibilidade ... 112

    7.4.4. Forma e conteúdo ... 112

    7.4.5. Direitos e deveres do trabalhador intermitente ... 114

    7.4.6. Contrato de trabalho intermitente *versus* contrato a termo ... 115

    7.4.7. Intermitente: o contrato e o trabalho ... 117

7.5. A comissão de serviço ... 119

7.6. O teletrabalho ... 123

    A) Teletrabalho *versus* trabalho no domicílio ... 127

§ 8º A FORMAÇÃO DO CONTRATO DE TRABALHO ... 131

8.1. Capacidade das partes: o trabalho de menores ... 131

8.2. Idoneidade do objeto ... 136

§ 9º PROCESSO DE FORMAÇÃO DO CONTRATO ... 141

9.1. A promessa de contrato de trabalho ... 141

9.2. Princípio da liberdade e princípio da igualdade no acesso ao emprego ... 143

9.3. Fase pré-contratual e «direito à mentira» ... 145

§ 10º FORMALISMO NEGOCIAL: O PRINCÍPIO DA CONSENSUALIDADE E AS SUAS EXCEÇÕES ... 149

§ 11º A INVALIDADE DO CONTRATO DE TRABALHO ... 153

11.1. Invalidade parcial ... 153

11.2. Invalidade total ... 155

§ 12º O PERÍODO EXPERIMENTAL ... 157

12.1. Regime jurídico ... 157

12.2. O período experimental e o art. 53º da CRP ... 160

§ 13º O EMPREGADOR E A EMPRESA 165

13.1. Empresa e Direito do Trabalho 165

13.2. Transmissão da empresa e contrato de trabalho 167

    13.2.1. Sub-rogação legal do adquirente 167

    13.2.2. Direito de oposição do trabalhador? 168

13.3. Cedência ocasional de trabalhador 171

13.4. A dimensão da empresa e o Direito do Trabalho 172

    3.4.1. Principais projeções regimentais da classificação tipológica das empresas laborais 174

    13.4.2. Balanço e perspetivas: o processo de «dimensionamento» do Direito do Trabalho no contexto da flexibilização das leis laborais 177

    13.4.3. O dilema dimensional 178

§ 14º OS PODERES PATRONAIS E OS DIREITOS DO TRABALHADOR ENQUANTO PESSOA E CIDADÃO 181

14.1. Os poderes do empregador 181

14.2. A força de trabalho e a pessoa do trabalhador 187

    14.2.1. Os direitos laborais inespecíficos (direitos de personalidade) 187

    14.2.2. O assédio no trabalho 191

§ 15º O *QUID* DA PRESTAÇÃO DE TRABALHO: FAZER O QUÊ? ... 197

15.1. O objeto da prestação de trabalho: a categoria profissional e as funções desempenhadas pelo trabalhador 197

15.2. A mobilidade funcional 199

§ 16º O LUGAR DA PRESTAÇÃO DE TRABALHO: TRABALHAR ONDE? 203

16.1. O relevo do local de trabalho 203

16.2. A noção de local de trabalho 205

16.3. A garantia da inamovibilidade do trabalhador 206

16.4. As possibilidades de transferência unilateral à luz do CT ... 207

16.5. As transferências autorizadas pelo contrato: as «cláusulas de mobilidade geográfica» 210

16.6. A transferência como direito do trabalhador 215

§ 17º O TEMPO DA PRESTAÇÃO DE TRABALHO: TRABALHAR QUANTO E QUANDO? 219

17.1. Tempo de trabalho e tempo de repouso 219

17.2. Período normal de trabalho e flexibilidade do tempo de trabalho: adaptabilidade e banco de horas 221

17.3. Horário de trabalho, descanso semanal e isenção de horário ... 225

17.4. Trabalho por turnos, trabalho noturno e trabalho suplementar ... 228

CONTRATO DE TRABALHO

17.5. Feriados	232
17.6. O desafio das NTIC e o "direito à desconexão"	233
§ 18º O DIREITO AO REPOUSO E AO LAZER: O REGIME JURÍDICO DAS FÉRIAS	**241**
18.1. A duração das férias	241
18.2. Retribuição durante as férias	243
18.3. A estrutura complexa do direito a férias e a cessação do contrato	245
18.4. A marcação das férias	246
18.5. O ano da contratação	248
18.6. A tutela do direito a férias	249
§ 19º O DEVER DE ASSIDUIDADE E O REGIME JURÍDICO DAS FALTAS	**251**
§ 20º TRABALHAR A TROCO DE QUÊ? A RETRIBUIÇÃO	**255**
20.1. Noção e estrutura da retribuição	255
20.2. Qualificação	257
20.3. Modalidades	260
20.4. Prestações complementares ou acessórias: a base de cálculo	261
20.5. Determinação do valor da retribuição	264
20.6. Cumprimento da obrigação retributiva	269
20.6.1. Forma e prova do cumprimento	269
20.6.2. Lugar e tempo do cumprimento	271
20.7. A especial tutela da retribuição	274
20.7.1. Compensação da obrigação retributiva	274
20.7.2. Cessão do crédito retributivo	278
20.7.3. Prescrição dos créditos laborais	282
20.7.3.1. A prescrição de créditos	282
20.7.3.2. A *ratio* do art. 337º, nº 1, do CT	284
20.7.3.3. A crítica ao art. 337º, nº 1, do CT	285
20.7.4. Privilégios creditórios	287
20.7.5. Fundo de garantia salarial	288
§ 21º A SUSPENSÃO DO CONTRATO DE TRABALHO: O VÍNCULO RELAXADO	**291**
21.1. Noção, fundamento e efeitos gerais da suspensão	291
21.2. Suspensão individual, por facto respeitante ao trabalhador	293
21.3. Suspensão coletiva, por facto respeitante ao empregador	297
21.3.1. Situações de crise empresarial	298
21.3.2. Encerramento temporário do estabelecimento	300
21.4. Suspensão consensual, por mútuo acordo	300
21.5. Suspensão por decisão do trabalhador	301

ÍNDICE

§ 22º A CESSAÇÃO DO CONTRATO DE TRABALHO: O VÍNCULO DISSOLVIDO   305

22.1. Significado e alcance do regime da cessação do contrato de trabalho   305
22.2. Formas de cessação do contrato de trabalho   309
22.3. Extinção por caducidade   311
22.4. Extinção por mútuo acordo (revogação)   318
    22.4.1. A cessação por acordo   318
    22.4.2. A exigência de forma escrita   320
    22.4.3. A compensação pecuniária global   321
    22.4.4. A cessação do acordo de revogação   323
22.5. Extinção por despedimento com justa causa   326
    22.5.1. Noção de justa causa de despedimento   326
    22.5.2. Os deveres do trabalhador   327
    22.5.3. As condutas extra-laborais do trabalhador: candidatas positivas a constituir justa causa de despedimento?   332
    22.5.4. O procedimento disciplinar   334
22.6. Causas objetivas de despedimento   339
    22.6.1. Despedimento coletivo   339
    22.6.2. Despedimento por extinção de posto de trabalho   345
    22.6.3. Despedimento por inadaptação   347
22.7. Meios de reação contra o despedimento   353
22.8. Ilicitude do despedimento: causas e efeitos da ilicitude   356
    22.8.1. As causas de ilicitude do despedimento   356
    22.8.2. Os efeitos da ilicitude do despedimento   359
        22.8.2.1. A ilicitude/invalidade do despedimento   359
        22.8.2.2. Os «salários intercalares»   362
        22.8.2.3. A reintegração do trabalhador   369
        22.8.2.4. A «indemnização de antiguidade»   377
        22.8.2.5. O despedimento irregular   382
        22.8.2.6. Despedimento ilícito e contrato a termo   385
22.9. Extinção por iniciativa do trabalhador (demissão)   387
    22.9.1. Demissão com aviso prévio (denúncia)   387
        22.9.1.1. O princípio da livre demissão   387
        22.9.1.2. A revogação da denúncia   392
    22.9.2. Demissão com justa causa (resolução)   396
        22.9.2.1. A noção de justa causa   396
        22.9.2.2. Procedimento para resolução do contrato   399
        22.9.2.3. Indemnização devida ao trabalhador   401
        22.9.2.4. Indemnização a pagar pelo trabalhador   402
    22.9.3. O abandono do trabalho   403